KB080334

데일카네기
자기관리론

세계교양전집 8

데일 카네기
자기관리론

데일 카네기 지음

도지영 옮김

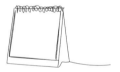

올리버

데일 카네기Dale Carnegie

어떻게 그리고 왜
이 책을 쓰게 되었나

35년 전 나는 뉴욕에서 가장 불행한 청년이었다. 당시 나는 화물용 트럭을 판매하는 일을 했다. 하지만 나는 화물용 트럭이 어떻게 움직이는지 몰랐을 뿐만 아니라 어떻게 움직이는지 알고 싶지도 않았다. 내 일이 정말 싫었다. 웨스트 56번가의 바퀴벌레가 들끓는, 가구 딸린 싸구려 방에 사는 것도 정말 싫었다. 그 방의 벽에 걸려 있던 넥타이 한 뭉치가 지금도 기억난다. 아침에 넥타이를 매려고 넥타이 뭉치를 만지면 안에 들어가 있던 바퀴벌레가 사방으로 흩어졌다. 마찬가지로 바퀴벌레가 들끓을 더러운 싸구려 식당에서 끼니를 해결해야 하는 것도 정말 싫었다.

매일 저녁 나는 두통을 앓으며 아무도 없는 그 방으로 퇴근했다. 실망과 걱정, 쓸쓸함과 반항심에 두통이 생겨났다. 반항심이 일었던 건 대학 시절 키웠던 꿈이 악몽으로 변했기 때문이었다. 이런 게 인생일까? 이런 게 내가 그토록 기대했던 인생의 중요한 모험일까? 이게 내 인생의 전부일까? 하기 싫은 일을 하고, 바퀴벌레와 같이 살고, 싸구려 음식을 먹으면서 미래에 대한 희망은 없는 이런 삶이 내 삶인가? 나는 책을 읽을 여유, 대학 시절 글 쓰는 사람이 되기를 꿈꿨던 대로 책을 쓸 여유를 갈망했다.

하기 싫은 일을 그만두어도 얻을 게 있을 뿐, 잃을 건 아무것도 없다는 건 알고 있었다. 돈을 많이 버는 데는 관심이 없었지만, 삶의 여유를 갖는 일에는 관심이 있었다. 나는 루비콘강에 다다랐다. 대부분의 젊은이가 인생을 시작할 때 마주하게 되는 결정의 순간 말이다. 나도 결단을 내렸다. 그리고 그때의 그 결정이 내 미래를 완전히 바꾸어 놓았다. 그 결정 덕분에 지난 35년 동안 나는 내가 생각했던 최고의 유토피아적 열망을 넘어설 정도로 행복하고 보람 있는 인생을 살았다.

그때 내가 내린 결정은 다음과 같았다.

질색인 일을 그만둔다. 미주리주 워렌스버그의 주립 사범대학에서 4년간 공부했으니 야간 학교에서 성인 대상 수업 교사로 일해 돈을 번다. 그러면 책을 읽고, 강의를 준비하고, 소설이나 짤막한 이야기를 쓸 여유가 생길 것이다. 나는 '글을 쓰기 위해 살고, 살기 위해 글을 쓰는' 삶을 원했다.

그렇다면 저녁 시간에 성인 학생들에게 어떤 과목을 가르쳐야 할까? 대학 시절 배운 내용을 되돌아보고 고민해보니 사람들 앞에서 발표를 잘하도록 연습하고 경험했던 일이 업무상(그리고 삶에서도) 가장 실용적인 가치가 있었다. 발표 연습의 가치는 대학에서 공부한 다른 모든 내용을 다 합친 것보다 더 컸다. 왜 그럴까? 발표 수업 덕분에 수줍음을 타고 자신감이 부족했던 성향을 극복하고 사람들을 마주할 용기와 확신을 얻었기 때문이었다. 또한 자리에서 일어나 생각하는 바를 말할 수 있는 사람에게 리더십이 따른다는 점도 분명히 알게 되었다.

나는 컬럼비아 대학교와 뉴욕 대학교의 야간 수업에서 대중 발표 수업을 담당하는 강사 자리에 지원했다. 하지만 두 대학교는 내 도움이 없어도 어떻게든 수업을 진행할 수 있다고 결정을 내렸다.

당시 나는 실망했다. 하지만 지금은 두 대학교에서 나를 채용하지 않았다는 데 대해 신께 감사드린다. 그 대학교에 채용되지 않은 덕분에 YMCA 야간 학교에서 강의를 시작했기 때문이다. YMCA에서는 구체적인 결과를 내야 했고, 그것도 빨리 보여줘야 했다. 얼마나 힘든 일이었던지! 수업에 참석하는 성인 학생들은 대학의 학점을 따거나 사회적 명성을 얻으려고 오는 게 아니었다. 이들이 수업에 참석하는 이유는 딱 한 가지였다. 자신이 지닌 문제를 해결하고 싶었기 때문이었다. 학생들은 회의 시간에 자리에서 일어나 긴장감에 쓰러지지 않고 몇 마디나마 할 수 있게 되기를 원했다. 영업 업무를 하는 학생은 대하기 어려운 고객을 방문할 때 용기를 짜내려고 고객사 근처를 세 바퀴나 빙빙 돌며 걸을 필요 없이 고객과 만나고 싶어 했다. 학생들은 침착함과 자신감을 기르고 싶어 했다. 업무에서 성공을 거두고 싶어 했고, 가족을 위해 더 많은 돈을 벌고 싶어 했다. 학생들은 학비를 분납하게 되어 있었으므로 수업에서 효과를 얻지 못하면 더는 학비를 내지 않고 그만둘 터였다. 게다가 나는 급여를 받는 게 아니라 수익의 일부를 가져가는 방식이었기 때문에 먹고살려면 실용적인 내용을 가르칠 수밖에 없었다.

당시에는 불리한 조건에서 학생들을 가르친다고 생각했지만, 이제는 그때 값을 매길 수 없는 소중한 훈련을 받았다는 걸 안다. 나는 학생들에게 동기를 부여해야 했다. 그들이 자신의 문제를 해결하도록 도와야만 했다.

학생들이 수업에 계속 오고 싶어지도록 매 수업 시간을 학생들의 의지를 북돋우는 내용으로 채워야 했다.

신나는 일이었다. 나는 그 일이 정말 좋았다. 직장인인 학생들이 얼마나 빨리 자신감을 얻는지, 많은 학생들이 얼마나 빨리 승진하고 급여가 인상되는지 깜짝 놀랄 정도였다. YMCA의 야간 수업은 내 기대보다 훨씬 더 큰 성공을 거두었다. YMCA는 내게 하룻저녁 수업에 5달러를 지급하는 것을 거부했었는데, 세 학기가 채 지나기도 전에 하룻저녁에 30달러를 지급하게 되었다. 처음에는 사람들 앞에서 말하기 수업만 가르쳤는데, 몇 년의 세월이 흐르는 동안 나는 성인 학생들에게 친구를 사귀고 타인에게 영향을 미치는 능력도 필요하다는 걸 알게 되었다. 하지만 인간관계를 가르치기에 적절한 교재를 찾을 수 없었기에 나는 직접 책을 쓰기로 했다. 그 책은 일반적인 방식으로 쓴 게 아니었다. YMCA의 수업에 참석한 성인 학생들의 경험을 바탕으로 확대되고 진화했다. 그리고 나는 책에 《인간관계론》이라는 제목을 붙였다.

《인간관계론》은 성인 대상 수업 교재용으로 쓴 것뿐이었고, 그 전에 다른 책도 네 권 썼지만, 사람들이 전혀 몰랐기 때문에 나는 《인간관계론》이 그렇게 많이 팔릴지 꿈에도 생각하지 못했다. 아마 나는 살아 있는 작가 가운데 누구보다 깜짝 놀란 작가일 것이다.

시간이 흐르면서 나는 어른들이 지닌 또 다른 큰 문제가 '걱정'이라는 사실을 알게 되었다. 내 수업을 듣는 학생의 대다수는 일하는 사람들로, 기업 임원, 영업담당자, 엔지니어, 회계사 등 온갖 업종과 직업을 망라하고 있었는데 이들 대부분에게는 걱정거리가 있었다. 학생들 가운데에는 일하는 여성도 있었고, 전업주부도 있었는데 이들에게도 걱정하는 문제가 있었다. 그러니 분명 내게 필요한 건 걱정을 극복할 방법을 알려주는 교재였다. 그래서 이번에도 그런 책이 있는지 찾기 위해 5번가와 42번가가 만나는 곳에 있는 훌륭한 도서관인 뉴욕 공립 도서관에 갔는데, '걱정'이라는 제목이 들어간 책이 겨우 22권밖에 없다는 걸 알고 깜짝 놀랐다. 반면, '벌레'라는 제목이 들어간 책은 189권이나 있다는 점을 발견하고 나니 재미있다는 생각이 들었다. 걱정에 관한 책보다 벌레에 관한 책이 거의 9배나 많다니! 정말 놀랍지 않은가? 사람들이 마주한 가장 큰 문제가 걱정이기에 우리나라의 모든 고등학교와 대학교에서 '걱정을 멈추는 법'에 관한 수업을 제공할 거라 생각했겠지만 어느 대학에서든 그런 수업이 단 하나라도 있다는 말을 들어본 적이 없다. 심리학자 데이비드 시버리가 《어제까지의 나, 오늘부터의 나》에서 "책벌레인 사람에게 발레를 하라고 요청하는 것만큼이나 우리는 인생의 경험이 주는 압박에 거의 아무런 대비를 하지 못한 채 어른이 된다."고 말한 것도 놀랍지 않은 일이다.

그래서 결과가 어떻게 되었을까? 신경 문제와 정서 문제를 앓는 사람이 병원 입원실의 절반 이상을 차지하고 있다.

나는 뉴욕 공립 도서관의 서가에 비치된 걱정에 관한 책 22권을 훑어보았다. 그리고 걱정에 관한 책을 찾을 수 있는 대로 전부 샀다. 그런데도 수업 시간에 교재용으로 사용할만한 책을 단 한 권도 찾을 수 없었다. 그래서 직접 책을 쓰기로 했다.

이 책을 쓰려고 준비하기 시작한 건 7년 전의 일이었다. 어떻게 준비를 시작했을까? 우선 지금까지 모든 시대의 철학자들이 걱정에 관해서 했던 말을 읽었다. 또한 공자부터 처칠에 이르기까지 수백 권의 자서전을 읽었고, 잭 뎀프시, 오마르 브래들리 장군, 마크 클라크 장군, 헨리 포드, 여성 운동가이자 정치가인 엘리너 루스벨트, 언론인 도로시 딕스 등 여러 분야의 저명한 인사를 인터뷰했다. 하지만 그건 시작에 불과했다.

나는 인터뷰와 독서보다 훨씬 더 중요한 다른 일도 했다. 걱정 극복을 위한 연구실에서 5년 동안 일한 것이다. 내가 수업하는 교실이 바로 연구실이었다. 내가 아는 한 이런 연구실은 세계 최초이자 유일하다. 우리가 했던 연구는 다음과 같았다. 우리는 학생들에게 걱정을 멈추는 일련의 규칙을 알려주고, 해당 규칙을 각자 생활에 적용한 뒤 수업 시간에 그 결과를 이야기해달라고 부탁했다. 일부 학생은 걱정을 극복하기 위해 자신들이 전에 사용했던 방법에 대해서도 이야기했다.

이러한 경험을 바탕으로 나는 이 세상 누구보다 '걱정을 물리친 방법'에 관한 이야기를 많이 들었다고 생각한다. 이에 더해 미국과 캐나다 전역 170개 이상의 도시에서 열리는 우리 수업을 통해 '걱정을 물리친 방법'에 관한 이야기를 우편으로 받아 수백 건을 읽었다. 그러므로 이 책은 상아탑의 연구에서 나온 게 아니다. 걱정을 극복하는 방법에 관한 학문적 설교 또한 아니다. 나는 수천 명의 성인이 걱정을 극복한 방법에 관해 빠르게 펼쳐지고, 구체적이며, 문서화된 보고서를 쓰려고 했다. 한 가지 분명한 사실이 있다. 이 책은 실용적이라는 점이다. 그러므로 여러분이 유용하게 사용할 수 있다.

이 책에 소개한 이야기가 누구라고 특정할 수 없는 가상의 인물 'B 씨'나 두루뭉술하게 '메리'나 '존'이라고 지칭하는 이야기가 아니라고 말할 수 있어 기쁜 마음이다. 몇 안 되는 드문 경우를 제외하고 이야기한 사람의 실명과 주소 일부를 밝힌다. 이 책에서 전하는 이야기는 진짜 있었던 일이며 그 이야기를 문서화한 것으로, 입증된 내용이며 보증할 수 있는 것들이다.

프랑스의 철학자 발레리는 '과학은 성공한 방법을 수집해 모은 것'이라고 했다. 그것이 바로 이 책이다. 이 책에는 걱정하는 삶을 끝낼 방법, 오랜 세월에 걸쳐 유효성이 증명된 방법을 모아 두었다. 이 책의 내용 가운데 새로울 것은 없을 것이다. 하지만 일반적으로 적용하지 않는 방법을 많이 소개할 것이다. 걱정을 극복할 방법에 관해 우리가 새로 알아야 할 내용은 없다. 완벽한 삶을 사는 방법이라면 우리는 이미 충분히 알고 있다. 황금률과 산상수훈 등에 대한 내용은 누구나 읽었다. 우리의 문제는 무지가 아니라 실천하지 않는 것이다. 이 책의 목적은 오래전부터 전해지는 여러 가지 기본적인 사실을 다시 한번 이야기하고, 실증하며, 간결하게 만들고, 재해석하며, 찬미하는 것이다. 그래서 걱정을 극복할 처방을 제시하고, 여러분이 이를 적용하여 무언가 실천하도록 하는 것이다.

어떻게 쓰였는지 보려고 이 책을 손에 들지는 않았을 것이다. 여러분은 실천할 방법을 찾고 있다. 좋다, 함께 해 보자. 만약 이 책의 11장까지 읽었는데도 걱정을 멈추고 삶을 즐길 새로운 힘을 얻거나 새로운 영감이 떠오르지 않는다면 이 책을 쓰레기통에 넣어라. 그런 사람에게 이 책은 쓸모가 없다.

데일 카네기

1. 이 책을 최대한 활용하고 싶다면 꼭 필요한 게 하나 있다. 그 어떤 원칙이나 기법보다 훨씬 더 중요한 하나의 본질이다. 이 하나의 기본적인 요구사항을 갖추지 못했다면 배움을 얻는 방법 천 개를 안다 해도 소용이 없을 것이다. 반면, 가장 기본적인 자질을 갖췄다면 이 책을 최대한 활용할 방법에 관한 제안 사항을 전혀 읽지 않는다 해도 경이로운 성취를 얻을 수 있을 것이다.

   그런 마법의 요구 조건은 무엇일까? 바로 배움을 향한 깊은 열망, 걱정을 멈추고 새로운 삶을 살겠다는 단호한 결심이다. 어떻게 그런 마음가짐을 갖출 수 있을까? 그런 마음가짐이 얼마나 중요한 것인지 끊임없이 상기하면 된다. 배움을 향한 깊은 열망을 가지고 걱정을 멈추면 한층 부유하고 행복한 삶을 꾸려나가는 데 얼마나 도움이 될지 상상해보라. 다음 문장을 마음속으로 몇 번이고 반복해서 말하라. '마음의 평화, 행복, 건강, 그리고 아마 소득까지도 장기적으로는 이 책에서 가르쳐 주는 영원하고 분명한 원리를 얼마나 적용하는가에 좌우될 거야.'

2. 각 장의 내용을 전체적으로 한눈에 파악할 수 있도록 먼저 빠르게 읽어라. 그러고 나면 다음 장으로 빨리 넘어가고 싶은 마음이 들 것이다. 하지만 그러면 안 된다. 그저 재미 삼아 읽는 게 아니라면 말이다. 걱정을 멈추고 새로운 삶을 살고 싶어서 이 책을 읽는 거라면 각 장을 우선 빨리 읽은 뒤 장의 첫 부분으로 돌아가 꼼꼼하게 다시 읽어야 한다. 장기적으로 보면 이렇게 하는 편이 시간을 아끼고 원하는 결과를 손에 넣는 방법이다.

3. 책을 읽는 도중 자주 멈춰 내용에 관해 충분히 생각하는 시간을 가져라. 각 원칙을 언제, 어떻게 적용할 수 있을지 자문하라. 이런 식으로 책을 읽으면 개가 토끼 뒤를 쫓듯 앞을 향해 정신없이 달려가는 것보다 훨씬 더 도움이 된다.

4. 빨간펜, 연필, 만년필 등을 손에 쥐고 읽어라. 그러다 활용할 수 있을 것 같은 내용이 나오면 선을 그어 표시하라. 별 네 개를 줄 정도로 좋은 내용이라면 문장마다 전부 밑줄을 긋거나 별표를 달아라. 내용에 표시하고 밑줄을 치며 읽으면 독서가 훨씬 즐거워지고, 나중에 다시 빠르게 훑어보기도 좋다.

5. 15년 동안 대형 보험회사에서 사무 관리직으로 일하고 있는

지인이 있다. 그는 매달 회사가 맺은 모든 계약의 내용을 살핀다. 계약서의 똑같은 내용을 매달, 매년 검토하는 것이다. 왜 그렇게 하는 걸까? 그렇게 하는 것이야말로 계약 조항을 분명하게 기억할 유일한 방법이라는 걸 알기 때문이다.

예전에 거의 2년에 걸쳐 대중 앞에서 발표하는 법에 관한 책을 쓴 적이 있다. 책을 쓰는 동안 내가 썼는데도 때때로 앞에 어떤 내용을 썼는지 기억해내기 위해 계속 앞부분으로 돌아가 확인해야 했다. 우리가 망각하는 속도는 놀랄 만큼 빠르다. 그러므로 이 책을 읽고 실제적인 도움을 지속해서 얻고 싶다면 한 번 대충 훑어보는 것으로 충분하리라는 생각은 접어라. 꼼꼼하게 읽은 뒤 매달 시간을 들여 내용을 복습해야 한다. 책상 위 눈에 보이는 곳에 책을 꽂아두고, 자주 훑어보라. 자신은 여전히 발전 가능성이 크다는 점을 계속 스스로 상기시켜라. 책에서 소개하는 원칙을 무의식적으로 습관처럼 적용하려면 꾸준히, 그리고 열심히 내용을 확인하고 적용하는 길밖에 없다는 걸 기억하라. 그 외 다른 방법은 없다.

6. 아일랜드의 작가이자 비평가인 버나드 쇼는 이렇게 말했다. "다른 이에게 무언가 가르치려 든다면 그는 결코 배우지 못할 것이다." 맞는 말이다. 학습은 능동적인 과정을 통해 이루어진다. 우리는 실천을 통해 배운다. 그러므로 이 책에서 배운 원칙에 숙달하고 싶다면 실천하라. 기회가 있을 때마다 적용하라. 그렇게 하지 않으면 순식간에 잊게 된다. 사용하는

지식만이 머릿속에 남는다.

여기서 제안하는 내용을 항상 적용하기는 아마 어려운 일일 것이다. 나도 안다. 이 책을 쓴 나조차도 여기서 이야기한 내용을 전부 적용하는 게 어려울 때가 자주 있다. 그러므로 이 책을 읽으면서 그저 정보를 얻으려는 게 아니라는 점을 기억해야 한다. 우리는 새로운 습관을 형성하려는 것이다. 그렇다. 새로운 삶의 방식을 시도하는 것이다. 그러려면 시간과 끈기가 필요하고 매일 원칙을 적용해야 한다.

그러니 책을 자주 들춰 보고, 걱정을 극복하기 위한 실용 지침서로 여겨라. 그리고 문제를 마주했을 때 흥분하지 말라. 자연스레 드는 마음, 충동적인 마음을 따라서는 안 된다. 그렇게 하면 대체로 일이 잘못되고 만다.

대신 이 책에 찾아 밑줄 친 문단을 다시 확인하라. 그에 따라 새로운 방법을 시도하고 마법과 같은 일이 이루어지는 모습을 지켜보라.

7. 이 책에서 이야기하는 원칙을 어기는 모습을 아내가 알아차릴 때마다 천 원씩 주겠다고 말해두자. 아내가 나쁜 버릇을 고쳐줄 것이다!

8. 이 책의 22장을 펴서 월스트리트의 금융가 H. P. 하웰과 벤저민 프랭클린이 어떻게 실수를 바로잡았는지 읽어라. 이 책에서 이야기한 원칙을 적용하고 있는지 확인하는 데 하웰과 프랭클린의 기법을 사용해 보면 두 가지 결과를 얻게 될 것

이다.

첫째, 흥미로우면서도 값을 매길 수 없이 귀중한 교육 과정에 참여하게 된다.

둘째, 걱정을 멈추고 새로운 삶을 살아가는 능력이 우후죽순처럼 성장한다.

9. 일기를 써라. 일기에는 이 책에서 소개한 원칙을 적용해 성공한 일을 기록해야 한다. 내용을 구체적으로 적고, 이름과 날짜, 결과를 넣어라. 이렇게 계속 기록하다 보면 더욱 노력을 기울여야겠다는 마음이 든다. 앞으로 몇 년이 지난 뒤 어느 날 저녁 우연히 그간의 기록을 보게 된다면 얼마나 뿌듯할까!

1. 걱정을 극복하는 법을 완전히 내 것으로 만들겠다는 깊고 절실한 바람을 가져라.

2. 각 장을 두 번씩 읽은 후에 다음 장으로 넘어가라.

3. 책을 읽는 동안 자주 멈추고 각 원칙을 어떻게 적용할 수 있을지 스스로 질문을 던져라.

4. 중요한 내용이 나올 때마다 밑줄을 그어라.

5. 이 책의 내용을 매달 복습하라.

6. 기회가 있을 때마다 책에서 배운 원칙을 적용하라. 이 책을 일상에서 마주하는 문제를 해결하는 데 도움을 주는 실용 지침서로 활용하라.

7. 책에서 소개한 원칙을 어기는 모습을 주변 사람들이 알려줄 때마다 그에게 천 원씩 주는 방법으로 신나는 게임을 하듯 배움을 얻어라.

8. 얼마나 발전하고 있는지 매주 확인하라. 어떤 실수를 했는지, 어떤 개선점이 있었는지, 앞날을 위해 어떤 교훈을 얻었는지 스스로 질문하라.

9. 걱정을 극복하는 방법을 언제, 어떻게 적용했는지 일기로 써라.

Part 1

걱정에 관해 알아야 할
기본 사항

1장

오늘을 살아라

1871년 봄, 한 젊은이가 책을 읽다가 자신의 미래에 깊은 영향을 주게 될 한 문장을 읽었다. 몬트리올 종합 병원의 의대생이었던 청년은 졸업 시험을 통과할 수 있을지, 앞으로 무엇을 해야 할지, 어디에서 수련해야 할지, 어떻게 돈을 벌어야 할지 걱정이 되었다.

하지만 이때 읽은 한 문장 덕분에 청년은 당대에 가장 유명한 의사가 되었다. 그리고 후에 세계적으로 유명한 존스 홉킨스 의과 대학을 설립했다. 또한 대영제국에서 의사에게 수여하는 최고의 훈장이라 할 수 있는 옥스퍼드 의대 흠정 교수가 되었다. 영국 국왕은 그에게 기사 작위를 수여했고, 사망 후 그의 일생을 담은 두꺼운 책이 두 권이나 나왔는데, 총 1,466페이지에 달할 정도였다.

그의 이름은 윌리엄 오슬러 경이다. 1871년 봄 그가 읽었던 문장은 다음과 같다(이는 영국의 역사가 토머스 칼라일이 남긴 말로, 이 말 덕분에 오슬러 경은 걱정에서 해방된 삶을 살았다). "우리가 해야 할 일은 저 멀리 흐릿하게 존재하는 일을 바라보는 게 아니라 지금 눈앞에서 분명히 볼 수 있는 일을 하는 것이다."

그로부터 42년 뒤 예일 대학교 캠퍼스에 튤립이 피어나는 따뜻한 봄날 저녁에 윌리엄 오슬러 경은 예일대 학생들을 위해 연설을 했다. 그는 예일대 학생들에게 자기처럼 네 군데 대학교에서 교수를 하고, 인기 있는 책을 쓴 사람은 '특별히 뛰어난 두뇌'를 가진 사람으로 여겨지지만, 이는 사실이 아니라고 분명하게 말했다. 그러면서 자신과 친한 친구들은 그의 두뇌가 '가장 평범한 수준'이라는 점을 알고 있다고 했다.

그렇다면 오슬러 경이 거둔 성공의 비결은 무엇이었을까? 오슬러 경은 '오늘' 안에서 살아가는 것 덕분이라고 밝혔다. 이게 무슨 말일까? 윌리엄 오슬러 경은 예일 대학교에서 연설하기 몇 달 전 거대한 정기선을 타고 대서양을 건넜다. 배의 함교(군함의 상갑판 중앙부에 높게 만든 지휘 시설)에 선 선장은 버튼을 눌렀고, 그러자 배를 움직이는 기관과 다양한 부품이 철컥철컥 움직여 서로를 차단했다. 배가 방수 구역을 만든 것이다. 오슬러 경은 예일대 학생들에게 말했다.

여러분 한 사람 한 사람은 거대한 정기선보다 훨씬 멋진 구조를 지녔으며, 더욱 긴 여정을 앞두고 있습니다. 제가 권하고 싶은 건 '오늘이라는 구역'을 살도록 자신 안의 기관을 통제하는 법을 배우라는 것입니다. 이것이야말로 삶의 여정 속에서 안전을 가장 확실하게 보장하는 방법입니다. 함교에 오르세요. 그리고 커다란 차단벽이 제대로 움직이는지 확인하세요. 그리고 버튼을 눌러 삶의 모든 단계에서 철문이 과거를 닫는 소리를 들으세요. 또 다른 버튼을 눌러 미래에도 금속 커튼을 쳐서 차단하세요. 그러고 나면 안전합니다. 안전하게 오늘에만 집중할 수 있어요! … 과거를 차단하세요! 지나간 날은 과거로 묻으세요. … 바보들이 먼지 쌓인 지난날로 돌아가도록 그 길을 비추는 어제를 차단하세요. … 어제라는 짐에 내일이라는 짐까지 더해 오늘을 살아가려면 아무리 튼튼한 사람도 휘청이게 됩니다. 과거만큼 미래도 단단하게 차단하세요. … 미래는 오늘에 있습니다. … 내일이란 없어요. 사람을 구원하는 때는 오늘, 바로 지금입니다. 미래를 불안해하는 사람의 발걸음에는 에너지 낭비, 정신적 고통, 안절부절못하는 걱정이 뒤따릅니다. … 배 전체에 걸쳐 앞뒤로 큰 차단벽을 단단히 내리세요. 그런 다음 '오늘이라는 구역' 안에서 사는 습관을 기르세요.

이 말은 내일을 위한 준비를 하지 말라는 뜻일까? 아니다. 그런 말이 전혀 아니다. 그의 말은 미래를 준비하는 가장 좋은 방법은 우리의 모든 지성과 열정을 오늘, 최고의 오늘을 보내는 데 집중하는 것이라는 의미이다. 미래를 준비할 수 있는 유일한 방법은 이것뿐이다.

오슬러 경은 예일대 학생들에게 '우리에게 일용할 양식을 주시옵고'라는 주기도문을 외우며 하루를 시작하라고 권했다.

주기도문에서는 오늘의 양식만을 요청한다는 점을 기억하라. 주기도문에서는 어제 먹어야 했던 오래된 빵에 관해 불평하지 않으며, "오, 주님. 최근 밀밭이 꽤 메말랐어요. 어쩌면 가뭄이 또 찾아올지 몰라요. 가뭄이 찾아오면 가을에 먹을 양식은 어떻게 구하죠? 아니면 제가 직업을 잃는다고 생각해 보세요. 오, 주님. 그러면 제가 어떻게 양식을 구할 수 있겠어요?" 같은 말도 하지 않는다.

그렇다. 주기도문은 오늘의 양식만을 구하라고 가르친다. 우리가 먹을 수 있는 양식은 오늘의 양식뿐이다.

오래전 빈털터리 철학자가 돌투성이 땅에 사람들이 먹고살기 힘겨워하는 나라를 방랑하고 있었다, 어느 날 언덕 위에서 철학자의 곁에 사람들이 무리 지어 모였고, 철학자는 그 앞에서 연설했다. 그 연설은 언제, 어디서나 자주 인용되는 연설로 수 세기에 걸쳐 이어져 내려왔다. "그러므로 내일 일을 위하여 염려하지 말라 내일 일은 내일이 염려할 것이요 한 날의 괴로움은 그날로 족하니라."

사람들은 '내일 일을 위하여 염려하지 말라'는 예수의 가르침을 거부해왔다. 좋은 말이기는 하지만 따르기는 어려운 소리라고, 동양의 신비주의에서 나온 말인 양 생각했다. "내일 일을 걱정해야만 해." 사람들은 이렇게 말한다. "가족을 보호하려면 보험에 들어야 해. 노후를 위해 저축해야 해. 성공하려면 계획하고 준비해야 해."

맞는 말이다! 당연히 그래야만 한다. 사실 300년 전에 번역된 예수의 말은 제임스 1세 시대에 의미했던 바와 오늘날 의미하는 바가 다르다. 300년 전에는 생각이라는 말이 걱정을 의미했다. 하지만 현대의 성경은 예수의 말을 보다 정확하게 인용한다. "내일 일을 위하여 염려하지 말라."

물론 내일을 생각해야 한다. 주의 깊게 생각하고 계획하고 대비해야 한다. 하지만 걱정할 건 없다.

세계대전 당시 연합군 지휘관은 내일의 전투를 계획했다. 하지만 걱정할 여유는 없었다. 미 해군을 지휘했던 어니스트 킹 제독은 이렇게 말했다. "나는 최고의 군인들에게 우리가 지닌 최상의 장비를 지급했다. 그리고 가장 적절해 보이는 임무를 부여했다. 내가 할 수 있는 일은 이게 전부였다."

킹 제독은 이어 말했다. "만일 배가 가라앉는다면 그 배를 끌어 올릴 수는 없다. 침몰하는 배를 막을 수는 없다. 어제 있었던 일을 생각하며 걱정하기보다 내일의 문제에 대비하는 데 시간을 쓰는 편이 훨씬 낫다. 게다가 지나간 일에 얽매여 있으면 오래 버티지 못할 것이다."

전쟁 중이든 평시이든 좋은 생각과 나쁜 생각 사이의 차이점은 이렇다. 좋은 생각은 원인과 결과를 고려하고 논리적이며 건설적인 계획으로 이어진다. 나쁜 생각은 흔히 긴장과 신경쇠약으로 이어진다.

최근 나는 세계에서 가장 유명한 신문인 〈뉴욕타임스〉의 발행인 아서 헤이즈 설즈버거를 인터뷰하는 특권을 얻었다. 설즈버거는 제2차 세계대전으로 유럽 전역이 화염에 휩싸이자 매우 놀랐고, 앞날이 몹시 걱정되어 잠을 거의 이룰 수 없을 지경이었다고 했다. 그래서 자주 한밤중에 자리에서 일어나 캔버스와 물감을 꺼내 거울을 보고 자화상을 그리려고 했다. 그림에 관해서는 아무것도 모르는 사람이었지만, 걱정에서 벗어나려고 어쨌든 자화상을 그린 것이었다. 그러다 설즈버거는 교회 찬송가 가사에 나온 구절, '한 걸음씩 늘 인도하소서'를 좌우명으로 삼았을 때 마침내 마음의 평화를 찾았다.

> 빛 되신 주,
> 가는 길 비추소서.
> 내 가는 길 다 알지 못하나
> 한 걸음씩 늘 인도하소서

비슷한 시기 유럽 어딘가에서 복무했던 청년 장병, 메릴랜드 주 볼티모어 뉴홈가 5716번지 출신 테드 벤저미노도 같은 교훈을 얻었다. 테드는 전쟁 상황에서 심한 걱정으로 전투 피로증을 극심하게 앓았다. 테드는 이렇게 썼다.

1945년 4월, 심한 걱정을 하다 의사들이 '경련성 횡행결장'이라 진단한 병까지 얻었습니다. 이 병에는 극심한 고통이 따릅니다. 그때 전쟁이 끝나지 않았더라면 제 몸은 분명 완전히 망가졌을 것입니다.

말 그대로 녹초가 되어 있었습니다. 저는 94보병사단의 부사관으로, 군에서 제 임무는 작전 중 사망한 군인, 실종된 군인, 입원한 군인의 모든 기록을 작성하고 관리하는 일이었습니다. 거기다 전투 중에 사망해 급하게 매장한 얕은 무덤에서 연합군과 적군 병사의 시신을 발굴하는 임무도 도와야 했습니다. 그리고 사망한 장병의 개인 소지품을 모아 유품을 매우 소중히 여길 부모님이나 가까운 친척에게 보내야 할지 살펴야 했습니다. 저는 일을 처리하며 심각한 실수를 하는 건 아닐까 하는 두려움에 걱정이 끊이질 않았습니다. 제가 이 모든 일을 감당할 수 있을지 걱정스러웠습니다. 제가 살아남아 그때까지 아직 한 번도 보지 못한 16개월 된 하나뿐인 아들을 품에 안아볼 수 있을지 걱정이었습니다. 15kg 넘게 살이 빠진 것도 걱정되었습니다. 너무 걱정하다 보니 저는 거의 정신을 잃을 지경이었습니다. 저는 손을 바라보았습니다. 제 손은 거의 가죽과 뼈밖에 남아 있지 않았습니다. 몸이 상한 상태로 집에 돌아간다고 생각하니 겁에 질렸습니다. 저는 마음이 무너져 내려 아이처럼 엉엉 울었습니다. 너무 겁이 나서 혼자 있을 때마다 눈물이 차올랐습니다. 벌지 대전투가 발발한 직후에는 너무 자주 울어서 다시 정상인으로 살아갈 수 있다는 희망을 거의 포기할 뻔한 시기도 있었습니다.

결국 군 병동을 찾게 되었습니다. 거기서 만난 군의관이 제게 조언을 해주었고, 그의 말이 제 인생을 완전히 바꾸어 놓았습니다. 군의관은 제 몸을 구석구석 확인하고 문제는 마음이라고 알려 주었습니다. 군의관이 말했습니다. "테드, 인생을 모래시계라고 생각했으면 해요. 모래시계 위쪽 칸에는 수천 개의 모래알이 들어 있다는 걸 아시죠. 그 모래알은 천천히 고르게 모래시계 가운데의 좁은 목 부분을 지나갑니다. 모래시계의 모래 한 알 한 알이 모래시계를 망가뜨리지 않고 좁은 목 부분을 지나가는 것, 이처럼 테드나 저나 그 이상 할 수 있는 일은 없어요. 누구의 삶이나 모래시계와 같습니다. 아침에 하루를 시작할 때면 그날 끝내야 할 것 같은 일이 수백 가지나 됩니다. 하지만 모래시계 안의 모래알이 좁은 목 부분을 지나갈 때처럼 해야 할 일을 한 번에 하나씩 하루 동안 천천히 고르게 처리하지 않는다면 우리의 몸이나 정신 구조는 망가질 수밖에 없어요."

군의관으로부터 그 말을 들은 그날 이후로 모래시계의 철학을 실천하는 연습을 했습니다. '한 번에 한 알씩… 한 번에 한 가지씩.' 군의관의 조언은 전쟁 중 육체적으로, 정신적으로 저를 구해주었습니다. 또한 지금 제가 하는 일에도 도움이 되고 있습니다. 저는 볼티모어에서 상업 신용회사의 재고관리 사무원으로 일합니다. 전쟁 중에 일어났던 것과 같은 문제가 직장에서도 일어난다는 걸 알았습니다. 한 번에 수십 가지 업무를 처리해야 하고, 업무를 처리할 시간은 부족하다는 문제죠. 재고는 적고, 처리해야 할 새로운 제품이 생기고, 재고 정리 방식도 변경되고, 주소도 바뀌고, 지점이 생기거나 폐쇄되는 등등의 일이 생겼어요. 저는 긴장해서 신경을 곤두세우는 대신 군의관이 해준 조언을 떠올렸습니다. '한 번에 모래 한 알씩, 한 번에 업무 하나씩.'

이 말을 몇 번이고 스스로 되뇌면서 저는 더욱 효율적인 방식으로 업무를 완수했고, 이 과정에서 전장에서 저를 망가뜨릴 뻔했던 혼란스럽고 뒤죽박죽인 듯한 감정을 느끼지도 않았습니다.

오늘날 우리 삶에 나타나는 가장 끔찍한 현실은 신경 및 정신 문제를 겪는 환자가 병원 입원실의 절반을 차지한다는 점이다. 차곡차곡 쌓인 어제에 대한 기억과 두려운 내일을 향한 걱정으로 얻은 부담에 짓눌려 무너져 내린 환자들이다. 하지만 이들이 "내일 일을 위하여 염려하지 말라"는 예수의 말이나 "오늘이라는 구역 안에서 살라"는 윌리엄 오슬러 경의 말에 주의를 기울이기만 했다면 지금쯤 대다수가 거리를 활보하며 행복하고 유익한 삶을 살았을 것이다.

우리는 이 순간 두 개의 영원의 시간, 즉 계속 이어지는 광대한 과거와 기록되는 시간의 바로 다음으로 다가오는 미래가 만나는 바로 그 장소에 서 있다. 하지만 우리는 영원의 시간 그 어느 쪽에서도 살 수 없다. 찰나의 순간이라 할지라도 그럴 수는 없다. 그런데도 과거나 미래에 살려고 애쓰면 몸과 마음이 모두 무너진다. 그러니 우리가 살아갈 수 있는 시간을 사는 데 만족하자. 지금부터 잠들기 전까지의 시간이다. 영국의 소설가 로버트 루이스 스티븐슨은 이렇게 썼다. "짐을 지고 있는 사람이라면 누구나 아무리 무겁다 해도 저물녘까지는 버틸 수 있다. 일하는 사람이라면 누구나 아무리 힘들다 해도 하루는 버틸 수 있다.

누구라도 해가 질 때까지는 다정한 마음으로 참을성 있게 애정을 담아 순수한 마음으로 살 수 있다. 인생의 진정한 의미는 이게 전부이다."

그렇다. 삶이 우리에게 요구하는 건 이게 전부다.

미시간주 새기노시 코트가 815번지에 사는 E. K 쉴즈 부인은 절망에 빠졌고, 잠자리에 들기 전까지만 살면 된다는 사실을 배우기 전에는 자살 직전까지 갔다. 쉴즈 부인은 자신의 이야기를 들려주었다.

1937년에 남편을 잃었습니다. 정말 우울했고 돈이 거의 한 푼도 없었습니다. 그래서 전 직장이었던 캔자스 시티의 로치-파울러 사의 레온 로치 사장님께 편지를 썼습니다. 그렇게 옛 직장에서 다시 일하게 되었습니다. 예전에 저는 시골과 도시의 교육위원회에 도서를 판매해 돈을 벌었습니다. 그러다가 2년 전 남편이 아프기 시작했을 때 차를 팔았습니다. 여기저기서 돈을 긁어모아 중고차 계약금을 겨우 마련해 다시 책을 팔러 다니기 시작했습니다.

다시 책을 팔러 다니면 우울증이 나아지는 데 도움이 되리라 생각했습니다. 하지만 혼자 운전하고, 혼자 밥을 먹는 생활은 받아들이기 힘들었습니다. 일부 지역에서는 책이 잘 팔리지 않아 얼마 되지 않는 중고차 할부금 내기도 어려웠습니다.

1938년 봄, 저는 미주리주 베르사유에서 일하고 있었습니다. 그곳의 학교 상황은 형편없었고, 도로 상태도 나빴습니다. 너무 외롭고 낙담한 나머지 한번은 자살까지 생각했습니다. 성공한다는 건 불가능한 일로 보였습니다. 살아야 할 이유가 없었습니다. 매일 아침 일어나 삶을 마주하는 게 무서웠습니다. 모든 게 두려웠죠. 자동차 할부금을 갚지 못할까 두려웠고, 월세를 내지 못할까 두려웠고, 음식을 마련하지 못할까 두려웠습니다. 건강이 나빠졌는데 병원 갈 돈이 없을까 두려웠습니다. 자살하지 못했던 이유는 제가 죽으면 여동생이 몹시 슬퍼할 거라는 생각과 장례식 비용으로 쓸 돈도 충분하지 않다는 생각이 들었기 때문이었습니다.

그러던 어느 날 기사를 하나 읽게 되었는데, 그 글이 실의에 빠진 저를 구하고 살아갈 용기를 주었습니다. 그 기사에는 저를 격려하는 한 문장이 담겨 있었는데, 이 문장에 감사한 마음을 다할 길이 없습니다. '현명한 이는 매일 새로운 삶을 산다.' 저는 이 문장을 타이핑해서 자동차 앞 유리에 붙여 운전하면서 매 순간 보았습니다. 한 번에 하루씩만 살아가는 건 그리 어려운 일이 아니라는 것도 알게 되었습니다. 저는 어제를 잊고 내일을 생각하지 않는 방법을 배웠습니다. 매일 아침 이렇게 말했어요. "오늘은 새로운 삶이야."

저는 외로움과 필요한 걸 얻지 못할지 모른다는 두려움을 극복하는 데 성공했습니다. 지금은 행복하고 꽤 성공한 삶을 살고 있습니다. 인생을 향한 열정과 사랑도 넘칩니다. 이제는 인생에 어떤 일이 나타나더라도 다시는 걱정하지 않을 것입니다. 미래를 걱정할 필요가 없다는 것도 이제는 압니다. 이제는 한 번에 하루씩만 살 수 있다는 것을 압니다. '현명한 이는 매일 새로운 삶을 산다'는 걸 깨달았습니다.

아래의 시는 누가 썼을까?

> 행복한 사람, 혼자서도 행복한 사람.
> 오늘이 자신의 것이라 말할 수 있는 사람.
> 마음으로 확신하는 사람은 이렇게 말할 수 있지.
> "내일이 최악의 날이어도 나는 오늘을 산다."

현대에 쓴 시처럼 보이지 않은가? 하지만 이 시는 로마의 시인 호라티우스가 예수가 태어나기 30년 전에 쓴 것이다.

사람들 모두 살아가기를 미루는 경향이 있다는 게 내가 아는 한 인간의 본성 가운데 가장 비극적인 부분이다. 우리는 모두 지금 집 창문 밖에 피어 있는 장미를 즐겁게 감상하기보다 지평선 저 너머 어딘가에 있을 마법의 장미 정원을 꿈꾼다.

우리는 왜 그렇게 비극적인 어리석음을 지녔을까?

경제학자 스티븐 리콕 교수는 이렇게 썼다.

> 우리가 살아가는 짧은 인생의 행렬은 얼마나 희한한가! 아이들은 "내가 더 크면…"이라고 말한다. 하지만 그게 무슨 소용일까? 아이가 더 크면 또 이렇게 말한다. "어른이 되면…". 그러고 나서 어른이 되면 이렇게 말한다. "결혼을 하면…". 하지만 결혼이 결국 무슨 소용일까? 결혼하고 나면 "은퇴를 하면…"으로 생각이 바뀐다. 그러고 나서 은퇴할 때가 되면 지금까지 살아온 모습을 돌아본다. 뒤를 돌아보면 서늘

한 기운이 느껴진다. 어쨌든 모든 걸 놓쳤고, 모든 일이 지나갔다. 인생이란 살아가는 중에, 매일, 매시간의 연속 안에 존재한다는 걸 우리는 너무 늦게서야 깨닫는다.

디트로이트 출신의 에드워드 에반스는 우리의 삶이 살아가는 중에, 매일, 매시간의 연속 안에 존재한다는 걸 배우기 전에 걱정으로 하마터면 스스로 생을 마감할 뻔했다. 에드워드는 가난한 집안에서 자랐고, 신문을 팔아 처음으로 돈을 벌었고, 그 후에는 슈퍼마켓에서 점원으로 일했다. 먹여 살려야 할 부양가족이 일곱이나 되자, 그는 사서 보조로 근무했다. 급여는 적었지만 일을 그만두는 건 두려웠다. 자기 사업을 시작할 용기를 내기까지 8년이나 걸렸다. 하지만 일단 시작했더니 처음에 55달러를 빌려 투자한 사업이 연 20,000달러를 벌 정도로 성장했다. 그때 그의 인생에 찬물을 끼얹는 일이 일어났다. 죽을 듯이 힘든 일이었다. 친구를 위해 큰 금액의 보증을 섰는데, 친구가 파산하고 만 것이다.

그로부터 얼마 지나지 않아 설상가상으로 또 다른 재난이 닥쳤고, 가진 돈을 전부 예치해 두었던 은행이 파산해 버리고 말았다. 에드워드는 재산을 모조리 잃었을 뿐 아니라 16,000달러의 빚더미에 앉게 되었다. 도저히 버텨낼 수가 없었다.

먹을 수도 잠들 수도 없었습니다. 이상하게 아팠습니다. 걱정 때문에, 다른 그 무엇 때문이 아니라 오직 걱정 때문에 병이 난 거예요. 하루는 거리를 걷다가 보도에서 의식을 잃고 쓰러졌습니다. 더는 걸을 수가 없었습니다. 그렇게 자리를 보전하며 눕게 되었고 몸에는 종기가 났습니다. 종기는 몸 안쪽으로 나 침대에 누워 있는 것만으로도 고통스러웠습니다. 하루가 다르게 몸이 쇠약해져 갔습니다. 결국 의사는 제게 앞으로 살날이 2주 남았다고 선고했습니다. 충격을 받았어요. 유언장을 쓰고 나서 죽을 날을 기다리며 침대에 누워 있었습니다. 그쯤 되니 애쓸 필요도 걱정할 필요도 없더군요. 저는 만사를 포기하고 편안히 휴식을 취하고 잠을 청했습니다. 몇 주 연속으로 하루 두 시간 이상 자지 못했는데, 이제 세상의 문제에 끝을 맞이할 때가 되니 아기처럼 잠을 자게 되었습니다. 그랬더니 지칠 대로 지친 몸에 쌓인 피로가 풀리기 시작하더군요. 입맛도 되찾았습니다. 살이 붙기 시작하더군요.

그로부터 몇 주 뒤 목발을 짚고 걸을 수 있게 되었습니다. 6주가 지나자 다시 일할 수 있었습니다. 자동차를 화물로 실을 때 바퀴 뒤에 놓아 바퀴를 고정하는 블록을 파는 일을 했어요. 전에는 일 년에 20,000달러씩 벌었지만, 이제는 1주일에 30달러를 버는 일을 하는데도 기뻤습니다. 이제 저는 배움을 얻었습니다. 걱정하지 말자. 과거에 이미 일어난 일에 더는 후회하지 말자. 미래에 일어날 일을 더는 두려워하지 말자. 모든 시간, 에너지, 열정을 블록 파는 일에만 쏟았습니다.

에드워드의 일은 빠르게 번창했다. 몇 년 지나지 않아 에드워드는 회사의 사장이 되었고, 에반스 프로덕트 컴퍼니라는 그의 회사는 뉴욕 증시에 상장되었다. 1945년 에드워드가 사망했을 때 그는 미국에서 가장 진취적인 사업가로 평가받았다. 그린란드에 가게 되면 비행기가 에드워드의 이름을 딴 에반스 공항에 착륙한다.

걱정이 어리석은 짓이라는 걸 깨닫지 못했다면, 그리고 오늘이라는 구역을 살아야 한다는 걸 배우지 못했다면 에드워드가 결코 사업과 삶에서 승리를 쟁취하는 감격을 느끼지 못했을 것이라는 게 이 이야기가 전하는 요점이다.

예수가 태어나기 500년 전 그리스의 철학자 헤라클레이토스는 제자들에게 "모든 건 변한다는 변화의 법칙만 제외하고 세상 모든 건 변화한다."라며, "같은 강물에 두 번 들어갈 수는 없다."고 했다. 강물은 매 순간 변한다. 강물에 들어간 사람도 마찬가지이다. 인생이란 끊임없는 변화이다. 유일하게 확실한 건 오늘뿐이다. 끊임없는 변화와 불확실성 속에 가려져 누구도 예언할 수 없는 미래의 문제를 해결하려 애쓰느라 오늘을 살아가는 아름다움을 왜 손상해야 할까?

이를 두고 고대 로마인들이 했던 말이 있다. 카르페 디엠Carpe diem. '현재를 즐겨라' 혹은 '오늘을 살아라'라는 의미이다. 그렇다. 오늘을 살아라. 오늘을 최대한 활용하라.

이것이 바로 작가이자 방송인인 로웰 토머스의 철학이다. 최근 나는 로웰의 농장에서 주말을 보냈다. 거기서 로웰이 성경의 시편 118편의 글귀를 액자에 넣어 자주 읽을 수 있도록 방송 스튜디오의 벽에 걸어둔 것을 보았다.

이날은 여호와께서 정하신 것이라

이날에 우리가 즐거워하고 기뻐하리로다

영국의 평론가 존 러스킨은 책상 위에 '오늘'이라는 단어가 새겨진 돌을 올려놓았다. 나는 책상 위에 돌을 올려놓지는 않았지만, 매일 아침 면도를 하며 볼 수 있도록 거울에 시를 한 편 붙여 놓았다. 윌리엄 오슬러 경이 책상 위에 항상 붙여두었던 시로, 인도의 유명 극작가 칼리다사가 쓴 시이다.

새벽을 향해 전하는 인사

오늘을 보라!

오늘이 인생이기에, 인생 중의 인생이기에.

오늘이라는 짧은 시간에

존재의 모든 진실과 현실이 담겨 있다.

성장의 기쁨

실천의 영광

성취의 반짝임이 이곳에 있다.

어제는 꿈에 불과하고

내일은 상상일 뿐.

하지만 최선을 다해 오늘을 살면 어제는 행복한 꿈이 되고 모든 내일은 희망찬 상상이 된다.

그러니 오늘을 잘 살펴라! 이것이 새벽을 향해 전하는 인사.

걱정에 관해 첫 번째로 알아야 할 점은 인생에서 걱정을 떨쳐 버리고 싶다면 윌리엄 오슬러 경처럼 해야 한다는 것이다.

걱정에 관해 알아야 할 기본 사항 1
과거와 미래에 철문을 닫고, 오늘이라는 구역에서 살아라.

다음 질문을 스스로 묻고 답을 적어 보는 건 어떨까?

1. 미래를 걱정하느라, 혹은 '지평선 저 너머 어딘가에 있을 마법의 장미 정원' 같은 곳을 동경하느라 현재를 사는 걸 미루는 편인가?
2. 이미 지나간, 끝나버린 과거의 일을 후회하느라 때때로 현재가 괴로운가?
3. 주어진 24시간을 최대한 활용하도록 아침에 일어날 때 '오늘을 살자'라고 마음먹는가?
4. '오늘이라는 구역' 안에서 살아간다면 삶에서 더 많은 걸 얻을 수 있을까?
5. 오늘을 살아야 한다는 배움을 언제부터 실천해야 할까? 다음 주? 내일? 아니면 오늘?

2장

걱정을 해결하는
마법의 공식

걱정스러운 문제를 빠르고 확실하게 해결할 방법을 원하는
가? 이 책을 더 읽지 않고 지금 당장 사용할 수 있는 그런 방법
말이다.

그렇다면 윌리스 캐리어가 효과를 봤던 방법을 알려주겠다.
윌리스 캐리어는 에어컨 업계를 일군 명석한 엔지니어 출신으
로, 지금은 세계적으로 유명한 기업 캐리어 코퍼레이션의 대표
다. 캐리어가 걱정을 떨치는 데 사용한 방법은 내가 들어본 방법
가운데 가장 좋은 방법인데, 어느 날 뉴욕 엔지니어스 클럽에서
그와 함께 점심을 먹는 자리에서 직접 들었다.

젊었을 때 저는 뉴욕주 버펄로에 있는 버펄로 제철에서 일했습니다.
그때 미주리주 크리스털 시티에 있는 피츠버그 판유리 사의 공장에
가스 정제 장치를 설치하는 업무를 맡게 되었어요. 자산 가치가 수백

만 달러에 달하는 공장이었습니다. 공장에 가스 정제 장치를 설치하는 이유는 가스 안에 든 불순물을 제거해 엔진에 손상을 가하지 않고 가스를 연소시키기 위해서였습니다. 이런 식으로 가스를 정제하는 방식은 새로운 것이었습니다. 그전까지 단 한 번밖에 해본 적이 없었죠. 그것도 설치 조건이 다른 상황이었습니다. 그러다 보니 작업을 하던 중에 예상하지 못했던 여러 문제가 나타났습니다. 이런저런 방법으로 설치는 했지만, 회사에서 보장한 품질 수준을 맞추기에는 충분하지 않았습니다.

저는 실패에 매우 놀랐습니다. 마치 누군가 쾅 하고 머리를 한 대 친 느낌이었습니다. 속이 뒤틀리기 시작하더군요. 한동안 너무 걱정돼서 잠을 잘 수도 없었습니다.

하지만 상식적으로 볼 때 걱정은 아무런 도움이 안 된다는 생각이 들었습니다. 그래서 걱정을 접어두고 문제에 대처할 방법이 없을까 생각했습니다. 이를 통해 큰 효과를 보았습니다. 이후 30년이 넘도록 그때 생각해낸 걱정 떨치기 기법을 사용하고 있습니다. 방법은 간단합니다. 누구라도 사용할 수 있어요. 걱정 떨치기 기법은 3단계로 이루어져 있습니다.

1단계, 상황을 두려워하지 않고 솔직하게 분석해 실패의 결과로 나타날 수 있는 최악의 상황을 생각했습니다. 장치 설치에 실패했다고 누가 저를 교도소에 보내거나 총으로 쏘는 건 아니었죠. 그건 분명했습니다. 하지만 직장을 잃을 가능성이 있었던 건 사실입니다. 설치했던 장치를 회사에서 철거해야 하고, 여기에 투자했던 20,000달러를 잃을 가능성 또한 있었습니다.

2단계, 발생 가능한 최악의 상황을 생각하고 나니 어쩔 수 없다면 받아들여야 한다고 생각하게 되었습니다. 스스로 되뇌었죠. '이번 일을 망치면 경력에 흠집이 나겠지. 어쩌면 직장을 잃을 수도 있어. 하지만 언제든 다른 일자리를 구할 수 있어. 상황이 지금보다 훨씬 더 안 좋을 수도 있지만 가스를 정제하는 새로운 방법을 실험하고 있다는 걸 회사에서도 알고 있으니 이번 일로 20,000달러를 잃는다 해도 받아들일 거야. 실험한 셈이니까 연구비로 처리할 수 있겠지.'

일어날 수 있는 최악의 상황을 생각하고 어쩔 수 없다면 받아들이겠다고 마음먹고 나니 정말 중요한 변화가 나타났습니다. 그런 생각을 하자마자 마음이 편안해졌고, 며칠 동안 경험하지 못했던 평화가 찾아왔습니다.

3단계, 그때부터 계속 저는 마음으로 이미 받아들인 최악의 상황을 개선하는 데 시간과 에너지를 차분하게 쏟았습니다.

이제 20,000달러의 손실을 줄일 방법을 찾으려 애쓴 겁니다. 몇 가지 사항을 시험해 본 뒤 추가 장비에 5,000달러를 더 들이면 문제가 해결되리라는 것을 알아냈습니다. 우리는 그렇게 했고, 회사는 20,000달러를 잃는 대신 15,000달러를 벌었습니다.

제가 계속 걱정만 하고 있었다면 절대 해낼 수 없었을 겁니다. 걱정할 때 가장 나쁜 점은 집중력이 흐트러지는 것이기 때문입니다. 걱정하고 있으면 이런저런 생각이 널뛰고, 결정력을 잃습니다. 하지만 억지로라도 최악의 상황을 마주하고 정신적으로 이를 받아들이면 잡념을 없애고 문제 해결에 집중할 수 있게 됩니다.

오래전에 있었던 일이지만, 그때 정말 효과가 좋았기에 그 이후로 계속 이 방법을 사용하고 있습니다. 그 결과 제 인생에서 걱정은 완전히 사라졌어요.

심리학적으로 볼 때 윌리스 캐리어가 생각해 낸 마법 공식은 왜 그토록 가치 있고, 실용적인 걸까? 그건 걱정에 눈이 멀어 잿빛 구름 안에서 멈칫거리고 있는 우리를 끌어내는 방법이기 때문이다. 캐리어의 마법 공식을 사용하면 두 발을 단단히, 꽉 땅에 붙일 수 있다. 우리 스스로 어디에 서 있는지 알게 된다. 발밑에 단단히 땅을 딛고 서서 상황을 제대로 파악하지 않는다면 돌파할 방법을 생각해내리라고 어떻게 기대할 수 있을까?

응용심리학의 아버지인 윌리엄 제임스 교수는 38년 전에 타계했다. 하지만 그가 아직 살아 있어서 최악의 상황에 대처하는 캐리어의 공식에 관해 들었다면 진심으로 인정했을 것이다. 그걸 어떻게 알 수 있을까? 그가 자신의 제자들에게 이렇게 말했기 때문이다. "그렇게 받아들여라. 그렇게 받아들여라. 이미 일어난 일을 받아들이는 것이야말로 불행의 결과를 극복하는 첫걸음이기 때문이다."

중국의 철학자 린위탕도 널리 읽힌 책《생활의 발견》에서 같은 이야기를 했다. "진정한 마음의 평화는 최악의 상황을 받아들이는 데서 온다. 심리적으로 볼 때, 이것은 에너지를 발산하는 것이다.”

그렇다. 정확한 표현이다! 최악의 상황을 받아들인다는 건 심리적으로 볼 때 에너지의 발산을 뜻한다! 최악의 상황을 받아들이면 더는 잃을 게 없다. 그건 자동으로 이제 얻을 일만 남았다는 의미가 된다! 캐리어는 말했다. “최악의 상황을 제대로 바라보고 나니 바로 마음이 편안해졌고, 며칠 만에 처음으로 평화로움을 느꼈습니다. 그때부터 생각을 할 수 있었어요.”

말이 되는 이야기이지 않은가? 하지만 수백만에 이르는 사람들은 격한 혼란 속에 자기 삶을 망가뜨렸다. 최악의 상황을 받아들이는 걸 거부했기 때문이다. 최악의 상황을 개선하려 노력하기를 거부했기 때문이다. 무너진 상태에서도 구할 수 있는 것을 구하려 들지 않았기 때문이다. 어려운 상황을 해결하려 노력하는 대신 고통스럽고 ‘격렬한 싸움’에 나서 결국 우울증이라 알려진, 불행한 생각에 집착하는 병의 희생자가 되고 말았다.

캐리어가 생각해 낸 마법의 공식을 다른 사람들은 어떻게 자신의 문제를 해결하는 데 사용했는지 알고 싶은가? 자, 다음에 하나의 예를 소개한다. 우리 수업을 들었던 학생의 이야기로, 이 학생은 뉴욕에서 석유 딜러로 일하고 있었다.

저는 협박당하고 있었어요. 저는 제가 협박이라는 걸 받을 수 있다고 생각하지 않았습니다. 그런 건 영화에서나 나오는 일이라고 생각했죠. 그런데 실제로 제가 협박을 받고 있었어요! 상황은 이랬어요. 제가 대표로 있는 석유 회사에는 배달 트럭과 운전기사가 많았습니다. 당시에는 물가관리국의 규제가 엄격히 시행되고 있었고, 그게 누구든 고객한 명에게 배달할 수 있는 석유의 양이 제한되어 있었습니다. 그런데 몇몇 트럭 운전기사가 단골에게 배달해야 할 석유 가운데 일부를 빼돌려 이를 다시 팔았습니다.

이러한 불법 거래를 알게 된 건 어느 날 정부 감독관이라는 사람이 저를 찾아와 이를 묵인해주는 대가로 돈을 요구했을 때였습니다. 그 사람은 우리 회사의 운전기사들이 저질렀던 불법 거래의 서류상 증거를 가지고 있었고, 제가 돈을 내지 않으면 그 증거를 검사에게 넘기겠다고 협박했어요.

물론 걱정할 건 전혀 없다는 건 알고 있었습니다. 적어도 개인으로서는 말이죠. 하지만 동시에 직원의 행위는 법률상 회사의 책임으로 규정하고 있다는 것도 알고 있었습니다. 게다가 이 사건이 소송으로 이어지면 언론에 보도될 것이고, 나쁜 평판은 사업을 망칠 터였습니다. 저는 회사에 자부심을 품고 있었어요. 아버님께서 24년 전에 설립하신 회사였죠.

몹시 걱정한 나머지 저는 병이 났습니다! 사흘 밤낮으로 먹지도, 자지도 못했어요. 미친 듯 같은 생각만 계속 맴돌았습니다. '이 사람에게 5,000달러라는 거금을 줘야 할까? 아니면 어디 마음대로 해보라고 해야 할까?' 어느 쪽을 택하든 악몽으로 끝날 일이었습니다.

그러다 일요일 밤, 사람들 앞에서 말하기를 연습하는 카네기 씨의 수업에 참석했을 때 받은, 걱정을 멈추는 법에 관한 작은 책자를 우연히 살펴보게 되었습니다. 내용을 읽기 시작했는데, '최악의 상황을 마주하라'는 캐리어의 이야기가 있었습니다. 그래서 스스로 질문을 던졌습니다. '돈을 주지 않겠다고 거부해서 협박범이 서류를 검사에게 넘겼을 때 일어날 수 있는 최악의 상황은 무엇일까?'

질문의 답을 생각하니 최악은 사업이 망하는 것이었습니다. 교도소에 갈 일은 아니었습니다. 회사의 평판이 나빠져 회사가 망하는 게 일어날 수 있는 나쁜 일의 전부였습니다.

'좋아, 회사가 망할 수 있다는 사실을 받아들이자. 그러고 나면 어떻게 될까?'

글쎄요, 회사가 문을 닫으면 아마 직장을 구해야 할 것입니다. 나쁘지 않은 일이죠. 저는 석유에 관해 많은 걸 알고 있었습니다. 기꺼이 저를 채용해 줄 회사가 여러 군데 있었죠. 이렇게 생각하고 나니 기분이 나아지기 시작했습니다. 사흘 밤낮으로 이어졌던 우울한 걱정이 약간 줄어들기 시작했습니다. 마음이 진정되었습니다. 그리고 놀랍게도 생각을 할 수 있게 되었습니다.

이제 3단계를 마주할 만큼 머릿속이 맑아졌죠. 최악의 상황을 개선할 방법을 생각하게 된 것입니다. 그러는 동안 완전히 새로운 각도에서 문제를 해결할 방법이 떠올랐습니다. 변호사에게 상황을 전부 이야기하면 제가 생각하지 못한 방법을 찾아줄지 모른다는 생각이 들더군요. 진작 이 생각을 하지 못했다는 게 바보 같다는 건 알고 있습니다. 하지만 저는 생각을 하지 않고 있었어요. 그저 걱정만 하고 있었을 뿐입니다! 그래서 다음 날 아침이 되면 무엇보다 먼저 변호사를 찾아가기로 바로 마음먹었습니다. 그러고는 잠자리에 들어 정말 푹 잤습니다!

그래서 어떻게 되었을까요? 다음 날 아침 변호사는 제게 검사를 찾아가 사실대로 말하라고 조언해주었습니다. 변호사의 말을 그대로 따랐습니다. 이야기를 끝내자 검사는 이런 식으로 협박해 돈을 뜯어내는 범죄가 몇 달이나 계속되고 있으며, '정부 감독관'이라고 주장하는 이 남자가 사실은 경찰이 쫓고 있는 사기꾼이라고 이야기했습니다. 저는 정말 깜짝 놀랐습니다. 이런 사기꾼에게 5,000달러를 줘야 할지 고민하며 사흘 밤낮을 괴로워했는데 이 모든 이야기를 들으니 얼마나 안심이 되던지요!

이때의 경험 덕분에 저는 영원히 간직할 교훈을 얻었습니다. 이제 걱정을 불러일으키는 절박한 문제를 마주할 때마다 저는 제가 '노련한 윌리스 캐리어의 공식'이라 부르는 방법을 적용합니다.

윌리스 캐리어가 미주리주 크리스털 시티의 공장에서 가스 정제 장치 문제로 걱정에 휩싸여 있던 무렵, 네브래스카주 브로큰 보우 출신의 한 남성은 유언장을 작성하고 있었다. 남성의 이름은 얼 헤이니였고, 그는 십이지장 궤양을 앓고 있었다. 그런데 유명 궤양 전문의를 포함해 세 명의 의사가 헤이니의 병은 '치료할 수 없는 증례'라고 진단했다. 의사들은 헤이니에게 이런저런 음식을 먹지 말라고 했으며, 걱정하거나 노심초사하지 말고, 늘 평온한 상태를 유지하라고 일렀다. 그리고 유언장을 작성해 두라고 했다!

헤이니는 병 때문에 높은 연봉을 받던 좋은 직장도 그만둔 상태였다. 이제는 할 일이 아무것도 없었고, 다가올 죽음 외에는 기대할 것도 전혀 없었다.

그때 그는 결심했다. 사람들 사이에 드물게 나타나는 훌륭한 결정이었다. "이제 살날이 얼마 남지 않았으니 남은 시간을 최대한 활용해야겠어. 죽기 전에 세계 일주를 하고 싶다고 늘 생각했었지. 세계 일주를 할 거라면 지금 해야 해." 그래서 헤이니는 배표를 샀다.

의사들은 질색하며 말했다. "이 여행을 떠나신다면 바다에 묻히게 되실 거라고 꼭 경고해야겠습니다."

하지만 헤이니는 이렇게 대답했다. "아니요. 저는 네브래스카주 브로큰 보우에 있는 가족 소유의 땅에 묻히기로 친척들과 약속했어요. 그러니 관을 사서 가져갈 겁니다."

헤이니는 관을 사서 배에 실었고, 증기선 회사와 협의해 여행 중에 자신이 사망하면 배가 출발지로 돌아올 때까지 시신을 냉동고에 보관하기로 미리 준비했다. 그는 그렇게 옛 시인 오마르의 정신으로 무장하고 여행에 나섰다.

아, 우리 또한 내려앉는 먼지 속으로 들어가기 전에
아직 쓸 수 있는 것을 최대한 쓰리라.
먼지에서 먼지로, 먼지 속에 눕기 전에.

포도주도 없고, 노래도 없고, 노래하는 이도 없고, 끝도 없는 그곳!

하지만 헤이니의 여행에 '술'이 빠지지는 않았다.

여행하며 저는 하이볼을 마셨어요. 기다란 시가도 피웠고요. 온갖 종류의 음식도 맛보았습니다. 저를 죽일 게 분명한 이상한 토속 음식 까지 먹었습니다. 몇 년 동안 그렇게 즐거웠던 적은 없었어요! 여행 중에 폭풍우와 태풍도 만났지요. 겁이 나 죽을 것 같은 일이어야 했지만, 그런 모험이 엄청나게 즐거웠습니다.

배를 타는 동안 게임을 하고, 노래를 부르고, 새 친구를 사귀고, 밤을 반쯤 지새웠습니다. 중국과 인도에 도착했을 때는 그곳의 가난과 배고픔에 비하면 고국에서 제가 마주했던 업무상 문제나 걱정거리는 천국 같은 일이었다는 걸 깨달았습니다. 무의미한 모든 걱정을 멈추니 기분이 참 좋았습니다. 미국에 돌아와서 몸무게를 재보니 40kg이나 늘어 있더군요. 하마터면 제가 궤양에 걸렸다는 걸 잊을 뻔했어요. 살면서 그때보다 기분이 더 좋았던 때는 없었습니다. 즉시 장의사에게 관을 되팔고 다시 일하기 시작했습니다. 그때 이후로는 단 하루도 아프지 않았어요.

이 일을 겪었을 때 헤이니는 윌리스 캐리어라는 이름과 그가 걱정을 대처하는 방법에 관해 한 번도 들어본 적이 없었다. 그런데 꽤 최근에 헤이니가 말했다.

지금에서야 알게 되었지만 저는 무의식적으로 캐리어의 원칙과 같은 방법을 사용하고 있었습니다. 저는 일어날 수 있는 최악의 상황, 제 경우에는 죽음을 받아들였습니다. 그러고 나서 남은 시간 동안 인생을 최고로 즐기려 노력함으로써 최악의 상황을 개선하려 했습니다. 배에 타고 나서도 걱정을 계속했더라면 저는 분명 의심의 여지 없이 가져갔던 관에 실려 돌아왔을 겁니다. 하지만 저는 배에서 편안하게 지내며 걱정을 잊었습니다. 그런 마음의 평온함이 제게 새로운 힘을 주었고, 그 힘 덕분에 저는 목숨을 구했습니다.

자, 이러한 마법의 공식을 사용해 윌리스 캐리어가 20,000달러짜리 계약을 지켰다면, 뉴욕의 사업가가 협박에서 벗어났다면, 얼 헤이니가 사실상 목숨을 구했다면 여러분도 문제의 답을 얻을 수 있지 않을까? 해결할 수 없다고 생각했던 문제까지 해결할 수 있는 게 아닐까?

우리에게도 걱정스러운 문제가 생기면 윌리스 캐리어의 마법의 공식을 적용해 아래 세 단계를 밟아보자.

걱정에 관해 알아야 할 기본 사항 2

1. 스스로 물어본다. '발생할 수 있는 최악의 상황은 무엇인가?'
2. 어쩔 수 없다면 최악의 상황을 받아들일 준비를 한다.
3. 차분하게 최악의 상황을 개선하려는 노력을 기울인다.

3장

걱정이 미치는 영향

걱정을 극복하는 법을 모르는 기업인은 일찍 죽기 마련이다.

- 알렉시스 카렐

얼마 전 이웃 주민이 저녁에 초인종을 누르고 우리 가족에게 천연두 예방접종을 하라고 권했다. 뉴욕시 전체에는 집집마다 초인종을 눌러 천연두 예방접종을 권하는 수천 명의 자원봉사자가 있는데, 그 가운데 한 명이었다. 겁에 질린 시민들은 예방접종을 하려고 몇 시간씩 줄 서 기다렸다. 예방접종은 모든 병원뿐 아니라 소방서와 경찰서, 대형 공장에서도 할 수 있었다. 그곳에서 2,000명 이상의 의료진이 밤낮으로 열심히 사람들에게 예방접종을 실시했다. 이런 소동이 일어난 이유는 무엇일까? 뉴욕시에서 여덟 명이 천연두에 걸렸고, 그 가운데 두 사람이 숨졌기 때문이었다. 거의 800만에 달하는 인구 가운데 사망자는 두 명이었다.

지금까지 뉴욕에서 37년 넘게 살았지만, 걱정으로 인한 마음의 병에 주의해야 한다는 경고를 하려고 우리 집 초인종을 누른 사람은 아무도 없었다. 지난 37년 동안 천연두보다 10,000배나 큰 피해를 주었는데도 말이다.

우리 집 초인종을 누르고 현재 미국에 사는 사람 열 명 가운데 한 명은 주로 걱정과 감정적 갈등에서 비롯하는 신경쇠약에 걸릴 거라고 경고해 준 사람은 아무도 없었다. 그래서 독자 여러분 댁의 초인종을 누르고 경고하는 의미로 이번 장을 쓰고 있다.

노벨 의학상 수상자인 알렉시스 카렐 박사는 이렇게 말했다. "걱정을 극복하는 법을 모르는 기업인은 일찍 죽기 마련이다." 하지만 그건 주부에게나 수의사에게나 벽돌공에게나 마찬가지다.

몇 년 전 나는 휴가 때 산타페 철도의 의료 담당 임원인 O. F. 고버 박사와 함께 텍사스주와 뉴멕시코주를 자동차로 여행했다. 고버 박사의 정확한 직함은 멕시코만 콜로라도 산타페 병원 협회 수석 의사였다. 우리는 걱정이 끼치는 영향에 관한 이야기를 나누게 되었고, 고버 박사는 이렇게 말했다.

두려움과 걱정을 떨치기만 한다면 의사를 찾아오는 전체 환자의 70퍼센트는 병이 나을 겁니다. 그렇다고 환자가 앓는 병이 상상이란 말은 아닙니다. 그들의 병은 욱신거리는 치통만큼 정말로 고통스러우며, 때로는 치통보다 백배 더 심각합니다. 신경성 소화불량, 몇몇 위궤양 증상, 심장병, 불면증, 일부 두통과 특정 종류의 마비 증세와 같은 병을 말하는 겁니다. 이런 병이 실제로 발병합니다. 저부터도 12년 동안 위궤양을 앓았거든요. 그러니 저도 잘 알죠.

두려움이 걱정을 불러일으킵니다. 걱정하면 몸이 긴장하고 마음이 불안합니다. 그래서 신경에 영향을 주고 위액을 비정상적으로 분비하게 만들어 위궤양으로 이어집니다.

《신경성 위장 장애》라는 책을 쓴 조셉 몬태규 박사도 상당히 비슷한 이야기를 했다. "어떤 음식을 먹었기 때문에 위궤양에 걸리는 게 아닙니다. 우리를 갉아먹는 원인이 위궤양으로 이어지는 거죠."

메이요 클리닉의 W. C. 알바레즈 박사는 이렇게 말했다. "정서적 스트레스가 많아졌다가 적어졌다가 하는 흐름에 따라 궤양의 상태도 나빠졌다가 좋아졌다가 하는 때가 많습니다."

메이요 클리닉에서 위장 장애를 치료한 환자 15,000명을 대상으로 연구한 결과도 박사의 말을 뒷받침한다. 위장 장애의 종류가 무엇이든 환자 다섯 명 가운데 네 명은 신체적 원인이 없었다. 두려움, 걱정, 혐오, 극도의 이기심, 현실 세계에 맞추지 못하는 것 등이 위장 장애와 위궤양을 일으킨 주요 원인이었다. 위궤양은 사망의 원인이 될 수도 있다. 〈라이프〉지에 따르면 현재 위궤양은 목숨을 위협하는 치명적인 질환 순위에서 10위를 차지하고 있다.

최근 메이요 클리닉의 해럴드 하베인 박사와 편지를 주고받았다. 하베인 박사는 전미 내·외과 산업보건의 연합의 연례 회의에서 논문을 발표했다. 논문에 따르면 하베인 박사는 평균 연령 44.3세의 기업 임원 176명을 대상으로 연구를 진행했다. 연구 결과, 조사 대상 임원의 3분의 1이 조금 넘는 수가 긴장이 높은 상태로 살아가는 경우 발병하는 세 가지 질병인 심장병, 소화기관 궤양, 고혈압 가운데 한 가지 병을 앓고 있었다. 생각해 보라. 기업 임원의 3분의 1이 45세도 되기 전에 심장병, 궤양, 고혈압으로 망가지고 있다. 이것이 성공하기 위해 치러야 할 대가란 말인가! 심지어 그들은 성공했다고 여기지도 않는다! 직업상 성공을 얻기 위해 위궤양과 심장 질환이라는 대가를 치른 사람에게 성공했다고 할 수 있을까? 온 세상을 얻고 건강을 잃는다면 무슨 소용이 있을까? 이 세상을 다 가진 사람이라 해도 하룻밤에 한 침대에서 자고, 하루 세 끼 밥을 먹는다. 막노동을 하는 사람도 그렇게 한다. 게다가 그들이 아마 책임이 막중한 기업 임원보다 더 잘 자고, 더욱 즐거이 먹을 것이다. 솔직히 말해 철도 회사나 담배 회사를 경영하며 애쓰느라 45세에 건강을 해칠 바에야 앨라배마주로 내려가 소작농이 되어 밴조를 연주하며 지내는 쪽을 택하겠다.

　담배 이야기가 나온 김에 말하자면 세계에서 가장 유명한 담배 회사 사장이 최근 캐나다의 숲에서 휴식을 좀 취하려던 중에 심부전으로 사망했다. 수백만 달러의 재산을 이룬 사람이었지만, 61세에 쓰러져 사망하고 만 것이다. 그는 아마 '사업의 성공'이라는 것과 수년의 인생을 맞바꾸었을 것이다.

내가 생각하기로는 수백만 달러의 재산을 지닌 이 담배 회사 사장이 미주리주에서 농사를 짓다 한 푼 없이 89세에 사망한 우리 아버지의 반만큼도 성공하지 못했다.

그 유명한 메이요 형제는 신경 장애를 앓는 환자가 병상의 절반 이상을 차지한다고 말했다. 그런데 환자가 사망한 후 고성능 현미경으로 신경을 검시해보면 대부분 환자의 신경은 분명 권투선수 잭 뎀프시의 신경만큼 건강한 상태였다. 환자들의 '신경 문제'는 육체적으로 신경의 상태가 나빠져서 일어나는 게 아니라 허무함, 실망, 불안, 걱정, 두려움, 좌절, 절망 등의 감정에 의해 나타나는 것이었다. 플라톤은 말했다. "의사들이 행하는 가장 큰 실수는 환자의 마음을 치유하려 하지 않은 채 몸을 고치려 한다는 점이다. 그러나 몸과 마음은 하나이므로 따로따로 치료하려 해서는 안 된다."

의학이 이 위대한 진실을 인정하기까지 2,300년이 걸렸다. 인류는 이제 막 몸과 마음을 함께 치료하는 정신신체의학이라는 새로운 의학을 발전시키기 시작했다. 정신신체의학을 발전시켜야 할 때가 된 것은 의학이 천연두, 콜레라, 황열 등 물리적 세균에 의해 발생해 수백만 명을 조기 사망에 이르게 한 수십 가지 끔찍한 질병을 대부분 정복했기 때문이다. 하지만 의학은 세균이 아니라 걱정, 두려움, 증오, 좌절, 절망 등의 감정에서 비롯하는 정신적, 육체적 질병에는 대응하지 못했다. 그러는 사이 감정으로 인한 병을 앓거나 사망하는 환자의 수는 파국을 불러일으킬 속도로 증가하고 있다.

의사들은 미국인 스무 명 가운데 한 명은 앞으로 정신병원 신세를 지게 될 것으로 생각한다. 제2차 세계대전의 징집 대상이었던 미국의 청년 여섯 명 가운데 한 명은 정신질환을 앓거나 정신에 문제가 있다는 이유로 징집이 거부되었다.

사람들은 무엇 때문에 정신질환을 앓게 되는 것일까? 이 질문의 답을 다 아는 사람은 없다. 하지만 많은 경우 두려움과 걱정이 원인일 가능성이 크다. 가혹한 현실 세계에 대응할 수 없는 불안에 지친 사람은 주위와 일절 연락을 끊고 스스로 만든 개인적인 몽상의 세계로 도피한다. 걱정하는 문제를 이렇게 해결하는 것이다.

지금 이 글을 쓰는 책상 위에 에드워드 포돌스키 박사의 저서 《걱정을 멈추고 건강하라》가 놓여 있다. 다음은 이 책의 목차 가운데 일부다.

- 걱정이 심장에 미치는 영향
- 걱정을 먹고 자라는 고혈압
- 걱정으로 인해 류머티즘이 발병할 수도 있다
- 위를 생각한다면 걱정을 줄여라
- 걱정하면 감기에 걸리게 된다

- 걱정과 갑상선
- 걱정이 많은 당뇨병 환자

걱정에 관한 내용을 다룬 또 다른 책으로 '정신의학의 메이요 형제'라고 불리는 정신의학자 칼 메닝거 박사가 쓴《자신을 해치는 사람》이 있다. 메닝거 박사의 책은 파괴적인 감정이 삶을 지배하도록 두는 게 자신에게 무슨 짓을 하는 건지 깜짝 놀랄 만한 사실을 밝혀 알려 준다. 자신을 해치는 걸 그만두고 싶다면 메닝거 박사의 책을 구해 읽어라. 그리고 친구에게도 읽게 하라. 이 책을 사는 데 돈을 쓰는 건 인생 최고의 투자가 될 것이다.

세상 둔감한 사람조차 걱정하면 병이 날 수 있다. 남북전쟁의 막바지 무렵 그랜트 장군은 몸소 이 사실을 깨달았다. 그랜트 장군의 이야기는 다음과 같다. 그랜트 장군은 9개월 동안 리치몬드를 포위하고 있었다. 그에 맞서는 리 장군의 군대는 지치고 굶주려 패배한 듯 보였다. 한 번에 연대 전체가 탈영하기도 했다. 남은 군인들은 막사에 모여 소리치고 흐느끼고 환영을 보며 기도를 드렸다. 끝이 다가오고 있었다. 리 장군의 군대는 리치몬드의 목화와 담배 창고에 불을 지르고, 무기고를 태우고 밤을 틈타 리치몬드에서 탈출했다. 어둠 속에서 불기둥이 솟아올랐다. 그랜트 장군은 맹추격에 나섰다. 양 측면과 후방에서 남군에게 총을 쏘았고, 그러는 사이 셰리던 장군의 기마부대도 철로를 파괴하고 보급품 수송 열차를 포획하며 남군의 전면을 막아섰다.

그랜트 장군은 머리가 깨질 듯한 두통을 느껴 반쯤 눈을 감은 상태로 휘하의 군인들을 먼저 보내고 어느 농가에서 발길을 멈췄다. 그랜트 장군은 회고록에 이렇게 썼다. "겨자를 넣은 뜨거운 물에 발을 담그고 겨자 반죽을 손목과 목 뒤에 바른 뒤 아침이 되면 두통이 낫길 바라며 그 밤을 보냈다."

다음 날 아침 그랜트 장군의 두통이 씻은 듯이 바로 나았다. 두통을 낫게 한 건 겨자 반죽이 아니라, 말을 타고 찾아온 기수가 건넨 리 장군의 편지였다. 리 장군은 편지에 항복을 원한다고 썼다.

그랜트 장군은 다음과 같이 썼다. "기수가 다가왔을 때 나는 여전히 두통 때문에 머리가 깨질 것 같았다. 하지만 그가 건넨 편지를 읽자마자 두통은 바로 사라졌다."

그랜트 장군이 앓았던 두통의 원인은 걱정, 긴장 등의 감정 문제였음이 분명했다. 승리를 얻고 자신감과 성취감을 느끼자마자 두통은 바로 나았다.

그로부터 70년 뒤 프랭클린 루스벨트 대통령 내각의 재무장관이었던 헨리 모겐소 2세도 걱정으로 인해 몸이 너무 아파 어지러움을 느꼈다. 모겐소 장관은 일기에 루스벨트 대통령이 밀 가격을 올리려고 하루에 440만 부셸(1부셸은 약 27.2154kg이므로 약 119,748톤)씩 밀을 사들였을 때 몹시 걱정했다고 적었다. 모겐소 장관이 쓴 일기의 일부이다. "이런 일이 일어나고 있을 때 나는 정말로 어지러움을 느꼈다. 그래서 집으로 돌아가 점심을 먹은 후 두 시간 동안 침대에 누워 있었다."

걱정이 사람에게 어떤 영향을 주는지 확인하고 싶다면 도서관이나 의사를 찾아가지 않아도 된다. 지금 이 책을 쓰고 있는 우리 집 창문 밖만 봐도 되기 때문이다. 우리 집으로부터 한 블록 안에만 해도 걱정하다 신경쇠약에 걸린 사람이 있는 집이 있고, 걱정으로 인해 당뇨병이 생긴 집도 있다. 주식 시장이 하락하자 그의 혈액과 소변에서 검출되는 당 수치가 치솟았다고 한다.

프랑스의 저명한 철학자 몽테뉴는 고향인 보르도의 시장으로 선출되었을 때 시민들에게 말했다. "여러분이 맡겨주신 일을 기꺼이 이 두 손으로 해내겠습니다. 하지만 제 간과 폐를 쓰지는 않을 겁니다."

하지만 우리 이웃 사람은 주식 시장 문제를 걱정하다 혈관에 영향이 갔고, 거의 죽을 뻔했다.

걱정하다 보면 류머티즘과 관절염을 얻어 휠체어 신세를 지게 될 수도 있다. 코넬 대학교 의과 대학의 러셀 세실 박사는 세계적인 권위를 지닌 관절염 전문의이다. 그런 세실 박사가 관절염을 부르는 흔한 요인으로 다음 4가지를 꼽았다.

1. 결혼 생활의 실패
2. 경제적 실패와 그로 인한 고민
3. 외로움과 걱정
4. 오랜 원한

당연히 이 4가지 감정 문제가 관절염을 일으키는 유일한 원인은 절대 아니다. 세상에는 다양한 원인으로 발병하는 많은 종류의 관절염이 있다. 하지만 다시 한번 말하자면 관절염을 부르는 가장 흔한 요인은 러셀 세실 박사가 꼽은 4가지이다. 예를 들어보자. 내게는 대공황 당시 경제적으로 몹시 힘든 시간을 보낸 친구가 있다. 가스 회사에서는 친구 집의 가스 공급을 끊었고 은행은 대출로 산 친구의 집을 압류했다. 그러자 친구의 아내에게 갑자기 고통스러운 관절염이 찾아왔다. 약을 쓰고 음식을 조절해도 관절염에는 차도가 없었지만, 친구네의 경제 상황이 나아지자 사라졌다.

걱정은 심지어 충치를 일으키기도 한다. 윌리엄 맥고니글 박사는 미국치과협회 강연에서 "걱정, 두려움, 짜증으로 인해 발생하는 불쾌한 감정은 몸의 칼슘 균형을 무너뜨려 충치를 유발할 수 있다."라고 발표했다. 맥고니글 박사는 자신의 환자 가운데 항상 완벽한 치아를 유지하던 환자가 있었는데 아내가 갑자기 병을 얻어 걱정하기 시작하자 치아가 나빠졌다는 이야기를 들려주었다. 아내가 병원에 입원했던 3주 동안 그에게는 충치가 9개나 생겼다. 걱정한 탓이다.

갑상선 기능 항진증을 심하게 앓는 사람을 본 적이 있을까? 나는 본 적이 있다. 그래서 이들이 몸을 떤다는 것을 안다. 몸을 바들바들 떤다. 반쯤 겁에 질려 죽을 사람처럼 보인다. 실제로도 그렇다. 이들의 몸에서는 신체를 조절하는 분비샘인 갑상샘이 제대로 기능하지 않는다. 이로 인해 심장 박동 수가 빨라지고, 모든 송풍구를 다 열어둔 용광로처럼 온몸이 꿩음을 내며 활활 타오른다. 수술이나 치료를 통해 갑상샘을 억제하지 않으면 환자는 사망에 이른다. '스스로 하얗게 불태우는 것'이다.

얼마 전 나는 갑상선 기능 항진증을 앓는 친구와 유명한 갑상샘 전문의를 만나러 필라델피아에 갔다. 의사는 28년 동안 갑상샘 관련 질환을 치료하고 있었다. 그의 병원에는 모든 환자가 볼 수 있도록 대기실 벽에 걸어 둔 커다란 나무판에 이런 조언이 적혀 있었다.

휴식과 오락 활동

가장 편안하게 우리의 기운을 회복시키는 힘은
건전한 종교, 수면, 음악, 그리고 웃음에 있다.

신에게 믿음을 가지고, 푹 자는 법을 배워라.
좋은 음악을 즐기고, 삶의 즐거운 면을 바라보라.
그러면 건강과 행복이 찾아올 것이다.

그 병원의 의사가 친구에게 처음으로 던진 질문은 이랬다. "어떤 정서상의 문제로 몸이 이런 상태가 되셨나요?" 그리고 걱정을 멈추지 않으면 심장 질환, 위궤양, 혹은 당뇨와 같은 다른 합병증이 찾아올 수 있다고 경고했다. 저명한 의사는 말했다. "이 모든 질환은 사촌 관계라고 할 수 있습니다." 그렇다. 이들은 가까운 사촌 관계와 같은 질병이다. 전부 걱정에서 비롯되는 병이기 때문이다!

배우 멜 오베론을 인터뷰했을 때, 그녀는 걱정하지 않으려 한다고 밝혔다. 걱정은 영화계에서 일하는 자신의 가장 중요한 자산인 뛰어난 외모를 망가뜨릴 수 있다는 걸 알기 때문이라고 했다. 멜은 이렇게 말했다.

처음 영화계에 진출하려 했을 때 걱정되고 두려웠어요. 저는 인도에서 런던으로 막 온 참이었고, 런던에 아는 사람은 아무도 없었어요. 영화제작자를 몇 명 만났지만, 아무도 제게 배역을 주지 않았어요. 수중에 있던 얼마 되지 않는 돈은 바닥나기 시작했어요. 2주 동안 크래커와 물만 먹고 지냈어요. 이제 걱정만 되는 게 아니라 배도 고팠어요. 그래서 스스로에게 말했습니다. "난 바보야. 영화배우는 절대 될 수 없을 거야. 어쨌든 배우 경험이 전혀 없잖아. 연기란 걸 해본 적이 한 번도 없는데 조금 예쁜 얼굴 말고 내세울 수 있는 게 뭐가 있어?"

거울 앞에 섰습니다. 거울을 바라보자 걱정이 제 외모에 어떤 영향을 끼쳤는지 보이더군요! 얼굴에 주름이 생기고 있는 게 보였어요. 불안한 표정도 나타났죠. 그래서 생각했습니다. '지금 당장 걱정을 멈춰야 해! 걱정할 여유가 없어. 내세울 수 있는 유일한 장점이 외모라고. 걱정하면 그 외모를 망치게 될 거야!'

걱정만큼 빠른 속도로 여성을 늙고 시들게 하며 외모를 망가뜨리는 건 거의 없다. 걱정하면 표정이 굳고 입을 앙다물게 되며 얼굴에 주름이 생긴다. 영영 찌푸린 얼굴이 되고 만다. 걱정하면 흰머리가 생기고, 탈모로까지 이어지는 일도 있다. 걱정은 피부도 망친다. 걱정으로 인해 온갖 종류의 피부 발진과 두드러기, 뾰루지 등이 생기기 때문이다.

오늘날 미국인의 사망 원인 1위는 심장병이다. 제2차 세계대전 동안 30만 명 이상의 장병이 전장에서 싸우다 사망했다. 그런데 같은 기간 미국에서 심장병으로 사망한 민간인은 200만 명이었다. 그 가운데 100만 명은 걱정과 긴장도가 높은 삶에서 비롯되는 종류의 심장 질환이 원인이 되어 사망했다. 그렇다. 심장병은 알렉시스 카렐 박사가 "걱정을 극복하는 법을 모르는 기업인은 일찍 죽기 마련이다."라고 말한 주된 이유다.

남부 지방의 흑인이나 중국인이 걱정으로 인해 심장병에 걸리는 경우는 드물다. 만사를 차분하게 받아들이기 때문이다. 심부전으로 사망하는 의사는 농장의 일꾼보다 스무 배나 많다. 의사는 긴장한 채로 살며, 그 대가를 치른다.

심리학자이자 철학자, 의사였던 윌리엄 제임스는 이렇게 말했다. "신은 우리의 죄를 사해주시지만, 신경 체계는 절대 그러는 법이 없다."

믿기 어려울 정도로 깜짝 놀랄만한 사실을 소개하자면, 매년 미국에서 가장 흔히 발생하는 5대 전염병으로 사망한 사람을 합한 것보다 자살로 목숨을 잃은 사람이 더 많다.

왜 이런 현상이 나타나는 것일까? 대체로 '걱정' 때문이다.

잔인했던 중국의 황제들은 죄수를 고문할 때 죄수의 손발을 묶고 물주머니 아래에 두었다. 물주머니에서는 밤낮으로 끊임없이 물방울이 떨어지고 떨어지고 떨어진다. 머리로 끊임없이 떨어지는 물방울은 마침내 망치로 내리치는 소리처럼 들리게 되고 죄수를 미치게 한다. 같은 고문 방법이 스페인 종교재판과 히틀러가 통치하던 독일의 유대인 수용소에서 사용되었다.

걱정은 끊임없이 떨어지는 물방울과 같다. 그렇게 계속 떨어지는 물방울 같은 걱정은 종종 사람을 미치게 해 자살로 몰고 간다.

미주리주에서 시골 청년으로 살던 시절 나는 복음 전도사 빌리 선데이가 저승 세계의 지옥 불을 묘사하는 이야기를 듣고 반쯤 죽을 만큼 겁에 질렸다. 하지만 빌리는 바로 여기 현세에서 걱정이 불러오는 육체적 고통의 지옥 불에 관해서는 단 한 번도 언급하지 않았다. 예를 들어 늘 걱정을 달고 사는 사람이라면 언젠가 인간이 지금까지 겪은 고통 가운데 가장 끔찍하다는 고통에 시달리게 될지 모른다. 바로 협심증을 앓을 때 겪는 고통이다.

협심증에 걸리면 고통에 찬 비명을 내지를 것이다. 그 비명은 단테의 《신곡》 중 〈지옥〉 편에서 들리는 비명을 영화 〈장난감 나라〉에서 나오는 아이들의 노래처럼 여기게 할 것이다. 그러고 나면 스스로 말하게 된다. "오, 신이시여, 협심증만 낫는다면 다른 그 무엇에 관해서도 다시는 절대 걱정하지 않겠습니다."(내 말이 과장인 것 같다면 의사에게 물어보라.)

인생을 사랑하는가? 건강하게 오래 살고 싶은가? 그렇게 할 수 있는 방법을 소개한다. 이를 위해 다시 한번 알렉시스 카렐 박사의 말을 인용하겠다. "현대 도시의 소란스러움 속에서 내면의 평화를 유지하는 사람은 신경 질환에 면역력을 가진다."

현대 도시의 소란스러움 속에서 내면의 평화를 유지할 수 있는가? 일반적인 사람의 대답은 '그렇다'이다. 그것도 단호하게 '그렇다'라고 말할 것이다. 우리 대부분은 스스로 생각하는 것보다 강한 사람이다. 우리의 내면에는 한 번도 사용하지 않았을 자원이 있다. 작가 헨리 데이비드 소로는 불멸의 명저 《월든》에 다음과 같이 적었다.

의식적인 노력으로 삶을 향상할 수 있는 의심의 여지 없는 능력이 우리에게 있다는 사실만큼 힘이 되는 건 없다. 꿈을 향해 자신 있게 나아가고, 상상하는 삶을 살려고 노력한다면 평소 예상하지 않았던 성공을 이룰 것이다.

물론 이 책의 독자 가운데 많은 이도 올가 자베이만큼 강한 의지력과 내면의 풍부한 자원을 지녔을 것이다. 아이다호주 쾨르드알렌 박스가 892번지에 사는 올가는 가장 비극적인 상황에서도 걱정을 물리칠 수 있다는 걸 깨달았다. 올가처럼 우리도 걱정을 물리칠 수 있다고 확신한다. 이 책에서 소개할 예로부터의 진리를 적용한다면 말이다.

8년 반 전에 저는 암이라는 사망 선고를 받았습니다. 천천히, 고통스럽게 죽어가는 병이죠. 우리나라 최고의 의사인 메이요 형제도 암을 확인해주었습니다. 저는 막다른 길에 서 있었죠. 최후가 제게 입을 벌리고 있었어요! 저는 젊었습니다. 죽고 싶지 않았어요! 필사적인 마음으로 켈로그에 있는 주치의에게 전화를 걸어 마음속의 절망을 울며 털어놓았습니다. 의사는 얼마 듣지도 않고 저를 나무랐습니다. "올가, 무슨 말이에요? 암과 싸울 마음이 없는 건가요? 그래요, 그렇게 계속 울고 있으면 분명 죽을 겁니다. 최악의 상황이 당신을 찾아왔어요. 자, 사실을 마주하세요! 걱정은 그만두고 뭔가 해 봐야죠!" 바로 그때 거기서 저는 맹세했습니다. 몹시 엄숙한 맹세로 꽉 쥔 손의 손톱이 살을 파고들었고, 등줄기가 서늘해졌습니다. '나는 이제 걱정하지 않을 거야! 울지도 않을 거야! 병을 이겨내는 일에만 신경 쓰겠어! 나는 살 거라고!'

라듐을 쓸 수 없을 정도로 암이 많이 진행된 경우에는 보통 30일 동안 하루에 10분 30초간 방사선 치료를 합니다. 하지만 저는 49일 동안 하루에 14분 30초씩 치료를 받았습니다. 황량한 언덕의 바위처럼 여윈 몸에 뼈가 튀어나와 보이고, 발이 납덩이처럼 무거웠지만, 저는 걱정하지 않았습니다. 단 한 번도 울지 않았고요. 저는 미소를 지었어요. 억지로라도 미소를 지었습니다.

그저 미소를 짓는다고 암이 나을 것으로 생각할 만큼 어리석은 사람은 아닙니다. 하지만 즐거운 마음가짐을 가지면 몸이 병과 싸우는 데 도움이 될 거라는 믿음이 있었습니다. 어쨌든 저는 기적처럼 암이 완치되는 걸 경험했습니다. 지난 몇 년간은 그 어느 때보다 건강하게 보냈습니다. 주치의 맥카프리 박사님이 도전 의식과 투지를 불러일으키는 말씀을 해주신 덕분입니다. "사실을 마주하세요. 걱정을 멈추세요. 그러고 나서 뭔가 해보세요!"

예언자 무함마드의 광적인 추종자들은 종종 가슴에 코란의 구절을 문신해 새겼다. 나도 모든 독자의 가슴에 알렉시스 카렐 박사의 말을 문신처럼 남기고 싶다. "걱정을 극복하는 법을 모르는 기업인은 일찍 죽기 마련이다."

걱정에 관해 알아야 할 기본 사항 3
'걱정을 극복하는 법을 모르는 기업인은 일찍 죽기 마련이다.' 이 말을 기억하라.

원칙 1 걱정을 피하고 싶다면 윌리엄 오슬러 경처럼 하라. '오늘이라
        는 구역' 안에서 사는 것이다. 미래를 걱정하며 마음 졸이지
        말고, 잠자리에 들기 전까지 매일 그저 오늘에 집중하며 살라.

원칙 2 앞으로 큰 문제가 생겨 궁지에 몰리면 윌리스 캐리어가 만든,
        걱정을 극복하는 마법의 공식을 써보라.

- 1단계: '문제를 해결하지 못했을 때 일어날 수 있는 최악의
  상황은 무엇일까?' 스스로 질문하라.

- 2단계: 어쩔 수 없다면 최악의 상황을 받아들일 마음의 준
  비를 하라.

- 3단계: 그러고 나서 이미 받아들이기로 마음의 준비를 마
  친 최악의 상황을 개선할 방법을 차분히 찾아보라.

원칙 3 건강 측면에서 걱정으로 인해 치르게 될 엄청난 대가를 생각
        하라. '걱정을 극복하는 법을 모르는 기업인은 일찍 죽기 마
        련이다.'

걱정 분석을 위한
기본 기술

4장

걱정하는 문제를 분석하고
해결하는 방법

내게는 여섯 명의 정직한 하인이 있다.

(내가 아는 모든 건 이들에게 배웠다.)

이들의 이름은 '누가', '언제', '어디서',

'무엇을', '어떻게', '왜'이다.

– 러디어드 키플링

Part 1의 2장에서 설명한 윌리스 캐리어의 마법의 공식이 걱정 문제를 전부 해결해줄까? 물론 그렇지는 않다. 그렇다면 답은 무엇일까? 다음에 소개하는 문제 분석의 기본 단계를 익힘으로써 여러 가지 걱정거리에 대처할 준비를 해야 한다는 것이다. 문제 분석의 기본 3단계는 다음과 같다.

1. 사실을 파악한다.

2. 사실을 분석한다.

3. 결정을 내리고, 이를 실행한다.

당연한 소리 같은가? 그렇다. 이건 아리스토텔레스가 가르치고 사용한 방법이다. 그리고 우리도 반드시 사용해야 하는 방법이다. 우리의 낮과 밤을 지옥으로 탈바꿈시키는 괴로운 문제를 해결해야 한다면 말이다.

1단계를 살펴보자. '사실을 파악한다.' 사실을 파악하는 게 왜 그렇게 중요할까? 그건 사실을 파악하지 않으면 지혜롭게 문제를 해결해 보려는 시도조차 할 수 없기 때문이다. 사실을 알지 못하면 우리가 할 수 있는 거라고는 혼란스러워하며 마음을 졸이는 일뿐이다. 이건 내가 생각해낸 말이 아니다. 이건 22년간 컬럼비아 대학교 총장을 지낸 고故 허버트 호크스의 생각이다. 호크스 총장이 걱정을 해결하도록 도움을 준 학생은 20만 명이나 된다. 그런 호크스 총장은 '혼란은 걱정을 일으키는 주요 원인'이라고 말했다. 그리고 이렇게 말을 이었다. "세상 걱정의 절반은 사람들이 결정의 근거가 되어야 할 지식을 충분히 얻기 전에 결정을 내리려 하는 데서 발생합니다. 예를 들어 다음 주 화요일 3시에 마주해야 할 문제가 있다면 저라면 다음 주 화요일이 될 때까지 결정을 내리려는 시도조차 하지 않을 겁니다. 대신 그때까지 문제와 관련된 모든 사실을 파악하는 데 집중합니다. 저는 걱정하지 않습니다. 눈앞의 문제를 두고 걱정하며 괴로워하지 않아요. 잠들지 못하는 일도 없습니다. 저는 그저 사실을 파악하는 일에만 집중합니다. 그리고 화요일이 다가오고 제가 모든 사실을 파악했다면 대개 문제는 저절로 해결됩니다!"

나는 호크스 총장에게 그럼 걱정을 완전히 극복했다는 뜻인지 물었다. 호크스 총장이 대답했다. "그렇습니다. 지금 제 인생에서 걱정은 거의 사라졌어요. 어느 한쪽으로 치우치지 않는 객관적인 방식으로 사실을 파악하는 데 시간을 들이면 그렇게 얻은 지식 덕분에 걱정은 대개 사라집니다."

거듭 말할 가치가 있는 말이다. '어느 한쪽으로 치우치지 않는 객관적인 방식으로 사실을 파악하는 데 시간을 들이면 그렇게 얻은 지식 덕분에 걱정은 대개 사라진다.'

그런데 대부분의 사람은 어떻게 하는가? 토머스 에디슨이 진지하게 말한 것처럼 "생각하는 일을 피할 수만 있다면 우리가 사용하지 못할 방법은 없다." 하지만 우리는 사실을 파악하는 데 조금이나마 신경을 쓸 때도 마치 새를 쫓는 사냥개처럼 이미 생각하는 바를 뒷받침할 사실만을 쫓을 뿐이며 다른 사실은 전부 무시한다! 우리는 자신의 행동을 정당화할 사실, 자신이 바라는 생각에 딱 들어맞고 이미 지닌 편견을 정당화하는 사실만을 찾는다!

프랑스의 작가 앙드레 모루아가 말했듯 "자신의 개인적인 바람과 일치하는 건 전부 사실인 듯 여겨진다. 그렇지 않은 건 하나같이 우리를 화나게 한다."

그러니 우리가 지닌 문제의 답을 찾는 게 그토록 어렵다는 게 놀라운 일은 아니지 않은가? 2+2=5라고 가정하면서 초등학교 2학년 수학 문제를 풀려고 하면 같은 어려움을 겪지 않을까? 하지만 이 세상에는 2+2=5라고, 혹은 500이라고 우기며 자신과 타인의 인생을 지옥으로 만드는 사람이 아주 많다.

그렇다면 우리는 어떻게 해야 할까? 생각에 감정을 배제해야 한다. 호크스 총장이 이야기했듯 사실을 파악할 때는 '어느 한쪽으로 치우치지 않는 객관적인' 태도를 고수해야 한다.

걱정이 들 때 그렇게 하기는 쉽지 않다. 걱정스러울 때는 감정이 높이 차오른다. 하지만 나는 문제에서 한 발짝 떨어져 사실을 분명하고 객관적인 태도로 바라보는 데 도움이 되는 두 가지 방법을 찾았다.

첫째, 사실을 파악하려 할 때 내가 아닌 다른 사람을 위해 정보를 모으는 중이라고 가정한다. 그렇게 하면 증거를 바라보는 냉정하고 공정한 시각을 갖게 되며, 감정도 배제하게 된다.

둘째, 걱정되는 문제에 관한 정보를 모으려 할 때 상대편 변호사의 입장이라고 생각한다. 즉, 내 주장에 반하는 사실을 전부 모으려 노력하는 것이다. 내 바람을 해치는, 마주하고 싶지 않은 모든 사실을 말이다.

그러고 나서 문제를 바라보는 양측의 주장을 전부 적는다. 그렇게 하면 일반적으로 진실은 양극단 사이 가운데 어디쯤 있다는 걸 알게 된다.

내가 하려는 말은 이것이다. 여러분이나 나나 아인슈타인이나 미국의 대법원조차도 어떤 문제에 관해서든 일단 사실을 파악하지 않고서는 현명한 결정을 내릴 수 없다. 토머스 에디슨은 이 점을 알고 있었다. 그래서 사망 당시 에디슨은 그가 마주하고 있던 문제에 관한 사실을 가득 적은 공책을 2,500권이나 가지고 있었다.

그러므로 우리가 지닌 문제를 해결하기 위한 첫 번째 원칙은 사실을 파악하는 것이다. 호크스 총장이 했던 대로 해보자. 일단 어느 한쪽으로도 치우치지 않은 태도로 사실을 전부 파악한다. 그렇게 하지 않고서는 문제를 해결하려는 시도조차 하지 말아야 한다.

하지만 이 세상의 모든 사실을 파악한다 해도 이를 분석하거나 해석하지 않으면 아무런 도움이 되지 않는다. 나는 파악한 사실을 적어두면 분석하기 훨씬 쉽다는 걸 값비싼 경험을 통해 배웠다. 때로는 파악한 사실을 그저 종이에 적어 문제를 명확히 하기만 해도 합리적인 결정을 내리는 데 도움이 된다. 미국의 발명가이자 엔지니어인 찰스 케터링은 이렇게 말했다. "문제를 말로 잘 표현하기만 해도 절반은 해결한 것이나 다름없다."

중국 속담에 '백문이 불여일견'이라 했으니 이런 내용을 실제 있었던 사례를 통해 보여주겠다. 위에서 이야기한 바로 그 내용을 구체적인 행동으로 옮기는 한 남자의 모습을 그림으로 본다고 생각하라.

내가 수년 동안 알고 지낸 갤런 리치필드의 사례다. 갤런은 극동지방에서 가장 크게 성공한 미국의 사업가다. 1942년 리치필드는 중국에 있었다. 일본이 상하이를 침공했던 때였다. 다음은 갤런이 우리 집에 손님으로 찾아왔을 때 들려준 이야기다.

일본군은 진주만을 공격하고 나서 얼마 지나지 않아 상하이를 공격하며 몰려들었습니다. 저는 상하이에 있는 아시아 생명보험사에서 관리직을 맡고 있었어요. 일본군은 우리 회사에 '군 청산인'을 보냈습니다. 실제 해군 장군이었죠. 그리고 제게 이 남자를 도와 회사의 자산을 청산하라는 명령을 내렸습니다. 제게는 아무런 선택권이 없었습니다. 협조를 하거나 하지 않는 건 선택이었지만, '협조하지 않는다'는 건 분명 죽음을 뜻했습니다.

그래서 저는 명령받은 대로 모든 행동을 취했습니다. 다른 방도가 없었기 때문이에요. 하지만 일본군 장군에게 준 목록에 넣지 않은 75만 달러 상당의 유가증권이 있었습니다. 목록에서 이를 제외했던 건 홍콩지사 소유의 유가증권이지, 상하이지사의 자산이 아니었기 때문입니다. 그래도 여전히 저는 일본군이 이를 알면 곤경에 처하게 되는 게 아닐까 두려웠습니다. 그리고 얼마 안 가 일본군이 이 사실을 알게 되었죠.

일본군이 사실을 알아챘을 때 저는 사무실에 없었지만, 회계팀장은 그 자리에 있었습니다. 회계팀장에게 들으니 일본군 장군이 화가 나서 발을 쿵쿵 구르며 욕을 했고, 저를 도둑이자 반역자라고 불렀다고 하더군요. 저는 일본군에 저항한 셈이 되었습니다. 그리고 그게 무슨 의미인지 알고 있었습니다. 일본군은 저를 '브리지 하우스'에 밀어 넣겠죠!

'브리지 하우스', 일본군 헌병대의 고문실이라니! 제게는 그 고문실에 끌려가지 않으려고 자살을 택한 친구들이 있었습니다. 브리지 하우스에서 열흘간 심문과 고문을 받은 뒤 사망한 친구들도 있었어요. 이제 제가 그 고문실에 들어갈 참이었습니다!

제가 무엇을 했을까요? 제가 그 소식을 들은 건 일요일 오후였습니다. 겁에 질렸어야 했겠죠. 문제를 해결하는 확실한 기법을 몰랐다면 저는 겁에 질렸을 겁니다. 수년 동안 저는 걱정이 들 때마다 타자기 앞에 앉아 두 가지 질문과 그에 대한 답을 적어 내려갔습니다.

1. 어떤 걱정을 하고 있는가?
2. 이에 대해 내가 할 수 있는 일은 무엇일까?

전에는 위의 질문에 답을 적지 않고 그냥 생각만 했습니다. 하지만 몇 년 전부터는 그렇게 하지 않습니다. 질문과 답을 모두 적어야 생각이 분명해진다는 걸 알았거든요.

그래서 소식을 들은 일요일 오후에 저는 바로 상하이 YMCA에 있는 제 방으로 가서 타자기 앞에 앉았습니다. 그리고 적었어요.

1. 지금 나는 어떤 걱정을 하고 있는가?

- 내일 아침 브리지 하우스에 들어가게 될까 두렵다.

그리고 나서 두 번째 질문을 적었습니다.

2. 이에 대해 내가 할 수 있는 일은 무엇일까?

답을 생각하는 데 몇 시간이나 걸렸지만, 제가 택할 수 있는 행동 4가지와 각 행동에 따르게 될 결과를 적었습니다.

1. 일본군 장군에게 상황을 설명한다. 하지만 그는 '영어를 모른다.' 통역사를 통해 상황을 설명하려다가는 다시 그의 화를 북돋울지 모른다. 그건 내 죽음을 의미한다. 일본군 장군은 잔인한 사람이 므로 이 문제에 관해 이야기하기보다는 나를 브리지 하우스에 처 넣을 것이다.

2. 도망친다. 하지만 이는 불가능하다. 일본군은 항상 내 움직임을 감시한다. YMCA의 방을 들어오고 나갈 때는 항상 알려야 한다. 도망치려 하다가는 아마 붙잡혀서 총살당할 것이다.

3. 방에만 머무르고 다시는 사무실 근처에 가지 않는다. 그렇게 하 면 일본군 장군이 수상하게 여길 것이고, 아마 나를 잡아 오라고 군인을 보내 한마디 할 기회도 주지 않고 브리지 하우스에 처넣 을 것이다.

4. 월요일 아침 평소와 다름없이 사무실로 출근한다. 일본군 장군

이 너무 바빠 내가 했던 일을 떠올리지 못할 가능성이 있다. 내가 한 일을 기억한다 해도 이미 화가 식어 내게 별다른 말을 하지 않을 수도 있다. 그렇게 되면 나는 무사할 것이다. 그가 이 일에 관해 나를 추궁한다 해도 여전히 내게는 설명할 기회가 있다. 그러므로 월요일 아침 평소처럼 사무실로 출근해 잘못된 일이 아무것도 없는 것처럼 굴면 브리지 하우스 행을 피할 두 가지 가능성이 생긴다.

여기까지 전부 생각해내자 저는 네 번째 안을 따르기로 마음먹었습니다. 월요일 아침 평소처럼 사무실로 출근하는 거지요. 그랬더니 엄청나게 마음이 편안해졌습니다.

다음 날 아침 사무실에 들어서자 일본군 장군이 담배를 입에 물고 앉아 있었습니다. 언제나처럼 저를 노려보더군요. 하지만 아무 말도 하지 않았습니다. 그로부터 6주 뒤 일본군 장군은 도쿄로 돌아갔고, 제 걱정도 사라졌습니다.

이미 말했지만, 일요일 오후 자리를 잡고 앉아 제가 취할 수 있는 모든 행동 단계와 단계별로 나타날 수 있는 결과를 적고 나서 차분하게 다음 행동을 결정한 덕분에 저는 목숨을 구했습니다. 그렇게 하지 않았다면 저는 아마 당황해서 머뭇거리다가 일시적인 충동에 따른 잘못된 행동을 했을지 모릅니다. 문제에 대해 깊이 생각하고 결론을 내리지 않았다면 일요일 오후 내내 저는 걱정으로 정신이 나가 있었을 겁니다. 그날 밤에는 잠도 자지 못했겠죠. 월요일 아침에 괴로워하고 걱정하는 모습으로 사무실에 출근했을 겁니다. 그랬다면 그런 모습만으로도 일본군 장군의 의심을 사 그가 다른 행동에 나섰을지도 모릅니다.

저는 여러 번의 경험을 통해 결정을 내리는 일에 엄청난 가치가 있다는 걸 알게 되었습니다. 신경이 쇠약해지고 지옥에서 사는 듯한 기분이 드는 건 목표를 정하지 못하고 미친 듯 같은 자리에서 뱅글뱅글 원을 그리는 일을 멈출 수 없기 때문입니다. 분명하고 확실한 결정에 도달하기만 해도 걱정의 절반은 사라지더군요. 그리고 결정한 내용을 실천하기 시작하면 대개 남은 걱정 가운데 40%도 사라집니다. 그리고 다음 네 단계를 밟기만 하면 걱정의 90%가 사라집니다.

1. 걱정하는 바를 상세하게 적는다.
2. 그에 대해 내가 할 수 있는 일을 적는다.
3. 무슨 일을 할지 정한다.
4. 결정을 바로 실천한다.

갤런 리치필드는 현재 뉴욕 존가에 있는 스타 파크 앤 프리먼 주식회사에서 동아시아 지역 담당 이사를 맡아 대형 보험과 금융 이익 업무를 담당하고 있다.

앞서 말한 것처럼 갤런 리치필드는 현재 아시아에서 가장 중요한 영향력을 가진 미국인 사업가다. 그런 갤런이 이처럼 걱정을 분석하는 방법을 통해 문제에 정면으로 대응했던 게 자신이 성공한 주요 비결이었다고 한다.

갤런의 걱정 분석 기법이 탁월한 이유는 무엇일까? 그건 그의 분석 방법이 효율적이고 구체적이며 문제의 핵심에 직접 다가서기 때문이다. 그리고 무엇보다 이번 장을 시작할 때 소개했던 문제 분석의 3단계이자 필수불가결한 규칙, '결정을 내리고, 이를 실행한다'를 잘 반영하고 있기 때문이다. 실천하지 않으면 사실 파악이나 분석 활동은 의미 없는, 순전한 에너지 낭비일 뿐이다.

심리학자이자 철학자인 윌리엄 제임스는 이렇게 말했다. "일단 결정을 내렸고, 결정을 실행해야 할 때라면 결과에 대한 모든 책임과 관심은 완전히 버려라."(여기서 윌리엄 제임스는 의심할 여지 없이 '관심'이라는 단어를 '걱정'의 동의어로 사용했다.) 이 말은 일단 사실에 근거해 신중하게 결정을 내리고 나면 이를 실천하라는 뜻이다. 다시 생각해 보겠다고 멈추지 말라. 걱정으로 실행을 머뭇거리거나 앞선 단계를 되짚지 말라. 자기 의심에 빠지지 말라. 자기 의심은 또 다른 의심을 불러온다. 뒤를 돌아보지도 말라.

한 번은 오클라호마에서 가장 유명한 석유사업가 웨이트 필립스에게 결정을 실행하는 법을 물은 적이 있다. 웨이트 필립스의 대답은 다음과 같았다. "문제를 특정 시점이 지나서까지 계속 생각하면 혼란과 걱정을 불러온다는 걸 알았습니다. 이 이상 조사하거나 생각하는 게 오히려 해가 되는 시점이 옵니다. 반드시 결정을 내리고 실행하되 절대 뒤를 돌아봐서는 안 되는 때가 오는 거죠."

지금 걱정하는 문제에 갤런 리치필드의 기법을 사용해보자.

1. 어떤 걱정을 하는가?

2. 이에 대해 무슨 일을 할 수 있는가?

3. 나는 문제를 이렇게 해결하겠다.

4. 언제부터 실행할 것인가?

5장

일에 대한 걱정을
반으로 줄이는 방법

　당신이 사업을 하는 사람이라면 지금쯤 아마 이렇게 중얼거리고 있을 것이다. "이번 장은 제목이 웃기는군. 난 19년째 사업체를 운영하고 있어. 일에 대한 걱정을 반으로 줄이는 법을 아는 사람이 있다면 그건 분명 나겠지. 그 방법을 내게 알려주려 한다니 황당하군."

　일리 있는 말이다. 몇 년 전에 이 제목을 봤다면 나도 똑같이 생각했을 것이다. 일에 대한 걱정을 반으로 줄이는 법을 알려준다며 큰 약속을 하고 있지만, 정말 솔직하게 이야기하자면 내가 당신이 하는 일에 대한 걱정의 절반을 덜어낼 수 없을지 모른다. 마지막 분석은 당신 자신을 제외하고 그 누구도 할 수 없는 일이기 때문이다. 나는 다른 사람들이 어떻게 일에 대한 걱정의 반을 덜어냈는지, 그 방법을 알려줄 수 있을 뿐이다. 나머지는 당신의 몫이다!

앞서 3장에서 세계적인 명성을 지닌 알렉시스 카렐 박사의 "걱정을 극복하는 법을 모르는 기업인은 일찍 죽기 마련이다."라는 말을 인용했던 걸 기억할 것이다.

걱정이 이토록 심각한 문제이므로 걱정의 10%라도 덜어내는 법을 알려준다면 만족스럽지 않을까? 자, 지금부터 어느 기업의 임원이 걱정의 반이 아니라 75%를 덜어낸 방법을 알려주겠다. 전에는 그가 업무상 문제를 해결하려고 주어진 시간의 75%를 회의하는 데 썼기 때문이다.

이 이야기는 뉴욕주 록펠러 센터에 있는, 미국에서 가장 유명한 출판사 사이먼 앤 슈스터의 공동경영자이자 대표 레온 쉼킨의 이야기다.

다음은 레온 쉼킨이 경험한 바를 직접 말한 내용이다.

15년 동안 매일 근무 시간의 거의 절반은 회의를 잡고 문제를 논의하며 보냈습니다. 이렇게 해야 할까, 저렇게 해야 할까, 아니면 아예 아무것도 하지 않아야 할까? 회의하는 동안 우리는 긴장하고, 의자에 앉아 몸을 꼬거나 이리저리 걸어 다니고, 논쟁을 벌였지만 결론은 내지 못해 이야기는 빙빙 돌곤 했습니다. 저녁이 되면 저는 완전히 지쳐버렸지요. 저는 앞으로 남은 생에 계속 이렇게 일하며 살 거라 생각하고 있었습니다. 이렇게 15년을 지내왔고 문제를 해결할 더 나은 방법이 있을 거라는 생각은 한 번도 하지 못했습니다. 만일 누군가 제게 회의에 쏟는 시간과 신경이 곤두선 긴장 상태를 4분의 3이나 덜어낼 수 있다고 말했다면 저는 그 사람을 무모하거나, 무턱대고 즐겁게 사는 낙천주의자라고 여겼을 겁니다. 하지만 제가 바로 그렇게 할 방안을 고안해냈습니다. 그리고 이후 8년간 이 방안을 사용하고 있습니다. 이 방법은 업무 처리의 효율성과 저의 건강 및 행복을 높이는 데 기적 같은 효과를 냈습니다.

마법 같은 소리로 들리시겠지만, 마술의 속임수가 다 그렇듯 원리만 알면 아주 단순한 방법입니다.

비결은 이렇습니다. 첫째, 저는 15년 동안 회의 때마다 따르던 절차를 즉시 그만두었습니다. 그 절차는 업무에 문제가 생긴 직원들이 잘못된 일의 모든 세부 정보를 읊는 것으로 시작해 "어떻게 해야 할까?"라는 질문으로 끝이 났습니다. 둘째, 새로운 규칙을 만들었습니다. 제게 문제를 알리고 싶은 직원은 누구든 먼저 다음 4가지 질문의 답을 준비해 메모를 제출해야 한다는 것이었죠.

질문 1: 무엇이 문제인가?

(예전의 회의에서는 진짜 문제가 무엇인지 누구도 구체적이고 자세하게 알지 못한 채 한두 시간을 허비하고는 했습니다. 저희는 문제가 무엇인지 구체적으로 적을 생각도 하지 않은 채 토론에만 열을 올렸습니다.)

질문 2: 무엇이 문제의 원인인가?

(그동안 문제의 근원은 분명하게 파악하려 하지 않은 채 걱정하는 회의만 하느라 허비한 시간을 생각하면 경악스럽기까지 합니다.)

질문 3: 문제를 해결할 방법은 무엇인가?

(예전 회의 시간에는 한 사람이 한 가지 해결 방법을 제안했습니다. 그러면 다른 사람들이 그에 반박했죠. 감정은 격앙되고, 종종 주제에서 벗어난 논쟁을 벌였습니다. 회의가 끝날 무렵에 보면 문제를 공략할 다양한 방법을 적은 사람은 아무도 없었어요.)

질문 4: 어떤 해결책을 제시할 것인가?

(전에 어느 직원과 함께 회의에 참석하곤 했는데, 그의 이야기는 사태를 걱정하며 제자리만 맴돌 뿐이었고, 한 번이라도 가능한 해결책을 전부 생각해 보고 "이것이 제가 추천하는 해결책입니다."라고 제기한 적이 없었습니다.)

이제 저희 직원들은 문제를 들고 저를 찾아오는 일이 드뭅니다. 왜 그럴까요? 위의 4가지 질문에 답하려면 문제와 관련한 모든 사실을 파악해야 하고 문제에 대해 깊이 생각해봐야 하기 때문입니다. 그리고 그렇게 하고 나면 발생하는 문제 가운데 4분의 3은 저와 이야기할 필요가 전혀 없다는 걸 알게 됩니다. 질문에 답하고 문제를 생각하는 과정에서 전기 토스터에서 빵이 튀어나오듯 적절한 해결책이 팍 떠오르거든요. 저와 상담해야 할 문제인 경우에도 전과 비교하면 논의 시간이 약 3분의 1 정도밖에 걸리지 않습니다. 합리적인 결론으로 이어지는 질서정연하고 논리적인 방식으로 진행되기 때문입니다.

이제 사이먼 앤 슈스터 출판사에서는 무엇이 잘못되었는지 이야기하며 걱정하는 데 들이는 시간이 훨씬 줄었습니다. 그리고 일을 바로잡기 위한 행동에 나서는 일이 훨씬 더 많아졌습니다.

프랭크 베트거라는 친구는 미국 최고의 보험 판매왕이다. 프랭크에 따르면 그도 비슷한 방법으로 업무와 관련한 걱정을 줄였을 뿐 아니라 소득도 거의 두 배나 늘었다고 한다.

수년 전 처음 보험 판매를 시작했을 때 저는 끝없는 열정과 일을 사랑하는 마음으로 충만했습니다. 그러다 문제가 생겼습니다. 저는 몹시 낙담했고 일이 너무 싫어져서 그만둘까 생각했습니다. 어느 토요일 아침 자리에 앉아 걱정거리의 근원을 파악해보자는 생각을 하지 않았다면 일을 그만뒀을 거라고 생각합니다.

1. 우선 저는 스스로에게 물었습니다. '도대체 문제가 뭐지?' 문제는 제가 엄청나게 많은 고객을 만나지만, 그만큼 높은 수입을 얻지는 못한다는 점이었습니다. 저는 잠재고객에게 상품을 설명하는 일은 꽤 잘했습니다. 그런데 막상 계약으로 이어지지는 않았어요. 설명이 끝나고 계약을 할 때가 되면 고객은 "음, 가입하는 걸 한번 생각해 보겠습니다. 나중에 다시 한번 찾아와 주세요."라고 했습니다. 이렇게 되면 저는 이후에 가입 의사를 계속 확인하느라 시간을 허비해야 했고 이때문에 우울했습니다.
2. 다음으로 생각해 보았습니다. '이 문제를 해결할 방법은 뭘까?' 하지만 질문의 답을 얻기 위해서는 사실부터 파악해야 했습니다. 저

는 지난 12개월간의 실적 기록을 꺼내 연구했습니다. 그리고 깜짝 놀랄 사실을 발견했습니다! 거기에 분명하게 써진 숫자에 따르면 제가 상품을 판매한 실적의 70%는 고객과의 첫 만남에서 성사된 것이었습니다! 그리고 23%는 두 번째 방문에서 이어졌습니다! 세 번째, 네 번째, 다섯 번째 방문 등 그 이후로 이어지는 만남에서 계약으로 이어졌던 건 전체 실적의 7%에 불과했습니다. 그런 만남이 시간을 빼앗고 저를 지치게 하는 것이었는데 말이죠. 다시 말해, 저는 겨우 7%에 불과한 실적 때문에 하루의 반을 허비하고 있었던 거죠.

3. '답은 무엇일까?' 답은 분명했습니다. 저는 바로 고객 방문을 두 번 이상 하지 않기로 했고, 남는 시간에는 새로운 고객을 찾아 관계를 쌓았습니다. 결과는 믿기 힘들 정도였어요. 정말 짧은 시간 안에 고객을 한 번 방문할 때마다 얻는 현금 가치가 거의 두 배에 달하게 되었습니다.

앞서 말했듯 프랭크 베트거는 현재 미국에서 가장 유명한 보험 판매왕이다. 필라델피아의 피델리티 뮤츄얼이라는 회사에서 일하며, 일 년에 100만 달러에 달하는 보험 계약을 성사시킨다. 그런 그도 실패를 인정하고 포기하려 했지만 문제를 분석함으로써 성공으로 가는 길로 들어설 힘을 얻게 되었다.

위의 질문을 업무상 마주하는 문제에 적용할 수 있겠는가? 내가 과감하게 내세웠던 약속을 반복하자면 다음의 질문을 적용해 걱정을 반으로 덜 수 있다.

1. 무엇이 문제인가?

2. 무엇이 문제의 원인인가?

3. 문제를 해결할 방법은 무엇인가?

4. 어떤 해결책을 제시할 것인가?

Part 2 요약정리

원칙 1 사실을 파악하라. 컬럼비아 대학교 호크스 총장이 했던 말을 기억하자. "세상 걱정의 절반은 사람들이 결정의 근거가 되어야 할 지식을 충분히 얻기 전에 결정을 내리려 하는 데서 발생한다."

원칙 2 모든 사실을 신중하게 따져본 후 결정을 내려라.

원칙 3 신중하게 결정을 내렸다면 실천하라. 실천에 힘쓰고 결과에 관한 불안은 전부 떨쳐라.

원칙 4 일에 대한 문제로 걱정이 생긴다면 다음 4가지 질문과 그 답을 적어라.

　　a. 무엇이 문제인가?

　　b. 문제의 원인은?

　　c. 문제를 해결할 방법은?

　　d. 제일 좋은 해결책은 무엇인가?

걱정이 나를 망치기 전에
걱정하는 습관을 버리는 방법

6장

마음속에서 걱정을
몰아내는 방법

그날 밤을 나는 절대 잊지 못할 것이다. 몇 년 전 매리언 더글
러스가 내 수업을 듣고 있을 때였다(매리언 더글러스는 실명이 아니
다. 개인적인 이유로 그는 내게 신분을 밝히지 말아 달라고 요청했다). 하
지만 다음 이야기는 매리언이 수업 중에 들려준, 그가 진짜 겪은
일이다. 매리언의 집에는 한 번도 아니고 두 번이나 비극이 닥쳐
왔다고 했다. 처음에 매리언은 매우 사랑스러웠던 다섯 살 난 딸
을 잃었다. 매리언과 아내는 딸을 잃고 살 수 없다고 생각했다.
매리언은 말을 이었다. "그로부터 열 달 뒤 신께서 저희에게 다
시 어린 딸을 주셨습니다. 하지만 그 아이도 태어난 지 닷새 만
에 죽고 말았어요."

두 아이를 잃은 슬픔은 견디기 어려웠다. 매리언은 이렇게 말
했다. "받아들일 수가 없었습니다. 잠을 잘 수도, 밥을 먹을 수
도, 쉴 수도 없었어요. 마음이 완전히 무너졌고 자신감은 사라졌

어요." 매리언은 결국 의사를 찾았다. 어느 의사는 수면제를 처방해 주었고, 또 다른 의사는 여행을 떠나 보라고 권했다. 둘 다 시도해 보았지만, 어느 하나 도움이 되지 않았다. "제 몸은 마치 바이스(기계공작을 할 때 공작물을 끼워 고정하는 기구)에 끼인 것 같았고, 바이스를 죄는 부분이 점점 더 조여오는 기분이었습니다." 매리언은 슬픔으로 인한 긴장 상태를 겪고 있었다. 큰 슬픔으로 온몸이 마비되는 기분을 느껴본 사람이라면 매리언이 무슨 말을 하는지 알 것이다.

신께 감사하게도 제게는 네 살 난 아들 한 명이 남아 있었습니다. 그 아들이 문제의 해결책을 알려 주었습니다. 어느 날 오후 내 자신이 불행하다고 생각하며 앉아 있었는데 아들이 묻더군요. "아빠, 장난감 배를 만들어 주실래요?" 하지만 저는 그럴 기분이 아니었습니다. 사실 그 무엇도 하고 싶지 않았어요. 하지만 아들은 끈질긴 녀석이었습니다. 아들에게는 질 수밖에 없었어요.

아들이 말한 장난감 배를 만드는 데 세 시간가량 걸렸습니다. 장난감 배를 다 만들었을 때 그 세 시간이 몇 달 만에 처음으로 느긋하고 평화롭게 보낸 시간이었다는 걸 깨달았습니다!

그 깨달음 덕분에 저는 무기력에서 벗어나게 되었고 생각이란 걸 하게 되었습니다. 진지하게 무언가를 생각한 건 몇 달 만에 처음 있는 일이었습니다. 그러자 계획과 사고가 필요한 일을 하며 바쁘게 지낸다면 걱정할 틈이 없을 거라는 생각이 들었습니다. 장난감 배를 만드는 동안 걱정이 사라졌던 것처럼 말이죠. 그래서 저는 계속 바쁘게 지내야 겠다고 마음먹었습니다.

그다음 날 저녁 저는 집안의 이방 저방을 다니며 해야 할 일의 목록을 만들었습니다. 고쳐야 할 물건이 여럿 있었어요. 책장, 계단, 덧창, 창문 블라인드, 문 손잡이, 잠금장치, 물이 새는 수도꼭지 같은 것들 말입니다. 2주 동안 만든 목록을 보니 놀랍게도 손이 닿아야 할 일이 242건이나 되더군요.

그리고 지난 2년간 목록에 있던 일을 대부분 처리했습니다. 이에 더해 삶의 자극이 되는 활동도 많이 했습니다. 일주일에 두 번은 저녁에 뉴욕에서 평생교육 수업을 들었습니다. 제가 사는 지역에서 시민 활동에도 참여해 이제는 학교 이사회의 회장을 맡고 있습니다. 회의에도 많이 참여합니다. 적십자를 위한 모금 활동도 펼치고, 그 외 다른 활동도 합니다. 이제 저는 정말 바빠서 걱정할 시간이 없답니다.

걱정할 시간이 없다니! 이 말은 제2차 세계대전이 한창이던 때 영국 총리 윈스턴 처칠이 하루에 18시간씩 일하면서 했던 말과 똑같은 말이다. 엄청난 책임감이 걱정스럽지 않느냐는 질문을 받았을 때 윈스턴 처칠은 이렇게 말했다. "저는 너무 바쁩니다. 걱정할 시간이 없어요."

찰스 케터링도 자동차 자동시동장치 개발을 시작했을 때 마찬가지로 곤경에 처해 있었다. 케터링은 최근 은퇴했지만, 그전까지 세계적으로 유명한 제너럴 모터스 연구소의 책임자이자 제너럴 모터스의 부사장이었다. 하지만 자동시동장치 개발을 시작할 당시 그는 매우 가난해서 헛간의 건초 다락을 실험실로 사용해야 했다. 아내가 피아노 수업을 해서 번 돈 1,500달러로 근근이 먹고살았고, 나중에는 생명보험을 담보로 500달러를 대출받아야 하는 일도 있었다. 나는 찰스의 아내에게 그런 상황 속에서 때로 걱정하지 않았는지 물었다. "걱정했죠. 너무 걱정돼서 잠을 잘 수 없을 지경이었어요. 그런데 남편은 그렇지 않았어요. 남편은 일에 완전히 빠져 걱정할 틈도 없었어요."

프랑스 출신의 위대한 과학자 파스퇴르는 "도서관과 실험실에 평화가 있다."라고 말했다. 왜 도서관과 실험실에 평화가 있다는 것일까? 그건 도서관과 실험실에 있는 사람들은 대개 하는 일에 빠져 걱정할 틈이 없기 때문이다. 연구자 가운데 신경쇠약에 걸리는 사람은 매우 드물다. 연구자들은 걱정할 여유를 부릴 시간조차 없다.

바쁘게 지낸다는 매우 간단한 방법으로 걱정을 몰아낼 수 있는 이유는 무엇일까? 그건 심리학에서 밝혀낸 가장 기본적인 법칙 때문인데, 이에 따르면 사람은 누구나, 설령 아무리 명석한 사람이라 해도 주어진 시간에 한 번에 한 가지 이상 생각하는 건 절대 불가능하다는 것이다. 믿을 수 없는가? 좋다, 그렇다면 한 가지 실험을 해 보자.

지금 몸을 뒤로 기대 눈을 감고 자유의 여신상과 내일 아침하기로 계획한 일을 동시에 떠올려 보라.

두 가지 생각이 하나씩 번갈아 가며 들 뿐, 동시에 두 가지 생각을 할 수는 없다. 그렇지 않은가? 감정의 영역도 마찬가지다. 신나는 일을 하며 활기차고 열정적으로 지내는 동시에 걱정으로 침울해할 수는 없다. 하나의 감정을 느끼면 다른 감정은 사라진다. 이런 간단한 발견 덕분에 제2차 세계대전 동안 군 정신과 의사들은 기적을 일으킬 수 있었다.

전투 경험으로 심리가 매우 불안정해져 신경정신증이라는 병을 얻은 장병들에게 군 정신과 의사들은 '바쁘게 지내라'는 처방을 내렸다. 이렇게 정신적으로 충격을 받은 장병들은 깨어 있는 모든 시간을 여러 가지 활동으로 채운다. 대개 낚시, 사냥, 공놀이, 골프, 사진 찍기, 정원 관리, 춤 등의 야외 활동이다. 끔찍했던 경험을 떠올려 곱씹을 시간은 주어지지 않는다.

요즘 정신의학에서는 일을 약으로 처방할 때 이를 '작업 치료'라는 용어로 부른다. 하지만 작업 치료는 새로울 게 없다. 예수가 태어나기 500년 전 고대 그리스의 의사들도 이를 옹호했다!

벤자민 프랭클린 시절 필라델피아에서는 퀘이커 교도들도 이 방법을 사용했다. 1774년 퀘이커교에서 운영하는 요양원을 찾은 어느 남성은 정신질환을 앓는 환자들이 바쁘게 아마실을 짜는 모습을 보고 깜짝 놀랐다. 처음에 그는 불쌍하고 불운한 환자들이 착취당하는 것으로 생각했다가 환자들이 일정한 일을 할 때 오히려 증상이 호전된다는 퀘이커교의 설명을 듣고서야 상황을 이해했다. 일은 정신질환자들의 신경을 진정시켰다.

정신과 의사라면 누구든 일, 즉 바쁘게 지내는 것이 신경 질환을 다스리는 최고의 약이라고 말할 것이다. 시인 헨리 롱펠로는 젊은 아내를 잃고 그 사실을 알게 되었다. 롱펠로의 아내는 어느 날 촛불에 봉랍을 녹이다가 옷에 불이 붙었다. 롱펠로는 아내의 비명을 듣고 달려가 아내를 구했지만, 이후 아내는 화상으로 사망하고 말았다. 한동안 롱펠로는 끔찍했던 경험이 떠올라 거의 미치기 일보 직전인 상태였다. 하지만 다행히 그에게는 아빠의 손길이 필요한 어린 세 아이가 있었다. 그는 깊은 슬픔에 빠져 있으면서도 아이들에게 아빠이자 엄마 역할을 했다. 롱펠로는 아이들을 데리고 산책하고, 이야기를 들려주고, 게임을 했다. 그리고 〈아이들의 시간〉이라는 시에 자녀들과 보낸 시간을 영원히 남겼다. 롱펠로는 또한 단테의 작품도 번역했다. 이 모든 일을 하느라 그는 바쁘게 지냈고, 그 사이 자신을 완전히 잊어 마음의 평화를 되찾을 수 있었다. 영국의 시인 테니슨은 가장 친한 친구 아서 할람을 떠나보내고 나서 이렇게 말했다. "정신없이 움직여야 한다, 절망 속에 시들지 않도록."

대부분의 사람은 악착같이 열심히 그날그날 해야 할 일을 하면 '정신없이 움직이는 데' 별 어려움이 없다. 문제는 하루의 일을 마무리한 다음이다. 이때가 가장 위험하다. 하루의 일을 끝마치고 자유롭게 여가를 즐길 때, 가장 행복해야 할 그 시간에 걱정이라는 우울한 악마가 우리를 엄습한다. 이 시간이 되면 내가 인생을 잘살고 있는 건지, 다람쥐 쳇바퀴 돌 듯 사는 건 아닌지,

오늘 상사가 한 말에 '어떤 의미'가 있었던 건 아닌지, 혹은 점점 대머리가 되는 것 같다는 등 여러 걱정이 들기 시작한다.

바쁘지 않을 때 우리의 마음은 거의 진공 상태에 가깝다. 물리학을 배운 학생이라면 '자연은 진공 상태를 싫어한다'라는 사실을 안다. 아마 우리가 볼 수 있는 진공에 가장 가까운 상태는 백열전구의 내부일 것이다. 백열전구가 깨지면 자연스레 공기가 들어가 이론적으로 빈 곳인 전구의 내부를 채운다.

마찬가지로 마음이 비어 있으면 자연스레 무언가가 이를 서둘러 채우려 든다. 무엇으로 마음을 채울까? 대개 감정이 찾아온다. 왜 그럴까? 걱정, 두려움, 혐오, 질투, 부러움과 같은 감정은 태고의 활력과 비정한 경쟁 사회의 역동적인 에너지에 의해 나타나기 때문이다. 그러한 감정은 몹시 격렬해서 우리 마음속 평화롭고 행복한 생각과 감정을 전부 몰아낸다.

컬럼비아 교육대학교의 교육학 교수인 제임스 머셀이 이를 잘 표현했다. "우리는 바삐 움직일 때가 아니라 하루의 일과를 끝마쳤을 때 걱정 때문에 지친다. 상상력이 폭발해 온갖 말도 안 되는 가능성이 떠오르고 사소한 실수 하나하나가 크게 보인다. 그럴 때 우리의 마음은 부하가 걸리지 않은 상태로 작동하는 엔진과 같다. 질주하는 엔진은 베어링을 태워 버릴 듯, 심지어 엔진 자체가 산산이 조각날 듯 위협적이다. 걱정을 물리치는 방법은 건설적인 일에 완전히 몰두하는 것이다."

하지만 꼭 대학교수가 아니라도 이러한 사실을 깨닫고 실천할 수 있다. 제2차 세계대전 동안 나는 시카고 출신의 어느 주부를 만났는데, 그녀는 '걱정을 물리치는 방법은 건설적인 일에 완전히 몰두하는 것'이라는 사실을 어떻게 알게 되었는지 들려주었다. 그녀와 그녀의 남편을 만난 건 뉴욕에서 미주리주의 농장으로 가는 기차의 식당칸이었다. (부부의 이름을 듣지 못해 안타깝다. 실명과 주소 없이 사례를 드는 건 좋아하지 않는다. 그런 자세한 정보가 이야기에 진정성을 불어넣기 때문이다.)

부부의 아들은 일본군의 진주만 공격이 일어난 바로 다음 날 군에 입대했다고 한다. 아내는 하나밖에 없는 아들을 걱정하느라 하마터면 건강을 해칠 뻔했다. '우리 아들은 어디 있을까? 무사히 잘 있을까? 작전에 투입되었을까? 다쳤을까? 혹시 죽지 않았을까?'

이런 걱정을 어떻게 극복했는지 물었더니 부인이 대답했다. "바쁘게 지냈어요." 부인은 우선 집안일을 하던 가정부를 내보내고 모든 집안일을 혼자 하며 바쁘게 살려고 애썼다. 하지만 집안일을 하는 건 크게 도움이 되지 않았다.

집안일이란 아무 생각을 하지 않아도 기계적으로 할 수 있다는 게 문제였어요. 그러니 집안일을 해도 걱정은 계속됐죠. 침대를 정리하고 설거지를 했지만, 매시간 육체적으로 그리고 정신적으로 계속 바쁘게 지낼만한 새로운 일이 필요하다는 걸 알았어요. 그래서 대형 백화점에 판매 사원으로 취업했습니다.

일을 시작한 건 효과가 있었어요. 취업하자마자 바로 업무의 소용돌이에 빠졌죠. 고객들이 제 주변에 모여들어 옷의 가격과 치수, 색상을 물었습니다. 눈앞의 할 일 말고 다른 걸 생각할 틈 같은 건 없었죠. 그러다 밤이 되면 욱신거리는 발 때문에 쉬어야겠다는 생각 말고 다른 생각은 할 겨를이 없었습니다. 저녁을 먹자마자 침대에 곯아떨어져 바로 뻗었습니다. 걱정할 시간도, 힘도 없었어요.

영국의 시인이자 소설가인 존 쿠퍼 포이스는 《불쾌한 일을 잊는 기술》에서 이렇게 말했다. "인간이라는 동물은 주어진 일에 몰두할 때 어느 정도의 안정감, 깊은 내면의 평화, 기분 좋은 무감각 상태에 빠져 신경을 달래게 된다." 부인은 이 사실을 스스로 알아냈다. 정말 다행이다!

최근에는 세계에서 가장 유명한 여성 탐험가인 오사 존슨이 걱정과 슬픔을 떨치는 법을 어떻게 깨달았는지 이야기해 주었다. 오사는 자신의 인생 이야기를 담은 《나는 모험과 결혼했다》라는 책을 썼다. 오사는 열여섯 살 때 마틴 존슨과 결혼했고, 마틴은 캔자스주 채누트에서 보르네오의 정글 속으로 오사를 데려갔다. 캔자스주 출신의 부부는 25년 동안 전 세계를 여행하며, 아시아와 아프리카에서 멸종해 가는 야생동물에 관한 영화를 찍었다. 부부는 9년 전 미국으로 돌아와 강연을 다니며 그들이 만든 영화를 상영했다. 그러다 부부는 덴버에서 출발해 서부 해안 지역으로 향하는 비행기를 탔다. 그런데 그 비행기가 산에 추락하고 말았다. 마틴은 현장에서 즉사했다. 의사들은 오사가 평생 침대에 누워 지내야 할 것이라고 전했다. 하지만 그건 오사를 잘 모르고 하는 소리였다. 사고 석 달 뒤 오사는 휠체어에 앉아 많은 청중 앞에서 강연을 진행했다. 오사는 휠체어에 앉은 상태로 100번도 넘게 강연했다. 이유를 물었더니 오사가 대답했다. "슬픔과 걱정을 떠올릴 시간을 없애려고 그랬습니다."

100년 전 테니슨이 시에서 '정신없이 움직여야 한다, 절망 속에 시들지 않도록'이라고 노래했듯 같은 진리를 오사 존슨도 찾은 것이다.

미 해군의 버드 제독도 남극을 덮은 대빙원의 만년설에 파묻혀 있던 오두막 기지에서 홀로 5개월간 지내며 같은 진리를 발견했다. 남극의 대빙원은 지구에서 가장 오래된 자연의 비밀을 품고 있으며, 미국과 유럽을 합친 것보다 더 넓은 면적을 가진 미지의 대륙을 뒤덮고 있다. 버드 제독은 그런 장소에서 혼자 5개월을 살았다. 160km 이내에 그 어떤 종의 생물도 살지 않는 곳이었다. 추위는 몹시 지독해서 바람이 귀를 스쳐 갈 때면 숨이 얼어붙는 소리가 들릴 정도였다. 버드 제독은 책《홀로》에서 희망 없는 어둠 속에서 보낸 다섯 달에 대해 모든 이야기를 들려준다. 그곳은 낮에도 밤처럼 캄캄했다. 버드 제독은 제정신을 차리고 있기 위해 바쁘게 지내야만 했다.

버드 제독은 이렇게 썼다.

밤에는 등불을 끄기 전에 내일 할 일에 관해 대략적인 계획을 세우는 습관을 들였다. 예를 들어 탈출용 터널을 뚫는 데 한 시간, 눈 더미를 고르는 데 30분, 연료통을 정리하는 데 한 시간, 식품 저장용 터널의 벽에 수납장을 만들 나무를 자르는 데 한 시간, 썰매의 끊어진 연결 부위를 고치는 데 두 시간, 이런 식으로 할 일을 스스로 정했다.

이런 식으로 시간을 보낼 수 있는 건 멋진 일이었다. 자신을 스스로 통제하고 있다는 현저한 감각이 생겼다. 그 비슷한 일을 하지 않았다면 목적 없는 나날이 되었을 것이다. 목적 없는 나날은 언제나 그렇듯 파국을 맞았을 것이다.

마지막 문장을 다시 한번 새겨본다. "목적 없는 나날은 언제나 그렇듯 파국을 맞았을 것이다."

걱정이 든다면 예전부터 좋은 방법으로 사용됐듯이 일이 약이라는 점을 기억하자. 이는 하버드 대학교 임상 의학과 교수를 지냈던 고故 리처드 캐봇 박사 같은 권위자가 한 말이다. 캐봇 박사는 《사람은 무엇으로 사는가》에 다음과 같이 썼다. "의사로서 마음을 짓누르는 의심과 망설임, 우유부단함, 두려움으로 인해 영혼이 마비되어 고통을 겪던 사람들이 일을 함으로써 병을 고치는 모습을 보고 행복을 느꼈다. 일을 통해 얻는 용기는 사상가 에머슨이 영원히 빛나는 것으로 예찬한 '자기 신뢰'와 같다."

우리가 바쁘게 지내지 않고 가만히 앉아 생각만 한다면 찰스 다윈이 '위버 기버'라고 부르던 것이 잔뜩 깨어날 것이다. '위버 기버'란 사람의 마음을 공허하게 하고 행동력과 의지력을 파괴한다고 전해지는 악마다.

내가 아는 뉴욕의 어느 사업가는 몹시 바쁘게 지냄으로써 마음 졸이거나 안절부절못하는 시간을 없애 '위버 기버'에 맞서 싸웠다. 그는 트렘퍼 롱맨이라는 사람으로 월스트리트 40번지에 사무실을 두고 있다. 트렘퍼는 내가 가르쳤던 평생교육 강좌를 듣던 학생이었다. 걱정을 극복한 트렘퍼의 이야기는 매우 흥미롭고 인상적이어서 나는 수업이 끝난 뒤 그에게 저녁 식사를 함께하자고 권했다. 우리는 자정이 훨씬 지날 때까지 식당을 떠나지 않고 그의 경험에 관해 이야기를 나눴다. 다음은 그가 내게 해준 이야기이다.

18년 전 저는 걱정이 너무 심해 불면증에 걸렸습니다. 저는 긴장해 있었고, 짜증을 부렸고, 초조했습니다. 신경쇠약에 걸릴 것 같았어요.

그렇게 걱정하는 데는 이유가 있었습니다. 저는 뉴욕 웨스트 브로드웨이 418번지에 있는 크라운 프루트 앤 익스트랙트 컴퍼니에서 회계 담당자로 일했습니다. 우리 회사는 1갤런(약 3.78리터) 들이 통에 포장되는 딸기에 50만 달러를 투자했습니다. 이 딸기를 20년 동안 아이스크림 제조업체에 판매해 왔어요. 그런데 갑자기 판매가 중단되었습니다. 내셔널 데어리와 보든 같은 대형 아이스크림 업체에서 생산량을 빠르게 늘렸고, 배럴 단위로 대량 포장된 딸기를 구매해 시간과 비용을 절약했기 때문이었습니다.

판매할 수 없는 딸기가 50만 달러어치나 남았을 뿐 아니라 앞으로 12개월 동안 100만 달러만큼 추가로 구매한다는 계약이 체결되어 있었습니다. 회사는 은행에서 이미 35만 달러의 대출을 받은 상태였죠. 대출을 상환하거나 갱신하지 못할 터였습니다. 제가 걱정한 것도 무리는 아니었죠.

저는 회사의 공장이 있는 캘리포니아주 왓슨빌로 달려가 상황이 바뀌었고 우리는 파산에 직면해 있다고 사장님을 설득하려 했습니다. 하지만 사장님께서는 믿으려 하지 않으셨습니다. 뉴욕지사가 문제라고 탓하시더군요. 영업력이 떨어진다고 말이죠.

며칠 동안이나 설명해 드린 후에야 마침내 사장님을 설득해 딸기를 추가로 포장하는 작업을 멈추고, 샌프란시스코의 청과물 시장에 새로 딸기를 공급하게 되었습니다. 덕분에 문제가 거의 해결되었죠. 그러니 이제는 걱정을 멈출 수 있어야 했습니다. 하지만 그렇지 못했어요. 걱정은 습관이고, 저도 그런 습관이 있었죠.

뉴욕으로 돌아왔을 때 저는 일을 걱정하기 시작했습니다. 이탈리아에서 구매하는 체리, 하와이에서 구매하는 파인애플 등 모든 게 걱정이었죠. 긴장되고 초조해서 잠을 잘 수가 없었습니다. 신경쇠약에 걸릴 지경이었습니다.

비관적인 생각에 빠져 있었지만, 저는 새로운 생활방식을 택해 불면증을 고쳤고, 걱정도 멈추었습니다. 바쁘게 지냈던 거죠. 제 능력을 전부 쏟아야 하는 일을 처리하느라 너무 바빠 걱정할 시간이 없었습니다. 전에는 하루에 7시간씩 일했는데, 하루에 15~16시간씩 일하기 시작했습니다. 매일 아침 8시에 사무실로 출근해 자정이 다 될 때까지 일했습니다. 새로운 임무와 책임을 맡았습니다. 자정에 퇴근하고 집에 오면 몹시 지쳤고, 침대에 누우면 몇 초 안에 잠에 빠져들었습니다.

3개월가량 이런 식으로 지내니 걱정하는 습관이 사라졌고, 저는 하루에 7~8시간씩 일하는 평범한 일상으로 복귀했습니다. 18년 전의 일입니다. 그때 이후로는 불면증이나 걱정으로 인해 문제를 겪은 일이 한 번도 없었습니다.

작가 조지 버나드 쇼는 이런 상황을 요약해 다음과 같이 말했다. "비참해지는 비결은 행복한지 아닌지 고민할 여유를 가지는 것이다." 옳은 말이다. 그러니 행복한지 아닌지 고민하지 말자! 팔을 걷어붙이고 바쁘게 지내라. 몸속에 피가 돌고, 정신이 들기 시작한다. 몸속에서 높아지는 이 모든 긍정적인 생명력 덕분에 금세 마음속 걱정이 사라질 것이다. 일을 찾아 바쁘게 지내라. 지구상에서 가장 값이 싸면서도 최고의 효과를 나타내는 약이다.

걱정이 나를 망치기 전에 걱정하는 습관을 버리는 방법 1
절망 속에 시들지 않도록 바쁘게 지내라. 걱정이 들면 정신없이 움직여야 한다.

7장

딱정벌레 때문에
쓰러지지 말라

내가 죽을 때까지 잊지 못할 극적인 이야기를 소개한다. 내게
이 이야기를 들려준 사람은 뉴저지주 메이플우드 하이랜드가
14번지에 사는 로버트 무어이다.

1945년 3월, 저는 인생에서 가장 큰 교훈을 배웠습니다. 인도차이나
해안의 수심 약 85m 아래였어요. 저는 바야 S. S. 318호 잠수함에 승
선했던 88명의 군인 가운데 한 명이었습니다. 저희는 레이더를 통해 작
은 규모의 일본군 호송 선단이 다가오고 있다는 걸 발견했습니다. 날이
밝아오고 있었고, 우리는 그 배를 공격하려고 잠수했습니다. 잠망경으
로 일본군 호위 구축함, 유조선, 그리고 기뢰부설함이 보였습니다. 저
희 잠수함에서 일본군 구축함을 향해 어뢰 세 발을 쏘았지만 빗나갔
습니다. 어뢰에 뭔가 기계적인 결함이 있었습니다. 일본군 구축함은 공
격을 받은 줄도 모르고 계속 앞으로 나아갔습니다. 저희는 맨 뒤에 가

던 기뢰부설함을 공격할 준비를 마쳤는데, 갑자기 배가 방향을 바꿔 우리 잠수함 쪽을 향했습니다. 일본군의 비행기가 수심 약 20m 아래에 있는 우리 잠수함을 포착하고 무전으로 기뢰부설함에 우리 잠수함의 위치를 알린 것이었습니다. 우리는 발각되지 않으려고 수심 약 45m 아래로 내려갔고, 폭뢰에 대비했습니다. 잠수함의 출입구인 해치에 볼트를 추가로 달았고, 잠수함에서 아무런 소리가 나지 않도록 선풍기와 냉각 장치 및 모든 전기 설비의 전원을 껐습니다.

3분 뒤 순식간에 아수라장이 펼쳐졌습니다. 우리 잠수함 주위에서 여섯 개의 폭뢰가 폭발했고, 우리는 수심 85m 정도의 해저로 밀려 내려가야 했습니다. 모두 겁에 질렸어요. 수심 약 300m에서 공격을 받으면 위험합니다. 약 150m 미만에서 공격받으면 거의 예외 없이 목숨을 잃습니다. 그런데 안전에 관해 이야기하자면 우리는 150m의 절반이 약간 넘는 정도에 불과한 수심에서 공격을 받고 있었습니다. 비유하자면 무릎 정도 오는 깊이에 불과한 위치에서 공격을 당한 셈입니다.

일본군 기뢰부설함은 열다섯 시간에 걸쳐 폭뢰를 계속 투하했습니다. 폭뢰가 잠수함으로부터 약 5m 이내에서 폭발하면 그 충격으로 잠수함에 구멍이 납니다. 그런데 수십 개의 폭뢰가 약 15m 이내의 거리에서 폭발했습니다. 우리는 '동작 정지'를 명받았습니다. 침상에 조용하게 누워 침착하게 있으라는 명령이었습니다. 저는 몹시 겁이 나서 숨쉬기도 힘들었습니다. '난 죽을 거야!' 저는 몇 번이고 되뇌었습니다. '난 죽을 거야! 난 죽을 거라고!' 선풍기와 냉각 장치를 껐기 때문에 잠수함 안의 온도는 38도가 넘었습니다. 그런데도 저는 공포에 몸이 떨려 스웨터에 털 달린 재킷을 입었습니다. 그래도 여전히 추워서 몸을 덜덜 떨었습니다. 이가 딱딱 부딪히고, 식은땀을 줄줄 흘렸습니다. 공격은 열다섯 시간 동안 계속되었습니다. 그러다 갑자기 멈추더니 떠나버리더군요. 일본군 기뢰부설함에 폭뢰가 다 떨어진 것 같았습니다. 일본군의 폭뢰 공격을 받았던 열다섯 시간은 1,500만 년처럼 느껴졌습니다. 평생의 일이 주마등처럼 눈앞을 지났습니다.

제가 저질렀던 나쁜 일과 어리석게 걱정했던 온갖 사소한 일들이 전부 떠올랐습니다. 해군에 입대하기 전 저는 은행원이었습니다. 은행에 다닐 때는 긴 근무 시간과 낮은 급여, 보잘것없는 승진 가능성을 염려했습니다. 내 집 마련도 하지 못했고, 새 차도 살 수 없었고, 아내에게 좋은 옷도 사줄 수 없었기 때문이었습니다. 당시 항상 잔소리하고 꾸짖던 상사를 얼마나 미워했는지 모릅니다! 밤마다 속상한 채로 불만을 투덜거리며 퇴근해 집에 와서는 사소한 일을 두고 아내와 싸우곤 하던 나날이 기억났습니다. 자동차 사고로 끔찍한 상처를 입은 후 이마에 남은 흉터를 걱정했던 날들이었습니다.

몇 년 전에는 그런 걱정거리들이 얼마나 크게 느껴졌던지요! 하지만 폭뢰가 저를 저 세상으로 날려 버릴지 모를 위협을 받는 상황이 되자 그런 걱정거리들이 얼마나 어리석어 보였는지 모릅니다! 그때 그곳에서 저는 다시 해와 별을 볼 수 있게 된다면 절대 걱정이란 걸 하지 않겠다고 다짐했습니다. 절대! 절대! 절대로 걱정하지 않겠다고요! 그날 잠수함 속에서 보낸 끔찍한 열다섯 시간 동안 저는 시러큐스 대학에서 4년간 책으로 배운 것보다 더 많은 생활의 기술을 배웠습니다.

우리는 흔히 인생의 크나큰 재난에 용감하게 맞선다. 그러고 나서는 대수롭지 않은 일, '눈엣가시' 같은 일 때문에 우울해한다. 예를 들어 영국의 관료이자 저술가였던 사무엘 피프스가 쓴 《일기》에는 해리 베인 경이 런던에서 참수당하는 모습을 본 내용이 실려 있다. 해리 경은 처형대에 올라 목숨을 구걸한 게 아니라 형 집행인에게 목에 종기가 나 아픈 부분은 치지 말아 달라고 부탁했다.

이는 또한 버드 제독이 극지방의 밤에 끔찍한 추위와 어둠 속에서 깨달은 또 다른 내용이기도 하다. 버드 제독의 부하들은 큰일보다 오히려 '눈엣가시' 같은 사소한 일에 더 크게 화를 냈다. 그들은 위험과 고난, 흔히 영하 82도까지 내려가는 추위도 불평 없이 견뎠다. "하지만 같은 침상을 쓰는 사이에 상대방의 장비가 자기 공간을 자꾸 넘어온다고 생각해 서로 말을 하지 않는 부하들이 있었습니다. 식당에서 음식을 삼키기 전에 28번 꼭꼭 씹는 감식주의자가 눈에 띄지 않는 곳에 자리를 찾지 못하면 밥을 먹을 수 없는 부하도 있었습니다. 극지방의 주둔지에서는 그런 사소한 일이 훈련받은 장병까지 미치기 일보 직전으로 몰아가는 힘을 지닙니다."

버드 제독의 말에 덧붙여 결혼 생활에서도 그런 '사소한 일'이 사람을 미치게 하고 '세상에 존재하는 심적 고통의 절반'을 일으킨다고 말할 수 있다.

적어도 당국에서는 그렇게 말한다. 예를 들어 시카고 법원의 조셉 사바스 판사는 4,000건 이상의 이혼 조정을 담당하고 난 뒤 이렇게 말했다. "불행한 결혼 생활의 바닥에는 대부분 사소한 문제가 깔려 있습니다." 프랭크 호건 뉴욕 카운티 지방검사도 이렇게 말했다. "형사 재판 사건의 절반은 사소한 일에서 비롯됩니다. 술집에서 부린 허세, 집안에서의 다툼, 모욕적인 말, 헐뜯는 말, 무례한 행동, 이런 사소한 일들이 폭행과 살인으로 이어집니다. 어딘가 잔인하고, 크게 잘못된 사람은 극소수입니다. 자존심에 작은 타격을 입거나, 수모를 당하거나, 허영심이 살짝 무너지는 일 등이 세상에 존재하는 심적 고통의 절반을 일으킵니다."

엘리너 루스벨트는 결혼한 지 얼마 되지 않았을 때 새로운 요리사의 음식이 너무 맛이 없어서 '며칠 동안'이나 고민했다. 루스벨트 여사는 말한다. "지금 그런 일이 있다면 어깨를 한번 으쓱하고 잊어버릴 거예요." 좋은 방법이다. 정서적으로 어른이라면 이렇게 행동한다. 절대군주였던 예카테리나 대제조차 요리사의 음식이 맛이 없을 때 웃어넘겼다.

어느 날 아내와 나는 시카고에 있는 친구네 집에서 저녁 식사를 함께했다. 그런데 친구가 고기를 잘라 덜어주는 동안 무언가 실수를 했다. 나는 그걸 눈치채지 못했고, 눈치챘다 하더라도 신경 쓰지 않았을 것이다. 하지만 친구의 아내가 그 모습을 보았고, 우리 부부 앞에서 남편을 심하게 꾸짖었다. "존, 지금 무슨 짓을 하는지 봐요! 음식을 제대로 나누는 법도 못 배웠어요?"라고 소리를 지른 것이다. 그러고 나서 우리에게 말했다. "남편은 늘 실수를 저지른답니다. 잘해보려는 시도조차 하지 않아요."

존이 고기를 잘 나누려 애쓰지 않았을지는 모르지만, 그런 아내와 20년이나 함께 살며 노력했다는 점은 확실히 인정한다. 솔직히 말해 꾸짖는 소리를 들으며 북경오리와 샥스핀 요리를 먹느니 평화로운 분위기에서 머스터드 소스를 바른 핫도그 두어 개를 먹겠다.

그 일이 있고 얼마 지나지 않아 우리 부부는 친구 몇몇을 우리 집에 초대해 저녁 식사를 함께했다. 그런데 친구들이 도착하기 직전 아내는 냅킨 세 개가 테이블보에 어울리지 않는 것이라는 점을 눈치챘다. 나중에 아내가 말했다. "요리사에게 달려가 봤더니 다른 세 개의 냅킨은 이미 세탁소로 갔더군요. 손님들은 문 앞에 와 계셨어요. 냅킨을 바꿀 시간이 없었어요. 눈물이 쏟아질 것 같았다니까요! 그러다가 '왜 이런 어처구니없는 실수 때문에 오늘 저녁을 전부 망쳐야 하지?'라는 생각이 들었어요. 그러고 나서 잘 생각해 봤지요. 왜 그렇게 해야 할까요? 저는 식사 자리에 들어서며 즐겁게 보내겠다고 다짐했어요. 그리고 그렇게 했죠. 친구들이 나를 두고 예민하고 성격이 나쁜 주부라고 여기기보다 허술한 주부라고 여기는 편이 훨씬 더 나아요. 그리고 어찌 됐든 제가 아는 한 냅킨이 다르다는 걸 아무도 눈치채지 못했어요."

법조계에서 유명한 격언이 있다. '법은 사소한 일에는 관여하지 않는다.' 걱정을 많이 하는 사람도 그렇게 해야 한다. 마음의 평화를 얻고 싶다면 말이다.

대부분의 경우 사소한 일 때문에 걱정하는 마음을 떨치려면 주안점을 바꿔야 한다. 마음속에 새롭고 즐거운 방향을 바라보는 관점을 세우는 것이다.《그들을 파리를 봐야 했다》를 비롯해 십여 권의 책을 쓴 호머 크로이라는 친구가 있다. 이 친구가 관점을 바꿔 걱정을 떨치는 방법을 잘 보여준다. 예전에 호머는 책을 쓰는 동안 그가 사는 뉴욕 아파트 라디에이터에서 나는 딸각거리는 소리 때문에 반쯤 미쳐가고는 했다. 라디에이터에서 수증기가 탁탁 쉭쉭 거리며 나오는 소리를 듣고 있자면 책상에 앉아 있던 호머도 짜증이 부글부글 일었다.

그러다 친구들과 캠핑을 갔습니다. 활활 타오르는 모닥불 속에서 나뭇가지가 탁탁 타는 소리를 듣고 있자니 라디에이터에서 나는 탁탁 소리와 비슷하다는 생각이 들었습니다. 그런데 왜 모닥불 소리는 좋아하면서 라디에이터 소리는 끔찍하게 싫었던 걸까요? 집에 돌아와서 혼자 되뇌었습니다. '모닥불 안에서 나뭇가지가 타는 소리를 들으면 기분이 좋았어. 라디에이터에서 나오는 소리도 거의 비슷해. 이제 자러 가야겠다. 그리고 라디에이터에서 나는 소음에 대해 생각하지 않을 거야.' 그리고 그렇게 했습니다. 그 후 며칠 동안은 라디에이터 소리를 의식했지만, 얼마 안 가 전부 잊었습니다.

여러 가지 사소한 걱정거리들도 마찬가지입니다. 우리는 그런 걱정을 싫어하며 마음을 졸이지만, 그건 우리가 걱정거리의 중요성을 과장해서 생각하기 때문입니다.

영국 총리를 지낸 디즈레일리는 "사소한 일을 신경 쓰기에는 인생이 너무 짧다."라고 했다. 프랑스의 작가 앙드레 모루아는 잡지 〈디스 위크〉에서 이렇게 말했다.

디즈레일리 총리의 말은 제가 여러 가지 고통스러운 경험을 극복하는 데 도움이 되었습니다. 무시하고 잊어야 할 사소한 일 때문에 기분 상하는 일이 자주 있습니다. … 여기 이 세상에 태어난 우리가 살 수 있는 날은 겨우 몇십 년뿐입니다. 그런데 우리는 일 년만 지나면 스스로, 그리고 모두가 잊을 일을 걱정하고 생각하느라 대체할 수 없이 소중한 시간을 잃습니다. 그러지 마십시오. 대신 가치 있는 행동과 감정, 원대한 생각, 진정한 애정과 영원히 남을 일에 인생을 바쳐야 합니다. 사소한 일을 신경 쓰기에는 인생이 너무 짧기 때문입니다.

영국의 소설가 러디어드 키플링처럼 저명한 사람도 '사소한 일을 신경 쓰기에는 인생이 너무 짧다'는 사실을 잊을 때가 있었다. 그 결과가 어땠을까? 키플링과 그의 처남은 버몬트주의 역사에서 가장 유명한 법정 싸움을 벌였다. 이들의 법정공방은 매우 유명해서《러디어드 키플링의 버몬트주 분쟁》이라는 책까지 나왔을 정도다.

사건의 내용은 이렇다. 키플링은 버몬트주 출신의 여성 캐롤

라인 발레스티어와 결혼해 버몬트주 브래틀버로에 예쁜 집을 지었다. 그곳에 정착해 앞으로 쭉 살 작정이었다. 처남인 비티 발레스티어는 키플링의 가장 친한 친구가 되었다. 두 사람은 함께 일하고 함께 놀았다.

그러다 키플링이 처남 비티로부터 약간의 땅을 샀는데, 비티는 매형이 철마다 그 땅에서 건초를 벨 것으로 생각했다. 그러던 어느 날 비티는 매형이 목초지에 꽃밭을 가꾼다는 걸 알았다. 비티는 머리끝까지 화가 났다. 키플링도 즉시 맞받아쳤다. 버몬트의 분위기가 얼어붙었다!

며칠 뒤 키플링이 자전거를 타러 나갔을 때 처남 비티가 갑자기 한 무리의 말에 마차를 몰고 길 건너편에 나타나 키플링이 넘어지고 말았다. 키플링은 '주변 모든 사람이 이성을 잃고 당신을 탓할 때 침착함을 유지할 수 있다면'이라는 글을 썼었는데, 정작 실제로는 분별력을 잃고 처남을 고소했다. 그리고 세상을 깜짝 놀라게 한 재판이 이어졌다. 기자들이 대도시에서부터 키플링이 사는 마을로 쏟아져 들어왔다. 재판 소식은 전 세계로 퍼졌다. 해결된 건 아무것도 없었다. 처남과의 다툼 때문에 키플링 부부는 이후 평생 미국 집을 포기하게 되었다. 별것 아닌 사소한 일, 건초 더미 때문에 생긴 그 모든 걱정과 괴로움이라니!

2,400년 전 페리클레스는 이렇게 말했다. "여러분, 우리는 사소한 일에 너무 오랜 시간을 들이고 있습니다." 정말 그렇다!

해리 에머슨 포스딕 박사가 전한 흥미로운 이야기를 소개할까 한다.

콜로라도주 롱스피크의 비탈에는 엄청나게 큰 나무의 잔해가 있다. 식물학자에 따르면 그 나무는 약 400여 년간 그 자리에 서 있었다고 한다. 콜럼버스가 산살바도르에 도착했을 때는 묘목이었고, 미국에 다다른 청교도들이 플리머스에 정착했을 때는 반 정도 자란 상태였다. 나무는 오랜 세월을 살아오면서 번개를 14번 맞았고, 400년 동안 셀 수 없이 많은 눈사태와 폭풍이 굉음을 내며 나무를 스쳐 갔다. 나무는 그 모든 재해를 이겨내고 살아남았다. 하지만 결국 딱정벌레 무리의 공격으로 나무는 쓰러지고 말았다. 딱정벌레는 나무껍질을 뚫고 먹어 들어갔고, 정말 작지만 끊임없는 공격을 거듭해 나무 내부의 힘을 점차 무너뜨렸다. 세월도 시들게 하지 못했고, 번개도 쪼개지 못했고, 폭풍도 굴복시키지 못했던 숲속의 거인이 우리가 엄지와 검지로 으깨버릴 수 있을 정도로 작은 딱정벌레 앞에서 무너지고 말았다.

우리 모두 생존을 위한 전투를 벌이는 숲속의 거대한 나무 같지는 아닐까? 드물게 찾아오는 폭풍과 눈사태, 번개에는 어떻게든 살아남고서 걱정이라는 조그마한 딱정벌레에 우리의 마음이 먹히도록 내버려 두는 건 아닐까? 엄지와 검지, 두 손가락으로 으깨버릴 수도 있을 작은 딱정벌레에 말이다.

몇 년 전 나는 와이오밍주에서 티턴 국립공원을 여행했다. 와이오밍주 고속도로 감독관인 찰스 세이프리드와 그의 친구 몇몇이 함께한 여행이었다. 우리는 티턴 국립공원 내에 있는 존 록펠러의 별장을 방문하려는 참이었다. 그런데 내가 탄 차가 잘못된 방향으로 가는 바람에 길을 잃고, 다른 일행이 탄 차가 존 록펠러의 별장으로 들어가고 한 시간이 지나서야 입구에 도착할 수 있었다. 개인 별장으로 이어지는 출입구의 대문을 여는 열쇠를 세이프리드가 가지고 있었기 때문에 그는 우리가 도착할 때까지 한 시간 동안이나 덥고 모기가 우글거리는 숲속에서 기다려야 했다. 숲속의 모기떼는 성인군자라도 미치게 할 만했다. 하지만 그런 모기떼도 찰스 세이프리드를 당하지는 못했다. 우리가 도착했을 때 그가 모기떼를 욕하고 있었을까? 그렇지 않았다. 세이프리드는 우리를 기다리는 동안 사시나무의 가지를 잘라 피리를 만들어 불고 있었다. 나는 사소한 걱정을 제대로 다루는 법을 알았던 사람을 기억하기 위해 그 나무 피리를 기념품으로 간직하고 있다.

걱정이 나를 망치기 전에 걱정하는 습관을 버리는 방법 2

무시하고 잊어야 할 사소한 일을 걱정하지 말자. 기억하라. '사소한 일을 신경 쓰기에는 인생이 너무 짧다.'

8장

온갖 걱정을
떨쳐버리는 방법

어렸을 때 나는 미주리주의 농장에서 자랐다. 어느 날 어머니를 도와 체리의 씨를 빼다가 나는 울음을 터트렸다. 어머니가 말씀하셨다. "데일, 대체 왜 우는 거니?" 나는 흐느껴 울며 대답했다. "산 채로 땅에 묻힐까봐 무서워요."

당시 나는 걱정이 가득했다. 폭풍우가 몰아치면 번개에 맞아 죽을지 모른다고 무서워하며 걱정했고, 경제적으로 힘들 때는 먹을 게 충분하지 않을까 두려워 걱정했다. 죽으면 지옥에 가는 게 아닐까 걱정했고, 동네 형인 샘 화이트가 나를 위협하는 말대로 진짜 내 큰 귀를 자르면 어쩌나 겁을 먹고 걱정했다. 모자를 벗어 인사를 건넸을 때 여자아이들이 비웃으면 어쩌나 걱정했고, 나와 결혼하려는 여자가 아무도 없으면 어쩌나 걱정했다. 그리고 결혼 직후에는 아내에게 무슨 말을 해야 할까 걱정했다. 나는 어느 시골 교회에서 결혼식을 올리고 지붕 가장자리를 술로 장식한 마차에 올라 농장으로 돌아오는 모습을 상상했다. 그런데 농장으로 돌아오는 길에 마차 안에서 어떻게 대화를 이어갈 수 있을까? 어쩌지? 어떻게 할까? 쟁기질하는 동안 고랑을 걸으며 나는 세상에서 가장 중요한 이 문제를 몇 시간씩 고민했다.

세월이 흐르면서 나는 걱정했던 일의 99%는 절대 일어나지 않는다는 사실을 차츰 알게 되었다.

예를 들어 앞서 말한 것처럼 한때 나는 번개를 몹시 무서워했지만 이제는 국가안전위원회의 발표에 따라 1년에 벼락에 맞아 사망할 확률은 35만분의 1이라는 걸 안다.

산 채로 땅에 묻힐까 두려워했던 건 훨씬 더 어리석은 걱정이었다. 그렇게 되는 사람은 1,000만 명 중에 1명도 되지 않을 것이다. 그런데도 한때 나는 산 채로 땅에 묻히는 게 두려워서 울음을 터뜨렸다.

8명 가운데 1명이 암으로 사망한다. 그러니 내가 굳이 걱정하고 싶었다면 암에 걸릴까 걱정했어야 한다. 번개를 맞아 죽거나 산 채로 땅에 묻힐까 걱정하는 대신에 말이다.

분명 여기까지 나는 아동 및 청소년기의 걱정에 관해 이야기했다. 하지만 어른들이 하는 걱정도 거의 그와 비슷하게 말도 안되는 때가 많다. 걱정하느라 초조해하지 말고 평균의 법칙을 기준으로 걱정거리에 진정으로 정당성이 있는지 확인한다면 아마 우리가 지금 하는 걱정의 90%는 사라질 것이다.

세계적인 보험회사인 런던의 로이드는 실제 발생할 확률이 희박한 일을 두고 걱정하는 사람들의 성향을 이용해 큰돈을 벌었다. 로이드는 사람들이 걱정하는 재난이 절대 일어나지 않는다는 쪽에 건다. 다만 이를 내기라 부르지 않고 보험이라 부른다. 하지만 실제로는 평균의 법칙에 근거한 내기이다. 로이드의 사업은 200년 동안 번창해왔다. 인간의 본성이 변하지 않는 한 로이드의 사업은 지금부터 5,000년은 더 번창할 것이다. 평균의 법칙에 근거해 사람들이 상상하는 만큼 자주 발생하지 않는 재난에 대비해 신발과 선박, 봉랍 보험을 판매할 테니 말이다.

평균의 법칙을 자세히 살펴보면 새로 드러나는 사실에 깜짝 놀랄 일이 많다. 예를 들어 앞으로 5년 동안 게티즈버그 전투만큼 피비린내 나게 싸워야 한다는 걸 알게 되면 아마 겁에 질릴 것이다. 가입할 수 있는 모든 생명보험에 가입하고, 유언장을 쓰고, 신변을 전부 정리할 것이다. 그러고는 이렇게 말할 것이다. "아마 전투에서 살아 돌아올 일은 없겠지. 그러니 앞으로 남은 몇 년을 최대로 활용하며 살아야겠다." 하지만 사실 평균의 법칙에 따르면 평화로운 시기에 50세에서 55세 사이를 사는 것도 게티즈버그 전투에서 싸우는 것만큼 위험하고, 치명적이다. 내가 말하고 싶은 건 평화의 시기에도 50세에서 55세 사이에 1,000명당 사망하는 사람의 수와 163,000명이 참여한 게티즈버그 전투에서 1,000명당 사망한 사람의 수가 같다는 것이다.

나는 이 책의 여러 장을 캐나다 로키산맥의 보우 호숫가에 있는 제임스 심슨의 넘티가 산장에서 썼다. 어느 해 여름 이 산장에 들렀을 때 샌프란시스코 퍼시픽가 2298번지에 사는 허버트 샐린저 부부를 만났다. 샐린저 부인은 침착하고 평온한 여성으로 걱정 같은 건 해본 적 없는 사람이라는 인상을 받았다. 어느 날 저녁 활활 불타오르는 벽난로 앞에 앉아 있다가 샐린저 부인에게 걱정 때문에 어려움을 겪은 적이 있는지 물어보았다.

어려움을 겪었냐고요? 제 인생은 걱정 때문에 망가지기 일보 직전이었어요. 걱정을 떨치는 법을 배우기 전까지 저는 11년 동안 스스로 만든 지옥 속에 살았어요. 저는 화를 잘 내고 다혈질이었어요. 엄청난 긴장 속에서 살았고요. 산마테오의 집에서 샌프란시스코로 매주 버스를 타고 쇼핑을 하러 갔는데, 쇼핑하는 동안에도 걱정하느라 마음이 초조했어요. 다리미의 전원을 안 뺀 건 아닐까, 집에 불이 났으면 어쩌지, 가사도우미가 애들만 놔두고 도망쳤을지 몰라, 아이들이 자전거를 타고 밖에 나갔다가 차에 치여 숨지면 어쩌지. 쇼핑하는 중에도 걱정하느라 식은땀이 흘렀고 전부 괜찮은지 확인하려고 뛰쳐나가 버스를 타고 집으로 돌아갔습니다. 그러니 제 첫 번째 결혼이 불행하게 끝난 것도 놀랄 일은 아니었지요.

두 번째 남편은 변호사였습니다. 그 무엇도 걱정하지 않는 조용하고 분석적인 남자였지요. 제가 걱정으로 긴장하고 불안해할 때면 남편이 말하곤 했습니다. "진정하고 당신이 정말로 걱정하는 게 뭔지 생각해 봐. 평균의 법칙을 확인해 일어날 만한 일인지 아닌지 알아보는 거야."

한번은 뉴멕시코주 앨버커키에서 차를 타고 칼즈배드 동굴로 가던 길이었어요. 비포장도로를 달리고 있는데 엄청난 폭우 속에 갇혔어요. 차는 미끄러지는데 통제할 수가 없었습니다. 저는 차가 도로 옆으로 난 도랑으로 빠질 거라고 확신했습니다. 하지만 남편은 제게 계속 반복해서 말했습니다. "난 지금 매우 천천히 가고 있어. 심각한 사고가 일어날 리 없어. 차가 도랑으로 빠진다 해도 평균의 법칙을 볼 때 우리가 다치진 않을 거야." 남편의 차분함과 자신 덕분에 저도 안정을 찾았습니다.

어느 해 여름에는 캐나다 로키산맥의 통킨 계곡으로 캠핑 여행을 떠났습니다. 그리고 해발 약 2,130m 지점에서 캠핑했습니다. 폭풍이 불어 텐트를 갈가리 찢을 듯한 밤이었습니다. 텐트는 나무 데크에 버팀줄로 묶어 두었지만, 바깥쪽 텐트는 바람에 흔들리고 떨렸으며 날카롭고 찢어질 듯한 소리를 냈어요. 저는 텐트가 갈기갈기 찢어져 하늘로 날려갈 거라고 생각했습니다. 저는 정말 겁에 질렸어요! 하지만 남편은 계속 말했어요. "여보, 우리는 브루스터스의 안내인과 함께 있잖아. 그들은 이 방면의 전문가야. 60년 동안이나 이 산속에 텐트를 쳤어. 이 텐트는 여러 해 동안 이 자리에 있었지. 그런데도 아직 바람에 날려가지 않았어. 그러니 평균의 법칙으로 생각해 볼 때 오늘 밤에도 날려가지 않을 거야. 설사 바람에 날려간다 해도 다른 텐트로 피신하면 돼. 그러니 진정해." 남편의 이야기를 듣고 저는 마음이 놓였습니다. 그러고 나서는 푹 잤어요.

몇 년 전 소아마비가 유행해 캘리포니아주 일부 지방을 휩쓸었어요. 예전의 저였다면 이성을 잃었을 거예요. 하지만 남편이 제게 침착하라고 설득했습니다. 할 수 있는 모든 예방책을 다 세웠어요. 사람들이 모이는 곳으로 아이들을 데려가지 않았죠. 학교도, 영화관도 멀리 했습니다. 보건위원회와 상담한 결과 저희는 그 당시까지 캘리포니아주에서 알려진 가장 심각했던 소아마비 유행 시기에도 주 전체에서 소아마비에 걸렸던 어린이는 1,835명에 불과하다는 사실을 알게 되었습니다. 일반적으로는 2~300명의 어린이가 감염된다는 사실도요. 소아마비에 걸린 어린이에게는 안타까운 일이지만, 평균의 법칙으로 볼 때 아이가 소아마비에 걸릴 확률은 희박했습니다.

"평균의 법칙으로 볼 때 그런 일을 일어나지 않을 거야." 이 말이 제 걱정의 90%를 사라지게 했습니다. 덕분에 제 인생에서 지난 20년은 기대 이상으로 아름답고 평화로웠습니다.

아마도 미국 역사에서 인디언과 맞서 싸운 가장 뛰어난 군인으로 손꼽힐 조지 크룩 장군은 자서전에서 말했다. "인디언들의 거의 모든 걱정과 불행은 실제가 아닌 상상에서 나온다."

나 또한 지난 수십 년을 돌아보면 내가 했던 걱정이 대부분 어디서 나왔는지 알 수 있다. 짐 그랜트도 같은 경험이 있다고 내게 말했다. 짐 그랜트는 뉴욕시 프랭클린가 204번지에 있는 제임스 A. 그랜트 유통 회사를 소유한 사람이다. 짐은 한 번에 화물 열차 10~15량 분량의 플로리다 오렌지와 자몽을 발주한다. '열차 사고가 나면 어쩌지? 그래서 내 과일이 시골 동네에 사방으로 흩뿌려지면 어떻게 하지? 열차가 지나갈 때 다리가 무너지면 어쩌지?'

예전에 짐은 이런 생각으로 스스로 자신을 괴롭혔다고 한다. 물론 과일에는 보험을 들어두었다. 하지만 짐은 과일을 제때 배송하지 못하면 시장을 잃는 게 아닐까 걱정했다. 짐은 지나치게 걱정한 나머지 위궤양이 생기면 어쩌나 겁이 나 의사를 찾았다. 의사는 신경과민 외에는 아무 문제가 없다고 말했다.

그때 빛을 보았습니다. 그리고 스스로 질문을 던지기 시작했어요. "이봐, 짐 그랜트, 지금까지 과일을 실은 화물 열차 몇 량을 취급했지?" 그러고 나서 답했습니다. "약 25,000량이야." 질문은 이어졌습니다. "그 가운데 사고가 났던 건 몇 량이었지?" 대답은 "음, 다섯 량 정도." 저는 생각했습니다. '25,000량 중에 겨우 5량이라고? 그게 무슨 의미인지 알아? 사고 확률이 5,000분의 1이라는 말이야! 즉, 평균의 법칙으로 생각할 때 사고 날 확률이 5,000분의 1이라고. 그런데 무슨 걱정을 하는 거야?'

다른 상황에 대해서도 걱정했습니다. "다리가 무너질지도 모른다고!" "실제 다리가 무너져서 잃었던 물량이 얼마나 되지?" "없어." "무너진 적도 없는 다리와 5,000분의 1의 확률인 열차 사고 때문에 위궤양에 걸릴까 걱정하다니 바보 아니야?"

그런 식으로 상황을 바라보니 꽤 어리석었다는 생각이 들었습니다. 그래서 그때, 그 자리에서 앞으로는 걱정하는 대신 평균의 법칙을 떠올리기로 마음먹었습니다. 그때 이후로는 위궤양이 문제가 된 적은 한 번도 없었습니다.

앨 스미스가 뉴욕 주지사였을 때 나는 정적들이 앨을 공격할 때면 그가 "기록을 확인해 봅시다. 기록을 확인해요."라고 반복해서 답하는 걸 들었다. 그렇게 답하고 나서 앨은 사실 기록을 제시했다. 앞으로 발생할지 모를 일을 두고 다음에 또 걱정이 생기면 현명한 앨 스미스가 사용했던 방법에서 힌트를 얻자. 기록을 확인하고, 우리를 갉아먹는 걱정에 어떤 근거가 있는지 살피는 것이다. 프레데릭 맬스테드가 무덤에 누워 죽음을 두려워했을 때 썼던 방법이 바로 이것이다. 다음에 소개하는 이야기는 뉴욕에서 우리가 진행했던 평생교육 수업 시간에 프레데릭이 들려준 이야기다.

1944년 6월 초, 저는 오마하 해변 근처의 좁은 참호 속에 누워 있었습니다. 저는 999 통신부대 소속으로 노르망디에 막 상륙했습니다. 좁다란 참호는 땅에 난 직사각형의 구멍에 불과했고, 이를 둘러보면서 혼잣말했습니다. "무덤과 똑같이 생겼네." 참호에 누워 잠을 청하니 무덤에 누운 기분이었습니다. '여기가 내 무덤일지 몰라.' 이런 생각이 드는 걸 막을 수가 없었습니다. 밤 11시, 독일군의 폭격기가 다가와 폭탄을 떨어뜨리기 시작하자 저는 무서워서 몸이 굳었습니다. 첫 2~3일은 전혀 잘 수가 없었습니다. 4일째인가 5일째 밤에 저는 거의 신경쇠약에 걸린 상태였습니다. 어떻게든 하지 않으면 제가 완전히 미쳐버릴 거라는 걸 알았습니다. 그래서 스스로 상기했습니다. '다섯 밤이 지났지만 아직 살아 있어. 우리 부대원도 전부 살아 있지. 다친 사람은 두 명뿐이야. 게다가 그들도 독일군의 폭탄 때문에 다친 게 아니라 우리 군의 대공포에서 떨어진 유탄 때문에 상처를 입었지.' 이렇게 생각한 뒤 저는 건설적인 일을 하며 걱정은 그만두기로 마음먹었습니다. 그래서 대공포의 유탄으로부터 저를 보호할 수 있도록 참호 위를 덮는 두꺼운 나무 지붕을 만들었습니다. 그리고 우리 부대가 퍼져 있는 광활한 지역을 생각했습니다. 그런 뒤 이렇게 깊고 좁은 참호 속에서 죽임을 당하는 건 직접적인 공격이 있을 때뿐이라고 혼잣말을 했습니다. 계산해보니 제가 직격탄을 맞을 확률은 10,000분의 1이 안 되더군요. 이틀 밤 동안 상황을 이런 식으로 바라보고 나서 저는 안정을 찾았고, 폭격 속에서도 잠을 자게 되었습니다!

미 해군은 장병들의 사기를 북돋우기 위해 평균의 법칙에 따른 통계를 사용했다. 어느 전직 수병은 동료 수병과 고옥탄 유조선으로 발령이 났을 때 걱정이 되어 몸이 굳었다고 했다. 고옥탄 휘발유를 실은 유조선은 어뢰의 공격을 받아 폭발해 모두가 사망하게 된다고 다들 믿었기 때문이다.

하지만 미 해군이 아는 내용은 달랐다. 그래서 해군 측은 상황을 정확한 숫자로 발표했는데, 어뢰를 맞은 유조선 100척 가운데 60척은 침몰하지 않았고, 바다로 가라앉은 40척 가운데 단 5척만이 10분이 채 되지 않는 새 침몰했다. 그건 배를 탈출할 시간이 있다는 뜻이며, 또한 사상자 수가 대단히 적다는 의미이기도 하다. 해군이 공개한 숫자가 수병들의 사기를 올리는 데 도움이 되었을까? 미네소타주 세인트폴 월넛가 1969번지에 사는 클라이드 마스는 이렇게 말했다. "평균의 법칙을 알게 되자 불안감이 싹 사라졌습니다. 승조원 전원의 기분이 한결 나아졌습니다. 우리에게 기회가 있다는 걸 알았고, 평균의 법칙에 따르면 아마 죽지 않을 거라고 생각했습니다." 걱정이 자신을 망치기 전에 걱정하는 습관을 버리려면 다음의 원칙을 기억하자.

걱정이 나를 망치기 전에 걱정하는 습관을 버리는 방법 3

기록을 확인하자! 스스로 물어보자. '평균의 법칙을 따르면 내가 걱정하는 이 일이 실제로 발생할 확률이 얼마나 될까?'

9장

피할 수 없다면
받아들여라

어렸을 때 나는 미주리주 북서부에 있는 버려진 지 오래된 집 다락에서 친구들과 함께 놀고 있었다. 그러다 다락에서 내려와 잠시 창턱에 발을 올렸다가 뛰어내렸다. 그때 왼손 검지에 반지를 끼고 있었는데, 창턱에서 뛰어내리면서 반지가 못대가리에 걸리는 바람에 손가락이 잘려나갔다.

나는 소리를 질렀고, 잔뜩 겁에 질렸다. 이제 곧 죽을 거라고 확신했다. 하지만 상처가 낫고 난 뒤로는 단 1초도 손가락 걱정을 해본 적이 없다. 걱정한들 무슨 소용이겠는가? 나는 피할 수 없는 일을 받아들였다. 요즘 나는 왼손에 손가락이 네 개뿐이라는 사실을 한 달에 한 번도 떠올리지 않고 지낼 때도 많다.

몇 년 전 뉴욕 시내 사무실 건물에서 화물용 승강기를 운행하는 남성을 만났다. 나는 그의 왼팔 손목이 잘려나갔다는 걸 눈치챘다. 그래서 그 사람에게 왼팔 손목이 없는 게 신경이 쓰이는지 물었다. 그랬더니 그가 답했다. "아니요. 손목에 대해 생각하는 일은 거의 없습니다. 저는 결혼하지 않았는데, 손목이 없다는 걸 떠올리는 건 바늘에 실을 꿰려 할 때뿐입니다."

어쩔 수 없는 상황에 처하면 우리가 얼마나 빨리 받아들이고 적응하며 별일 아니라고 잊어버리는지 놀랍기만 하다.

네덜란드 암스테르담에 있는 15세기 대성당의 유적에 적힌 글을 종종 떠올린다. 글귀는 벨기에 북부 지역에서 사용되는 네덜란드어인 플라망어로 다음과 같이 적혀 있다. "그렇게 된 일이다. 달리 방법이 없다."

수십 년을 살면서 우리는 '이미 일어난' 불쾌한 상황을 수없이 마주하게 된다. 그렇지 않을 방법이 없다. 하지만 우리에게는 선택권이 있다. 이미 일어난 불쾌한 상황을 피할 수 없는 일로 받아들이고 적응하거나 아니면 반발하며 인생을 망치고 종국에는 신경쇠약에 걸리거나. 이건 우리의 선택이다.

다음은 내가 가장 좋아하는 철학자인 윌리엄 제임스의 현명한 조언이다. "기꺼이 그대로 받아들여라. 이미 일어난 일을 받아들이는 게 불행한 일의 결과를 극복할 첫걸음이다."

오리건주 포틀랜드 북동로 49번가 2840번지에 사는 엘리자베스 콘리는 이 사실을 어렵게 알아냈다. 다음은 엘리자베스가 최근 내게 보낸 편지의 내용이다.

미국이 북아프리카에서 미군의 승리를 축하하던 바로 그날에 저는 육군성으로부터 전보를 받았습니다. 제가 가장 사랑했던 조카가 작전 중 실종되었다는 소식이었죠. 얼마 지나지 않아 전보가 또 한 통 도착해 조카의 죽음을 알려주었습니다.

저는 슬픔을 가누지 못했습니다. 그때까지 저는 삶이 매우 만족스러웠습니다. 좋아하는 일을 했고, 조카를 키우는 걸 도왔습니다. 조카는 젊은이가 지니는 모든 장점을 제게 보여주었어요. 조카를 보면 제가 베푼 모든 걸 보상받는 기분이었습니다! 그랬는데 조카의 전사를 알리는 전보를 받은 겁니다. 제 세상은 전부 무너졌고, 제게는 살아갈 이유가 아무것도 남지 않았습니다. 저는 일도 소홀히 했고, 친구도 만나지 않았습니다. 모든 걸 그냥 흘려보냈습니다. 제 마음은 쓰라렸고, 억울했습니다. 왜 사랑스러운 우리 조카를 데려가셔야 했을까요? 앞날이 창창하고 훌륭한 아이가 왜 죽어야만 했을까요? 상황을 받아들일 수가 없었습니다. 너무나 벅찬 슬픔에 저는 일을 그만두고 쓰라린 마음으로 눈물을 흘리며 세상으로부터 숨어 지내기로 마음먹었습니다.

일을 그만둘 준비를 하며 사무실 책상을 정리하다가 잊고 지내던 편지를 찾았습니다. 전사한 조카가 몇 년 전 저희 어머니께서 돌아가셨을 때 보낸 편지였어요. 편지에는 이렇게 쓰여 있었습니다. "저희는 할머니를 그리워할 거예요. 특히 이모는 더 그러시겠죠. 하지만 그래도 이모는 잘 헤쳐나가실 거예요. 이모의 개인적인 철학이 힘을 실어줄 테니까요. 이모가 가르쳐주신 인생의 훌륭한 진리를 절대 잊지 않을 거예요. 제가 어디에 있든, 우리가 얼마나 떨어져 살든 미소 짓고 남자답게 일어나는 모든 일을 받아들이라는 이모의 가르침을 항상 기억할 거예요."

저는 그 편지를 읽고 또 읽었습니다. 조카가 제 옆에서 말하는 기분이었어요. 이렇게 말하는 것 같더군요. "이모가 제게 가르쳐주신 대로 하시는 게 어때요? 무슨 일이 있든 헤쳐나가시는 거예요. 개인적인 슬픔은 미소 아래 숨기고 앞으로 나아가시는 거예요."

그래서 다시 일을 계속했습니다. 비통한 기분으로 억울해하는 것도 그만두었습니다. 계속 스스로 타일렀어요. '이미 일어난 일이야. 바꿀 수는 없어. 하지만 조카가 바랐던 대로 계속 앞으로 나아갈 수는 있어.' 저는 온 정신과 힘을 일에 쏟았습니다. 그리고 누군가의 아들일 군인들에게 위문편지를 썼어요. 그리고 저녁에 하는 평생교육 수업에 등록했습니다. 새로운 흥미를 찾고 새 친구도 만나기 위해서였죠. 제게 찾아온 변화는 믿을 수 없을 정도였습니다. 이미 지나버린 과거 일을 두고 애통해하는 건 그만두었습니다. 이제는 매일 기쁨 속에 살고 있습니다. 조카가 제게 바랐던 대로요. 제 인생은 평화를 찾았습니다. 저는 운명을 받아들였어요. 지금은 그 어느 때보다 더 완전하고 충만한 삶을 살고 있습니다.

엘리자베스 콘리는 누구나 머잖아 배워야 할 사실, 즉 피할 수 없는 일을 받아들여야만 한다는 걸 알게 된 것이다. '그렇게 된 일이다. 달리 방법이 없다.' 하지만 배우기 쉬운 일은 아니다. 심지어 왕좌에 오른 왕도 이 사실을 계속 스스로 되새겨야 한다. 영국의 조지 5세는 버킹엄궁에 있는 서재의 벽에 이런 문구를 액자에 넣어 걸어두었다. "달이 갖고 싶다거나 우유가 엎질러졌다고 울지 않게 하소서."(비현실적인 일이나 이미 일어나버린 일을 생각하지 말라는 뜻-옮긴이) 철학자 쇼펜하우어도 같은 생각을 밝혔다. "인생의 여정에서 첫 번째로 중요한 준비물은 체념이다."

분명 주어진 상황만으로 우리가 행복해지거나 불행해지는 건 아니다. 주어진 환경에 우리가 반응하는 방식이 감정을 결정한다. 예수는 천국이 우리 안에 있다고 했다. 마찬가지로 지옥도 우리 안에 있다.

그래야만 한다면 우리는 재앙이나 비극을 견디며 이를 극복한다. 할 수 없다고 생각하겠지만, 우리 내면에는 발휘하려고 마음먹으면 놀라울 정도로 강한 힘이 존재한다. 사람은 생각보다 강한 존재다.

작가 부스 타킹턴은 늘 이렇게 말했다. "단 한 가지, 눈이 머는 일만 빼면 인생에서 일어나는 모든 일을 감당할 수 있어. 하지만 앞을 못 보는 건 견딜 수 없지."

그런데 부스 타킹턴이 60대였던 어느 날, 마루 위 카펫을 내려다보았더니 카펫의 색깔이 흐려 보였고, 무늬는 보이지 않았다. 그래서 안과 전문의를 찾았다가 자신이 시력을 잃고 있다는 비극적인 사실을 알게 되었다. 한쪽 눈은 거의 안 보이는 상태였고, 다른 눈도 머지않아 시력을 상실할 것이라고 했다. 타킹턴이 가장 두려워하던 일이 일어난 것이다.

이처럼 '최악의 사태'가 발생한 데 대해 타킹턴은 어떻게 반응

했을까? '눈이 멀다니! 내 인생은 끝장이야.'라고 생각했을까? 그
렇지 않았다. 놀랍게도 그는 여전히 즐거웠다. 심지어 유머 감각
도 발휘했다. 타킹턴은 눈앞에 떠다니는 '작은 알갱이'가 거슬렸
는데, 알갱이가 눈앞을 가로질러 떠다니며 시야를 가렸기 때문
이었다. 그런데 그 가운데 가장 큰 알갱이가 눈앞에 나타나면 타
킹턴은 이렇게 농담을 던졌다. "안녕하세요! 할아버지 또 나오셨
네요. 이렇게 좋은 아침에 어디 가시나요?"

　이런 정신을 운명이 어떻게 꺾을 수가 있었겠는가? 그건 불가
능한 일이었다. 눈이 완전히 멀자 타킹턴은 말했다. "시력을 잃는
일도 받아들일 수 있다는 걸 알았다네. 다른 무슨 일이든 받아
들일 수 있는 것처럼 말이지. 나는 오감을 다 잃는다 해도 마음
으로 살아갈 수 있다는 걸 알고 있어. 알든 모르든 우리는 마음
으로 보고, 마음으로 살아가기 때문이라네."

　타킹턴은 시력을 되찾을 수 있다는 희망으로 한 해 동안
12번 이상의 수술을 받아야 했다. 부분 마취만 하고서 말이다!
타킹턴이 이 상황을 불평했을까? 해야 할 수술이었다. 피할 수
없는 일이니 고통을 줄일 유일한 방법은 잠자코 받아들이는 것
이라는 걸 그는 알았다. 타킹턴은 병원에서 1인실을 거부하고 다
른 환자와 함께 있을 수 있는 다인실에 입원했다. 그리고 다른
환자들을 격려하려고 애썼다. 의식이 완전히 깨어 있어 눈에 어
떤 수술을 하는지 인식하는 상태로 반복해서 수술을 받아야 했
을 때도 타킹턴은 자신이 얼마나 운이 좋은 사람인지 떠올리려

했다. "얼마나 멋진 일이야! 과학이 발전해 이제 사람의 눈처럼 섬세한 부위까지 수술할 기술이 있다니 정말 멋진 일이야!"

일반적인 사람이 시력을 상실하고 12번 이상의 수술을 견뎌야 했다면 신경쇠약에 걸렸을 것이다. 하지만 타킹턴은 말했다. "제 경험을 더 행복한 일과 바꾸지 않을 겁니다." 시력을 잃으면서 타킹턴은 수용하는 법을 배웠다. 인생에서 일어나는 일 가운데 견딜 수 없는 건 없다는 걸 배웠다. 영국의 시인 존 밀턴이 깨달은 것처럼 '눈이 멀어서 비참한 게 아니라 시력상실을 견딜 수 없는 게 비참할 뿐'이라는 걸 배웠다.

뉴잉글랜드주의 유명한 페미니스트인 마가렛 풀러는 자신의 신조를 이렇게 밝혔다. "저는 온 우주를 받아들입니다!"

심술 맞은 노인이었던 비평가 토머스 칼라일은 영국에서 그 이야기를 들었을 때 이렇게 코웃음을 쳤다. "맹세코 그러는 편이 좋겠지!" 그렇다. 맹세코 우리도 피할 수 없는 일은 받아들이는 편이 더 낫다!

피할 수 없는 일을 비난하고 불평하며 억울하게 생각해도 피할 수 없는 일이 바뀌지는 않는다. 하지만 우리 자신은 바꿀 수 있다. 나는 이 사실을 안다. 노력해 본 적이 있기 때문이다.

한때 나는 내가 마주한 피할 수 없는 상황을 받아들이지 않으려 했다. 바보처럼 피할 수 없는 일에 투덜거렸고 저항했다. 그러다 보니 불면으로 밤은 지옥이 되었다. 나는 원하지 않는 일을 전부 자초했다. 스스로를 괴롭힌 지 1년이 지나자 나는 처음부터 바꿀 수 없음을 알았던 사실을 결국 받아들여야 했다.

수년 전에 나는 옛 시인 월트 휘트먼과 함께 소리쳤어야 했다.

> 오, 밤과 폭풍우, 배고픔과
> 비웃음, 사고와 거절에
> 나무와 동물처럼 맞서기를.

나는 12년 동안 소를 다루었다. 하지만 그동안 가뭄으로 목초지가 말랐다거나 혹은 눈이나 추위가 찾아와서, 혹은 수소가 다른 어린 암소에게 관심을 쏟는다는 이유로 열을 내는 젖소를 단 한 번도 본 적이 없다. 소들은 밤과 폭풍우, 배고픔을 차분하게 받아들인다. 그러니 신경쇠약이나 위궤양에 걸리는 법도, 미치는 일도 없다.

우리 앞에 나타나는 모든 역경에 그저 굴복해야 한다는 말이 아니다. 그런 생각은 그저 운명론일 뿐이다. 사태를 해결할 가능성이 있는 한 맞서 싸우자! 하지만 상식적으로 생각할 때 이미 끝나 버린 일, 달리 방법이 없는 일에 맞서는 거라면 분별력을 발휘해야 한다. 어쩔 수 없는 일의 앞뒤를 살피면서 애태우지 말자.

컬럼비아 대학교 총장을 지냈던 호크스 박사는 동요 〈마더 구스〉를 좌우명으로 삼았다고 한다.

> 하늘 아래 모든 병에는

약이 있거나 없지.

약이 있다면 찾아봐야지.

약이 없다면 신경 쓰지 말아야지.

이 책을 쓰면서 나는 미국의 여러 일류 사업가와 인터뷰를 많이 진행했다. 그리고 이들이 피할 수 없는 일을 받아들이고 걱정을 전혀 하지 않는 삶을 산다는 점에 감명을 받았다. 그렇게 살지 않았다면 부담감 때문에 이미 무너졌을 것이다. 아래에 내가 들은 이야기 몇 가지를 소개한다.

페니라는 전국 가맹점을 일군 J. C. 페니는 이렇게 말했다. "가진 돈을 전부 잃어도 저는 걱정하지 않을 겁니다. 걱정해서 얻을 수 있는 게 아무것도 없다는 걸 아니까요. 그저 제가 할 수 있는 일에 최선을 다할 겁니다. 그런 뒤 결과는 신께 맡겨야겠죠."

헨리 포드도 비슷한 말을 했다. "제가 처리할 수 없는 일은 그대로 흘러가게 둡니다."

크라이슬러 사장이었던 K. T. 켈러에게 걱정하지 않는 법을 물었더니 이렇게 답했다. "힘든 상황을 마주했을 때 제가 할 수 있는 일이 있다면 합니다. 할 수 있는 일이 없다면 그냥 잊어버립니다. 저는 미래를 절대 걱정하지 않습니다. 미래에 일어날 일을 알아낼 수 있는 사람은 아무도 없으니까요. 미래에 영향을 미치는 힘은 정말 많습니다. 무엇이 그 힘을 자극하는지 아는 사람, 혹은 그 힘을 이해하는 사람은 아무도 없죠. 그러니 무엇 때문에 미래를 걱정하나요?" K. T. 켈러에게 철학자라고 한다면 그는 당황할 것이다. 켈러는 그저 훌륭한 사업가일 뿐이지만, 우연히도 에픽테토스가 1,900년 전 로마에서 전한 가르침과 같은 철학을 이야기했다. 에픽테토스는 로마시민들에게 다음과 같은 가르침을 전했다. "행복으로 가는 길은 단 하나입니다. 그건 바로 우리의 의지력을 넘어서는 일에 관해서는 걱정을 멈추는 것이지요."

'사라 여신'으로 불렸던 프랑스의 여배우 사라 베르나르는 피할 수 없는 일을 받아들이는 법을 아는 훌륭한 모범이다. 사라 베르나르는 50년 동안 네 개의 대륙에서 극장의 여왕으로 군림했으며, 세상에서 가장 사랑받는 여배우였다. 그런데 71세 때 재산을 전부 잃었으며, 주치의였던 포치 교수는 사라에게 다리를 절단해야 한다고 알렸다. 대서양을 건너다가 폭풍우가 몰아치는 중에 갑판으로 떨어져 다리를 심하게 다쳤기 때문이었다. 다리에는 정맥염이 생겼고, 다리가 수축하면서 고통이 몹시 심해 의사는 사라의 다리를 잘라야 한다고 생각했다. 하지만 드세고 격심한 성격의 '사라 여신'에게 다리를 잘라야 한다고 말하는 건 두려운 일이었다. 이 끔찍한 소식을 들으면 분명 사라의 히스테리가 폭발할 거라고 예상했다. 하지만 그건 잘못된 생각이었다. 소식을 들은 사라는 잠시 의사를 바라보더니 조용히 말했다. "다리를 잘라야만 한다면 그래야겠죠." 그건 운명이었다. 사라가 이동식 침대에 누워 수술실로 들어가는 동안 아들이 흐느꼈다. 사라는 아들에게 쾌활하게 손을 흔들고 명랑하게 말했다. "어디

가지 말고 여기 있어. 엄마 금방 돌아올게."

수술실로 가는 길에 사라는 출연했던 연극 속 한 장면을 되뇌었다. 누군가 스스로 힘을 내려고 연극 장면을 되뇌는 건지 물었더니 사라가 답했다. "아니에요. 의료진을 응원하려고요. 수술이 의료진에게도 부담일 테니까요."

수술 후 상처를 회복하고 난 뒤 사라는 세계 투어에 나섰고 7년 더 청중에게 매혹적인 연기를 선보였다.

엘지 맥코믹은 〈리더스 다이제스트〉 기사에 이렇게 썼다. "피할 수 없는 일에 맞서는 걸 멈추면 더욱 풍부한 삶을 살아갈 수 있는 에너지가 생깁니다."

이 세상 누구도 피할 수 없는 일에 맞서면서 동시에 새로운 삶을 일굴 정도로 감정과 활력이 넘치지 않는다. 둘 중 하나를 선택해야 하는 문제이다. 피할 수 없이 불어오는 인생의 진눈깨비 폭풍에 몸을 숙이거나 아니면 이에 저항하다 부러지는 수밖에 없다!

미주리주에 있는 우리 농장에서 그런 일이 있었다. 농장에 십여 그루의 나무를 심었는데, 처음에는 나무가 놀라울 정도의 빠른 속도로 자랐다. 그러다 진눈깨비 폭풍이 불어 나뭇가지마다 무거운 얼음으로 뒤덮였다. 나무는 무게에 고개를 숙이는 대신 거만하게 맞섰고 이윽고 부러져 쪼개졌다. 결국 나무를 베어낼 수밖에 없었다. 농장의 나무는 북쪽 숲의 지혜를 배우지 못했다. 나는 캐나다의 상록수림을 수백 km나 여행한 적이 있었는데, 진눈깨비나 얼음이 쌓여 부러진 가문비나무나 소나무는 한 번도 보지 못했다. 상록수림의 나무들은 어떻게 숙여야 하는지, 어떻게 가지를 구부려야 하는지, 어떻게 피할 수 없는 일을 받아들여야 하는지 안다.

주짓수의 달인들은 제자들을 이렇게 가르친다. "참나무처럼 버티지 말고 버드나무처럼 휘어져라."

자동차 타이어가 도로 위에서 그토록 가혹한 환경을 버텨내는 이유는 무엇일까? 처음에 타이어 제조업체는 도로에서 받는 충격에 저항하는 타이어를 만들려고 했다. 하지만 타이어는 곧 갈기갈기 찢어졌다. 그러자 제조업체에서는 도로 위의 충격을 흡수하는 타이어를 만들었다. 그런 타이어는 충격을 '받아들이는 것'이다. 우리도 인생이라는 험한 길을 가면서 충격과 좌절을 받아들이는 법을 배운다면 더욱 오래 편안한 여정을 즐길 수 있다.

우리가 살아가면서 받는 충격을 받아들이지 않고 저항하면 어떻게 될까? '버드나무처럼 휘기'를 거부하고 참나무처럼 버티려 들면 어떻게 될까? 답은 쉽다. 우리에게 일련의 내적 갈등이 일어나게 된다. 그래서 걱정하고, 긴장하고, 불편해하고, 전전긍긍한다.

그런데도 계속 냉엄한 현실 세계를 부정하고 자신이 만든 꿈의 세계로 피한다면 결국에는 미쳐버리고 말 것이다.

제2차 세계대전 동안 겁에 질린 장병 수백만 명이 피할 수 없는 일을 받아들이거나 부담을 견디지 못하고 무너졌다. 설명을 위해 뉴욕주 글렌데일 76번가 7126번지에 사는 윌리엄 카셀리우스의 예를 살펴보자. 다음 이야기는 뉴욕에서 진행한 평생교육 수업 시간에 윌리엄이 전한 것으로, 윌리엄은 이 이야기로 상을 받았다.

해안 경비대에 입대하고 나서 얼마 지나지 않아 저는 대서양 해안에서 가장 분주한 지역에 배치되었습니다. 그곳에서 저는 폭발물 관리자가 되었습니다. 생각해 보세요. 제가 폭발물 관리자라니요! 비스킷 판매원이 폭발물 관리자가 되었다니까요! T.N.T. 폭약 수천 톤 위에 서 있는 모습을 상상하는 것만으로도 폭발물에 대해서는 무지렁이인 영업사원의 등골은 오싹해졌습니다. 교육은 겨우 이틀뿐이었던 데다 교육을 받고 나니 오히려 더욱 무서워졌습니다. 첫 번째 임무는 결코 잊지 못할 겁니다. 어둡고, 춥고, 안개 낀 어느 날 뉴저지주 베이온 케이븐 포인트의 부두에서 첫 임무를 하달받았습니다. 저는 5번 화물창에 배정되었습니다. 그곳에서 다섯 명의 항만노동자와 함께 일해야 했어요. 항만노동자들은 힘이 센 사람들이었지만, 폭발물에 대해서는 아무것도 몰랐습니다. 그런 사람들이 초대형 폭발물을 옮기고 있었죠. 각 용기에는 1톤의 T.N.T 폭발물이 들어 있었는데, 자칫 폭발하면 그 낡은 배 전체가 사라지기에 충분한 양이었습니다. 그런 초대형 폭발물을 두 개의 케이블로 묶어 내렸습니다. 저는 속으로 계속 말했죠. '케이블 하나라도 미끄러지거나 끊어지면 어쩌지!' 오, 이런! 저는 무서웠습니다! 몸을 떨었죠. 입이 바싹 말랐습니다. 무릎이 후들거리고 심장이 요동쳤습니다. 하지만 도망칠 수 없었죠. 거기서 도망치는 건 탈영이 될 테니까요. 탈영은 제게 수치이고, 저희 부모님도 체면을 잃으시겠죠. 게다가 탈영을 했다가는 총살당할지도 모릅니다. 그러니 도망갈 수 없었어요. 부두에 머물러야 했죠. 그래서 항만노동자들이 초대형 폭발물을 부주의하게 취급하는 모습을 계속 바라보고 있었습니다. 배는 언제 폭발해도 이상하지 않을 일이었습니다. 이렇게 등골이 오싹한 시간이 한 시간가량 지나고 나니 저도 약간은 상식적으로 생각하게 되었습니다. 그래서 스스로 타일렀습니다. '자, 여길 봐! 폭탄이 터졌다고 쳐. 그래서 뭐! 폭탄이 터지든 아니든 별 차이도 없을걸! 가장 쉽게 죽는 방법이 될 테니까. 암에 걸려 죽는 것보다 훨씬 낫지 뭐. 바보처럼 굴지 마. 어차피 영원히 살 순 없다고! 이 일을 하거나 총살당하거나 둘 중 하나야. 그러니 좋게 생각하자고.'

그렇게 몇 시간 동안이나 자신을 타일렀습니다. 그랬더니 마음이 편해지기 시작하더군요. 피할 수 없는 상황을 받아들이라고 자신을 억지로 타이른 끝에 마침내 걱정과 두려움을 떨칠 수 있었습니다.

그날 배운 교훈을 결코 잊지 못할 겁니다. 이제 저는 무언가 제가 바꿀 수 없는 일에 대한 걱정이 들 때마다 어깨를 으쓱하고 말합니다. "잊어버려." 저는 이 방법이 효과가 있다는 걸 압니다. 비스킷 판매원에게도 말입니다.

만세! 피나포어의 비스킷 판매원을 위해 만세 삼창을 부르자. 그것으로도 부족하니 한 번 더 만세를 외치자.

십자가에 못 박힌 예수의 죽음을 제외하고 역사상 가장 유명한 죽음은 소크라테스의 죽음이다. 지금으로부터 만 세기 후에도 사람들은 플라톤이 소크라테스의 죽음을 묘사한 불멸의 글을 읽고 간직할 것이다. 이는 모든 문학작품을 통틀어 가장 감동적이고 아름다운 글이다. 일부 아테네인들은 맨발의 소크라테스를 부러워하며 질투했고, 그에 대한 혐의를 날조해 재판에서 사형을 선고받게 했다.

소크라테스를 친근하게 대하던 교도관이 그에게 독이 든 컵을 건네며 말했다. "어쩔 도리가 없는 일이라면 담담히 받아들이시오." 소크라테스는 교도관의 말에 따랐다. 그렇게 그는 신의 경지에 다다른 사람처럼 운명을 받아들이며 차분하게 죽음을 마주했다.

'어쩔 도리가 없는 일이라면 담담히 받아들여라.' 예수가 태어나기 399년 전에 나온 말이지만, 오늘날이야말로 그 어느 때보다 이 말에 귀를 기울여야 한다.

나는 지난 8년 동안 걱정을 사라지게 하는 법과 관련된 책과 잡지를 찾을 수 있는 한, 아주 약간만 관련되어 있다 하더라도 말 그대로 전부 다 읽었다. 그렇게 읽은 내용을 통틀어 찾아낸 걱정에 관한 조언 가운데 가장 좋은 조언이 무엇이었는지 알고 싶은가? 그 문구를 욕실 거울에 붙여두고 세수할 때마다 읽고 마음속 모든 걱정도 함께 씻어내 버리자. 대단히 귀중한 이 기도문은 뉴욕 브로드웨이와 120번가 사이에 있는 유니온 신학교

응용신학과의 라인홀드 니부어 박사가 쓴 것이다.

주여,

제게 바꿀 수 없는 일을 그대로 받아들일 평온함을 주십시오.

바꿀 수 있는 일이라면 바꿀 용기를 주십시오.

그리고 바꿀 수 있는 일과 없는 일을 구별할 지혜를 주십시오.

걱정이 나를 망치기 전에 걱정하는 습관을 버리는 방법 4

피할 수 없다면 받아들여라.

10장

걱정을 '손절'하라

주식매매로 돈 버는 법을 알고 싶어 하는 사람이 아주 많을 것이다. 내가 주식매매로 돈 버는 법을 알기만 한다면 이 책은 엄청난 가격에 팔려나갈 것이다. 주식으로 돈을 버는 방법이 있진 않지만 성공한 몇몇 주식중개인이 사용하는 좋은 방법이 하나 있다. 다음은 뉴욕 이스트 42번가 17번지에 사무실을 둔 투자상담가 찰스 로버츠가 들려준 이야기이다.

저는 처음에 친구들이 주식에 투자해달라고 맡긴 20,000달러를 들고 텍사스에서 뉴욕으로 올라왔습니다. 저는 제가 주식 시장에서 살아남을 요령을 터득했다고 생각했어요. 하지만 저는 한 푼도 남김없이 전부 잃었습니다. 일부 매매에서 큰 이익을 얻은 적도 있지만 결국에는 전부 잃고 말았어요.

제 돈을 잃는 건 괜찮았어요. 하지만 친구들이 맡긴 돈을 잃은 건,

손실을 감당할 수 있는 여유 있는 친구들이긴 했지만, 그래도 정말 괴로웠습니다. 우리의 모험적인 투자가 이렇게 불운하게 끝나고 나니 친구들의 얼굴을 보는 게 무서웠습니다. 하지만 놀랍게도 친구들은 화를 내지 않았을 뿐 아니라 말릴 수 없을 정도의 낙관주의자들이었습니다.

저는 복불복이라는 식으로, 그리고 대체로 운을 믿고 다른 사람의 의견에만 의존해 주식을 매매했다는 걸 알았습니다. H. I. 필립스가 말했던 것처럼 저는 주식 시장에 '즉흥적으로' 투자했던 겁니다.

저는 투자 실수를 복기하기 시작했고, 투자를 재개하기 전에 주식 시장이란 무엇인가에 관해 전부 파악하겠다고 마음먹었습니다. 그러다 지금까지 가장 성공한 투자자로 꼽히는 버튼 캐슬즈를 찾아 친분을 맺게 되었습니다. 저는 그에게서 많은 걸 배울 수 있을 거라 믿었습니다. 버튼은 매년 성공적인 투자를 한다는 명성을 오랫동안 누려 온 투자자였고, 그런 경력은 단순한 우연이나 행운으로 이루어지는 게 아니라는 걸 알고 있었기 때문이었습니다.

버튼은 제게 전에 어떤 식으로 투자했는지 몇 가지 질문을 던지고 난 뒤 제가 지금 주식매매에서 가장 중요한 원칙이라 믿는 바를 알려주었습니다. 버튼은 이렇게 말했습니다. "나는 주식매매를 할 때마다 손절매 주문을 걸어둔다네. 예를 들어 1주당 50달러에 주식을 산다면 사자마자 바로 1주당 45달러에 손절매 주문도 내지." 그 말인즉슨 주가가 매수금액의 5포인트 아래로 떨어질 때 자동으로 매도되게 해 손실을 5포인트로 제한한다는 뜻이었습니다.

주식투자의 달인은 계속 말했습니다. "처음에 제대로 매매했다면 아마 이익은 평균 10, 25, 심지어 50포인트까지 늘어날 것이네. 전체 매매의 절반은 잘못된 선택일 수 있지만, 결과적으로는 5포인트로 손실을 제한함으로써 그래도 큰돈을 벌 수 있지 않겠나?"

저는 버튼이 가르쳐준 손절매의 원칙을 즉시 받아들여 그 이후로 계속 활용하고 있습니다. 덕분에 고객과 제 투자금 수천 달러를 지킬 수 있었죠.

얼마 뒤 저는 주식 시장뿐 아니라 다른 방면에서도 손절매의 원칙을 사용할 수 있다는 걸 깨달았습니다. 그래서 무슨 일이 원인이든 짜증과 분노가 솟구칠 때마다 손절매 주문을 내기 시작했습니다. 마법처럼 효과가 있더군요.

예를 들어 저는 종종 점심을 함께하는 친구가 있는데, 이 친구는 시간 맞춰 오는 법이 거의 없습니다. 전에는 점심시간이 절반이나 지나서 나타나 저는 조바심을 내야 했습니다. 그래서 마침내 저는 이 문제에 관한 손절매 주문을 친구에게 이야기했습니다. "빌, 너를 기다리는 시간에 대한 손절매 주문 기준은 정확히 10분이야. 네가 10분 이상 늦으면 우리의 점심 약속은 매도될 거야. 그리고 나는 떠나는 거지."

정말 아쉽다! 수년 전 내게도 성급함과 불같은 성미, 자기합리화를 하려는 마음, 후회를 비롯한 모든 정신적, 감정적 부담을 손절하는 감각이 있었으면 좋았을 텐데! 왜 내게는 마음의 평화를 깨트릴 위험이 있는 각 상황을 가늠하고 '여길 봐, 데일 카네기, 이 상황이 그렇게 소란을 피울 만한 일이야? 더는 다른 방법은 없는 거야?'라고 스스로 확인하는 지혜가 없었을까? 왜 그렇게 하지 않았을까?

그렇기는 하지만 적어도 한 가지 사건에 관해서는 나도 조금은 분별력이 있었다고 스스로 위로한다. 게다가 그 사건은 심각한 일이었다. 내 인생의 위기였다. 나는 꿈과 미래를 위한 계획, 수년 동안 해온 노력이 연기처럼 사라지는 걸 가만히 지켜봐야 했다. 자초지종은 이랬다. 30대 초반에 나는 평생 소설을 쓰며 살기로 마음먹었다. 제2의 프랭크 노리스나 잭 런던, 혹은 토머스 하디가 되려 했다. 진심으로 소설가를 꿈꿨기에 나는 유럽에 가서 2년을 보냈다. 당시 유럽은 제1차 세계대전 이후 터무니없이 화폐를 찍어 내던 시기라서 달러를 쓰면 생활비가 적게 들었다. 나는 유럽에서 2년을 살며《눈보라》라는 나름의 대표작을 썼다.

그런데 제목대로였다. 원고를 보냈더니 출판사의 반응이 다코타 평원을 가로질러 휘몰아치는 눈보라만큼 차가웠다. 저작권 대리인으로부터 내 소설은 가치가 없으며, 내게 소설가로서의 재능이 전혀 없다는 말을 들었을 때는 심장이 멎는 것 같았다. 그렇게 멍하니 사무실을 나왔다. 그가 곤봉으로 내 머리를 쳤어도 그렇게 놀라지는 않을 것 같았다. 나는 망연자실했다. 그리고 내가 인생의 교차점에 서 있으며 엄청난 결정을 내려야 할 때라는 생각이 들었다. 무얼 해야 할까? 어느 길을 택해야 할까?

정신을 차리기까지 몇 주나 걸렸다. 당시 나는 '걱정을 손절하라'는 말을 들어본 적이 없었다. 하지만 지금에 와서 뒤돌아보면 내가 딱 그렇게 했다는 걸 알 수 있다. 2년간 땀 흘려 쓴 소설이었지만, 나는 그 가치를 받아들였다. 소설 쓰기는 훌륭한 시도였지만, 그쯤에서 나는 소설 쓰기를 접고 다른 길로 나아가기로 한 것이다. 이후 평생교육 수업을 준비하고 가르치는 일로 다시 돌아왔고, 시간이 나면 전기를 썼다. 그리고 바로 이 책과 같은 논픽션 책도 썼다.

그때 소설 쓰기를 그만두기로 했던 결정을 지금의 나는 잘했다고 생각할까? 지금 나는 그 생각을 할 때마다 몹시 기뻐서 길에서 춤이라도 추고 싶을 지경이다! 솔직히 말해 그 이후로 내가 또 다른 토머스 하디가 되지 못했다는 사실을 단 하루도, 아니 단 한 시간도 애통해한 적이 없다.

100년 전 어느 날, 월든 호수변 숲에서 부엉이가 우는 밤에 헨리 소로는 집에서 만든 잉크에 거위 깃털로 만든 펜을 담근 뒤 일기에 이렇게 썼다. "어떤 일을 하려면 인생이라는 것의 일정량을 당장 혹은 언젠가는 대가로 치러야 한다."

다시 말하면, 우리의 존재 자체에서 무엇을 내놓아야 하는가 하는 관점에서 생각하면 어떤 일을 위해 지나치게 비싼 값을 치르는 건 바보 같은 짓이다. 길버트와 설리번이 바로 그랬다. 두 사람은 흥겨운 음악과 가사를 쓰는 법은 알았지만, 안타깝게도 흥겨운 인생을 사는 법에 대해서는 아는 게 거의 없었다. 길버트와 설리번은 〈인내〉, 〈피나포어〉, 〈미카도〉 등 세상을 즐겁게 한 훌륭한 오페레타를 썼다. 하지만 성질을 다스리지 못해서 겨우 카펫 가격처럼 아무것도 아닌 일을 두고 수년간 격분했다! 설리번은 두 사람이 매입한 극장에 사용할 카펫을 주문했다. 그런데 길버트가 청구서를 보고 화가 나서 길길이 뛰었다. 이는 법정 싸움으로까지 번졌고, 이후 평생 두 사람은 대화를 나누지 않았다. 새로운 공연을 위해 설리번이 곡을 쓰면 길버트에게 우편으로 보냈고, 길버트는 가사를 붙여서 설리번에게 다시 우편으로 보냈다. 두 사람이 함께 커튼콜을 받아야 할 때는 무대 위에서 각자 정반대 편에 서서 다른 방향으로 인사해 서로 보지 않았다. 길버트와 설리번은 분노하는 마음을 현명하게 손절하지 못했다. 하지만 링컨은 달랐다.

남북전쟁 중에 한 번은 링컨의 친구들이 링컨의 철천지원수를 맹렬히 비난하자 링컨이 말했다. "자네가 나보다 개인적인 원한을 더 많이 갖고 있군. 내가 원한을 너무 적게 가졌는지도 모르지. 하지만 나는 그에게 맺힌 원한을 풀어야 한다고 생각한 적이 없어. 다른 사람과 다투면서 인생의 절반을 보낼 시간은 없어. 상대가 나를 공격하는 걸 멈추면 나는 그와 나빴던 과거를 다시는 떠올리지 않는다네."

나이 드신 우리 에디스 숙모님도 링컨의 용서 정신을 갖추셨다면 얼마나 좋았을까. 에디스 숙모님과 프랭크 삼촌은 대출금으로 산 농장에 사셨는데, 이 농장은 도꼬마리 풀로 뒤덮여 있었고, 토양과 도랑의 상태도 나빴다. 삶은 힘들었다. 삼촌과 숙모는 십 원 한 푼까지 아끼셔야 했다. 하지만 에디스 숙모님은 텅 빈 집이 밝아지도록 커튼을 비롯한 다른 용품을 사는 걸 좋아하셨고, 미주리주 메리빌에 있는 댄 에버솔 직물점에서 이런 작은 사치품들을 외상으로 사셨다. 프랭크 삼촌은 빚 갚을 일을 걱정하셨다. 빚이 쌓여가는 건 농부에게는 공포였고, 프랭크 삼촌은 댄 에버솔 직물점에 더는 아내에게 외상으로 판매하지 말아 달라고 몰래 부탁했다. 이 사실을 알게 되자 에디스 숙모님은 길길이 뛰며 화를 내셨고, 그 일이 있은 지 거의 50년이 다 되었을 때도 여전히 화를 내셨다. 숙모님께서는 한 번이 아니라 여러 번 내게 그 이야기를 하셨다. 마지막으로 뵈었을 때 숙모님께서는 70대 후반이셨다. 나는 숙모님께 이야기했다. "에디스 숙모, 숙모를 망신시킨 건 프랭크 삼촌이 잘못하셨어요. 그래도 그 이후로 거의 50년 동안이나 불평하시는 게 삼촌이 잘못하셨던 것보다 솔직히 훨씬 더 나쁘다고 생각하지 않으세요?"(달을 향해 말하는 게 더 나았을 뻔했다.)

에디스 숙모님은 스스로 키운 원한과 쓰라린 기억에 대한 대가를 크게 치르셨다. 마음의 평화를 잃어야 하셨기 때문이다.

벤저민 프랭클린은 7살 때 이후 70년간 기억하게 될 실수를 저질렀다. 7살 어린이였던 벤저민은 호루라기에 흠뻑 빠졌다. 몹시 신이 나서 장난감 가게에 가 가진 돈을 전부 계산대에 올려놓고 호루라기를 달라고 부탁했다. 가격은 묻지도 않았다. 그로부터 70년 뒤 벤저민은 친구에게 보낸 글에 이렇게 썼다. "그러고 나서 집에 왔지. 집안 곳곳을 돌아다니며 호루라기를 불었어. 호루라기가 생겨서 정말 기뻤거든." 그런데 벤저민의 형과 누나들이 벤저민이 호루라기를 원래 가격보다 훨씬 비싼 값을 주고 샀다는 걸 알게 되었고, 크게 웃었다. 벤저민은 말했다. "나는 속이 상해 울었지."

세월이 지나 벤저민 프랭클린은 세계적으로 유명한 인물이 되고 프랑스 대사가 되었을 때도 여전히 호루라기를 지나치게 비싸게 사서 '호루라기를 사서 느낀 기쁨보다 더욱 큰 분함'이 일었던 사실을 잊지 않았다.

그렇지만 이 사건으로 프랭클린이 배운 교훈을 생각하면 결국 호루라기는 비싼 것도 아니었다. 벤저민은 말했다. "어른이 되어 세상에 나와 사람들의 행동을 관찰하면서 저는 호루라기에 너무 많은 돈을 쓴 사람들을 많이, 정말 많이 만났습니다. 즉, 저는 인류의 불행 대부분이 사물의 가치를 잘못 평가한 탓에, 호루라기에 지나치게 비싼 값을 낸 탓에 초래된다고 생각합니다."

길버트와 설리번도 호루라기에 너무 많은 돈을 썼다. 에디스 숙모님도 마찬가지였다. 나도 여러 번 그랬다. 위대한 두 편의 소설, 《전쟁과 평화》와 《안나 카레니나》를 쓴 불멸의 작가 레프 톨스토이도 다르지 않았다. 브리태니커 백과사전에 따르면 톨스토이는 생애 마지막 20년 동안 '전 세계에서 가장 존경받는 사람'이었다. 톨스토이가 사망하기 전 1890년부터 1910년까지 톨스토이를 잠깐이나마 보고, 목소리를 듣고, 옷자락 끝이라도 잡아보려고 그의 집을 순례하러 온 숭배자들의 물결이 끊이지 않았다. 사람들은 톨스토이가 하는 말 한마디 한마디를 마치 '신의 계시'라도 되는 듯 공책에 받아적었다. 하지만 톨스토이의 일상생활을 보면 그는 70세가 되어서도 7살 벤저민 프랭클린보다 철이 없었다. 아니 분별력이라는 게 아예 없었다.

톨스토이의 이야기는 이렇다. 톨스토이는 몹시 사랑했던 소녀와 결혼했다. 두 사람은 이렇게 순수한 천상의 황홀감 속에서 계속 살게 해달라고 무릎을 꿇고 신께 기도했다. 하지만 톨스토이의 아내는 천성적으로 질투가 많은 여성이었다. 톨스토이의 아내는 농민처럼 꾸미고 남편의 행동을 감시했고, 심지어 숲속에서까지도 그랬다. 부부는 심각한 언쟁을 벌였다. 아내는 자기 아이까지 질투의 대상으로 삼아 딸의 사진을 총으로 쏴 구멍을 만들었다. 심지어 아편이 든 병을 입에 물고 바닥을 구르며 자살하겠다고 남편을 위협하기까지 했다. 그러는 동안 아이들은 겁에 질려 방구석에 모여 소리를 질렀다.

톨스토이는 어떻게 했을까? 그가 가구를 부쉈던 것을 비난하고 싶지는 않다. 톨스토이에게는 그렇게 화낼 이유가 충분했다. 하지만 톨스토이는 그보다 훨씬 심한 일을 했다. 개인적으로 일기를 쓴 것이다. 그렇다. 그는 일기에서 부부 문제를 전부 부인의 탓으로 돌렸다. 일기는 톨스토이의 '호루라기'였다! 그는 후대 사람들이 그들의 부부관계에 그의 책임은 없었고, 문제는 전부 아내 탓이었다고 확실히 생각하도록 만들고자 했다. 이러한 톨스토이의 행동에 아내는 어떻게 대응했을까? 톨스토이가 쓴 일기를 찢어 태워 버렸다. 그리고 아내도 일기를 쓰기 시작했고, 그 안에서는 톨스토이가 나쁜 사람으로 묘사되었다. 톨스토이의 아내는 심지어《누구의 잘못인가?》라는 제목의 소설도 썼고, 소설 속에서 남편인 톨스토이를 집안의 악인으로, 자신은 희생자로 그렸다.

부부는 왜 자신들의 가정을 톨스토이의 표현처럼 '정신병원'으로 만들고 말았을까? 분명 여러 가지 이유가 있었다. 우리에게 깊은 인상을 남기고 싶다는 부부의 불타는 욕망도 그중 하나였다. 그렇다. 부부가 그토록 의견을 의식했던 후대가 바로 우리인 것이다! 그러나 이 세상 사람이 아닌 부부에게 누가 잘못한 사람인지 우리가 신경이나 쓰는가? 그렇지 않다. 우리 문제만으로도 너무 벅차서 톨스토이 부부 문제에 관해 생각할 시간은 단 1분도 없다. 불쌍한 톨스토이 부부는 호루라기에 얼마나 비싼 값을 치렀는가! 두 사람 모두 "그만합시다!"라고 말하는 분별력이 없었기에 부부는 50년 동안 생지옥에서 살았다. 두 사람 모두 "이런 싸움을 즉시 손절합시다. 우리는 인생을 낭비하고 있어요. '이만하면 됐다'라고 지금 당장 말합시다!"라고 말하는 편이 낫다는 가치 판단을 제대로 하지 못한 탓이다.

그렇다. 정말로 나는 진정한 마음의 평화를 얻는 가장 큰 비결은 가치를 잘 판단하는 데 있다고 믿는다. 그리고 개인적으로 반드시 지키는 기준, 즉 인생을 놓고 볼 때 무엇이 우리에게 가치 있는 일인가를 정하는 기준을 세워둔다면 걱정거리의 절반을 즉시 사라지게 할 수 있다고 생각한다.

그러므로 걱정이 나를 망치기 전에 걱정하는 습관을 버리고 싶다면 다음을 지키자.

걱정이 나를 망치기 전에 걱정하는 습관을 버리는 방법 5

인생에서 나쁜 일에 많은 돈을 들이고 싶어진다면 그 자리에 멈춰 다음 세 가지 질문을 스스로 던져보라.

1. 내가 걱정하는 이 문제가 내게 얼마나 중요한가?

2. 이 문제를 어느 시점에서 '손절'하고 잊어야 할까?

3. 이 호루라기에 정확히 얼마의 금액을 내야 할까? 호루라기의 가치보다 이미 더 많은 돈을 쓰진 않았을까?

11장

톱밥을
톱질하려 하지 말라

이 문장을 쓰는 지금 창밖으로 우리 집 정원에 공룡 발자국
이 보인다. 셰일암에 찍힌 공룡의 발자국으로, 예일 대학교 피바
디 박물관에서 산 것이다. 피바디 박물관의 학예사에게 받은 편
지에는 이 공룡 발자국이 1억 8,000만 년 전에 생긴 거라고 적
혀 있다. 아무리 바보라도 1억 8,000만 년 전으로 돌아가 공룡
의 발자국을 바꾸려는 시도는 꿈조차 꾸지 않을 것이다. 걱정도
그만큼 어리석은 짓이다. 불과 3분 전의 일이라 해도 이미 일어
난 일을 다시 되돌릴 수는 없기 때문이다. 그런데도 많은 사람이
그런 걱정을 한다. 우리는 3분 전에 일어난 일이 미칠 영향을 바
꾸는 일은 할 수 있다. 하지만 이미 일어난 일을 바꾸는 건 불가
능하다.

신의 발판인 이 땅 위에서 과거를 건설적으로 만들 길은 단
한 가지뿐이다. 바로 과거의 실수를 차분히 분석해 교훈을 얻은

후 실수를 잊는 것이다.

이게 맞는 말이라는 건 안다. 그렇다고 내게 항상 실수를 차분히 분석한 뒤 잊을 용기와 분별력이 있었을까? 이 질문에 답하기 위해 수년 전의 엄청난 경험에 관해 이야기할까 한다. 당시 나는 단 한 푼의 이익도 얻지 못한 채 30만 달러 이상이 손가락 사이로 새 나갔다. 사건은 이랬다. 나는 대형 평생교육 기관을 세워 여러 도시에 지점을 열었고, 관리비와 광고비를 아낌없이 썼다. 나는 학생들을 가르치는 것만으로도 너무 바빠서 회사의 재무 상황을 확인할 시간도, 마음도 없었다. 나는 기업 운영에 관해 잘 몰라서 비용을 살필 야무진 관리자가 필요하다는 걸 깨닫지 못했다.

1년쯤 지난 뒤 마침내 나는 정신이 번쩍 드는 충격적인 사실을 발견했다. 기관에 등록하는 학생이 엄청나게 많은데도 이익이랄 게 전혀 남지 않는다는 걸 알게 된 것이었다. 그 사실을 파악하고 나서 나는 두 가지 일을 했어야만 했다. 첫 번째로 나는 흑인 과학자인 조지 워싱턴 카버가 은행이 파산해 평생 저축한 예금 4만 달러를 잃었을 때 했던 대로 해야 했다. 누군가 그에게 파산했다는 걸 아는지 물었을 때 그는 이렇게 대답했다. "네, 그렇다고 하네요." 그러고는 학생들을 가르치러 갔다. 조지는 잃은 돈을 마음속에서 완전히 지우고 다시는 언급조차 하지 않았다.

두 번째로 내가 저지른 실수를 분석하고 마음에 새길 교훈을 배웠어야 했다.

하지만 솔직히 말해 나는 둘 다 하지 않았다. 대신 태산 같은 걱정을 늘어놓았다. 몇 달 동안이나 나는 멍하게 지냈다. 잠들지 못했고 살도 빠졌다. 이 엄청난 실수에서 교훈을 얻은 게 아니라 하던 대로 그냥 했고, 규모는 작았지만 같은 실수를 반복했다!

내가 저지른 이 모든 어리석은 짓을 인정하려니 부끄럽다. 하지만 나는 '스무 명에게 해야 할 일을 가르치는 것보다 스무 명 가운데 스스로 얻은 가르침을 따르는 한 사람을 만드는 게 더 어렵다'라는 걸 오래전부터 알고 있다.

뉴욕에서 조지 워싱턴 고등학교에 다니며 브랜드와인 선생님으로부터 가르침을 받는 복이 내게 있었더라면 얼마나 좋았을까! 뉴욕 브롱크스 우디크레스트가 939번지에 사는 알렌 손더스를 가르쳤던 선생님이다. 손더스는 위생 수업을 담당하셨던 브랜드와인 선생님으로부터 살면서 가장 소중한 가르침을 얻었다고 했다.

저는 십 대 청소년에 불과했지만, 그 어느 때보다 걱정이 심했습니다. 제가 저지른 실수에 전전긍긍했어요. 시험 답안지를 제출하고 나면 잠들지 못한 채 누워 시험에 떨어지면 어쩌나 두려워 손톱을 물어뜯곤 했습니다. 항상 전에 했던 일, 전에 했던 말을 떠올리며 그때 다르게 해볼 걸, 그때 다르게 말할 걸 후회하며 살았습니다.

그러던 어느 날 아침 우리 반이 과학실에 모였습니다. 브랜드와인 선생님께서는 책상 모서리 잘 보이는 곳에 우유 한 병을 놓아두셨습니다. 우리는 모두 자리에 앉아 우유병을 바라보며 브랜드와인 선생님이 담당하시는 위생 수업과 우유병이 무슨 상관이 있는지 궁금해했습니다. 그러다 갑자기 브랜드와인 선생님이 일어서시며 우유병을 싱크대 안에 던져 깨며 소리치셨습니다. "엎질러진 우유를 두고 울지 마세요!"

그러고 나서 브랜드와인 선생님은 우리 반 학생 모두에게 싱크대로 다가가 깨진 우유병 조각을 보게 하셨습니다. 그리고 이렇게 말씀하셨죠. "잘 보세요. 저는 여러분이 이 교훈을 평생 기억하기를 바랍니다. 우유병 속의 우유는 사라졌어요. 하수구로 우유가 빠져나간 걸 볼 수 있을 겁니다. 아무리 세상 난리를 치고 머리를 쥐어뜯으며 괴로워해도 단 한 방울의 우유도 되돌릴 수 없습니다. 조금만 생각하고 조심했더라면 우유를 쏟지 않을 수 있었을 겁니다. 하지만 이젠 너무 늦었어요. 우리가 할 수 있는 건 우유병을 쏟은 일을 잊고, 다음으로 나아가는 거예요." 그날의 작은 실험은 입체기하학이나 라틴어 수업 내용을 다 잊은 뒤에도 오래 남아 있습니다. 사실 고등학교 시절 4년간 배운 그 어떤 내용보다 가장 실용적인 가르침이었습니다. 할 수 있다면 우유를 쏟지 않도록 해라. 하지만 일단 우유를 쏟아 하수구로 빠져나갔다면 그에 관해서는 완전히 잊으라는 거죠.

일부 독자는 '엎질러진 우유를 두고 울지 말라'는 뻔한 속담 이야기나 한다고 코웃음을 칠 것이다. 나도 진부하고, 흔하고, 상투적인 말이라는 것과 모두 이 말을 천 번은 들었으리라는 걸 안다. 하지만 이런 뻔한 속담에는 모든 시대를 지나며 정제된 지혜의 본질 그 자체가 담겨 있다는 것도 알고 있다. 오랜 속담은 인류의 불같은 경험에서 나와 셀 수 없이 많은 세대를 통해 전해져 내려왔다. 역사상 최고의 학자들이 걱정에 관해 쓴 글을 전부 읽어도 '다리가 나타날 때까지 다리 건널 생각을 말라'(공연한 일을 미리 걱정하지 말라는 뜻)나 '엎질러진 우유를 두고 울지 말라' 같은, 기본적이지만 심오한 내용을 담은 표현은 찾을 수 없을 것이다. 두 속담을 듣고 코웃음을 치는 대신 생활에 적용하는 사람이라면 이 책을 읽을 필요가 전혀 없다. 사실 옛 속담 대부분을 생활에 적용한다면 우리는 거의 완벽에 가까운 삶을 살 것이다. 하지만 지식은 적용하지 않으면 힘이 되지 않는다. 그리고 이 책의 목적은 새로운 이야기를 하는 게 아니라 우리가 이미 아는 사실을 다시 한번 떠올리게 하고, 어떻게든 이를 생활에 적용해 보라고 등을 떠밀어 실천 동기를 부여하는 것이다.

나는 언제나 고故 프레드 풀러 셰드와 같은 사람을 감탄하며 바라본다. 오래된 진리를 새롭게, 그림처럼 생생히 말하는 재능이 있는 사람이다. 프레드는 〈필라델피아 불레틴〉이라는 신문의 편집자였다. 그는 대학 졸업반 앞에서 연설하는 동안 이렇게 물었다. "나무를 톱질해 본 사람은 손을 들어보세요." 대부분의 학생이 손을 들었다. 그러고 나서 프레드가 다시 물었다. "톱밥을 톱질해 본 사람 있습니까?" 아무도 손을 들지 않았다.

"당연히 톱밥을 톱질할 순 없습니다." 프레드가 외쳤다. "톱밥은 이미 톱질되어 있으니까요! 과거도 이와 마찬가지입니다. 이미 끝나버린 일을 걱정하는 건 그저 톱밥을 톱질하려는 것과 같습니다."

야구계의 거물 원로인 코니 맥이 여든한 살이었을 때 그에게 패배한 경기를 두고 걱정해본 적이 있는지 물어보았다.

코니가 답했다. "오, 그럼요. 예전에는 그랬습니다. 하지만 그런 어리석은 짓은 오래전에 그만두었어요. 그래봤자 아무런 도움이 되지 않는다는 걸 알았거든요. 이미 개울로 흘러가 버린 물로 물레방아를 돌려 곡식을 빻을 수는 없지요."

그렇다. 이미 개울로 흘러가 버린 물로는 물레방아를 돌려 곡식을 빻을 수 없고, 수력을 이용하는 제재소에서 목재를 자를 수도 없다. 하지만 얼굴에 주름이 패거나 위궤양이 생길 수는 있다.

지난 추수감사절에 잭 뎀프시와 저녁을 함께했다. 칠면조와 크랜베리 소스를 먹으며 잭은 헤비급 챔피언십 타이틀 방어전에서 진 터니에게 패배한 이야기를 들려주었다. 경기에 져서 당연히 잭은 자존심이 상했다. 잭은 이렇게 말했다.

한창 경기를 펼치고 있는데 갑자기 제가 나이가 들었다는 생각이 들더군요. 10라운드가 끝나고 나서도 서 있기는 했지만, 그 이상 아무것도 할 수 없었습니다. 얼굴은 상처가 나서 퉁퉁 부었고, 눈은 거의 뜰 수 없었습니다. 심판이 승리의 표시로 진 터니의 손을 들어 올리는 걸 봤습니다. 더 이상 저는 세계챔피언이 아니었습니다. 저는 비를 맞으며 관중들 사이를 지나 탈의실로 돌아왔어요. 관중들을 지나쳐 가는 동안 제 손을 잡으려는 사람들이 있었습니다. 눈물이 맺힌 사람들도 있었죠.

그로부터 1년 뒤 저는 터니를 상대로 다시 경기를 벌였습니다. 하지만 소용없었죠. 저는 영원히 끝났습니다. 이에 관해 전혀 걱정하지 않기는 어려웠지만, 저는 생각했습니다. "나는 과거에 연연하거나 엎질러진 우유를 두고 울며 살지는 않을 거야. 나는 이번에 맞은 일격을 묵묵히 견딜 거고, 절대 바닥에 쓰러지지 않을 거야."

그리고 존 뎀프시는 정확히 생각한 대로 해냈다. 어떻게 했을까? "지나간 일을 걱정하지 않을 거야."라는 말을 되뇌고 또 되뇌었을까? 아니었다. 그랬다면 그저 과거의 걱정이 더욱 생각날 뿐이었을 것이다. 존은 자신의 패배를 받아들이고 지운 뒤 미래를 향한 계획에 집중했다. 브로드웨이에서 잭 뎀프시 레스토랑을, 그리고 57번가에서 그레이트 노던 호텔을 운영했다. 프로 권투 시합을 주최하고 복싱 전시회를 열었다. 잭은 건설적인 일을 하느라 몹시 바빠서 과거 일을 걱정할 시간도, 걱정하고 싶은 마음도 없었다. 그는 이렇게 말했다. "저는 복싱 챔피언이었을 때보다 지난 10년 동안 더 좋은 시간을 보냈습니다."

역사와 전기를 읽고 어려운 환경에 놓인 사람들을 관찰하다 보면 걱정과 비극을 지우고 꽤 행복한 삶을 살아가는 사람들을 발견하게 되는데, 그런 능력을 보면 언제나 놀랍고 인생의 영감을 얻는다.

한 번은 싱싱 교도소를 방문한 적이 있었는데, 그곳에서 가장 놀라웠던 건 재소자들이 일반인들과 비슷하게 행복해 보인다는 점이었다. 당시 싱싱 교도소장이었던 루이스 로스에게 그 이야기를 했더니 범죄자들이 처음 싱싱 교도소에 오면 분하고 억울해하지만, 몇 달이 지나면 머리 회전이 빠른 재소자 대다수는 자신에게 일어난 불행을 지우고, 차분하게 교도소 생활을 받아들이고 최대한 활용하려 든다고 했다. 로스 소장은 싱싱 교도소에서 정원사 일을 맡았던 어느 재소자의 이야기를 들려주었다. 그는 교도소의 담 안에서 채소를 기르고 꽃을 가꾸는 동안 노래를 불렀다고 한다. 그 재소자는 대부분의 사람보다 훨씬 더 뛰어난 분별력을 보였다. 다음 내용을 알고 있었던 것이다.

손가락은 움직이며 글씨를 쓰지. 글을 쓰고 계속 써 나가지.
신앙심과 기지를 발휘해도
손가락을 뒤로 움직여 반 줄도 지울 수 없지.
눈물이 흘러도 한 단어도 씻어낼 수 없지.

그러니 왜 눈물을 낭비하는가? 물론 우리는 실수와 어리석은 짓을 자책한다. 그렇다고 어쩌겠는가? 실수하지 않고, 어리석은 짓을 저지르지 않는 사람이 있을까? 나폴레옹조차 그가 임한 중요한 전투 가운데 3분의 1이나 패배했다. 우리의 타율도 나폴레옹보다 나쁘진 않을 것이다.

왕의 말과 병사를 전부 동원한다 해도 과거를 다시 되돌릴 수는 없다는 것을 기억하자.

걱정이 나를 망치기 전에 걱정하는 습관을 버리는 방법 6

톱밥을 톱질하려 하지 말라.

Part 3 요약정리

원칙 1 바쁘게 지냄으로써 마음속 걱정을 몰아내라. '위버 기버'를 없애는 가장 좋은 방법은 많이 움직이는 것이다.

원칙 2 사소한 일로 야단스럽게 굴지 말라. 사소한 일이 행복을 망치게 두지 말라.

원칙 3 평균의 법칙을 활용해 걱정을 무용지물로 만들어라. 스스로 물어보자. "평균의 법칙에 따르면 내가 걱정하는 이 일이 실제로 발생할 확률이 얼마나 될까?"

원칙 4 피할 수 없는 일은 받아들여라. 상황을 바꾸거나 조정할 수 없다면 이렇게 되뇌어라. "그렇게 된 일이야. 달리 방법이 없어."

원칙 5 걱정을 '손절'하라. 걱정거리가 어느 정도 가치를 지녔는지 정하고, 그 이상 신경 쓰지 말라.

원칙 6 지난 일은 그대로 묻어라. 톱밥을 톱질하려 하지 말라.

Part 4

평화와 행복을 불러올 '마음가짐'을
기르는 7가지 방법

12장

인생을 바꿔 줄
한 문장

몇 년 전 어느 라디오 프로그램에 출연했다가 이런 질문을 받았다. "지금까지 살면서 배운 가장 큰 교훈은 무엇이었습니까?"

답하기는 쉬웠다. 지금까지 내가 배운 가장 크고 중요한 교훈은 단연코 생각의 중요성이다. 상대가 생각하는 바를 안다면 그가 어떤 사람인지 알 수 있다. 우리의 생각이 우리가 어떤 사람인지 결정한다. 마음가짐은 운명을 결정하는 필수 요소다. 에머슨은 말했다. "온종일 생각하는 바가 그 사람이다." 그것 말고 다른 무엇이 그 사람을 결정할 수 있겠는가?

이제 나는 우리가 해결해야 할 가장 큰 문제, 사실 우리가 마주한 유일한 문제는 바로 올바른 생각을 선택하는 것이라는 점을 의심의 여지 없이 확신하고 있다. 올바른 생각을 선택하기만 한다면 모든 문제를 해결할 길목에 접어든 셈이다. 로마제국을 다스린 위대한 철학자 마르쿠스 아우렐리우스는 이를 한 문장으로 요약했다. 운명을 결정하는 문장이다. "우리의 삶은 우리의 생각대로 이루어진다."

그렇다. 행복한 생각을 하면 행복해진다. 비참한 생각을 하면 비참해진다. 두려운 생각을 하면 두려워진다. 병을 생각하면 아파진다. 실패를 생각하면 분명 실패한다. 자기연민에 빠지면 모두가 나를 멀리하고 피한다. 목사이자 작가인 노먼 빈센트 필이 말했다. "자신이 생각하는 자신의 모습은 자신이 아니다. 자신이 생각하는 바가 자신이다."

내 말은 마주하는 모든 문제에 습관적으로 낙천적인 태도를 가지라는 걸까? 그렇지 않다. 안타깝게도 인생은 그렇게 단순하지 않다. 하지만 부정적인 태도보다는 긍정적인 태도를 지녀야 한다고 말하고 싶다. 즉, 마주한 문제에 신경을 써야 할 필요는 있지만 걱정할 필요는 없다는 뜻이다. 신경 쓰는 것과 걱정하는 것의 차이는 무엇일까? 다음과 같이 설명해 보자. 교통 체증이 심한 뉴욕의 거리를 건널 때마다 나는 신경 써서 조심하지만 걱정하지는 않는다. 신경을 쓴다는 건 문제가 무엇인지 확인하고 해결을 위한 조치를 차분하게 취하는 것이다. 반면, 걱정한다는 건 미칠 듯 돌아다니지만, 헛되이 같은 자리만 맴도는 것이다.

심각한 문제에 신경을 쓰면서도 여전히 가슴에는 카네이션을 꽂고 꼿꼿한 자세로 의연하게 걸을 수 있다. 작가이자 방송인인 로웰 토머스가 그렇게 하는 모습을 본 적이 있다. 한 번은 로웰 토머스가 제1차 세계대전의 알렌비-로렌스 작전을 그린 유명한 영화를 상영하는 데 함께하는 특권을 누린 적이 있다. 로웰 토머스와 그의 팀은 6개의 전선에서 사진을 촬영했고, 무엇보다 로렌스와 그의 화려한 아랍군의 모습을 담은 사진, 그리고 알렌비가 성지를 정복하는 모습을 담은 영화 기록을 가져왔다. 그리고 '팔레스타인의 알렌비, 아라비아의 로렌스와 함께'라는 제목의 토크쇼가 열려 촬영한 사진과 영화를 설명했는데, 이는 런던과 전 세계에서 큰 화제를 불러일으켰다. 코벤트 가든 로열 오페라 하우스에서 로웰 토머스가 모험담을 계속 펼치고, 사진을 전시할 수 있도록 런던 오페라 시즌이 개막을 6주나 뒤로 미뤘다. 런던에서 선풍적인 인기를 끌며 성공을 거둔 뒤 로웰 토머스는 의기양양하게 여러 나라를 순회했다. 그리고 나서 그는 인도와 아프가니스탄의 삶을 담은 영화를 준비하며 2년을 보냈다. 그러나 믿을 수 없을 정도의 수많은 불운이 잇따라 찾아오며 로웰 토머스에게 일어날 수 없는 일이 일어났다. 런던에서 파산하고 만 것이다. 당시 나는 그와 함께 있었다.

우리는 저렴한 식당에서 싼 음식을 먹어야 했다. 그마저도 스코틀랜드의 유명 예술가 제임스 맥비가 돈을 빌려주지 않았다면 먹지 못했을 것이었다. 이야기의 요지는 로웰 토머스는 엄청난 빚을 안고 여러 가지로 크게 실망하는 일이 생겼을 때도 문제에 신경은 썼지만, 걱정하지는 않았다는 것이다. 그는 실패에 굴복하면 채권자를 비롯한 모든 사람에게 자신이 가치 없는 존재가 되리라는 것을 알고 있었다. 그래서 매일 아침 하루를 시작하기 전에 꽃을 한 송이 사서 가슴에 단 뒤 고개를 높이 들고 당당하고 활기찬 발걸음으로 옥스퍼드가로 나섰다. 로웰은 긍정적이고, 용감하게 생각했고, 패배에 지는 걸 거부했다. 그에게는 역경을 극복하는 게 인생이라는 게임의 전부였다. 역경을 극복하는 일은 최고의 자리에 오르고 싶은 사람이라면 당연히 거쳐야 할 중요한 훈련이다.

우리의 마음가짐은 신체적인 능력에까지 믿을 수 없을 정도의 영향을 준다. 영국의 유명한 심리학자 J. A. 해드필드는《힘의 심리학》이라는 훌륭한 책에서 마음가짐이 신체적인 능력에 영향을 준다는 사실을 보여주는 놀라운 예를 제시한다. 해드필드는 실험에 참여한 세 남성에게 세 가지 서로 다른 조건 아래에서 온 힘을 다해 악력계를 쥐게 했다.

일반적인 조건에서 실험 참여자 세 사람의 평균 악력은 약 45kg이었다. 하지만 실험 참여자들에게 최면을 걸어 당신은 아주 약한 사람이라고 들려준 뒤 악력계를 쥐게 했더니 악력은 13kg에 불과해졌다. 정상 악력의 3분의 1이 채 되지 않은 것이다. (실험 참여자 가운데 한 사람은 프로 권투선수였는데, 최면 상태에서 자신이 약한 사람이라는 말을 듣자 자신의 팔이 "마치 아기 팔처럼 작다"라고 말했다.)

그리고 나서 해드필드는 세 번째 실험을 진행했다. 세 사람에게 최면을 걸어 당신은 아주 강한 사람이라고 말했다. 그랬더니 세 사람의 평균 악력은 약 64kg이 나왔다. 마음속으로 자신이 지닌 힘을 긍정적으로 생각하자 실제 근력에 거의 50%나 증가한 것이었다. 이것이 바로 마음가짐이 지닌 믿을 수 없는 힘이다.

생각이 지닌 마법 같은 힘을 보여주기 위해 미국 역사상 가장 놀라웠던 일을 이야기해보겠다. 이 일에 관해서는 책을 한 권 쓸 수도 있지만, 간단하게 이야기해보겠다. 남북전쟁이 끝난 직후 서리가 내린 어느 추운 10월의 밤, 집도 없이 떠도는 궁핍한 여자가 매사추세츠주 에임즈베리에 사는 퇴역한 해군 장군의 부인인 '마더' 웹스터의 집 문을 두드렸다.

문을 연 '마더' 웹스터는 '무서울 정도로 가죽과 뼈만 남아 몸무게가 약 45kg 정도밖에 안 되어 보이는' 작고 연약한 여성을 보았다. 자신의 이름을 글로버라고 밝힌 이 낯선 여성은 자신을 밤낮으로 괴롭히는 엄청난 문제에 관해 생각하고, 해결책을 떠올릴 수 있도록 머물 곳이 필요하다고 말했다.

웹스터 부인이 답했다. "여기 머무는 건 어때요? 이 큰 집에 저 혼자 산답니다."

뉴욕에 사는 웹스터 부인의 사위 빌 엘리스가 휴가 때 장모님 댁을 방문하지 않았다면 글로버는 아마 '마더' 웹스터와 계속 함께 지냈을지 모른다. 장모님 댁에 글로버가 사는 것을 알고 사위인 빌이 외쳤다. "이 집에 더는 노숙자를 들이지 않겠어요." 그러고 나서 빌은 노숙인 글로버를 문밖으로 밀어냈다. 비가 세차게 쏟아지고 있었다. 글로버는 빗속에서 잠시 몸을 떨며 서 있었지만, 이후 쉼터를 찾아 길 쪽으로 내려가기 시작했다.

이 이야기의 놀라운 부분은 그 다음에 펼쳐진다. 사위 빌 엘리스가 집 밖으로 쫓아낸 '노숙자'는 그 어떤 여성보다 인간의 사고에 큰 영향을 미칠 사람이었다. 그녀는 크리스천 사이언스라는 종교의 창시자로, 현재 헌신적인 추종자 수백만 명에게 메리 베이커 에디로 알려져 있다.

하지만 그때까지 에디 부인의 인생은 질병과 슬픔, 비극뿐이었다. 첫 번째 남편과는 결혼 직후 사별했다. 두 번째 남편은 다른 유부녀와 눈이 맞아 에디 부인을 버리고 달아났다. 후에 그는 빈민구호소에서 사망한다. 에디 부인에게는 아들 한 명이 있었는데, 가난과 질병, 그리고 주위의 시샘 때문에 아들이 네 살 때 강제로 양육을 포기해야 했다. 아들과 연락은 완전히 끊어졌고, 이후 31년 동안 아들을 볼 수 없었다.

에디 부인은 건강이 좋지 않았기 때문에 그녀가 '마음 치유의 과학'이라 부르는 분야에 수년간 관심을 가져왔다. 그런데 매사추세츠주 린에서 에디 부인의 인생에 극적인 전환점이 찾아왔다. 어느 추운 날 에디 부인은 린 시내를 걷다가 빙판길에 미끄러져 넘어져 의식을 잃고 말았다. 그때 척추를 심하게 다쳐 발작과 함께 경련이 나타났다. 의사도 에디 부인이 사망하리라 예상했으며, 기적이 일어나 살아난다 해도 다시는 걷지 못할 거라고 예상했다.

임종이 찾아올 자리로 예상되는 침대에 누워 에디 부인은 성경을 펼쳤다. 에디 부인은 그때 마태복음을 읽으라는 신의 안내에 이끌렸다고 했다. "침상에 누운 중풍 병자를 사람들이 데리고 오거늘 예수께서 … 중풍 병자에게 이르시되 작은 자야 안심하라 네 죄 사함을 받았느니라 … 일어나 네 침상을 가지고 집으로 가라 하시니 그가 일어나 집으로 돌아가거늘."

에디 부인은 이러한 예수의 말씀이 그녀 안에 강한 힘, 강한 믿음, 강한 치유력을 만들어 자신이 '침대에서 즉시 일어나 걸었다'고 했다. "이는 저 자신과 다른 사람을 고치는 방법을 발견하도록 한, 뉴턴의 떨어지는 사과와 같은 경험이었습니다. 저는 모든 원인은 마음에서 비롯되며, 모든 결과는 정신적 현상이라는 데 대한 과학적 확신을 얻었습니다."

에디 부인은 이렇게 새로운 종교, 크리스천 사이언스의 창시자이자 대사제가 되었다. 크리스천 사이언스는 여성이 창시한 유일한 종교로, 전 세계를 아우르고 있다.

지금쯤 이렇게 생각하고 있을 것이다. '카네기 이 사람, 크리스천 사이언스 교를 전도하고 있군.' 아니다. 그건 잘못된 생각이다. 나는 크리스천 사이언스 교의 신도가 아니다. 다만 살면 살수록 나는 생각이 지닌 엄청난 힘을 깊이 확신하게 되었다는 뜻이다. 성인을 대상으로 하는 평생교육에 35년 동안 몸담은 결과, 나는 생각을 바꿈으로써 걱정, 두려움, 여러 질병을 물리치고, 인생을 변화시킬 수 있다는 걸 알게 되었다. 분명히, 확실히, 잘 알고 있다! 생각을 달리해 믿을 수 없을 정도로 인생을 변화시킨 사람을 수백 명 봐왔기 때문이다. 그런 사람을 하도 자주 봐서 이제 더는 놀랍지도 않다.

예를 들어 미네소타주 세인트폴 웨스트아이다호가 1469번지에 사는 우리 학생 프랭크 J. 웨일리도 그렇게 인생을 바꾸었다. 프랭크는 신경쇠약을 앓았다. 원인이 무엇이었을까? 걱정이었다. 프랭크가 말했다.

저는 만사를 걱정했어요. 제가 너무 마른 것도 걱정이었고, 머리카락이 빠지는 것 같아서 그것도 걱정이었습니다. 결혼할 수 있을 정도의 돈을 벌 수 없을 것 같아 두려워 걱정이었고, 좋은 아빠가 될 수 없을 것 같아 또 걱정이었습니다. 결혼하고 싶었던 여자친구를 잃는 게 아닐까 두려워했고, 제가 좋은 인생을 사는 것 같지 않아서 걱정했습니다. 다른 사람들이 나를 어떻게 생각할까 걱정했고, 위궤양이 생긴 것 같아 걱정이었습니다. 더는 일을 할 수가 없었어요. 그래서 직장을 그만두었습니다. 마치 안전밸브가 없는 보일러처럼 될 때까지 제 안에는 긴장이 쌓여갔습니다. 내면의 압박이 견딜 수 없을 지경이 되어 무언가는 터져야 했습니다. 결국, 그렇게 되었죠. 신경쇠약에 걸려본 적이 없다면 절대 걸리지 않도록 신께 기도 드리세요. 어떠한 신체적 고통도 고뇌하는 마음에 따르는 극심한 고통을 능가할 수 없을 정도니까요.

저는 신경쇠약을 몹시 심하게 앓아서 가족과도 이야기를 나눌 수 없었습니다. 제 생각을 통제할 수 없었어요. 제 안에는 두려움이 가득했죠. 작은 소리만 나도 놀라 펄쩍 뛰었습니다. 모든 사람을 피했어요.

뚜렷한 이유가 아무것도 없는데 울음을 터트리고는 했습니다.

매일이 극도로 고통스러웠습니다. 모두가, 심지어 신도 저를 저버린 것 같았어요. 강으로 뛰어들어 모든 걸 끝내고 싶었습니다.

하지만 그러는 대신 환경을 바꾸는 게 도움이 될까 싶어 플로리다로 여행을 떠났습니다. 기차에 오르는데 아버지께서 편지 한 통을 건네시며 플로리다에 도착할 때까지 열어보지 말라고 하시더군요. 플로리다에 도착했을 때는 여행 성수기였습니다. 호텔을 구할 수가 없어 차고에 마련된 방 하나를 얻었습니다. 마이애미를 드나드는 부정기 화물선에서 일자리를 구해보려 했지만, 운이 따르지 않았습니다. 그래서 해변에서 시간을 보냈어요. 집에 있을 때보다 플로리다에 온 뒤 한층 상태가 나빠졌습니다. 그래서 아버지가 주신 편지를 읽으려고 봉투를 열었습니다. 편지에는 이렇게 적혀 있었습니다. "아들아, 집에서 약 2,400km 떨어진 곳에 있겠구나. 그런데 그다지 다르지 않지, 안 그러니? 집에 있을 때와 별반 다르지 않을 거라는 걸 안다. 왜냐하면 모든 문제를 일으키는 원인을 네가 여행에 데려갔기 때문이란다. 그건 바로 너 자신이야. 네 몸이나 마음에는 아무 이상이 없어. 네가 마주했던 상황이 너를 몰아간 것도 아니란다. 문제는 그런 상황을 바라보는 네 생각이야. '대저 그 마음의 생각이 어떠하면 그 위인도 그러한즉.' 아들아, 이걸 깨달을 때 집으로 돌아오너라. 그때는 네가 다 나았을 테니."

아버지의 편지를 읽으니 화가 났습니다. 저는 공감을 바란 것이지, 훈계를 듣고 싶지는 않았거든요. 몹시 화가 나서 그때, 그 자리에서 다시는 집에 돌아가지 않겠다고 결심했습니다. 그날 밤 마이애미의 어느 골목을 걷다 보니 예배를 드리고 있는 교회가 나왔습니다. 달리 갈 곳도 없어 교회로 들어가 설교 말씀을 들었습니다. "자신의 정신을 정복한 자는 도시를 점령한 자보다 강하다." 아버지께서 편지에 쓰신 내용과 같은 생각을 성스러운 신의 전당에서 전하는 말씀으로 들으니 머릿속에 쌓여 있던 모든 찌꺼기가 쓸려나갔습니다. 살면서 처음으로 분명하고 현명하게 생각할 수 있었죠. 그동안 제가 얼마나 바보 같았는지 깨달았습니다. 저 자신의 진짜 모습을 바라보니 충격이었습니다. 그곳에 있는 저는 온 세상과 그 안의 모든 사람을 바꾸고 싶어 했습니다. 정작 세상을 보는 카메라의 렌즈, 즉 저의 마음만 바꾸면 될 일이었는데 말이죠.

다음 날 아침 저는 짐을 싸서 집으로 향했습니다. 일주일 뒤에는 직장에 다시 나갔습니다. 4개월 뒤에는 잃게 될까 두려웠던 여성과 결혼했습니다. 지금 저희 부부는 다섯 아이를 두고 행복한 가정을 꾸리고 있습니다. 신은 물질적으로도 정신적으로도 저를 도와주셨습니다. 신경쇠약을 앓기 시작할 무렵 저는 직원 18명이 속한 작은 부서의 야간반 감독이었습니다. 하지만 지금 저는 판지 상자 제조업체에서 450명 이상의 직원을 감독하는 관리자입니다. 이제 인생은 전보다 훨씬 충만하고 호의적입니다. 지금 저는 인생의 진정한 가치를 제대로 아는 것 같습니다. 불안과 걱정이 스며드는 순간(모든 이의 인생에 그럴 때가 있을 겁니다) 저는 카메라의 초점을 다시 맞추라고 되뇝니다. 그러면 만사가 다 괜찮아지죠.

솔직히 말씀드리면 신경쇠약에 걸렸던 건 좋은 일이었다고 생각합니다. 덕분에 생각이 우리의 몸과 마음에 미치는 힘을 직접 깨달았기 때문입니다. 이제는 저를 해치는 게 아니라 도움을 주는 생각을 하며 지냅니다. 지금에 와서는 제 모든 고통을 유발했던 게 외부 상황이 아니라 그 상황에 대한 제 생각이었다는 아버지의 말씀이 옳았다는 걸 압니다. 그 점을 깨닫자마자 제 병은 나았고, 이후로는 다시 신경쇠약에 걸리는 일은 없었습니다.

나는 마음의 평화와 삶에서 얻는 기쁨은 우리가 놓인 상황이나 가진 재산, 사회적 지위가 아니라 전적으로 마음가짐에 달려 있다고 확신한다. 여기에 외부적인 조건과의 관련성은 극히 적다. 존 브라운의 이야기를 살펴보자. 존 브라운은 하퍼스 페리에서 미군 무기고를 탈취하고 노예를 선동하여 반란을 일으키려다 체포되어 교수형을 받은 사람이다. 처형되던 날 그는 관 위에 앉은 상태로 교수대로 이동했다. 교도관이 존 브라운 옆에서 같이 이동하고 있었는데, 교도관은 불안하고 걱정스러웠다. 하지만 존 브라운은 차분하고 침착했다. 그렇게 이동하다 존 브라운은 버지니아주의 블루 리지 산을 올려다보며 외쳤다. "얼마나 아름다운 나라인지! 전에는 제대로 바라보지를 못했어."

또 다른 예로 최초로 남극에 도달한 영국인 로버트 팰콘 스콧과 그의 동료들의 이야기를 살펴보자. 로버트의 팀이 남극을 정복하고 돌아오는 길은 그 어떤 여정보다 더 험난했다. 음식도,

연료도 바닥이 났다. 11일간 밤낮으로 눈보라가 휘몰아쳐 더는 앞으로 나아갈 수가 없었다. 바람은 몹시 매섭고 날카로워 극지방 얼음이 솟아오른 봉우리를 자를 정도였다. 로버트의 팀은 이대로 죽음을 맞을 거라는 걸 알았다. 그들은 이러한 위급 상황을 대비해 많은 양의 아편을 소지하고 있었다. 아편을 다량 섭취하면 다 같이 누워 기분 좋은 꿈을 꾸며 다시는 눈을 뜨지 않을 수 있었다. 하지만 로버트의 팀은 마약을 이용하지 않고 '응원가가 울려 퍼지게 노래를 부르며' 죽음을 맞이했다. 그로부터 8개월 뒤 수색대가 꽁꽁 언 로버트 팀의 시신을 발견했을 때 그들이 쓴 작별의 편지로 이 이야기가 세상에 알려졌다.

그렇다. 우리가 용기와 차분함을 주는 창의적인 생각을 떠올린다면 교수대로 향하는 관 위에 앉아서도 풍경을 즐길 수 있고, 굶주림과 추위로 생명의 불꽃이 사그라드는 와중에도 '응원가가 울려 퍼지도록' 텐트 안을 노랫소리로 채울 수 있다.

300년 전 영국의 시인 밀턴도 실명한 가운데 같은 진리를 발견했다.

마음은 그 자체가 장소이며,

그 안에서 지옥이 천국으로 변할 수 있고

천국이 지옥으로 변할 수도 있다.

이러한 밀턴의 말을 가장 잘 보여주는 사례가 나폴레옹과 헬렌 켈러이다. 나폴레옹은 부와 권력, 영예까지 사람이 원하는 모든 걸 손에 넣었다. 하지만 그는 세인트 헬레나 섬에서 이렇게 말했다. "지금까지 살면서 행복한 날은 엿새가 안 되는 것 같네." 반대로 헬렌 켈러는 눈이 멀고, 귀가 안 들리고, 말을 못 하는 사람이었지만, 이렇게 말했다. "인생이 정말 아름답다는 걸 알았어."

지금까지 50여 년을 살아온 내가 인생에 대해 배운 게 있다면 그건 바로 '평화를 가져다줄 수 있는 건 오직 자기 자신뿐'이라는 사실이다.

이는 시인 에머슨이 수필집《자기 신뢰》를 마무리하며 쓴 훌륭한 구절이다. "우리는 정치적 승리, 임대료 인상, 질병으로부터의 회복, 자리를 비웠던 친구의 복귀를 비롯해 여러 외적인 사건들 덕분에 기분이 좋아지고, 좋은 날이 다가올 거라고도 생각한다. 하지만 그런 생각을 믿지 말라. 전혀 그렇지 않을 수도 있다. 우리에게 평화를 가져다줄 수 있는 건 오직 자기 자신뿐이다."

위대한 스토아파 철학자인 에픽테토스는 '몸에서 종양과 종기'를 없애는 것보다 마음에서 잘못된 생각을 없애는 데 신경을 더 써야 한다고 경고했다.

에픽테토스가 이 말을 남긴 건 1,900년 전이었지만, 현대 의학도 그의 주장을 뒷받침한다. G. 캔비 로빈슨 박사에 따르면 존스 홉킨스 병원에 입원하는 환자 다섯 명 가운데 네 명은 어느 정도 정서적인 압박과 스트레스 때문에 생긴 병을 앓는다고 한다. 이는 심지어 기질적인 질환에도 마찬가지였다. "결국 이러한 질병은 삶의 불균형과 그에 따르는 문제로 인해 생겨납니다."라고 로빈슨 박사는 말한다.

프랑스의 위대한 철학자 몽테뉴는 다음 문장을 인생의 좌우명으로 삼았다. "사람은 일어난 일보다 그 일에 대한 자기 생각에 더 크게 상처받는다." 그리고 일어난 일을 어떻게 생각할지는 전적으로 자기 자신에게 달려 있다.

이 말이 무슨 의미일까? 인생의 문제에 압도당해 뾰족 튀어나와 끝이 말려 올라간 철사처럼 신경이 곤두선 상황에서도 의지력으로 마음가짐을 바꿀 수 있다는 말을 감히 하려는 걸까? 그렇다. 정확히 그 말이다! 하지만 그뿐 아니라 어떻게 그렇게 할 수 있는지 방법을 알려주려 한다. 조금 노력이 필요할지 모르지만, 비결은 간단하다.

응용심리학 지식으로는 뒤따를 자가 없는 윌리엄 제임스가 한 번은 이런 말을 했다. "사람은 감정에 따라 행동하는 것 같지만, 실제로 행동과 감정은 함께 움직인다. 그래서 의지력으로 직접 통제 가능한 행동을 통제함으로써 의지로 통제되지 않는 감정을 간접적으로 통제할 수 있다."

다시 말해 감정을 바꿔야겠다고 '마음먹는 것'만으로는 즉각 감정을 바꿀 수 없다. 하지만 행동은 바꿀 수 있다. 행동을 바꾸면 감정은 자동으로 바뀐다.

윌리엄 제임스는 설명한다. "그래서 쾌활함을 잃었을 때 자발적으로 이를 되찾을 가장 좋은 길은 시원스레 자세를 바로잡고 이미 기분 좋은 사람인 양 행동하고 말하는 것이다."

이렇게 간단한 방법이 효과가 있을까? 성형수술을 받은 것만 큼이나 효과가 클 것이다! 직접 시험해 보라. 진심을 담아 크게 미소 짓고, 어깨를 쫙 펴라. 숨을 크게 깊이 들이쉬고, 노래를 한 소절 부른다. 노래를 부를 수 없으면 휘파람을 불어라. 휘파람도 못 분다면 콧노래를 흥얼거려도 된다. 이렇게 해보면 윌리엄 제임스가 이야기하는 바를 즉시 알게 될 것이다. 행복으로 빛나는 사람처럼 행동하면서 활기 없고 우울하게 지내기는 신체적으로 불가능하다!

이는 일상에서 쉽게 기적을 일으키는 자연의 기본적인 진리다. 캘리포니아에 지인이 있다. 지인의 이름은 언급하지 않겠지만, 그녀가 이 비결을 알았다면 하루 만에 모든 슬픔을 씻을 수 있었을 것이다. 지인은 나이 든 여성이고, 남편과 사별했다. 물론 슬픈 일인 건 맞다. 하지만 그녀는 행복해지려는 노력도 하지 않았다. 그녀에게 기분이 어떤지 물으면 이렇게 답한다. "오, 전 괜찮아요." 하지만 그녀의 표정과 울먹이는 목소리로 보아 이렇게 말하는 것 같다. "세상에, 제가 겪은 문제를 보셨어야 해요!" 그녀 앞에서 행복하면 비난받을 것만 같다. 하지만 그녀보다 상황이 좋지 못한 여성들도 많다. 그래도 그녀는 남편이 지인의 여생 동안 쓸 만큼 충분한 보험금을 남겨 주었고, 결혼한 자녀의 집에 함께 살고 있으니 말이다. 그런데도 그녀가 미소 짓는 모습은 거의 본 적이 없으며, 사위 셋이 하나같이 인색하고 이기적이라고 불평이다. 한 번에 몇 달씩 사위네 집에 얹혀살면서 말이다. 게다가 '노후'를 대비한다며 자기 돈은 신경 써서 모으면서, 딸들이 자기에게 절대 선물하는 법이 없다고 불평한다. 그녀야말로 자기 자신과 불행한 가족에게 드리운 어두운 그림자이다! 그런데 그녀와 가족이 꼭 이렇게 지내야만 할까? 이 점이 바로 안타까운 부분이다. 그녀는 본인이 원하기만 하면 비참하고 쓰라린 삶을 사는 불행한 늙은 여성이 아니라 명예롭고 사랑받는 가족 구성원으로 자신을 바꿀 수 있었다. 변하기 위해서 해야 할 일은 쾌활하게 행동하기 시작하는 것뿐이었다. 불행하고 원통한 자기 자신에게 관심을 쏟는 대신 주변 사람들에게 작은 사랑을 나누어 주기 시작하면 될 일이었다.

인디애나주 텔시티 11번가 1335번지에 사는 H. J. 잉글러트는 이 비결을 깨달았기 때문에 지금까지 살아 있다. 10년 전 잉글러트는 성홍열에 걸렸다. 성홍열이 나았을 때는 신장염이 찾아왔다. 잉글러트는 온갖 의사를 찾아다녔고, 심지어 '돌팔이' 의사까지 만났지만, 누구도 그를 치료하지 못했다고 한다.

그러다 얼마 후 다른 합병증이 나타났다. 혈압이 치솟은 것이다. 의사를 찾아갔더니 최고 혈압이 214까지 올라간다며, 이는 치명적인 수준인데다 병세가 진행 중이니 이제 주변을 정리하는 게 좋을 거라는 말을 들었다.

저는 집으로 돌아왔습니다. 보험료를 전부 냈는지 확인하고 나서 신께 제가 저질렀던 모든 잘못을 빌었습니다. 그러고는 우울한 생각에 잠겼습니다. 제가 모든 사람을 불행하게 했어요. 아내와 가족들이 비참해졌고, 저는 스스로 판 깊은 우울의 늪에 빠졌습니다. 하지만 일주일 동안 자기 연민에 빠져 뒹굴고 나서 생각했습니다. '난 지금 바보같이 굴고 있어! 1년 안에는 죽지 않을지 몰라. 그러니 살아 있는 동안 행복해지려 애쓰는 게 어떨까?'

저는 어깨를 폈습니다. 만면에 미소를 짓고 아무 일 없는 것처럼 행동했습니다. 처음에는 분명 노력이 필요했습니다. 하지만 억지로 즐겁고 쾌활한 척했습니다. 그랬더니 가족뿐 아니라 저 자신에게도 도움이 되었습니다.

처음 느낀 건 기분이 나아지기 시작했다는 것이었습니다. 제가 기분 좋은 척하는 만큼 실제로 기분이 좋아졌습니다! 기분은 계속 나아졌어요. 제가 죽기로 되어 있었던 날에서 몇 달이나 지난 지금 저는 행복하고 건강하게 살아 있을 뿐 아니라 혈압도 내려갔습니다! 한 가지 확실한 것은 제가 '죽음'에 패배하는 생각을 했다면 의사의 예상이 분명 실현되었으리라는 것이죠. 하지만 저는 제 몸에 스스로 치유할 기회를 줬고, 그건 다른 무엇도 아닌 마음가짐을 바꾼 것이었죠!

여러분에게 한 가지 묻겠다. 그저 즐겁게 행동하고 건강과 용기에 관해 긍정적인 생각을 하는 것만으로 이 남성은 목숨을 구할 수 있었는데, 우리는 무슨 이유로 단 1분이라도 사소한 걱정과 우울을 감당해야 하는 걸까? 쾌활하게 행동하기만 하면 행복이 찾아오기 시작하는데 왜 우리 자신과 주변 사람들을 불행하고 우울하게 만들어야 할까?

몇 년 전 작은 책 한 권을 읽었는데, 이 책이 내 인생에 지속적으로 심오한 영향을 미쳤다. 제임스 레인 알렌이 쓴《위대한 생각의 힘》이라는 책으로, 다음과 같은 구절이 나온다.

주변과 주변 사람들을 향한 생각을 바꾸면 주변과 주변 사람들도 바뀐다는 걸 알게 될 것이다. … 생각을 근본적으로 바꾸면 삶의 물질적 조건이 얼마나 빠르게 바뀌는지 놀라게 될 것이다. 사람은 원하는 바에 이끌리는 게 아니라 자기 자신에게 이끌린다. … 우리의 목적을 형성하는 신은 자기 안에 있다. 바로 우리 자신인 것이다. … 사람이 성취하는 모든 건 생각에 따르는 직접적인 결과이다. … 생각을 높이 펼쳐야 일어나 정복하고 성취할 수 있다. 생각을 높이 펼치려 하지 않으면 나약하고 절망적이며 비참하게 지낼 뿐이다.

창세기에 따르면 조물주는 인간에게 넓은 이 땅 전체를 지배할 권한을 주셨다. 아주 큰 선물이었다. 하지만 나는 그런 엄청나게 큰 특권에는 관심이 없다. 내가 바라는 바는 오직 나 자신을 지배하는 것이다. 내 생각을 지배하고, 내 두려움을 지배하고, 내 마음과 정신을 지배하기를 원한다. 그런데 내가 원할 때 언제든 행동을 통제하기만 하면 그에 따른 반응이 통제된다. 놀랍게도 그렇게 자신을 지배할 수 있다니 멋진 일이다.

그러니 윌리엄 제임스의 말을 기억하자. "우리가 '나쁜 일'이라고 부르는 일은 대체로 고통받는 사람이 두렵다는 생각에서 싸우겠다는 생각으로 그저 마음가짐을 바꾸기만 하면 기운을 북돋아 주는 좋은 일로 바뀐다."

행복을 얻기 위해 싸우자! 즐겁고 건설적인 생각을 떠올리게 하는 계획을 매일 따라 하면서 행복을 얻기 위해 싸우자! 그런 계획을 담은 '오늘 하루만'이라는 제목의 글을 아래에 소개한다. 나는 이 글을 보고 큰 자극을 받아서 사람들에게 사본 수백 장을 나누어 주었다. 이 글은 작고한 시빌 패트리지라는 사람이 36년 전에 쓴 글이다. 우리가 이 글의 내용대로 따라 한다면 대부분의 걱정거리가 사라지고, 프랑스 사람들이 말하는 '삶의 환희'가 인생에서 헤아릴 수 없을 정도로 커질 것이다.

오늘 하루만

1. 오늘 하루만 행복하겠습니다. '사람은 행복하기로 마음먹는 만큼 행복하다'라는 에이브러햄 링컨의 말이 맞습니다. 행복은 내면에서 나옵니다. 외적인 조건의 문제가 아닙니다.

2. 오늘 하루만 있는 대로의 상황에 적응하려 노력하고, 만사를 저 자신이 바라는 바에 맞추려 하지 않겠습니다. 가족, 일, 행운을 있는 그대로 받아들이고, 제가 그에 맞추겠습니다.

3. 오늘 하루만 제 몸을 잘 돌보겠습니다. 운동하고, 몸에 신경 쓰

고, 잘 먹고, 몸을 막 다루거나 소홀히 하지 않겠습니다. 그렇게 내 몸이 마음대로 완벽히 움직이게 할 것입니다.

4. 오늘 하루만 마음을 키우겠습니다. 무언가 유용한 걸 배우겠습니다. 정신적으로 빈둥대지 않겠습니다. 노력과 생각, 집중이 필요한 책을 읽겠습니다.

5. 오늘 하루만 세 가지 방식으로 영혼을 단련하겠습니다. 누군가를 위해 좋은 일을 하되 드러내지 않겠습니다. 그리고 윌리엄 제임스가 제안했던 것처럼 하고 싶지 않은 일을 적어도 두 가지는 하겠습니다.

6. 오늘 하루만 좋은 사람이 되겠습니다. 할 수 있는 만큼 멋지게 보이고, 잘 차려입고, 낮은 목소리로 말하고, 예의 바르게 행동하겠습니다. 칭찬을 많이 하고, 비판은 절대 하지 않으며, 그 무엇에서도 흠을 찾으려 들지 않고 누군가를 통제하거나 개선하려 들지 않겠습니다.

7. 오늘 하루만 인생의 문제를 한 번에 해결하려 하지 않고 주어진 날에만 집중하며 살겠습니다. 평생 해야 한다면 질겁할 일도 12시간 만이라면 할 수 있습니다.

8. 오늘 하루만 계획을 세우겠습니다. 매시간 해야 할 일을 적겠습니다. 정확히 그대로 따르지 않을 수도 있지만, 계획을 지키려 노력할 것입니다. 서두름과 우유부단함이라는 두 가지 골칫거리를 없애겠습니다.

9. 오늘 하루만 30분 동안은 조용히 혼자 휴식을 취하겠습니다. 그

시간 동안 때로 제 삶을 좀 더 들여다볼 수 있도록 신을 떠올리겠습니다.

10. 오늘 하루만 두려워하지 않겠습니다. 특히 행복하기를, 아름다움을 즐기기를, 사랑하기를, 내가 사랑하는 사람이 나를 사랑한다고 믿기를 두려워하지 않을 것입니다.

평화와 행복을 불러올 마음가짐을 기르고 싶다면 다음 원칙을 기억하라.

평화와 행복을 불러오는 방법 1

쾌활하게 생각하고 행동하라. 그러면 쾌활해질 것이다.

13장

복수하는 데 드는
높은 비용

수년 전 어느 날 밤, 옐로스톤 공원을 여행하던 중 나는 다른 관광객들과 함께 소나무와 가문비나무가 빽빽하게 자라는 숲을 면한 야외 자리에 앉아 있었다. 얼마 지나지 않아 우리가 기다리던 동물, 즉 숲의 공포라 불리는 회색곰이 환한 빛 아래로 걸어 나와 공원의 어느 호텔 주방에서 버린 음식물 쓰레기를 게걸스럽게 먹어 치우기 시작했다. 말에 올라탄 마틴데일 선임 공원 관리원이 흥분한 관광객들에게 곰에 관해 설명했다. 마틴데일 공원 관리원의 설명에 따르면 서구 세계에서는 아마 버펄로와 알래스카 불곰 정도를 제외하면 회색곰에 맞설 동물이 없다고 한다. 하지만 그날 밤 회색곰이 숲에서 나와 환한 불빛 아래에서 함께 먹이를 먹도록 놔둔 동물이 단 한 마리 있었다. 그건 바로 스컹크였다. 회색곰이 앞발을 한 번만 휘둘러도 스컹크 한 마리쯤 없앨 수 있을 것이다. 그런데 회색곰이 왜 그렇게 하지 않았을까? 그건 회색곰이 경험상 그래 봐야 얻을 게 없다는 걸 알고 있었기 때문이다.

나 또한 그런 사실을 알게 되었다. 어릴 적 미주리주의 농장에 살던 때 산울타리를 따라 네발로 걸어가는 스컹크를 가둔 적이 있고, 어른이 되어서는 뉴욕의 보도에서 두 다리로 서 있는 스컹크 몇 마리를 본 적이 있다. 좋지 않은 경험을 통해 나는 어느 쪽이든 건드려봤자 득 될 게 없다는 사실을 알게 되었다.

적을 미워하면 적에게 힘을 넘겨주는 꼴이 된다. 수면, 식욕, 혈압, 건강, 그리고 행복까지 적에게 빼앗기기 때문이다. 자신 때문에 우리가 얼마나 걱정하는지, 얼마나 마음이 상하는지, 얼마나 보복하고 싶은지 적이 알게 된다면 적은 기뻐서 춤을 출 것이다. 적을 미워하는 마음은 적을 해치는 게 아니라 우리 자신의 낮과 밤을 지옥 같은 아수라장으로 바꾼다.

"이기적인 사람이 이용하려 들거든 절연하라. 하지만 보복하려 들지는 말라. 상대에게 보복하려 들면 그보다 자기 자신이 더 크게 상처 입는다." 누가 이런 말을 했을까? 몽상에 찬 눈을 한 어느 이상주의자가 했을 법한 말로 들린다. 하지만 그렇지 않다. 이 말은 밀워키 경찰서에서 발행한 공보에 실려 있었다.

어떻게 상대에게 보복하려다 자신이 상처를 입게 되는 걸까? 여러 면에서 그렇게 된다. 잡지 〈라이프〉에 따르면 보복하려는 마음이 건강까지 해칠 수 있다고 한다. "고혈압이 나타나는 사람들의 성격에서 보이는 주요한 특징은 분노다. 만성적으로 분노하는 사람에게는 만성 고혈압과 심장 문제가 뒤따른다."

그러니 '원수를 사랑하라'는 예수의 말씀은 윤리를 전하는 데 그치는 게 아니라 20세기 의학까지 설명한다. '일흔 번씩 일곱 번을 용서하라'라는 말씀은 우리에게 고혈압과 심장병, 위궤양을 비롯한 다른 여러 질병을 피할 방법을 알려준다.

친구 한 명에게 최근 심각한 심장 마비가 일어났다. 담당 의사는 친구를 침대에 눕히고 무슨 일이 있어도, 그 무엇에도 화내지 말라고 일렀다. 의사들은 심장이 약한 사람은 한순간만 화를 내도 죽음으로 이어질 수 있다는 걸 안다. 화를 내는 걸로 사람이 죽을 수 있다는 말인가? 실제로 몇 년 전 워싱턴주 스포캔의 어느 레스토랑 주인이 욱하고 화를 내다 사망하는 일이 있었다. 지금 내 앞에는 워싱턴주 스포캔 경찰서 제리 스와트아웃 서장이 보낸 편지가 있다.

몇 년 전 여기 스포캔에서 카페를 운영하던 68세의 남성 윌리엄 폴카버가 카페의 요리사가 계속 그의 컵 받침을 사용하자 화가 치솟아 사망하고 말았습니다. 윌리엄 폴카버는 요리사의 행동에 분개해서 리볼버 권총을 꺼내 든 뒤 요리사의 뒤를 쫓기 시작했는데, 그러다 심부전을 일으켜 쓰러져 죽고 말았습니다. 손에는 여전히 권총을 쥔 채였죠. 검시관의 보고서에 따르면 심장 발작을 일으킨 원인은 분노였다고 합니다.

예수가 '원수를 사랑하라'고 말씀하셨을 때는 외모를 가꾸는 법도 알려주신 것이다. 내가 아는 여성 중에 미워하고 분노하는 마음 때문에 주름이 생기고 표정이 굳어 얼굴이 망가진 사람이 있다(당신이 아는 여성 중에도 있을 것이다). 세상 모든 미용 시술을 받아도 용서와 상냥함, 사랑의 마음을 가지는 것의 반만큼도 외모를 가꿀 수 없을 것이다.

남을 미워하는 마음을 가지면 음식조차 맛있게 먹을 수 없다. 성경에 이런 구절이 있다. "채소를 먹으며 서로 사랑하는 것이 살진 소를 먹으며 서로 미워하는 것보다 나으니라."

자신을 미워하느라 우리가 지치고, 피곤하고, 예민하고, 외모가 망가지고, 심장에 문제가 생기고, 수명을 단축하고 있다는 걸 적이 안다면 만족스러워 신이 나지 않겠는가?

적을 사랑할 수는 없을지라도 적어도 자기 자신은 사랑하자. 적이 우리의 행복, 건강, 외모를 통제하게 두지 말자. 셰익스피어는 이렇게 말했다.

적을 향해 너무 뜨겁게 불타오르지 말라.
자기 자신이 그을리게 될지니.

원수를 '일흔 번씩 일곱 번' 용서하라는 예수의 말씀은 사업을 잘 운영하는 방법이기도 하다. 예를 들어 이 글을 쓰는 내 앞에는 스웨덴 웁살라 프라데가탄 24번지에 사는 조지 로나로부터 받은 편지가 놓여 있다. 조지는 수년간 오스트리아 빈에서 변호사로 일했다. 하지만 제2차 세계대전 중에 스웨덴으로 피난을 갔다. 그는 돈이 없었고, 절실하게 일하기를 원했다. 조지는 여러 언어를 구사할 수 있었기 때문에 수출입 관련 회사의 통신원 자리를 얻고 싶어 했다. 대부분 회사에서는 전쟁 때문에 그런 자리는 필요 없지만, 취업 희망자 명단에 이름은 올려두겠다는 답을 해왔다. 하지만 어느 회사 대표가 다음과 같은 편지를 보내왔다. "자네가 우리 회사에 관해 상상하는 바는 사실이 아니네. 자네는 잘못 생각하고 있는 데다 어리석은 사람이군. 나는 통신원 같은 건 필요하지 않아. 통신원이 필요하다 해도 스웨덴어를 제대로 쓰지 못하는 자네를 고용하지는 않을 것이네. 자네가 보낸 편지에는 틀리게 쓴 곳이 잔뜩 있었어."

조지는 이 편지를 읽었을 때 도널드 덕처럼 화가 났다. 내가 스웨덴어를 쓸 수 없다니 그게 무슨 소리인가! 이 남자가 보낸 편지야말로 틀리게 쓴 곳투성이인데! 그래서 조지는 그 남자의 화를 돋울 만한 편지를 썼다. 그러다 잠시 멈춰 생각했다. '잠깐, 이 사람의 말이 틀렸다는 걸 내가 어떻게 알지? 나는 스웨덴어를 배웠어. 하지만 스웨덴어가 내 모국어는 아니야. 그러니 내가 알아채지 못한 잘못 쓴 부분이 있을지 몰라. 그랬다면 나는 분명 더욱 열심히 스웨덴어를 공부해야 해. 일을 얻고 싶다면 말이지. 의도한 건 아니었을지라도 이 남자가 내게 호의를 베푼 걸지도 몰라. 그가 자신의 의견을 불쾌한 말로 표현했다고 해서 내게

베푼 호의가 사라지는 건 아니야. 그러니 답장을 써서 그의 호의에 감사를 표해야 해.'

그래서 조지는 신랄하게 썼던 편지를 찢어 버리고, 다음과 같은 내용을 담아 편지를 새로 썼다. "통신원이 필요하지 않으신데도 바쁘신 중 제게 답장을 보내 주셔서 감사합니다. 귀사에 관해 잘못 알고 있었던 점도 사과드립니다. 제가 편지를 드렸던 건 사람들에게 문의해보니 귀사가 해당 분야의 선두 기업이라고 알려주었기 때문이었습니다. 편지를 드렸을 때 제가 쓴 스웨덴어에 문법상 오류가 있다는 점을 알지 못했습니다. 부끄러운 마음으로 사과의 말씀을 드립니다. 이제 앞으로 스웨덴어 공부에 더욱 매진해 실수를 고치도록 노력하겠습니다. 제게 자기 계발로 가는 길을 열어주셔서 감사합니다."

며칠 지나지 않아 답장이 왔고, 회사 대표는 조지에게 자신을 만나러 오라고 했다. 조지는 그를 찾아갔고, 그 회사에 취업했다. 조지는 '유순한 대답은 분노를 쉽게 한다'라는 말씀을 스스로 확인했다.

우리는 원수를 사랑할 만큼 성인군자가 아니다. 하지만 자기 자신의 건강과 행복을 위해 원수를 용서하고 잊어버리는 정도까지는 해보자. 그렇게 하는 편이 현명하다. 공자는 "잘못된 일이나 강도를 당해도 계속 떠올리지 않으면 아무 일도 아니다."라고 말했다. 한 번은 아이젠하워 장군의 아들 존에게 아버지가 원한을 품은 적이 있는지 물어본 적이 있다. "아니요, 아버지께서는 좋아하지 않는 사람들을 생각하는 데 단 1분도 쓰지 않으셨어요."

'화낼 수 없는 사람은 바보이고 화내지 않는 사람은 현자'라는 오래된 속담이 있다. 이것이 바로 윌리엄 게이너 전前 뉴욕 시장의 신조였다. 그는 황색 언론으로부터 호된 비난을 받은 뒤 정신이상자가 쏜 총에 맞아 거의 죽을 뻔했다. 병원 침대에 누워 살아남기 위한 사투를 벌이면서도 그는 이렇게 말했다. "매일 밤 저는 모든 일과 모든 사람을 용서합니다." 지나치게 이상주의적인 모습을 나타내는 너무 아름답고 순수한 이야기인가? 그렇게 생각한다면 《염세주의 연구》를 쓴 독일의 위대한 철학자 쇼펜하우어로부터 조언을 구해보자.

쇼펜하우어는 인생을 헛되고 고통스러운 것으로 여겼다. 그가 걸어가면 우울함이 뚝뚝 떨어졌다. 하지만 쇼펜하우어는 절망의 구렁텅이에서 외쳤다. "가능하다면 누구에게도 적대감을 품지 말라."

버나드 바룩은 윌슨, 하딩, 쿨리지, 후버, 루스벨트와 트루먼까지 6대에 걸친 대통령이 신임했던 고문이다. 한번은 그에게 정적들의 공격 때문에 걱정한 적이 있는지 물어보았다. 버나드는 이렇게 대답했다. "누구도 저를 욕보이거나 건드릴 수 없어요. 제가 허락하지 않을 거거든요."

마찬가지로 누구도 우리를 욕보이거나 건드릴 수 없다. 우리가 허락하지 않는다면 말이다.

매와 돌로 내 뼈를 부러뜨릴지 몰라도
말로 결코 나를 상처 입히지 못하리라.

인류는 여러 시대에 걸쳐 적에게 악의를 품지 않는 예수 같은 사람 앞에 촛불을 태우며 존경을 표했다. 나는 종종 캐나다 재스퍼 국립공원에 가서 서구 세계에서 가장 아름다운 산의 전경을 바라본다. 이 산의 이름은 1915년 10월 12일 독일군 총살부대 앞에서 성인처럼 죽음을 맞이한 영국인 간호사 에디스 카벨의 이름을 따랐다. 에디스 카벨의 죄목은 무엇이었을까? 부상한 프랑스와 영국군 군인들을 벨기에에 있는 그녀의 집에 숨겨주고, 음식을 제공하고, 간호한 뒤 네덜란드로 도망가도록 도왔다는 것이었다. 총살형이 집행되던 10월 그날의 아침, 영국인 군목이 에디스의 마지막을 준비하려고 브뤼셀 군 교도소에 있는 에디스의 감방에 들어섰을 때 에디스는 길이 새겨 보존될 두 문장을 말했다. "애국심만으로는 충분하지 않다는 걸 알았습니다. 저는 그 누구에게도 아무런 증오나 원망을 품지 않아야 합니다." 그로부터 4년 뒤 에디스의 유해는 영국으로 이송되어 웨스트민스터 사원에서 추모식이 열렸다. 현재 런던의 영국국립초상화미술관 맞은편에는 영국의 불멸의 위인 가운데 한 명으로 그녀의 동상이 있고, 동상에는 해당 문구가 새겨져 있다. "애국심만으로는 충분하지 않다는 걸 알았습니다. 저는 그 누구에게도 아무런 증오나 원망을 품지 않아야 합니다."

적을 용서하고 잊어버리는 한 가지 확실한 방법은 자기 자신의 문제보다 훨씬 큰 대의를 추구하는 데 몰두하는 것이다. 그러고 나면 우리가 추구하는 대의 외에 모든 일이 눈에 들어오지 않기 때문에 적으로부터 받는 모욕감과 원한이 더는 문제가 되지 않는다. 과거 1918년 미시시피주의 소나무숲에서 일어났던 극적인 사건을 예로 들어보자. 로렌스 존스라는 흑인 교사이자 목사가 막 폭행을 당하려던 참이었다. 몇 년 전 나는 로렌스 존스가 설립한 학교인 파이니 우즈 컨트리 스쿨을 방문해 학생들 앞에서 강연한 적이 있었다. 지금은 이 학교가 전국적으로 알려졌지만, 내가 이야기하려는 사건은 그보다 훨씬 전에 일어났다. 사건의 발생은 제1차 세계대전으로 인해 사람들의 감정이 한창 격했던 시기로 거슬러 올라간다. 중부 미시시피 지역에는 독일에서 흑인 주민을 선동해 반란을 일으키려 한다는 소문이 돌았다. 앞서 말했듯 로렌스 존스는 흑인으로, 다른 흑인들을 선동해 반역을 도왔다는 혐의로 기소되었다. 한 무리의 백인 남성들이 교회 밖에 서 있다가 로렌스 존스가 신도들에게 외치는 소리를 들었다. "삶은 전쟁입니다. 그 속에서 모든 흑인은 전투복을 갖추고 생존과 성공을 위해 싸워야 합니다."

'싸움', '전투복' 그걸로 충분했다! 흥분한 백인 청년들은 밤중에 전속력으로 달려 사람들을 모아 교회로 돌아왔다. 그리고 로렌스를 밧줄로 묶어 약 2km나 질질 끌고 가 나뭇단 위에 세운 뒤 성냥에 불을 붙였다. 그렇게 로렌스의 목을 매달고 불에 태울 준비를 마쳤을 때 누군가 외쳤다. "저놈을 태우기 전에 망할 소리나 들어봅시다. 뭐라고 말 좀 해봐!" 장작더미 위에서 목에 밧줄을 건 채로 로렌스는 자신의 인생과 대의를 이야기하기 시작했다. 로렌스는 1907년 아이오와 대학교를 졸업했다. 그는 훌륭한 인품과 학식, 음악적 재능을 갖춰 학생과 교수진 모두에게 인기 있는 학생이었다. 로렌스는 대학 졸업과 동시에 호텔업계의 취업 제안을 받았지만 거절했고, 어느 부호가 음악 공부를 한다면 비용을 지원해주겠다고 했지만, 이 역시 거절했다. 왜 그랬을까? 그는 자신이 그리는 미래의 모습을 실현하는 데 열심이었기 때문이었다. 로렌스는 교육가이자 작가였던 부커 워싱턴의 일생을 읽고 나서 가난하고 글을 모르는 흑인들을 교육하는 데 자신의 일생을 쏟겠다고 다짐하게 되었다. 그래서 남부에서 가장 낙후된 지역으로 갔다. 미시시피주 잭슨에서 남쪽으로 약 40km가량 떨어진 곳이었다. 시계를 전당포에 맡기고 구한 돈 1달러 65센트로 로렌스는 개방된 숲에서 나무 그루터기를 책상 삼아 학교를 열었다. 로렌스는 자신을 죽이려고 기다리는 성난 사람들에게 교육을 받지 못한 소년 소녀들을 가르쳐 훌륭한 농부, 정비공, 요리사, 주부로 키우기 위해 겪어야 했던 어려움을 이야기했다. 그리고 파이니 우즈 컨트리 스쿨을 설립하느라 어려움을 겪을 때 도움을 주었던 백인들에 관해서도 이야기했다. 로렌스에게 토지와 목재, 돼지와 소, 돈을 주어 그가 교육 일을 계속해 나갈 수 있도록 도움을 준 백인들이 있었던 것이다.

후에 로렌스에게 자신을 끌고 가 매달고 불태우려 했던 사람들을 증오하지 않는지 물었더니 대의에 따르는 일을 하느라 너무 바빠 그들을 미워할 틈이 없다는 답이 돌아왔다. 로렌스는 자기 자신의 문제보다 더욱 큰일을 하는 데 몰두하고 있었다. 로렌스가 말했다. "제게는 다툴 시간이 없습니다. 후회할 시간도 없고요. 그 누구도 제게 그들을 미워하는 치졸한 짓을 하게 할 수는 없어요."

로렌스가 자기 자신을 위해서가 아니라 대의를 위해 항변하며 진심이 어린 감동적인 이야기를 전하자 사람들의 화가 누그러지기 시작했다. 마침내 군중 속에서 어느 나이 든 남부군 출신 전역 군인이 소리쳤다. "이 사람이 사실대로 말하고 있다고 생각합니다. 그가 이야기한 이름의 백인을 알고 있습니다. 이 사람은 훌륭한 일을 하고 있어요. 우리가 실수했습니다. 그의 목을 매달 게 아니라 그를 도와야 해요." 남부군 출신의 전역 군인은 군중들 사이로 모자를 돌렸고, 파이니 우즈 컨트리 스쿨을 세운 로렌스의 목을 매달려고 모여든 바로 그 사람들로부터 52달러 40센트를 걷어 로렌스에게 선물했다. "제게는 다툴 시간이 없습니다. 후회할 시간도 없고요. 그 누구도 제게 그들을 미워하는 치졸한 짓을 하게 할 수는 없어요."라고 말한 사람을 위해서 말이다.

1,900년 전 에픽테토스는 '뿌린 대로 거둔다'라는 점을 언급하며 나쁜 짓을 하면 운명이 어떻게든 항상 대가를 치르게 한다고 했다. 에픽테토스는 말했다. "결국에는 누구나 자신의 잘못에 대한 대가를 치러야 한다. 이 점을 기억하는 사람은 누구에

게도 화내지 않고, 누구에게도 분개하지 않고, 누구도 욕하지 않고, 누구도 비난하지 않고, 누구도 마음 상하게 하지 않고, 누구도 미워하지 않는다."

미국 역사상 링컨보다 더 비난받고, 미움받고, 배신당한 사람도 없을 것이다. 링컨의 대표적인 전기를 남긴 헌던은 링컨을 이렇게 평가했다. "결코 상대를 좋아하는지 싫어하는지에 따라 그 사람을 판단하는 법이 없었다. 만일 주어진 일이 있으면 정적이라도 다른 모든 사람만큼 잘 해낼 수 있을 거라는 걸 알았다. 링컨을 비방했거나 개인적으로 냉대했던 사람이라도 자리에 가장 적합한 인물이라면 링컨은 친구를 대하듯 그 사람에게 바로 그 자리를 내주었다. … 상대가 적이거나 싫어하는 사람이라는 이유로 링컨이 누군가를 내치는 걸 본 적이 없다."

링컨은 매클래런, 수어드, 스탠튼, 체이스처럼 자신을 비방하고 모욕했던 바로 그 사람들을 고위직에 임명했다. 링컨의 법률고문이었던 헌던에 따르면 링컨은 '누구도 그가 한 일로 칭찬받아서는 안 되며, 그가 한 일 혹은 하지 않은 일로 비난받아서도 안 된다'고 믿었다. 왜냐하면 '우리 모두는 지금도, 앞으로도 영원히 조건, 상황, 환경, 교육, 후천적 습관과 유전에 따라 형성된 사람들'이기 때문이다.

링컨의 말이 맞는지 모른다. 우리가 적과 동일한 신체적, 정신적, 정서적 특성을 물려받았고, 적과 동일한 인생 경험을 쌓았다면 아마 그와 똑같이 행동할 것이다. 달리 행동할 수 없었을 것이다. 변호사 클라렌스 대로우가 했던 말이 있다. "전부 안다는 건 전부 이해한다는 것이며, 그러면 판단하고 비난할 여지가 없어진다." 그러니 적을 미워하는 대신 불쌍히 여기고, 우리의 삶이 그들과 같지 않음을 신께 감사하자. 적을 비난하고 그에 복수하려는 대신 이해와 공감, 도움과 용서의 손길을 내밀고 기도해 주자.

나는 매일 밤 성경을 읽거나 성경 구절을 반복해서 왼 뒤 무릎을 꿇고 '가족 기도'를 드리는 가정에서 자랐다. 아직도 귓가에 미주리주에 홀로 서 있는 농장에서 아버지가 성경을 반복해서 낭독하시던 소리가 들린다. 인류가 예수의 이상을 소중히 여기는 한 계속 외우게 될 구절이다. "너희 원수를 사랑하며 너희를 미워하는 자를 선대하며 너희를 저주하는 자를 위하여 축복하며 너희를 모욕하는 자를 위하여 기도하라."

아버지께서는 그런 예수의 말씀에 따라 살려고 노력하셨다. 덕분에 이 땅의 지도자와 왕조차 구하려 했지만 구할 수 없었던 내면의 평화를 얻으셨다.

평화와 행복을 불러올 마음가짐을 기르고 싶다면 다음 원칙을 기억하라.

평화와 행복을 불러오는 방법 2

적에게 절대 복수하려 하지 말라. 복수는 상대보다 자신을 더 크게 상처입힌다. 아이젠하워 장군이 그랬던 것처럼 좋아하지 않는 사람들을 생각하느라 단 1분도 허비하지 말자.

14장

감사함을 모르는 사람 때문에
상처받지 말라

최근 텍사스에서 분노로 활활 타오르는 어느 사업가를 만났다. 사람들은 내게 그를 만나면 15분 이내에 그가 화난 일에 관해 이야기할 거라고 알려줬는데, 정말 그랬다. 그를 화나게 한 사건은 11개월 전에 일어났다. 그런데도 그는 여전히 머리끝까지 화가 나 있었다. 그는 그 일 외의 다른 이야기는 하지 못했다. 그는 34명의 직원에게 크리스마스 보너스로 10,000달러를 주었다. 대략 1인당 300달러 정도였다. 그런데 그에게 감사를 표한 직원이 아무도 없었고, 그는 이에 대해 심하게 불평했다. "그런 사람들에게 한 푼이라도 줬다는 게 속상해요!"

공자는 "화내는 사람은 항상 독으로 가득 차 있다."라고 말했다. 내가 만난 그 사업가도 독으로 가득 차 있어서 솔직히 말해 안쓰러웠다. 그는 거의 예순 살이었다. 현재 생명 보험 회사의 계산에 따르면 우리는 80세에서 현재 나이를 뺀 만큼에서 3분의

2를 조금 넘는 정도로 산다고 한다. 그러니 이 사업가는 운이 좋으면 살 날이 아마 14~15년 정도 남았을 것이다. 그런데 그는 벌써 남은 세월 가운데 1년을 지나버린 일을 원망하고 분개하느라 허비했다. 그가 불쌍할 따름이다.

그는 분노와 자기 연민에 젖어 있는 대신 직원들로부터 감사 인사를 받지 못한 이유를 스스로 살펴야 했다. 직원들에게 월급을 적게 주고, 일은 많이 시켰을 수 있다. 직원들은 크리스마스 보너스가 사장님이 주는 선물이 아니라 자기가 번 돈이라 여겼을 수도 있다. 그가 너무 비판적이고 다가가기 어려운 사람이라 직원들이 감히 감사의 뜻을 표하지 못했을 수도 있다. 아니면 직원들은 회사의 수익 대부분이 어차피 세금으로 나갈 돈이라서 그가 보너스를 지급했다고 생각했을 수도 있다.

물론 직원들이 이기적이고, 비열하며, 예의가 없는 사람들일지 모른다. 이럴 수도 있고, 저럴 수도 있다. 그 이상은 알 수 없다. 하지만 사무엘 존슨 박사가 남긴 말은 안다. "감사는 뛰어난 교양의 산물이다. 무례한 사람에게서는 찾을 수 없다."

내가 하려는 말은 이것이다. 텍사스의 사업가는 인간적이기는 하지만, 자신에게 고통을 안겨주는 실수를 저질렀다. 감사를 기대한 것이다. 인간의 본성을 몰랐던 것이다.

누군가의 목숨을 구해주었다면 그 사람이 고마워하기를 바라는가? 그럴지도 모른다. 유명 형사 변호사였다가 판사가 된 사무엘 레이보위츠는 전기의자에 앉을 뻔한 죄수 78명의 목숨을 구했다. 그 가운데 사무엘에게 감사를 표하러 오거나 크리스마스 카드를 보낸 사람은 몇 명이나 되었을까? 예상한 대로 단 한 명도 없었다.

예수는 어느 날 오후 나병 환자 10명을 고쳤다. 하지만 예수에게 감사를 표한 사람은 몇 명이었을까? 단 한 명이었다. 누가복음을 찾아보라. 예수가 제자들을 돌아보며 물었다. "열 사람이 다 깨끗함을 받지 아니하였느냐 그 아홉은 어디 있느냐?" 아홉 명은 전부 떠났다. 감사하다는 말도 없이 사라진 것이다! 여기서 질문이다. 그런데 왜 우리는 그리고 텍사스의 사업가는 작은 호의를 베푼 데 대해 예수가 받았던 감사보다 더 크게 감사받기를 기대하는 걸까?

게다가 돈 문제라니! 돈 문제로 고맙다는 소리를 듣기란 더욱 가망이 없다. 금융 기업인인 찰스 슈왑이 들려준 이야기이다. 한 번은 그가 은행의 자금을 주식에 투기한 은행 출납담당 직원을 구해주었다. 직원이 교도소에 가지 않도록 찰스 슈왑이 돈을 대준 것이다. 은행 직원이 고마워했을까? 물론 그랬다. 잠깐은 말이다. 하지만 그 후에 직원은 찰스 슈왑한테서 등을 돌려 그를 매도하고 비난했다. 교도소에 갈 뻔한 자신을 구해준 사람한테 말이다!

친척에게 백만 달러를 주면 그 사람이 고마워할까? 앤드루 카네기가 바로 그렇게 한 적이 있다. 앤드루 카네기가 무덤에서 돌아왔다면 돈을 줬던 친척이 자기 욕을 하는 걸 보고 충격을 받았을 것이다. 친척은 왜 앤드루 카네기를 욕했을까? 그의 말을 빌리자면 '앤디 영감이 공공 자선기관에는 3억 6,500만 달러나 기부했으면서 자기에게는 겨우 백만 달러만 먹고 떨어지게 했기 때문'이었다.

세상일이 그렇다. 인간의 본성은 언제나 변하지 않는다. 아마 우리 평생에도 변하지 않을 것이다. 그러니 인간의 본성을 받아들이는 게 어떨까? 로마제국을 통치한 철인 황제 마르쿠스 아우렐리우스처럼 현실적으로 생각하는 건 어떨까? 마르쿠스 아우렐리우스는 어느 날 일기에 이렇게 썼다. "오늘은 말이 많은 사람들을 만날 예정이다. 이기적이고, 자기중심적이고, 감사할 줄 모르는 사람들이다. 하지만 나는 놀라거나 기분 상하지 않을 것이다. 그런 사람이 없는 세상을 상상할 수 없기 때문이다." 맞는 말이다. 그렇지 않은가? 사람들이 감사할 줄 모른다고 투덜거린다면 무엇을 탓해야 할까? 인간의 본성을 탓해야 할까, 아니면 인간의 본성에 대한 무지를 탓해야 할까? 사람들이 고마워할 거라 기대하지 말자. 그러면 감사받지 못한다 해도 속이 상하지 않는다. 그러다 감사를 표하는 사람을 가끔 만나면 기쁜 놀라움이 찾아올 것이다.

이번 장에서 전하는 이야기의 첫 번째 요지는 사람들이 감사함을 잊는 건 자연스러운 일이라는 것이다. 그러니 감사를 기대하고 살면 속상할 일이 많다.

뉴욕에 사는 한 지인 여성은 언제나 외롭다고 불평이다. 친척

누구도 그녀 곁에 가고 싶어 하지 않는다. 그런 것도 놀랍지는 않다. 그녀를 만나러 가면 조카들이 어렸을 때 자기가 뭘 해주었는지 몇 시간이고 이야기하기 때문이다. 홍역과 이하선염, 백일해에 걸렸을 때 간호해 준 일, 몇 년 동안이나 숙식을 제공한 일, 조카 한 명이 경영대학원에 진학하도록 도와준 일, 다른 한 명의 조카가 결혼할 때까지 데리고 살았던 일 등을 늘어놓는다.

조카들이 그녀를 만나러 올까? 물론이다. 이따금 의무감에 그녀의 집을 방문한다. 하지만 방문을 꺼린다. 반쯤 돌려 말하지만 자리에 앉아 훈계를 몇 시간이나 들어야 한다는 걸 알기 때문이다. 끝없이 장황하게 원망 섞인 불평을 늘어놓고 자기 연민에 빠져 한숨 쉬는 소리를 듣게 되니 말이다. 자기를 보러 오라고 조카들에게 강요하고, 으름장을 놓고, 괴롭혀도 소용이 없을 때 그녀는 '마법'을 부린다. 심장 마비를 일으키는 것이다.

심장 마비가 진짜 일어나는 걸까? 물론 그렇다. 의사의 말에 따르면 그녀는 심계항진을 앓고 있어 '가슴 두근거림'이 나타난다는 것이다. 하지만 의사가 해줄 수 있는 건 아무것도 없다. 그녀의 심장 문제는 감정 때문에 나타나기 때문이다.

그녀가 정말로 원하는 건 사랑과 관심이다. 하지만 그녀는 그걸 '감사'라고 포장한다. 어쨌든 그녀는 결코 감사나 사랑을 받지 못할 것이다. 감사받는 걸 당연하게 여기며 자신이 먼저 요구하기 때문이다.

'감사할 줄 모르는' 사람들이 자기를 버려뒀다고 생각해 외로 위하며 병든 이런 여성들이 수없이 많다. 이들은 사랑받기를 원한다. 하지만 이 세상에서 사랑받을 유일한 방법은 사랑을 요구하는 걸 멈추고 대가를 바라는 마음 없이 사랑을 쏟기 시작하는 것이다.

순진하고, 비현실적이며, 관념적인 이상주의로 여겨지는가? 그렇지 않다. 그저 상식적인 이야기일 뿐이다. 우리가 갈망하는 행복을 찾을 좋은 방법이다. 그렇다는 걸 나는 안다. 바로 우리 가족에게 일어나는 일을 직접 보았기 때문이다. 우리 부모님은 남을 돕는 일을 기쁨으로 여기셨다. 우리 집은 가난했다. 항상 빚더미에 시달렸다. 그렇게 가난했지만, 부모님은 매년 항상 어떻게든 돈을 마련해 아이오와주 카운실블러프스에 있는 크리스천 홈이라는 고아원으로 보내셨다. 크리스천 홈을 한 번도 방문하신 적은 없었다. 감사 편지를 보내는 걸 제외하면 아마 부모님이 보낸 선물에 감사를 표한 아이는 아무도 없었을 것이다. 하지만 부모님은 충분히 되돌려 받으셨다. 아무런 대가나 감사를 바라지 않고 어린아이들을 돕는 기쁨을 누리셨기 때문이다.

집을 떠나 독립한 뒤 나는 크리스마스가 되면 항상 부모님께 수표를 보내 부모님이 쓰실 좋은 물건을 좀 사시라고 말씀드렸다. 하지만 부모님께서는 그렇게 한 적이 거의 없으셨다. 크리스마스 며칠 전 집에 가면 아버지는 아이가 많은데 음식과 석탄을 살 돈이 없는 어떤 '미망인'을 위해 석탄과 식재료를 사셨다고 말씀하시곤 했다. 다른 사람을 위한 선물을 사며 어떤 기쁨을 얻으셨던 걸까? 그 어떤 대가도 바라지 않고 나누는 기쁨이 었다.

우리 아버지는 아리스토텔레스가 묘사한 이상적인 사람, 즉 가장 행복할 가치가 있는 사람의 자격을 갖추셨다고 믿는다. 아리스토텔레스는 말했다. "이상적인 사람은 타인에게 호의를 베풀며 기쁨을 얻는다. 하지만 다른 사람이 자신을 위해 호의를 베풀면 받기를 꺼린다. 친절을 베푸는 건 우월함의 표시이지만, 친절을 받는 건 열등함의 표시이기 때문이다."

이번 장에서 전하는 이야기의 두 번째 요지는 행복을 찾고 싶다면 감사할 줄 모르는 사람들에 대해서는 생각하지 말고 베풂에서 얻는 내면의 기쁨만을 위해 베풀라는 것이다.

지난 만 년 동안 부모는 자식이 감사할 줄 모른다고 머리를 쥐어뜯었다. 셰익스피어의 작품 속 리어왕조차 이렇게 외쳤다. "감사할 줄 모르는 자식을 갖는 건 뱀의 이빨보다 더 날카롭구나!"

그런데 부모에 감사하라고 자식을 가르쳐서가 아니라면 자식은 왜 부모에 감사해야 할까? 마치 잡초가 자라나듯 자식이 부모의 감사함을 모르는 게 자연스러운 일이다. 감사하는 마음은 장미와 같다. 장미를 키우듯 거름과 물을 줘 잘 가꾸고 사랑하고 보호해야 한다.

자녀가 감사할 줄 모른다면 누구의 탓이겠는가? 부모인 우리의 탓이다. 부모인 우리가 다른 사람에게 감사의 뜻을 표하라고 가르치지 않았다면 자녀가 부모에게 감사를 표할 거라는 기대를 어떻게 할 수 있겠는가?

시카고에 지인 남성이 살고 있다. 그에게는 감사할 줄 모르는 의붓아들이 있는데, 그라면 그런 의붓아들을 두고 불평할 만했다. 그는 박스 공장에서 노예처럼 고되게 일했고, 일주일에 40달러 이상 버는 때가 드물었다. 그러다 그는 전남편과 사별한 미망인과 결혼했는데, 아내의 설득으로 아내가 데려온 다 큰 아들 두 명이 대학에 갈 수 있도록 돈을 빌려 두 아들에게 보냈다. 일주일에 40달러를 벌어 식비와 월세, 유류비, 의류비를 부담해야 하는 데다 대출금도 갚아야 했다. 이런 식으로 4년을 보냈다. 그는 소처럼 일했지만, 불평 한마디 하지 않았다.

의붓아들들이 그에게 감사를 표했을까? 그렇지 않았다. 아내는 그의 노력을 당연한 것으로 여겼다. 의붓아들들도 마찬가지였다. 결코 의붓아버지에게 그 무엇도 빚졌다고 생각하지 않았다. 감사의 인사조차 말이다!

누구를 탓해야 할까? 아들들일까? 그렇다. 하지만 아이들 엄마를 더 크게 탓해야 한다. 아내는 젊은 아들들에게 '의무감'을 지우는 게 부끄럽다고 여겼다. 아들들이 '빚을 진 채 시작'하는 걸 원하지 않았다. 그래서 아들들에게 "너희가 대학을 졸업하도록 새아버지가 도와주시다니 정말 훌륭하셔!"라고 말하는 건 생각조차 하지 않았고 대신 "아, 그 정도는 새아버지가 최소한 해야 할 일이야."라는 식의 태도를 보였다.

아내는 아들들을 아낀다고 생각했지만, 현실은 아들들에게 '세상이 내 인생을 책임져야 한다'라는 위험한 생각을 심어 내보낸 것이다. 그 위험한 생각 때문에 아들 중 한 명은 회삿돈을 '빌리려고' 손을 댔다가 결국 교도소에 가고 말았다!

자녀는 부모가 키우는 대로 자라는 것이라는 점을 반드시 기억해야 한다. 예를 들어 미니애폴리스 웨스트 미네할라 파크웨이 144번지에 사는 우리 이모 바이올라 알렉산더는 '감사할 줄 모르는' 자녀 때문에 불평할 일이 없는 사람의 훌륭한 본보기다. 내가 어렸을 때 바이올라 이모는 외할머니를 이모댁에 모시고 가서 사랑으로 돌보셨다. 시어머니도 마찬가지로 돌봐드렸다. 아직도 눈을 감으면 바이올라 이모의 농장 집 벽난로 앞에 두 할머니가 앉아 계시던 모습이 떠오른다. 두 할머니가 바이올라 이모에게 '문젯거리'였을까? 내 생각에는 종종 그랬을 것 같다. 하지만 이모의 태도를 봐서는 전혀 짐작할 수 없었다. 이모는 두 할머니를 사랑했다. 그래서 두 분이 마음대로 하실 수 있게 두고, 원하는 대로 해 드리고, 자신들의 집처럼 편안히 지내실 수 있게 했다. 게다가 바이올라 이모에게는 아이도 여섯이나 있었다. 하지만 이모는 자신이 특별히 대단한 일을 한다거나 양가 어른을 집에 모신다고 칭찬받아야 할 일이라고 생각하는 법이 없었다. 이모에게는 그저 당연한 일이었고, 옳은 일이었으며, 하고 싶은 일이었다.

현재 바이올라 이모는 어떻게 지내고 계실까? 이모는 이모부와 사별한 지 20여 년 되었고, 장성한 아이들이 다섯 명 있다. 다섯 아이는 모두 각자 가정을 꾸렸지만, 서로 이모에게 와서 함께 살자고 아우성이다. 사촌들은 자신들의 엄마를 아주 좋아한다. 엄마를 찾고 또 찾아도 충분하지 않은 모양이다. 그건 이모를 향한 '감사'의 마음 때문일까? 말도 안 된다! 그건 사랑일 뿐이다. 순전한 사랑. 사촌들은 어린 시절 내내 따뜻하게 빛나는 이모의 친절한 마음을 보고 자랐다. 이제 자리가 바뀌어 아이들이 이모에게 사랑을 돌려주는 게 전혀 놀랍지 않다.

그러므로 감사할 줄 아는 자녀로 키우기 위해서는 부모가 먼저 감사할 줄 알아야 한다는 점을 기억하자. '작은 주전자에 큰 귀가 있다'(아이들은 귀가 밝다는 뜻-옮긴이)라는 속담을 마음에 새기고 신중하게 말하자. 설명하자면 다음번에 아이들이 있는 앞에서 누군가의 친절을 하찮게 평가하고 싶어져도 그렇게 하지 않도록 하는 것이다. "사촌 수가 크리스마스 선물로 보낸 행주 좀 봐. 직접 짰나 봐. 돈 한 푼 안 들었겠어!"라고 절대 말하지 않는다. 우리는 별말 아니라고 여기지만, 아이들은 듣고 있다. 그러니 이렇게 말하는 게 낫다. "크리스마스 선물을 만드느라 사촌 수가 시간을 많이 들였겠구나! 멋지지 않니? 지금 감사 편지를 써서 보내자." 이렇게 하면 아이들이 무의식적으로 칭찬하고 감사하는 습관을 갖게 된다.

감사할 줄 모르는 사람 때문에 화가 나고 속상해지는 일을 피하려면 다음 원칙을 기억하라.

평화와 행복을 불러오는 방법 3

1. 감사할 줄 모르는 사람 때문에 속상해하는 대신 으레 그러려니 여겨라. 예수는 하루에 열 명의 나병 환자를 고쳤지만, 감사 인사를 한 사람은 오직 한 명뿐이었다는 점을 기억하라. 어떻게 예수보다 감사 인사를 더 많이 받기를 기대하는가?

2. 행복을 찾을 유일한 방법은 감사 인사를 기대하지 않고 베푸는 기쁨을 얻기 위해 베푸는 것이다.

3. 감사는 '힘써 기른' 특성이라는 점을 명심하자. 그러므로 감사할 줄 아는 자녀로 기르고 싶다면 아이들이 감사할 줄 알도록 키워야 한다.

15장

백만 달러에 당신이 가진 것을
내놓을 것인가?

　해럴드 애벗을 수년간 알고 지냈다. 해럴드는 미주리주 웹시
티 사우스매디슨 가 820번지에 산다. 해럴드는 전에 우리 수업
의 관리 매니저였다. 우리는 어느 날 캔자스 시티에서 만났고,
그가 미주리주 벨튼에 있는 우리 집 농장까지 차로 나를 데려다
주었다. 농장까지 운전해 가는 동안 그에게 걱정을 피하는 법이
있는지 물어보았다. 그때 그가 들려준 감동적인 이야기를 나는
절대 잊지 못한다.

　예전에 저는 걱정을 많이 했어요. 하지만 1934년 어느 봄날 웹시티
의 도허티가를 걷다가 제 모든 걱정을 사라지게 한 광경을 보았습니
다. 그 모든 일이 일어나는 데 10초가 걸렸습니다. 하지만 그 10초 동
안 저는 어떻게 살아야 하는지에 대해 지난 10년간 배웠던 것보다 더
많은 걸 배웠습니다. 그 전에 저는 웹시티에서 2년간 식료품점을 운영

했습니다. 그러다 저축해 둔 돈이 전부 바닥났을 뿐 아니라 빚도 지게 되었습니다. 빚을 다 갚으려면 7년이 걸릴 터였습니다. 식료품점은 그 전 토요일에 폐업했고, 저는 일을 구하러 캔자스시티에 갈 돈을 빌리려고 머천트 앤 마이너스 은행에 가던 길이었습니다.

저는 패배자처럼 걷고 있었습니다. 모든 투지와 믿음을 잃은 상태였죠. 그때 갑자기 길 반대편에서 다리 없는 남자가 오는 게 보였습니다. 롤러스케이트에서 뗀 바퀴를 붙인 나무판에 앉아 있더군요. 양손에 나무 조각을 쥐고 밀면서 앞으로 나아가고 있었습니다. 그가 막 길을 건넌 뒤 몇 센티미터 정도 되는 도로 경계석 위 보도로 올라오려 하고 있을 때 그를 만났습니다. 그가 타고 있던 작은 나무판을 비스듬히 기울이고 있을 때 저와 눈이 마주쳤지요. 그는 크게 미소 지으며 제게 인사를 건넸습니다. "안녕하세요, 선생님. 좋은 아침이에요, 그렇죠?" 그가 기운차게 말했습니다. 거기 서서 그를 바라보는데 제가 가진 게 얼마나 많은지 깨달았습니다. 제게는 두 다리가 있죠. 걸을 수 있습니다. 자기 연민에 빠졌던 게 부끄럽더군요. 다리 없는 그가 행복하고, 쾌활하고, 자신 있게 살 수 있다면 다리가 있는 나도 분명 그렇게 살 수 있다고 생각했습니다. 그런 생각만으로도 벌써 가슴을 펼 수 있었습니다. 은행에 가면 100달러만 빌릴 생각이었습니다. 하지만 이제는 200달러를 빌려달라고 말할 용기가 생겼습니다. 처음에는 캔자스시티에 가서 일자리를 구해보고 싶다고 말하려 했습니다. 하지만 이제 캔자스시티에 가서 일자리를 구할 거라고 자신 있게 말했습니다. 그렇게 대출받는 데 성공했습니다. 그리고 일자리도 구했죠. 지금 저는 다음 글귀를 욕실 거울에 붙여두고 매일 아침 면도할 때마다 읽어요.

나는 신발이 없어서 우울했다.
길에서 발이 없는 남자를 만나기 전까지는.

한 번은 제1차 세계대전 당시 미군 전투기 조종사로 참전했던 에디 리켄바커에게 태평양에서 가망 없이 길을 잃고 동료들과 21일간 구명보트에 탄 채 떠돌았을 때 배운 가장 큰 교훈이 무엇이었는지 물었다. 에디가 대답했다. "그 경험에서 가장 크게 배운 건 마실 물과 먹을 음식이 있다면 그 무엇에 대해서도 불평해서는 안 된다는 것이었습니다."

〈타임〉지에 과달카날 전투에서 다친 어느 군인에 관한 기사가 실렸다. 포탄 파편에 목을 맞은 군인은 수혈을 7번이나 받았다. 그가 의사에게 쪽지를 써서 물었다. "제가 살 수 있나요?" 의사가 대답했다. "그럼요." 군인은 다시 쪽지를 썼다. "제가 말할 수 있을까요?" 의사는 또 그렇다고 대답했다. 그러자 군인은 세 번째 쪽지에 썼다. "그럼 도대체 뭐가 걱정이지?"

지금 잠시 멈춰 스스로 물어보면 어떨까? "도대체 난 뭐가 걱정이지?" 아마 상대적으로 대수롭지 않은 일이라는 걸 알게 될 것이다.

인생에서 약 90% 정도는 좋은 일이고, 약 10%는 나쁜 일이다. 행복해지고 싶다면 좋은 일 90%에 집중하고 나쁜 일 10%

를 무시하기만 하면 된다. 반대로 걱정하고 원망하고 위궤양을 앓으며 살고 싶다면 나쁜 일 10%에 집중하고 좋은 일 90%를 무시하면 된다.

영국의 개혁 교회에는 '생각하고 감사하라'는 문구가 새겨져 있는 곳이 많다. 이 말은 우리 가슴에도 새겨야 한다. 우리가 가진 모든 것을 생각하고, 이를 가졌음을 신께 감사드려야 한다.

《걸리버 여행기》를 쓴 영국 작가 조너선 스위프트는 지독한 비관론자였다. 자신이 태어났다는 사실이 몹시 유감스러워서 생일마다 검은 옷을 입고 단식할 정도였다. 하지만 절망 속에 사는 극도의 비관론자 조너선 스위프트도 쾌활함과 행복이 주는 힘이 건강에 좋다고 찬사를 보냈다. 그는 '세계 최고의 의사는 식습관 박사, 평온 박사, 명랑 박사'라고 했다.

자신이 지닌 엄청나게 많은 것에 신경을 집중한다면 하루 중 언제나 '명랑 박사'의 진료를 무료로 받는 셈이다. 우리가 가진 건 알리바바의 전설 속 보물보다 훨씬 귀하다. 10억 달러를 준다면 두 눈을 팔겠는가? 두 다리에는 얼마를 받겠는가? 손은? 청력은? 아이들은? 가족은? 이렇게 가진 자산을 모두 떠올려보라. 그러면 록펠러와 포드, 모건이 모은 재산을 전부 합해서 준다 해도 우리가 가진 걸 팔지 않으리라는 걸 알게 된다.

그런데 우리는 이렇게 가진 것을 감사히 여길까? 그렇지 않다. 쇼펜하우어가 말했듯 "우리는 가진 것에 대해서는 거의 생각하지 않고, 가지지 못한 것만 늘 생각한다."라는 게 이 세상 제일의 비극이다. 아마 이러한 생각이 역사상 모든 전쟁과 질병보다 더 큰 비참함을 불러일으킬 것이다.

가진 걸 생각하지 않고 가지지 못한 것만 늘 생각한 탓에 뉴 저지주 패터슨 19번가 30번지에 사는 존 팔머는 '평범한 남성에서 불평쟁이 늙은이'처럼 변했고, 집을 망칠 뻔했다. 그가 내게 들려준 이야기다.

군에서 제대하고 돌아온 직후 저는 사업을 시작했습니다. 밤낮으로 열심히 일했죠. 만사가 순조로웠습니다. 그러다 문제가 발생했어요. 부품과 재료를 구할 수가 없었습니다. 사업을 접어야 하는 게 아닐까 두려웠습니다. 너무 심하게 걱정하다 보니 저는 평범한 사람에서 불평쟁이 늙은이처럼 변했습니다. 제가 늘 시큰둥하고 짜증을 내니 행복한 가정을 잃기 직전이었습니다. 그러던 어느 날 우리 회사에서 일하는 참전용사 출신인 젊은 장애인 직원이 말하더군요. "조니 사장님, 부끄러운 줄 아셔야 해요. 세상 어려움을 혼자 짊어진 사람처럼 굴고 계시잖아요. 정말로 한동안 사업을 접어야 한다고 생각해 보세요. 그런다고 뭐가 문제가 되죠? 상황이 좋아지면 다시 시작하면 돼요. 감사하게도 많은 걸 가지고 계신데도 항상 꿍얼거리세요. 제가 사장님이라면 좋겠어요. 저를 보세요. 저는 팔이 하나뿐이고, 총상으로 얼굴의 반이 날아갔어요. 그래도 전 불평하지 않아요. 사장님께서 구시렁거리고 투덜대는 걸 멈추지 않으신다면 사업뿐 아니라 건강과 가정, 친구도 잃으실 겁니다."

그 말을 듣자 저는 그 자리에 얼어붙은 듯 꼼짝할 수 없었습니다. 제가 얼마나 가진 게 많은 사람인지 깨달았거든요. 그때 그 자리에서 저는 변하겠다고, 과거의 나로 다시 돌아가겠다고 결심했고, 그렇게 했습니다.

루실 블레이크라는 내 친구는 가지지 못한 것만 생각하는 대신 가진 것을 생각하며 행복해야 한다는 사실을 배우기 전에 비극적인 상황에서 몸을 떨고 있었다.

우리는 수년 전 컬럼비아 대학교 언론대학원에서 함께 단편 쓰기 수업을 받으면서 만났다. 그런데 9년 전 루실의 인생에 충격적인 사건이 발생했다. 당시 루실은 애리조나주 투손에 살고 있었는데, 루실이 내게 들려준 이야기는 다음과 같다.

난 눈코 뜰 새 없이 바쁘게 살았어. 애리조나 대학교에서 오르간을 공부하면서 마을에서 언어치료 교실을 운영했지. 내가 머물던 데저트 윌로우 목장에 음악 감상 교실을 열어 학생들도 가르쳤어. 파티에도 나가고, 춤을 추러 다니고, 야간 승마도 했지. 그러던 어느 날 아침 난 쓰러졌어. 심장 문제였어! "1년 동안은 침대에 누워 완전히 안정을 취하셔야 합니다." 의사가 그렇게 말하더라고. 의사는 내가 다시 건강해질 거라고 생각하도록 힘을 주는 말도 하지 않았어.

침대에 누워서 1년을 보내야 한다니! 내가 환자가 되다니! 어쩌면 죽을 수도 있다니! 왜 내게 이런 일이 일어났을까? 내가 무슨 짓을 했다고 이런 일이 생긴 걸까? 나는 통곡하며 울었어. 억울했고 반감이 들었어. 그래도 의사가 말한 대로 침대에 누워 지냈지. 이웃에 사는 예술가 루돌프 씨가 내게 말했어. "지금은 침대에 누워 1년을 보내야 한다는 게 비극처럼 느껴지겠죠. 하지만 그렇지 않을 거예요. 생각할 시간이 생길 거고, 자기 자신을 잘 알게 될 겁니다. 지금까지 살아온 시간 전부를 합한 것보다 앞으로 몇 달간 정신적으로 더욱 크게 성장할 거예요." 난 차분해졌고, 새로운 가치관을 세우려 노력했어.

나는 삶에 영감을 주는 책을 읽었어. 어느 날 라디오에서 방송 진행자가 말하는 거야. "우리는 자신의 의식 속에 있는 것만 표현할 수 있습니다." 전에도 이런 말은 많이 들었지만, 이제는 그 말이 내 안의 깊은 곳에 닿아 뿌리를 내리는 것 같았어. 나는 기쁨, 행복, 건강처럼 내가 따르며 살아야 할 것들만 생각하기로 마음먹었어. 매일 아침 눈을 뜨자마자 내가 감사해야 할 모든 걸 떠올렸어. '고통이 없다. 사랑스러운 어린 딸이 있다. 시력이 좋다. 청력이 좋다. 라디오에서 아름다운 음악이 나온다. 책을 읽을 시간이 있다. 맛있는 음식이 있다. 좋은 친구들이 있다.' 나는 정말 쾌활해졌고 병문안을 오는 사람이 너무 많아서 의사는 내 병실 앞에 특정 시간에만 한 번에 방문객 한 명씩 들어갈 수 있다는 안내문을 붙일 정도였지.

그때로부터 9년이 흘렀고, 지금 나는 충실하고 활동적으로 살고 있어. 이젠 침대에 누워 지냈던 그해에 마음 깊이 감사하고 있어. 애리조나에서 보냈던 시간 중 가장 가치 있고 행복한 한 해였어. 그때 생긴 매일 아침 감사할 일을 떠올리는 습관은 아직도 지키고 있어. 내가 가진 가장 소중한 거야. 죽음을 두려워할 때까지 사는 법을 제대로 배우지 못했다니 부끄러울 지경이야.

루실은 몰랐겠지만, 루실이 깨달은 교훈은 200년 전 영국의 시인 새뮤얼 존슨이 얻은 교훈과 똑같다. 새뮤얼 존슨은 말했다. "모든 일의 좋은 면만 보는 습관은 1년에 1,000파운드를 버는 것보다 더 가치 있다."

이 말을 한 새뮤얼 존슨은 뛰어난 낙관주의자가 아니라 20년 동안 불안과 가난, 굶주림에 시달린 뒤에야 마침내 당대 최고의 작가이자 역사상 가장 유명한 좌담가가 된 인물이다.

미국 태생의 영국인 수필가이자 평론가인 로건 피어솔 스미스는 수많은 지혜를 단 몇 마디로 정리했다. "인생에서 목표로 삼아야 할 두 가지가 있다. 첫째, 원하는 바를 얻는 것. 둘째, 그 후 얻은 바를 즐기는 것. 오직 현명한 사람만이 두 번째 목표를 달성할 수 있다."

주방 싱크대에서 설거지하는 것조차 신나는 경험으로 만들 방법을 알고 싶은가? 그렇다면 보르그힐드 달이 엄청난 용기에 관해 쓴 책《나는 보고 싶었다》를 읽도록 하자.

이 책의 작가는 거의 50년간 시각장애인으로 산 여성이다. 작가는 이렇게 썼다. "내게는 눈이 하나밖에 없다. 하지만 그 눈에도 빽빽하게 흉터가 나 있어서 왼쪽에 있는 작은 틈을 통해 보이는 게 전부다. 책을 읽으려면 책을 들어 얼굴 가까이에 대고, 눈동자를 최대한 왼쪽으로 굴리려고 안간힘을 써야 한다."

하지만 작가는 동정받기를 거부했고, '남들과 다르게' 여겨지는 걸 거부했다. 어린 시절 작가는 다른 아이들과 사방치기를 하며 놀고 싶었지만, 땅에 적힌 표시를 볼 수 없었다. 그래서 다른 아이들이 집으로 돌아가고 난 후 땅에 엎드려 표시 가까이에 눈을 대고 표시를 따라 기어가며 확인했다. 그렇게 친구들과 놀았던 땅의 구석구석을 외웠고, 얼마 지나지 않아 사방치기의 고수가 되었다. 집에서는 시각장애인을 위해 큰 글씨로 인쇄된 책을 읽었는데 눈에 너무 가까이 대 속눈썹이 책 페이지를 쓸 정도였다. 작가는 미네소타 대학교에서 문학사를 공부했고, 컬럼비아 대학교에서 석사학위를 받아 두 개의 학위를 취득했다.

졸업 후 작가는 미네소타주 트윈밸리에 있는 작은 마을에서 학생들을 가르치기 시작했고, 사우스다코타주 수폴스에 있는 어거스타나 대학의 언론학 및 문학 교수까지 되었다. 대학에서 13년 동안 학생들을 가르쳤고, 여성 클럽에서 강연하고, 책과 작가에 관해 이야기하는 라디오 방송에도 출연했다. 작가는 이렇게 썼다. "마음 한구석에는 눈이 완전히 멀면 어쩌나 하는 두려움이 항상 있었다. 그런 두려움을 극복하기 위해 나는 인생을 향해 쾌활한, 거의 우스꽝스럽다고 할 태도를 보였다."

그러다 1943년 작가가 52세가 되었을 때 기적이 일어났다. 그 유명한 메이요 클리닉에서 수술을 받게 된 것이다. 이제 작가는 전보다 40배나 더 잘 볼 수 있게 되었다.

새롭고 흥미진진하고 아름다운 세계가 작가 앞에 펼쳐졌다. 이제는 주방 싱크대에서 설거지하는 것도 신이 났다. "나는 설거지통 안의 하얗고 폭신한 비누 거품으로 장난을 치기 시작했다. 비누 거품 속에 손을 넣어 작은 비누 거품으로 공을 만들었다. 비누 거품 공을 들어 올려 불빛에 비추면 비눗방울 한 알 한 알에서 작은 무지개 색깔이 반짝반짝 빛났다."

주방 싱크대 위 창문에서는 '펑펑 내리는 눈 속을 나는 참새들이 암회색 날개를 퍼덕거리는 모습'이 보였다.

비눗방울과 참새를 보며 그렇게 큰 환희를 느낀 작가는 다음과 같은 문장으로 책을 끝맺는다. "나는 속삭였다. '하늘에 계신 우리 아버지, 감사합니다. 감사합니다.'"

설거지를 할 수 있고, 비누 거품 속에서 무지개를 볼 수 있고, 눈 속을 날아가는 참새를 볼 수 있어서 신께 감사드리는 걸 상상해 보라.

우리는 부끄러운 줄 알아야 한다. 지금까지 살아온 모든 날을, 아름다운 요정의 나라에 있었지만, 마음의 눈을 감아 볼 수 없었고, 너무 당연히 여겨 즐기지 못했으니 말이다.

걱정을 멈추고 새로운 삶을 시작하고 싶은 사람을 위한 다음 원칙을 기억하자.

평화와 행복을 불러오는 방법 4
문젯거리를 세지 말고 감사할 거리를 세라!

16장

자신을 찾고 자기 모습 그대로 살아라

: 이 세상에 나와 같은 사람은 단 한 명도 없다는 걸 기억하자

노스캐롤라이나주 마운트 에어리에 사는 에디스 앨레드 부인이 보낸 편지를 받았다. 편지의 내용은 다음과 같다.

어렸을 때 저는 극도로 예민하고 부끄러움이 많았습니다. 항상 비만이었고, 뺨이 통통해서 실제 몸무게보다 더 뚱뚱해 보였어요. 저희 어머니는 구식이셔서 옷을 예쁘게 입는 건 어리석은 짓이라고 생각하셨습니다. 어머니는 항상 말씀하셨어요. "큰 옷은 나중에 입을 수 있지만, 작은 옷은 찢어지고 말 거란다." 제 옷도 그렇게 입히셨죠. 저는 파티에 가 본 적이 없어요. 즐거운 일도 결코 없었죠. 학교에 가서는 다른 아이들과 야외 활동에 어울려 본 적이 없어요. 체육 시간에조차 말이죠. 저는 병적으로 부끄럼을 탔어요. 제가 다른 모든 아이와 '다르다'라고 느꼈고, 전혀 바람직하지 않은 아이라고 생각했습니다.

어른이 되어 저는 몇 살 연상의 남편과 결혼했습니다. 하지만 저는

변하지 않았죠. 시댁 식구들은 태연하고 자신감이 넘치는 가족이었습니다. 시댁 식구들처럼 되려고 최선의 노력을 다했지만, 그렇게 될 수가 없었어요. 시댁 식구들이 제가 아닌 모습으로 저를 바꾸려고 할 때마다 저는 더욱 깊이 저만의 세계로 파고들 뿐이었습니다. 저는 예민해지고 짜증이 났어요. 모든 친구를 피했습니다. 상태가 너무 안 좋아져서 현관 벨소리까지 두려워했습니다! 저는 실패작이었어요. 저도 알고 있었죠. 다만 남편이 그걸 알아챌까 봐 두려웠습니다. 그래서 우리가 사람들을 만날 때마다 저는 즐거워 보이려 애쓰고, 과장되게 행동했습니다. 저도 제가 과장되게 행동한다는 걸 알고 있었어요. 그러고 나면 며칠 동안이나 비참한 기분이 들었습니다. 저는 몹시 불행해져서 더는 존재해야 할 이유를 찾을 수 없게 되었어요. 그래서 자살을 생각하기 시작했죠.

이 불행한 여성의 인생을 바꾼 건 무엇이었을까? 우연히 듣게 된 말 한마디였다!

우연히 듣게 된 말 한마디가 제 인생을 송두리째 바꿔 놓았습니다. 어느 날 저희 시어머니께서 자식을 기르신 방법에 관해 이야기하셨습니다. 이렇게 말씀하시더군요. "무슨 일이 있어도 나는 항상 아이들이 자기답게 살도록 했어." '자기다운 모습', 바로 그 말이었습니다! 순간적으로 제가 이 모든 비참함을 겪었던 건 내게 맞지 않는 틀에 맞추려고 애썼기 때문이라는 걸 깨달았어요.

하룻밤 사이에 저는 변했습니다! 저는 제 모습을 있는 그대로 받아들이며 살기 시작했습니다. 제 성격에 관해 알려고 노력했어요. 제가 어떤 사람인지 알아내려 애썼고, 제 장점이 무엇인지 알아보았습니다. 옷의 색깔과 스타일에 대해 가능한 한 많이 공부해서 제게 어울리게 옷을 입었습니다. 또 친구를 사귀기 위해 손을 내밀었습니다. 처음에는 작은 곳부터 시작해 모임에 가입했어요. 처음 프로그램에 가입했을 때는 너무 무서웠습니다. 하지만 매번 이야기할 때마다 조금씩 용기가 생겼습니다. 시간이 오래 걸리기는 했지만, 지금 저는 가능하리라 꿈꿨던 것보다 더욱 행복합니다. 저는 쓰라린 경험에서 배운 교훈을 제 아이들에게 가르칩니다. '무슨 일이 있어도 항상 너다운 모습으로 살아라!'

목사이자 교수인 제임스 고든 길키 박사는 자기다운 모습대로 지내고자 하는 이런 문제는 '역사만큼 오래되고 인간의 삶만큼 보편적인 것'이라고 했다. 자신의 있는 그대로의 모습을 받아들이려 하지 않는 문제가 신경증과 정신병, 콤플렉스 뒤에 숨겨진 원인인 경우가 많다. 이탈리아계 미국인 작가이자 교육가로 자녀 양육을 주제로 열세 권의 책을 썼고, 여러 신문에 수천 개의 글을 기고한 안젤로 파트리는 이렇게 말했다. "자기 자신의 몸과 마음이 아닌 다른 누군가, 다른 무엇이 되기를 바라는 사람보다 비참한 사람은 없다."

자기 자신이 아닌 다른 누군가가 되고 싶다는 열망은 특히 할리우드에 만연해 있다. 할리우드의 유명 감독인 샘 우드는 출세하려는 젊은 배우들 때문에 겪는 가장 큰 골칫거리가 바로 이 문제, 즉 그들이 자기 색깔로 연기하게 만드는 것이라고 한다. 모두 2류 라나 터너나 3류 클라크 게이블이 되려 하기 때문이다. 그래서 샘 우드 감독은 신인 배우들에게 말한다. "대중은 이미 그런 모습에는 익숙해. 이제 다들 뭔가 다른 모습을 원한다고."

〈굿바이 미스터 칩스〉, 〈누구를 위하여 종은 울리나〉와 같은 영화를 찍기 전에 샘 우드는 부동산 업계에서 수년간 일하며 영업 감각을 키웠다. 샘은 사업의 세계와 동일한 원칙이 영화의 세계에도 적용된다고 말한다. 서투른 흉내로는 아무것도 얻을 수 없다는 것이다. 앵무새가 되어 성공할 수는 없다. 샘 우드 감독은 말한다. "경험을 통해 배운 바에 따르면 자기 자신의 모습이 아닌데 그런 척 가장하고 있는 사람이라면 가능한 한 빨리 그만두는 게 좋습니다."

최근 소코니-배큠 정유회사의 채용 담당 관리자인 폴 보인튼에게 구직자들이 저지르는 가장 큰 실수가 무엇인지 물었다. 폴이야말로 이 질문의 답을 잘 아는 사람이기 때문이다. 그는 지금까지 면접에서 6만 명 이상의 구직자를 만났고, 《취업에 성공하는 6가지 방법》이라는 제목의 책도 썼다. 질문에 대한 폴의 답은 다음과 같았다. "취업하려는 구직자들이 저지르는 가장 큰 실수는 자기 모습을 그대로 보여주지 않는다는 것입니다. 터놓고 이야기하며 완전히 솔직한 자기 모습을 보이는 게 아니라 자기가 생각하기에 회사에서 원할 것 같은 답을 들려주려 애쓰는 경우가 많습니다." 하지만 그런 방법은 효과가 없다. 가짜를 원하는 회사는 어디에도 없기 때문이다. 누구도 위조지폐를 원하지 않는다.

어느 전차 기관사의 딸은 경험을 통해 이 교훈을 배웠다. 그녀는 가수가 되고 싶었다. 하지만 외모가 문제였다. 입이 컸고 앞니가 튀어나온 뻐드렁니였다. 뉴저지에 있는 어느 나이트클럽에서 처음 노래를 불렀을 때 그녀는 윗입술을 끌어내려 뻐드렁니를 가리려 했다. '예쁘게' 보이려 한 것이다. 결과가 어땠을까? 관객들이 보기에는 우스워 보일 뿐이었고, 그녀는 실패로 치닫고 있었다.

하지만 그 클럽 안에는 소녀에게 재능이 있다고 생각한 한 남자가 있었다. 그가 직설적으로 말했다. "네 공연을 봤어. 네가 뭘 가리려는지도 알겠어. 넌 이빨이 부끄러운 거구나." 소녀는 당황스러웠지만, 남자는 말을 이었다. "그게 어때서? 뻐드렁니가 무슨 죄라도 되는 거야? 뻐드렁니를 가리려 하지 마! 입을 벌리고 노래해. 네가 뻐드렁니를 부끄러워하지 않는다는 걸 알면 관객들은 좋아할 거야. 게다가 네가 숨기려는 그 뻐드렁니 덕분에 많은 돈을 벌게 될걸!"

카스 댈리는 그의 조언을 받아들여 뻐드렁니를 잊었다. 그리고 그때부터는 관객에 대해서만 생각했다. 입을 크게 벌리고 대단히 열정적으로 즐기며 노래했고 영화와 라디오에서 최고의 스타가 되었다. 이제는 다른 코미디언들이 그녀를 따라 하려 한다!

저명한 심리학자인 윌리엄 제임스에 따르면 평범한 사람은 잠재된 정신적 능력의 단 10%밖에 쓰지 못한다고 한다. 그는 저서에 이렇게 썼다. "가진 능력과 비교해 우리는 겨우 반밖에 눈을 뜨지 않은 상태이다. 우리는 주어진 신체적, 정신적 자원의 극히 일부분만 활용하고 있다. 사람은 한계에 훨씬 못 미치는 능력만 이용하며 산다. 우리에게는 다양한 힘이 있지만, 이를 쓰지 않는 습관이 있다."

우리에게는 그런 능력이 있다. 그러니 걱정하느라 1초도 낭비하지 말자. 우리는 다른 사람과 다르기 때문이다. 당신은 이 세계에서 새로운 존재이다. 태초부터 시작해 이전에도 당신과 똑같은 사람은 없었고, 앞으로 올 모든 시대에도 당신과 정확히 똑같은 사람은 나타나지 않을 것이다. 유전학이라는 새로운 과학에 따르면 우리의 모습은 아버지로부터 받은 24개의 염색체와 어머니로부터 받은 24개의 염색체가 더해진 결과이다. 우리가 부모로부터 무엇을 물려받을지는 48개의 염색체가 결정한다. 암란 샤인펠트에 따르면 각 염색체 안에는 "수십 개에서 수백 개의 유전자가 들어 있고, 어떤 경우에는 단 한 개의 유전자로 그 사람의 인생 전체가 달라질 수도 있다."고 한다. 우리는 정말 '두려울 정도로 경이롭게' 만들어진 존재다.

우리의 부모님이 만나 아이를 가졌을 때도 정확히 나라는 사람이 태어날 확률은 거의 300조분의 1에 불과하다! 다시 말해,

형제자매가 300조 명이나 있다 해도 나와는 전부 다른 사람이다. 이게 다 추측에 불과한 것일까? 그렇지 않다. 과학적인 사실이다. 관련 내용을 더 읽고 싶다면 도서관에 가서 암란 샤인펠트가 쓴《당신과 유전》이라는 책을 빌려보라.

자기 자신이 되어야 한다는 주제를 내가 확신에 차 말할 수 있는 건 나 스스로 그 중요성을 깊이 느끼기 때문이다. 이 주제는 내가 잘 알고 있다. 자기 자신의 모습으로 살아야 한다는 교훈을 나는 쓰라리고 값비싼 경험을 통해 배웠다. 나는 미주리주의 옥수수밭을 떠나 처음 뉴욕에 와서 미국 극예술 아카데미에 등록했다. 배우가 되고 싶었다. 스스로 생각하기에 내게는 성공의 지름길로 이어지는 기발한 아이디어가 있었다. 아이디어는 매우 간단하고 실패할 염려가 없는 것이라서 성공을 향한 야심에 찬 그 많은 사람이 아직 이 방법을 발견하지 못했다는 걸 이해할 수 없었다. 내 아이디어는 이랬다. 존 드류, 월터 햄프던, 오티스 스키너 등 당시 유명 배우들이 성공하게 된 연기 방법을 연구해 각 배우의 최고 장점만 조합해 따라 함으로써 나 자신을 그들 모두의 장점을 전부 지닌 배우로 만들 생각이었다. 얼마나 어리석고 터무니없는 생각이었는지! 좋은 연기를 하려면 나 자신이 되어야 하며, 나는 다른 어떤 사람도 될 수 없다는 사실을 알지 못하고, 미주리주 시골 출신의 둔한 나는 다른 사람 흉내를 내며 수년의 인생을 허비하고 나서야 깨달았다.

그때의 괴로웠던 경험으로 나는 영원히 남을 교훈을 얻었어야 했다. 하지만 그러지 못했다. 나는 그런 교훈을 얻을 사람이 아니었다. 나는 너무 미련했다. 그래서 처음부터 전부 다시 배워야 했다. 그로부터 몇 년 뒤 나는 지금까지 나온 책 중에 직장인을 위한 발표법을 담은 최고의 책을 쓰겠다는 포부로 집필을 시작했다. 그 책을 쓸 때 전에 연기했을 때와 마찬가지로 똑같이 어리석은 생각을 했다. 다른 많은 작가의 아이디어를 빌려 한 권의 책에 다 담아 정리한다는 생각이었다. 그렇게 하면 내 책에는 모든 내용이 다 담겨 있을 터였다. 그래서 나는 발표에 관한 책 수십 권을 구해 내 원고에 책 속의 아이디어를 전부 포함하는 일에 1년을 들였다. 하지만 결국 내가 얼마나 바보 같은 짓을 하는 건지 다시 한번 깨닫게 되었다. 그렇게 다른 작가의 아이디어를 뒤죽박죽으로 섞어 쓴 책은 몹시 인위적이고 지루해서 그 어느 직장인도 열심히 읽을 것 같지 않았다. 그래서 나는 1년을 들여 쓴 책을 쓰레기통에 버리고, 처음부터 다시 쓰기 시작했다.

이번에는 스스로 타일렀다. "나는 데일 카네기여야 해. 내 모든 단점과 한계까지 말이야. 다른 누구도 될 수 없어." 그래서 다른 작가들이 쓴 내용을 취합하려는 걸 그만두고, 처음부터 해야 했을 일을 시작했다. 내가 직접 경험한 내용과 관찰한 바에 따른 논평, 그리고 강연자이자 발표법을 가르치는 선생으로서의 신념을 담은 발표법 교재를 쓴 것이다. 월터 롤리 경이 배웠던 교훈을 나도 배웠다. 이제 영원히 잊지 않기를 바라고 있다. (내가 말하는 월터 경은 엘리자베스 1세 여왕이 진흙을 밟지 않도록 땅에 망토를 펼쳤던 월터 롤리 경이 아니라 1904년 옥스퍼드 대학교에서 영문학을 가르쳤던 월터 롤리 교수다.) 그는 이렇게 말했다. "나는 셰익스피어 같은 책은 쓸 수 없다. 하지만 내 책은 쓸 수 있다."

자기 자신으로 살아라. 작곡가 어빙 벌린이 조지 거슈윈에게 건넸던 현명한 조언에 따라 행동하라. 벌린과 거슈윈이 처음 만났을 때 벌린은 이미 유명했지만, 거슈윈은 틴 팬 앨리에서 일주일에 35달러를 받고 고생하며 일하는 젊은 작곡가였다. 거슈윈의 능력에 감명받은 벌린은 당시 거슈윈이 받던 급여의 거의 세 배에 달하는 급여를 제시하며 자신의 음악 비서로 일해달라고 제안했다. 하지만 벌린은 이렇게 조언했다. "그런데 이 제안을 수락하지는 말게. 이 제안을 수락한다면 자네는 2류 벌린이 될 거야. 하지만 계속 거슈윈으로 남아 있으면 언젠가 1류 거슈윈이 될 걸세."

거슈윈은 벌린의 경고를 마음에 새겼고, 이후 천천히 미국의 한 세대를 대표하는 주요 작곡가로 성장했다.

찰리 채플린, 윌 로저스, 메리 마거릿 맥브라이드, 진 오트리를 비롯한 다른 수백만의 사람도 이번 장에서 내가 강조하려는 교훈을 배워야 했다. 나와 마찬가지로 경험을 통해 자기 자신으로 살아야 한다는 교훈을 배운 것이다.

찰리 채플린이 처음 영화에 출연하기 시작했을 때, 감독은 채플린에게 당시 독일의 인기 코미디언을 따라 하라고 시켰다. 찰리 채플린은 자기 모습으로 연기하기 전까지는 성공하지 못했다. 배우 밥 호프도 비슷한 경험을 했다. 노래하고 춤추며 수년간 연기했지만, 자기 자신의 모습을 드러내며 재치 있는 말을 던지기 전까지 전혀 인기를 얻지 못했다. 윌 로저스는 보드빌 공연에서 몇 년 동안이나 말 한마디 하지 않고 밧줄 돌리기만 했다. 윌 로저스는 자신만의 고유한 재능인 유머 감각을 알아차리고, 밧줄을 돌리면서 입을 열기 시작한 뒤에야 인기가 생겼다.

메리 마거릿 맥브라이드는 첫 방송에서 아일랜드인 코미디언처럼 굴었지만, 결과는 좋지 못했다. 하지만 그녀가 있는 그대로의 모습, 즉 미주리주에서 온 평범한 시골 처녀의 모습으로 방송에 나가자 뉴욕에서 가장 인기 있는 라디오 스타가 되었다.

진 오트리가 텍사스 사투리를 버린 뒤 도시 청년처럼 차려입고 뉴욕 출신이라고 주장했을 때 사람들은 그의 뒤에서 비웃기만 할 뿐이었다. 하지만 그가 밴조를 튕기며 카우보이 발라드를 부르기 시작한 뒤 그는 영화와 라디오 양쪽에서 세계 최고의 인기를 구가하는 카우보이가 되었다.

당신은 이 세상에서 새로운 존재다. 그 점에 기뻐하라. 타고난 것을 최대한 활용하라. 마지막에는 모든 예술이 결국 자서전이된다. 오직 자기만을 노래할 수 있고, 자기만을 그릴 수 있다. 자신이 경험한 내용, 자신의 환경, 자신이 물려받은 유전을 나타내는 존재가 되어야 한다.

좋든 나쁘든 자기만의 작은 정원을 가꾸어야 하고, 인생이라는 오케스트라에서 자기만의 작은 악기를 연주해야 한다.

수필집《자기 신뢰》에서 에머슨은 이렇게 썼다. "배움의 과정에서 부러움은 무지에서 오고, 모방은 자살 행위임을 확신하는 때가 누구에게나 온다. 좋든 나쁘든 누구나 자신을 있는 그대로 받아들여야 한다. 넓은 세상이 좋은 것으로 가득하다 해도 자신에게 경작하도록 주어진 땅을 갈지 않으면 옥수수 한 알 손에 들어오지 않는다. 각자에게 깃든 힘은 완전히 새로운 것이다. 그 힘으로 무엇을 할 수 있는지 아는 사람은 오직 자기 자신뿐이며, 시도하지 않으면 자기 자신도 그 힘을 알지 못한다."

다음은 작고한 시인 더글러스 맬록의 표현이다.

언덕 꼭대기의 소나무가 될 수 없다면
계곡의 덤불이 되어라.
개천 옆에서 작지만 제일 좋은 덤불이 되어라.
나무가 될 수 없다면 덤불이 되어라.

덤불이 될 수 없다면 풀 한 포기가 되어라.
그래서 어느 고속도로를 더 좋은 곳으로 만들어라.
강능치고기가 될 수 없다면 농어가 되어라.
호수에서 가장 활발한 농어가 되어라!

모두가 선장이 될 수는 없다. 누군가는 선원이 되어야 한다.
여기 있는 우리 모두에게 무언가 준비된 일이 있다.

큰일도 있고 작은 일도 있다.

우리가 해야만 하는 일은 가까이 있다.

고속도로가 될 수 없다면 오솔길이 되어라.

태양이 될 수 없다면 별이 되어라.

성공이나 실패는 크기에 달린 게 아니다.

네가 무엇이든 최고가 되어라!

평화와 행복을 불러올 마음가짐을 기르고 싶다면 다음 원칙을 기억하라.

평화와 행복을 불러오는 방법 5

다른 사람을 모방하지 말라. 자기 자신을 찾고 자기 모습대로 살자.

17장

레몬이 생기면
레모네이드를 만들어라

이 책을 쓰던 어느 날 시카고 대학교에 들러 로버트 메이너드 허친스 총장에게 걱정을 물리치는 방법을 물었다. 허친스 총장이 답했다. "저는 항상 시어스 로벅 앤 컴퍼니의 대표 줄리어스 로젠월드가 남긴 조언을 따르려 노력합니다. '레몬이 있으면 레모네이드를 만들어라'라는 말이죠."

위대한 교육자는 그렇게 걱정을 물리쳤다. 하지만 어리석은 사람들은 정확히 그 반대로 한다. 살다가 힘든 일이 생기면 포기하고 이렇게 말한다. "내가 졌어. 이게 운명인가 봐. 내겐 기회도 없었어." 그리고는 세상을 원망하고 엄청난 자기 연민에 빠진다. 하지만 현명한 사람은 어려움을 마주할 때 이렇게 말한다. "내가 이 불행한 일을 겪으면서 무슨 배움을 얻을 수 있을까? 어떻게 하면 이 상황을 개선할 수 있을까? 어떻게 하면 나쁜 일(레몬)을 좋은 일(레모네이드)로 바꿀 수 있을까?"

위대한 심리학자 알프레드 아들러는 인간과 인간이 지닌 숨겨진 힘에 대해 평생 연구한 뒤, 인간의 경이로운 특성으로 '마이너스를 플러스로 바꾸는 힘'을 꼽았다.

지인 여성이 바로 그렇게 마이너스를 플러스로 바꾸었는데, 그 흥미롭고 고무적인 이야기를 소개한다. 그녀의 이름은 델마 톰슨으로, 뉴욕시 모닝사이드 드라이브 100번지에 산다. 델마는 내게 자신의 경험을 이렇게 이야기했다.

전쟁 중에 남편은 뉴멕시코주 모하비 사막 근처 육군 훈련소에 주둔했어요. 남편 옆에 있으려고 저도 거기로 가서 살았습니다. 하지만 저는 그곳이 정말 싫었어요. 혐오스러웠죠. 그전까지 그 정도로 비참해 본 적이 없었어요. 남편은 모하비 사막으로 작전명령을 받아 나갔고, 저는 작은 판잣집에 혼자 남았습니다. 견딜 수 없을 정도로 더웠어요. 선인장 그늘이 51도에 달했거든요. 멕시코 사람과 인디언을 제외하면 이야기를 나눌 사람이 한 명도 없었는데, 그들은 영어를 할 줄 몰랐습니다. 바람은 또 끊임없이 불어서 음식이란 음식 그리고 숨 쉬는 공기 속에까지 모래, 모래, 모래로 가득했어요!

너무 비참해 저 스스로가 가여워서 부모님께 편지를 썼습니다. 여기서 사는 걸 포기하고 집으로 돌아가겠다고 했죠. 1분도 더 못 버티겠다고 했어요. 차라리 교도소에 있는 게 더 낫겠다고 했어요. 아버지께서 단 두 줄을 쓴 답장을 보내셨더군요. 그 두 줄의 편지는 항상 기억할 겁니다. 제 인생을 완전히 바꿔 놓은 두 줄이었어요.

두 남자가 감옥의 창살 사이로 밖을 내다보았다.

한 남자는 진흙을 보았고, 다른 한 남자는 별을 보았다.

아버지께서 보내신 그 두 줄의 편지를 읽고 또 읽었습니다. 제 자신이 부끄러웠어요. 지금 상황에서 좋은 점이 무엇인지 찾기로 마음먹었습니다. 별을 찾는 거죠. 저는 인디언들과 친구가 되었어요. 인디언들의 반응이 정말 놀라웠습니다. 인디언들의 수공예와 도자기에 관심을 보이자 관광객들에게도 팔지 않았던 가장 아끼는 작품을 제게 선물로 주더군요. 저는 선인장, 유카(용설란과의 여러해살이 상록 관목-옮긴이), 조슈아 나무의 매혹적인 형태를 배웠어요. 프레리도그(북미 대초원 지대에 사는 다람쥣과 동물-옮긴이)에 관해 배우고, 사막의 저녁노을을 바라보고, 수백만 년 전 사막의 모래가 해저였을 때 남겨진 조개껍데기를 주웠습니다.

무엇이 제게 이런 놀라운 변화를 가져왔을까요? 모하비 사막은 변한 게 없었습니다. 인디언들도 변한 게 없었죠. 변한 건 바로 저였습니다. 제가 마음가짐을 바꾼 거죠. 그렇게 했더니 비참한 경험이라 생각했던 나날이 인생에서 최고로 신나는 모험으로 바뀌었습니다. 제가 발견한 이 새로운 세상에 자극을 받았고 신이 났습니다. 정말 신이 나서 그때의 경험을 담은 책을 썼습니다.《빛나는 성벽》이라는 제목의 소설이었죠. 저는 스스로 만든 감옥의 창살 밖을 보고 별을 찾았던 겁니다.

델마 톰슨은 예수가 태어나기 500년 전 고대 그리스인들이 발견한 옛 진리를 찾은 것이다. "가장 좋은 것은 가장 얻기 어렵다."

해리 에머슨 포스딕 목사가 20세기에 그 말을 다시 한번 반복했다. "행복은 대개 기쁨이 아니라 승리감이다." 그렇다. 승리는 레몬을 레모네이드로 바꾸었다는 성취감, 승리감에서 비롯되는 것이다.

한 번은 플로리다에 사는 행복한 농부를 만나러 간 적이 이다. 그는 썩은 레몬으로 레모네이드를 만든 사람이었다. 처음 농장을 얻었을 때 그는 낙담했다. 땅이 몹시 황폐해서 과일나무를 심을 수도, 돼지를 기를 수도 없었다. 그 땅에서 잘 자라는 것이라고는 건조한 암석지대에서도 나는 졸참나무와 방울뱀뿐이었다. 그러다 그는 아이디어를 냈다. 부채를 자산으로 바꾸는 방법이었다. 농장에 많은 방울뱀을 최대한 활용하기로 한 것이다. 정말 놀랍게도 그는 방울뱀 고기 통조림을 만들기 시작했다. 몇 년 전 그를 찾아 농장에 들렀을 때 보니 그의 방울뱀 농장을 구경하려는 관광객이 쏟아져 들어왔다. 농장을 방문하는 관광객의 수는 연간 2만 명에 달한다고 한다. 그의 사업은 번창하고 있었다. 방울뱀의 독니에서 나오는 독은 해독제를 만드는 연구기관으로 출하되었고, 방울뱀 가죽은 여성용 구두와 핸드백을 만드는 업체에 엄청난 가격으로 팔리고 있었다. 방울뱀 고기 통조림은 세계 방방곡곡의 고객에게 출하되었다. 나는 썩은 레몬을 달콤한 레모네이드로 바꾼 남자에게 경의를 표하기 위해 농장의 그림엽서를 한 장 사서 마을 우체국으로 가 부쳤다. 마을의 이름은 '플로리다주 방울뱀 마을'로 바뀌어 있었다.

나는 미국 전역을 자주 여행하면서 '마이너스를 플러스로 바꾸는 힘'을 증명한 사람을 많이 만났다.

《신에 맞선 12인》의 저자 윌리엄 볼리소는 이렇게 말했다. "인생에서 가장 중요한 건 이득을 활용하는 게 아니다. 그건 바보라도 할 수 있다. 정말 중요한 건 손실로부터 이익을 얻는 것이다. 그러려면 머리를 써야 한다. 사리에 밝은 사람과 바보의 차이가 여기서 나타난다."

볼리소가 이 말을 한 건 열차 사고로 한쪽 다리를 잃은 뒤였다. 하지만 내가 아는 사람 중에 두 다리를 다 잃고도 마이너스를 플러스로 바꾼 사람도 있다. 그의 이름은 벤 포트슨으로, 우리는 조지아주 애틀랜타의 어느 호텔 엘리베이터에서 만났다. 엘리베이터를 타려고 발을 들여놓으면서 나는 쾌활해 보이는 남자가 타고 있다는 걸 알았다. 그는 두 다리를 못 쓰는 상태로 엘리베이터 구석에서 휠체어에 앉아 있었다. 내리려는 층에 엘리베이터가 서자 그는 상냥하게 말을 걸어 자신이 휠체어를 잘 움직일 수 있도록 한쪽 구석으로 비켜 달라고 내게 부탁했다. 그는 "불편을 끼쳐 드려서 정말 죄송해요."라고 말했는데, 얼굴에서 마음이 따뜻해지는 깊은 미소가 빛났다.

엘리베이터에서 내려 내 방으로 가는데 그 쾌활한 장애인 생각이 떠나질 않았다. 그래서 그를 찾아 이야기를 들려달라고 부탁했다. 그랬더니 그가 미소를 지으며 이야기했다.

1929년의 일이었어요. 텃밭에 심은 콩 줄기에 지지대를 세우려고 히코리나무 가지를 자르러 갔어요. 제 포드 차량에 나무막대기를 싣고 집을 향해 출발했습니다. 그런데 나뭇가지 하나가 빠져 차 밑으로 들어갔고, 마침 제가 급커브를 돌리는 순간에 자동차 방향 조정 장치에 끼어 버렸습니다. 차는 제방 너머로 내동댕이쳐졌고, 저는 나무에 크게 부딪혔습니다. 그때 척추를 다쳤어요. 그래서 다리가 마비되었습니다. 사고가 일어났을 때 전 스물네 살이었어요. 그때 이후로는 단 한 걸음도 걸어본 적이 없습니다.

스물네 살에 남은 평생 휠체어에 앉아 살게 된다니! 나는 그에게 어떻게 그렇게 꿋꿋하게 받아들일 수 있었는지 물었다. 그랬더니 그는 "그러지 못했어요."라고 대답했다. 그는 분노했고 반발했다. 운명을 받아들이지 못하고 격노했다. 하지만 시간이 지나면서 그는 운명에 맞서봐야 억울함 말고는 남는 게 아무것도 없다는 걸 알게 되었다. "마침내 저는 다른 사람들이 제게 친절하고 정중하게 대해 준다는 걸 깨달았습니다. 그러니 제가 할 수 있는 최소한의 일은 저도 다른 사람들에게 친절하고 정중하게 대하는 것이었죠."

그에게 그 오랜 세월이 지난 지금도 그날의 사고가 끔찍한 불행이었다고 생각하는지 물었더니 그는 즉각 대답했다. "아닙니다. 이제는 사고를 당해서 다행이었다고 생각할 정도입니다." 그의 말에 따르면 그는 충격과 원망에서 벗어난 뒤 다른 세상에서 살게 되었다고 한다. 그는 책을 읽기 시작했고 훌륭한 문학작품을 좋아하게 되었다. 14년 동안 적어도 1,400권의 책을 읽었다. 그렇게 읽은 책 덕분에 새로운 지평이 열렸고, 그의 인생은 전에는 생각하지도 못할 만큼 훨씬 풍요로워졌다. 그는 좋은 음악도 듣기 시작했다. 예전에는 훌륭한 심포니 연주를 들어도 지겨워했지만, 이제는 감격스러워한다. 하지만 무엇보다 큰 변화는 생각할 시간이 생긴 것이었다. "살면서 처음으로 세상을 바라볼 수 있게 되었고, 진짜 가치를 알게 되었습니다. 과거에 제가 이루려고 노력했던 일 대부분이 전혀 가치 없는 일이었다는 걸 깨닫기 시작했어요."

책을 많이 읽은 결과 그는 정치에 관심이 생겼고, 공공문제를 연구했으며, 휠체어에 앉아 강연했다. 여러 사람을 알게 되었고, 사람들도 그를 알게 되었다. 현재 여전히 휠체어에 앉아 있는 그는 바로 조지아주 주무장관이다!

지난 35년 동안 나는 뉴욕에서 성인을 대상으로 평생교육 수업을 진행해왔다. 그러면서 많은 성인이 대학에 가지 않은 것을 가장 후회한다는 사실을 알게 되었다. 사람들은 대학 학위가 없는 게 크게 불리한 조건이라고 생각하는 것 같았다. 하지만 나는 꼭 그런 게 아님을 안다. 고등학교 졸업 후 그 이상 교육받지 않았지만 성공한 사람을 많이 봤기 때문이다. 그래서 대학에 가지 않은 걸 아쉬워하는 학생들에게 심지어 초등학교도 마치지 못했던 어느 남성의 이야기를 자주 들려준다. 그는 희망 없이 가난한 가정에서 자랐다. 아버지가 돌아가셨을 때는 아버지가 묻힐 관을 사기 위해 아버지의 친구분들이 돈을 모아 주셨다. 아버지가 돌아가시고 난 뒤 어머니는 우산 공장에서 하루 10시간씩 일하신 뒤 집에 가져온 부업을 밤 11시까지 계속하셨다.

이런 환경에서 자라던 소년은 교회 동아리 모임에서 상연한 아마추어 연극에 출연했다. 소년은 연기를 통해 전율을 느꼈고, 대중연설을 해보겠다고 결심했다. 그래서 그는 정치에 입문했다. 30세가 되었을 때 그는 뉴욕주 주의원이 되었다. 하지만 안타깝게도 그는 그런 책임을 맡을 준비가 되어 있지 않았다. 그는 내게 솔직히 말해 주의원이 된다는 게 어떤 것인지도 잘 몰랐다고 했다. 자신이 찬반투표를 해야 할 길고 복잡한 법안을 공부해야 했지만, 읽을 수 없는 촉토 부족 인디언의 언어로 쓰인 것만 같았다. 숲에 발을 들여놓아 본 적도 없는데 숲 문제를 담당하는 위원회에 배정이 되었을 때는 당혹스럽고 걱정이 되었다. 은행 계좌를 가져본 적도 없는데 주 은행위원회의 위원이 되었을 때도 어리둥절하고 걱정스러웠다. 그가 직접 말하기를 몹시 좌절하여 어머니 앞에서 실패를 인정하는 게 부끄럽지만 않았다면 주의원직을 사임했을 거라고 했다. 하지만 그는 절망에 멈추지 않고 하루에 16시간씩 공부해 '무지'라는 레몬을 '지식'이라는 레모네이드로 바꿔보겠다고 마음먹었다. 그렇게 해서 그는 지역 정치인에서 전국적인 인물로 거듭났고 두드러진 정치 활동으로 〈뉴욕타임스〉에서 '뉴욕에서 가장 사랑받는 시민'으로 언급되었다.

바로 앨 스미스의 이야기이다. 스스로 정치를 공부한다는 계획을 실행한 지 10년 뒤 그는 뉴욕주 주정부의 최고 권위자가 되었다. 뉴욕 주지사에 4번 선출되었고, 이 기록을 깬 사람은 없다. 1928년 대통령 선거에서는 민주당 후보로 출마했다. 컬럼비아와 하버드 대학교를 포함한 6개 명문 대학에서 초등학교 외에 학교를 다녀본 적이 없는 그에게 명예 학위를 수여했다.

앨 스미스는 자신이 마이너스를 플러스로 바꾸기 위해 하루 16시간씩 공부하지 않았더라면 이런 일은 결코 일어날 수 없었을 거라고 했다.

니체는 초인이 되려면 "필요해서 고통을 견디는 것뿐만 아니라 고통을 좋아해야 한다."라고 했다.

높은 성취를 이룬 사람의 경력을 연구하면 할수록 놀랍도록 많은 사람이 불리한 조건 아래에서 시작했기에 성공할 수 있었다는 확신이 점점 커진다. 불리한 조건이 있었기에 더 열심히 노력했고 그 결과 더 큰 보상이 따랐다. 윌리엄 제임스가 말했던 것처럼 '우리의 약점은 예상치 못한 도움을 준다.'

그렇다. 영국의 시인 존 밀턴은 시력을 잃었기에 뛰어난 작품을 썼고, 베토벤은 귀가 들리지 않았기에 더 뛰어난 곡을 작곡했을 것이다.

헬렌 켈러는 볼 수도, 들을 수도 없었기에 훌륭한 경력을 쌓아야겠다 마음먹고 이를 이루었다.

차이콥스키가 비극적인 결혼 생활에 좌절해 자살 직전까지 가는 등 인생이 비참하지 않았더라면 결코 불멸의 명곡 〈비창〉을 작곡할 수 없었을 것이다.

도스토옙스키와 톨스토이가 고뇌의 삶을 살지 않았더라면 불멸의 소설은 나오지 않았을 것이다.

지구상에 존재하는 생명의 과학적 개념을 바꾼 사람은 이렇게 썼다. "내가 그렇게 아프지 않았다면 지금까지 이룬 이 많은 일을 해내지 못했을 것이다." 약점이 예상치 못한 도움을 줬다는 찰스 다윈의 고백이다.

영국에서 다윈이 태어난 바로 그날, 미국 켄터키주 숲속의 오두막집에서도 한 아이가 태어났다. 그 또한 약점의 도움을 받았다. 아이의 이름은 에이브러햄 링컨이었다. 만약 링컨이 귀족 가문에서 자랐다면, 하버드에서 법학 학위를 받았다면, 결혼 생활이 행복했다면 아마 게티즈버그에서 남긴 잊을 수 없는 불멸의 연설을 마음 깊은 곳에서 꺼내지 못했을 것이고, 대통령 재선 취임식에서 훌륭한 취임사를 발표하지 못했을 것이다. 링컨 대통령의 재선 취임사는 대통령 연설 가운데 가장 아름답고 고귀한 표현을 담은 명문이다. "누구에게도 악의를 품지 않고, 모두에게 관용의 마음으로…."

해리 에머슨 포스딕 목사는 저서 《꿰뚫어 보는 힘》에 이렇게 썼다.

'북풍이 바이킹을 만들었다.' 스칸디나비아 지방의 속담으로 인생의 좌우명으로 삼아야 할 말이다. 어려움 없이 쉽고 편안하고 안정적이며 즐거운 삶이 사람을 선하고 행복하게 한다는 생각은 어디에서 나오는 것일까? 반대로 자기 연민에 빠지는 사람은 쿠션 위에 편안히 누워서도 자기를 불쌍히 여길 것이다. 하지만 역사를 보면 상황이 좋든, 나쁘든, 그저 그렇든 개인의 책임을 짊어진 사람이 인격과 행복을 얻었다. 다시 한번 말하지만, '북풍이 바이킹을 만든다.'

몹시 낙담하여 레몬을 레모네이드로 바꿀 수 있다는 희망이 전혀 보이지 않는다고 해보자. 그래도 우리가 레몬을 레모네이드로 만들기 위해 노력해야 하는 이유 두 가지를 살펴보자. 그렇게 해도 우리에게는 얻을 것만 있을 뿐 잃을 건 전혀 없다.

첫째, 성공할지도 모른다.

둘째, 성공하지 못한다 해도 마이너스를 플러스로 바꾸려는 시도만으로도 과거가 아닌 미래를 바라보게 된다. 부정적인 생각을 긍정적인 생각으로 바꾸게 된다. 창의적인 에너지가 샘솟고 바쁘게 지내게 되어 지나가 버린 일을 두고 애석해할 시간도, 마음도 없어진다.

세계적으로 유명한 바이올리니스트 올레 불이 파리에서 공연하고 있을 때 바이올린의 A현이 갑자기 툭 끊어졌다. 하지만 올레 불은 그저 나머지 세 개의 현으로 곡을 마무리했다. 포스딕 목사가 말했다. "바이올린을 켜다 A현이 끊어져도 나머지 세

현으로 연주를 마쳐야 하는 것, 그게 인생입니다."

그건 그냥 인생이 아니라 인생, 그 이상의 것이다. 바로 인생의 승리다!

할 수만 있다면 윌리엄 볼리소의 말을 동판에 새겨 전국 모든 학교에 걸고 싶다.

인생에서 가장 중요한 건 이득을 활용하는 게 아니다. 그건 바보라도 할 수 있다. 정말 중요한 건 손실로부터 이익을 얻는 것이다. 그러려면 머리를 써야 한다. 사리에 밝은 사람과 바보의 차이가 여기서 나타난다.

그러므로 평화와 행복을 불러올 마음가짐을 기르고 싶다면 다음 원칙을 실천하자.

평화와 행복을 불러오는 방법 6
운명이 레몬을 건네면 레모네이드를 만들어 보자.

18장

2주 안에 우울증을
낮게 하는 방법

이 책을 쓰기 시작했을 때 나는 '내가 걱정을 극복한 방법'이라는 주제에 가장 잘 맞고 세상 사람에게 영감을 주는 실화를 들려준 사연자에게 200달러의 상금을 주겠다고 제안했다.

사연 경연대회의 심사를 맡은 세 명은 이스턴 항공 에디 리켄바커 사장, 링컨 메모리얼 대학교 스튜어트 맥크렐랜드 총장, 라디오 뉴스 분석가 H. V. 칼텐본이었다. 하지만 두 개의 사연이 몹시 뛰어나서 심사위원단은 둘 사이에 우열을 가릴 수 없었다. 그래서 우리는 공동수상을 결정했다. 다음에 소개하는 사연은 공동수상작 가운데 하나로, 미주리주 스프링필드 커머셜가 1067번지에 사는 C. R. 버튼의 이야기다.

저는 9살 때 어머니와 헤어졌고, 12살 때는 아버지를 여의었습니다. 아버지는 사망하셨지만, 어머니는 19년 전 어느 날 그냥 집을 나가셨고 그 이후로는 뵌 적이 없습니다. 그날 어머니가 데리고 나갔던 여동생 두 명도 그 이후로 만나지 못했습니다. 어머니는 집 떠나고 7년이 지날 때까지 제게 편지 한 통 보내지 않았습니다. 아버지는 어머니가 집을 나가고 3년 뒤에 사고로 돌아가셨습니다. 아버지는 동업자와 함께 미주리주의 작은 마을에 카페를 여셨습니다. 그런데 아버지께서 출장을 가신 동안 동업자가 현금을 받고 카페를 판 뒤 돈을 가지고 도망쳤습니다. 아버지 친구분이 집으로 빨리 돌아오라고 아버지께 전보를 쳤습니다. 아버지는 급하게 돌아오시다가 캔자스주 샐리너스에서 교통사고로 사망하셨습니다. 가난하고 나이 들고 아픈 고모 두 분이 우리 형제 셋을 맡으셨습니다. 하지만 아무도 저와 남동생을 원치 않았습니다. 우리는 마을에 남겨졌습니다. 고아라고 불리면서 고아 취급을 당하면 어쩌나 하는 두려움이 뇌리에서 떠나지 않았습니다. 우리 형제의 두려움은 곧 현실이 되었습니다.

잠시 얼마간은 마을의 가난한 가족과 함께 살았습니다. 하지만 어려운 시절이었고, 그 집의 가장이 일자리를 잃어 더는 저를 먹여 살릴 수 없다고 했습니다. 그러고 나서 로프틴 부부가 저와 함께 살겠다고 마을에서 약 18km 떨어진 농장으로 데려갔습니다. 로프틴 할아버지는 일흔 살이셨고, 대상포진에 걸려 몸져누워 계셨습니다. 할아버지는 제게 '거짓말하지 않고, 물건을 훔치지 않고, 시키는 대로 잘 따르면' 농장에 머물 수 있다고 하셨습니다. 그 세 가지 조건이 제게는 성경과 같았습니다. 저는 세 가지 조건을 엄격하게 지키며 살았습니다. 학교도 다니기 시작했지만, 첫 주는 집에 돌아와 아이처럼 엉엉 울었습니다. 학교에서 다른 아이들이 저를 괴롭히며 재미로 저의 큰 코를 찌르고 제가 멍청하다면서 저를 '고아 자식'이라 불렀습니다. 저는 크게 상처를 받아서 아이들과 싸우고 싶었습니다. 하지만 저를 받아주신 로프틴 할아버지께서 제게 말씀하셨습니다. "그 자리에서 싸우는 사람보다 싸움을 피해 물러서는 사람이 더 대단한 사람이라는 말을 항상 기억하렴." 계속 싸우지 않고 참았지만, 어느 날 한 아이가 학교 마당에서 닭똥을 집어와 제 얼굴에 던졌을 때 싸움이 벌어졌습니다. 저는 그 아이를 흠씬 두들겨 패주었습니다. 그러자 친구도 좀 생겼습니다. 친구들은 맞은 아이가 매를 벌었다고 했습니다.

하루는 위 학년 여자아이가 제가 쓰고 있던 모자를 홱 벗긴 뒤 물을 채워 모자를 못 쓰게 만들었습니다. 로프틴 부인이 사주신 새 모자로 제가 자랑하던 모자였습니다. 여자아이가 말하기를 모자에 물을 채운 건 '물이 제 돌머리를 식혀 팝콘 같은 뇌가 터지지 않게 막기 위해서'였다고 했습니다.

저는 학교에서는 절대 울지 않았습니다. 하지만 집에 와서 엉엉 울곤 했습니다. 그러던 어느 날 로프틴 부인이 제게 조언을 해주셨습니다. 그걸 듣고 나자 제 모든 문제와 걱정이 사라졌고, 적이 친구가 되었습니다. "랄프, 친구에게 관심을 가지고 네가 친구를 얼마나 도울 수 있는지 생각한다면 아이들이 더는 너를 괴롭히거나 '고아 자식'이라고 부르지 않을 거야." 저는 로프틴 부인의 조언을 따랐습니다. 그리고 공부를 열심히 했습니다. 저는 곧 반에서 1등을 하게 되었습니다. 하지만 저를 질투하는 아이는 없었습니다. 제 방식대로 아이들을 도우려는 생각에서 공부한 것이었기 때문입니다.

저는 여러 남학생의 작문을 도왔고, 몇몇 남학생을 위해 토론 내용을 전부 써 주었습니다. 한 녀석은 제가 공부를 돕고 있다는 걸 다른 친구들이 아는 걸 부끄러워했습니다. 그래서 어머니께 주머니쥐를 잡으러 간다고 말하곤 로프틴 할아버지의 농장으로 와서 제가 공부를 도와주는 동안 헛간에 개를 묶어두었습니다. 독서감상문을 써 주었던 친구도 있고, 어느 여학생에게는 여러 날 동안 저녁에 수학을 가르쳐 주기도 했습니다.

그러다 동네에 죽음의 그림자가 덮쳤습니다. 농부 어르신 두 분이 돌아가셨고, 또 한 집에서는 아내를 두고 남편이 떠났습니다. 저는 네 가정에서 유일한 남자였습니다. 그래서 2년 동안 이웃 미망인들을 도왔습니다. 등하굣길에 미망인들의 농장에 들러 장작을 패고, 소젖을 짜고, 가축들에게 먹이와 물을 주었습니다. 이제 저는 험담이 아니라 칭찬을 들었습니다. 모두가 저를 친구로 받아주었습니다. 해군을 제대하고 집으로 돌아왔을 때 다들 진심으로 저를 반가워 해주었습니다. 제대 후 집으로 돌아온 첫날 저를 보러 200명이 넘는 농부들이 찾아왔습니다. 그중에는 약 130km나 운전해서 찾아준 사람도 있었고, 다들 저를 진심으로 생각해 주었습니다. 다른 사람들을 돕느라 바쁘고 행복해서 저는 걱정이 별로 없습니다. 지난 13년 동안 '고아 자식'이라고 불려본 적도 없습니다.

버튼 만세! 버튼은 친구 만드는 법을 알고 있다! 그리고 걱정을 물리치고 인생을 즐기는 법도 안다.

워싱턴주 시애틀에 살았던 프랭크 루프 박사도 그런 사람이었다. 그는 23년 동안 병을 앓았다. 관절염이었다. 하지만 일간지 〈시애틀 스타〉의 스튜어트 위트하우스 기자는 이렇게 말했다. "저는 루프 박사를 여러 번 인터뷰했습니다. 저는 루프 박사보다 사심이 없는 사람도, 루프 박사보다 인생에서 많은 걸 얻는 사람도 본 적이 없습니다."

아파서 침대에만 누워 있는 사람이 어떻게 인생에서 그렇게 많은 걸 얻을 수 있었을까? 두 가지 추측을 해보자. 불평하고 비판해서였을까? 그렇지 않다. 자기 연민에 빠지고, 모든 관심을 받길 바라고 모두가 그의 비위를 맞추기를 바라서였을까? 틀렸다. 그가 인생에서 많은 걸 얻었던 건 영국 황태자의 좌우명인 '나는 봉사한다'를 자신의 좌우명으로 삼았기 때문이었다. 루프 박사는 다른 환자들의 이름과 주소를 모아 투병을 격려하는 행복한 메시지를 담은 편지를 쓰면서 그들과 자기 자신을 응원했다. 루프 박사는 환자들을 위한 편지 쓰기 모임을 조직하고, 회원들이 서로에게 편지를 쓰게 했다. 그러다 마침내 '와병 환우 모임'이라는 전국적인 단체까지 만들었다.

루프 박사는 침대에 누워 지내면서 1년에 평균 1,400통의 편지를 썼고, 병으로 바깥출입을 못 하는 수많은 환자에게 라디오와 책을 보내 기쁨을 안겨 주었다.

루프 박사가 다른 많은 이들과 가장 달랐던 점은 무엇이었을까? 바로 루프 박사의 내면이 목적과 사명으로 빛났다는 것이다. 루프 박사는 영국의 극작가 쇼가 말했듯 '세상이 자기를 행복하게 해주지 않는다고 불평하는 자기중심적인 환자'가 아니라 자기 자신보다 훨씬 고귀하고 중요한 일에 자신을 바칠 수 있다는 걸 알고 기뻐한 사람이었다.

다음은 내가 읽었던 위대한 정신의학자가 쓴 글 가운데 가장 놀라웠던 부분이다. 글을 쓴 사람은 알프레드 아들러이다. 그는 자신을 찾아온 우울증 환자들에게 이렇게 말하고는 했다. "이 처방을 따르시면 2주 안에 나으실 겁니다. 바로 누군가를 기쁘게 할 방법을 매일 생각하는 겁니다."

선뜻 믿기 어려운 말이라서 아들러 박사의 훌륭한 저서 《다시 일어서는 용기》의 일부 페이지를 인용해 설명해야 할 것 같다.

우울증은 다른 사람을 향한 분노와 비난이 오랫동안 지속되는 것과 같다. 관심과 연민, 지지를 얻으려는 목적이지만 환자는 자신의 잘못에 대해서 낙담하는 것으로만 보인다. 우울증 환자의 첫 번째 기억은 일반적으로 이렇다. "소파에 눕고 싶었는데, 형이 거기 누워 있었어요. 제가 펑펑 울어서 형이 비켜줘야 했던 게 기억나요."

우울증 환자는 보통 자살을 통해 복수하려는 경향이 있다. 그러므로 의사가 첫 번째로 해야 할 일은 우울증 환자에게 자살할 구실을 주지 않도록 하는 것이다. 내 경우에는 치료의 첫 번째 원칙으로, 환자에게 "싫은 일은 절대 하지 마세요."라고 일러 전체적인 긴장을 완화하려 애쓴다. 별것 아닌 것 같지만, 이 제안이 전체 문제의 근원으로 이어진다고 생각한다. 우울증 환자가 원하는 일을 무엇이든 할 수 있다면, 그가 누구를 비난할 것인가? 복수할 일이 무엇이 있겠는가? 나는 환자에게 이렇게 말한다. "극장에 가고 싶거나 휴가를 가고 싶으면 그렇게 하세요. 가다가 중간에 가기 싫어지면 가지 않으시면 됩니다." 누구에게나 이보다 더 좋은 환경은 없다. 이 말은 우월해지고 싶은 사람의 마음을 만족시킨다. 환자는 마치 신이 된 것처럼 자기가 좋아하는 일을 할 수 있다. 한편 이 방법이 환자의 삶의 방식에는 쉽게 맞지 않을 수도 있다. 환자는 지배하고 싶고, 다른 사람을 비난하고 싶은데, 사람들이 그의 뜻에 따른다면 힘써 지배할 길이 없다. 이 원칙은 환자에게 큰 안도감을 주며, 지금까지 내가 맡은 환자 가운데 자살한 이는 아무도 없었다.

그런데 일반적으로 환자들은 이렇게 대답한다. "하고 싶은 일이 아무것도 없어요." 이런 말을 너무 자주 들어서 여기에 대한 대비책도 마련해 두었다. "그렇다면 싫은 일을 하지 않도록 해보세요." 그래도 때로 이렇게 대답하는 환자가 있다. "온종일 침대에 누워 있고만 싶어요." 그렇게 하라고 하면 더는 그렇게 하고 싶지 않을 거라는 걸 안다. 하지만 하지 말라고 하면 환자는 나와 전쟁을 시작할 거라는 것도 안다. 그래서 나는 항상 환자의 뜻대로 하라고 한다.

이것이 첫 번째 원칙이고, 또 다른 원칙은 환자의 생활방식을 좀 더 직접 공격하는 것이다. 환자에게 이렇게 말한다. "이 처방을 따르시면 2주 안에 나으실 겁니다. 바로 누군가를 기쁘게 할 방법을 매일 생각하는 겁니다." 이 말이 환자에게 어떤 의미가 있을지 보자. 우울증 환자는 '어떻게 하면 누군가를 걱정시킬 수 있을까'라는 생각에 사로잡혀 있다. 그런데 처방을 들은 환자의 대답은 매우 흥미롭다. 몇몇 환자는 이렇게 말한다. "아주 쉬운 일이네요. 전 평생 그런 생각을 해왔어요." 하지만 결코 남을 기쁘게 할 방법을 생각한 적이 없을 것이다. 곰곰이 생각해 보라고 해도 환자들은 그렇게 하지 않는다. 내가 말한다. "잠들 수 없을 때 누군가를 기쁘게 할 방법을 생각하면 건강이 좋아지는 데 큰 진전이 있을 겁니다." 다음 날 진료시간에 "제가 말씀드렸던 방법을 써 보셨나요?"라고 물으면 환자는 대답한다. "어젯밤에는 자리에 눕자마자 잠들었어요." 물론 이 모든 과정은 조심스럽고 친근한 분위기에서 진행해야 하고, 의사가 더 잘났다는 느낌을 조금이라도 주어서는 안 된다.

"절대 그렇게 하지 못할 것 같아요. 저는 걱정이 너무 많아요." 이렇게 대답하는 환자도 있다. 그러면 나는 이렇게 말해준다. "걱정을 멈추지 않으셔도 됩니다. 하지만 걱정하면서 동시에 때때로 다른 사람을 떠올리면 됩니다." 나는 환자의 관심이 항상 다른 사람을 향하기를 바란다. 많은 환자가 이렇게 대답한다. "왜 다른 사람을 기쁘게 해야 하나요? 다른 사람은 저를 기쁘게 하려 하지 않는데요." 그러면 이렇게 대답해준다. "환자분의 건강을 생각하셔야 하니까요. 다른 사람들도 그렇게 하다가 나중에 병이 나거든요." "말씀해주신 방법을 곰곰이 생각해 보았어요."라고 말하는 환자는 극히 드물다. 나는 환자의 사회적 관심을 높이는 데 모든 노력을 집중한다. 환자가 우울증을 앓는 진짜 이유는 사람들과 함께하려는 마음이 없는 것 때문이라는 걸 알고 있고, 환자도 그 점을 알아차리기를 바란다. 환자가 다른 사람들과 동등하고 협력하는 관계로 어울리는 순간 우울증은 낫는다. … 종교에서 말하는 우리의 가장 중요한 과제는 언제나 '네 이웃을 사랑하라'는 것이다. … 인생에서 가장 큰 어려움을 겪는 사람, 남에게 가장 큰 상처를 주는 사람은 주위에 관심이 없는 사람이다. 인간으로서의 모든 실패는 그런 사람에게서 나온다. … 좋은 직장 동료, 좋은 친구, 진실한 연인과 배우자가 되어야 한다는 게 인간에게 요구하는 전부이고, 그런 사람이 가장 크게 칭찬받는다.

아들러 박사는 우리에게 매일 선행을 베풀라고 촉구한다. 선행이란 무엇인가? 예언자 모하메드가 말하기를 "선행은 다른 이의 얼굴에 기쁨의 미소를 전하는 일이다."

매일 선행을 베풀면 왜 그토록 놀라운 효과가 나타나는 것일까? 남을 기쁘게 하려다 보면 자기 자신에 대한 생각을 멈출 수 있기 때문이다. 자기 자신에 대한 생각이야말로 걱정과 두려움, 우울을 느끼게 하는 원인이다.

윌리엄 문 부인은 뉴욕 5번가 521번지에서 문 비서학교를 운영한다. 문 부인은 누군가를 기쁘게 할 방법을 생각해 우울증을 사라지게 하는 데 2주도 채 걸리지 않았다. 문 부인은 아들러 박사보다 한 수, 아니 열세 수나 위였다. 고아 두 명을 도울 방법을 생각해 14일이 아니라 단 하루 만에 우울증을 사라지게 했으니 말이다.

5년 전 12월, 저는 슬픔과 자기 연민에 잠겨 있었습니다. 수년간 행복한 결혼 생활을 하다 남편을 잃었거든요. 크리스마스 연휴가 다가오니 남편을 잃은 슬픔은 더 깊어졌습니다. 제 평생 크리스마스를 혼자지내본 적이 없었어요. 그래서 그해 크리스마스가 다가오는 게 두려웠습니다. 크리스마스를 함께 보내자고 친구들이 저를 초대해줬지만, 전혀 즐거움을 느낄 수 없었지요. 어떤 파티에 가더라도 분위기를 망치는 사람이 될 거라는 걸 알았거든요. 그래서 친구들이 친절하게 건넨초대를 전부 거절했습니다. 크리스마스이브가 다가오자 점점 더 자기연민에 빠져들었습니다. 맞아요, 저는 많은 것에 감사해야 했습니다. 누구나 감사해야 할 일이 많이 있으니까요. 크리스마스이브 오후 3시에 사무실을 나와 정처 없이 5번가를 걷기 시작했습니다. 걷다 보면자기연민과 우울함이 사라지기를 바라면서요. 5번가는 즐겁고 행복한 사람들로 넘쳐났습니다. 그 모습을 보고 있으니 행복했던 지난 시절이 떠올랐습니다.

텅 비어 외로운 집으로 돌아가야 한다는 생각에 더는 견딜 수 없었습니다. 당황스러웠어요. 무엇을 해야 할지 몰랐고, 눈물을 참을 수 없었어요. 한 시간가량 정처 없이 걷고 나니 버스터미널 앞에 서 있었습니다. 남편과 함께 모험을 떠나는 것처럼 아무 버스에나 오르곤 했던게 떠올랐습니다. 그래서 정류장에서 본 첫 번째 버스에 탔습니다. 허드슨강을 건너 한동안 버스를 타고 있으니 차장이 말했습니다. "부인,

종점입니다." 그렇게 버스에서 내렸습니다. 어느 마을인지 이름조차 모르는 곳이었습니다. 조용하고 평화로운 작은 마을이더군요. 집으로 가는 다음 버스를 기다리는 동안 주택가로 이어지는 길을 걸어 올라가기 시작했습니다. 교회를 지나치는데 〈고요한 밤 거룩한 밤〉 노래의 아름다운 선율이 들렸습니다. 그래서 교회로 들어갔습니다. 교회 안에는 오르간 연주자 외에 아무도 없었습니다. 눈에 띄지 않게 신도석에 앉았습니다. 화사하게 장식된 크리스마스트리에서 나오는 빛으로 크리스마스 장식이 달빛 아래 춤추는 수많은 별처럼 보였습니다. 아침 이후로 아무것도 먹지 않았는데 길게 이어지는 음악 소리를 들으니 나른하게 졸렸습니다. 피곤했고, 마음의 짐이 무거웠죠. 그러다 보니 잠에 빠져들었습니다.

잠에서 깨니 그곳이 어디인지 몰라 겁에 질렸어요. 제 앞에는 크리스마스트리를 보러 온 게 분명한 어린아이 둘이 있었습니다. 한 아이는 어린 소녀였고 저를 가리키며 말했습니다. "산타 할아버지가 데려오신 걸까?" 제가 눈을 뜨자 아이들도 깜짝 놀랐습니다. 아이들에게 해치지 않겠다고 말했습니다. 그런데 아이들의 옷차림이 형편없었습니다. 그래서 부모님은 어디 계시는지 물었더니 "부모님은 안 계세요." 라고 답하더군요. 여기 어린 두 고아는 저보다 훨씬 상황이 나빴습니다. 아이들을 보고 있으니 제 슬픔과 자기 연민이 부끄럽게 느껴졌습니다. 아이들에게 크리스마스트리를 보여준 뒤 가게로 가서 간식을 먹였습니다. 사탕과 선물 몇 개도 사주었습니다. 그랬더니 제 외로움이 마법처럼 사라졌어요. 고아 아이 두 명 덕분에 몇 달 만에 처음으로 저를 잊고 진정한 행복을 느꼈습니다.

아이들과 이야기를 나누는 동안 제가 얼마나 운 좋은 사람이었는지 깨달았습니다. 어린 시절 지나온 모든 크리스마스가 부모님의 사랑과 애정으로 빛났다는 걸 신께 감사드렸습니다. 어린 고아 두 명은 제가 그들에게 베푼 것보다 훨씬 더 많은 걸 제게 베풀었습니다. 그날의 경험으로, 행복해지려면 다른 사람을 행복하게 해주어야 한다는 걸 다시 한번 깨달았습니다. 행복은 전염됩니다. 베풀면 받는 법입니다. 누군가를 돕고 사랑을 나누면서 저는 걱정과 슬픔, 자기연민을 극복했습니다. 마치 새사람이 된 기분이었습니다. 그 당시뿐 아니라 이후로 계속 저는 새로운 사람으로 살고 있습니다.

자신을 잊어버림으로써 건강과 행복을 얻은 사람들의 이야기를 모은다면 책을 한 권 쓸 수 있을 정도다. 예를 들어 미 해군에서 가장 유명한 여성인 마거릿 테일러 예이츠의 이야기를 살펴보자.

예이츠 부인은 소설가이지만, 부인이 쓴 추리 소설보다 일본군이 진주만에서 미 해군의 함대를 폭격한 운명적인 아침에 그녀에게 실제로 일어났던 일이 더욱 흥미롭다. 예이츠 부인은 1년 이상 몸이 아팠다. 심장 문제였다. 하루 24시간 중에서 22시간을 침대에 누워 지냈고, 가장 오래 밖에 나가는 일이 햇볕을 쬐러 정원으로 걸어가는 것이었다. 하지만 그때조차 걸어가는 동안 하녀의 팔에 몸을 기대야 했다. 예이츠 부인은 그 당시에 남은 평생 계속 환자로 살 것이라 생각했다고 한다. 예이츠 부인이 말했다.

일본군이 진주만을 공격해 안일한 제 일상에 충격을 주지 않았다면 저는 정말 다시 살지 못했을 겁니다. 일본군이 진주만을 공격했을 때 모든 게 혼돈과 혼란 속에 있었습니다. 폭탄 하나가 우리 집에서 정말 가까운 곳에 떨어져서 진동 때문에 침대 밖으로 튕겨 나왔어요. 군용 트럭이 히캄 비행장, 스코필드 막사, 카네오헤만 공군 기지로 달려가 육군과 해군 장병의 아내와 자녀 등 가족들을 공립 학교로 이송했어요. 적십자 단체에서는 남는 방이 있어 군인 가족에게 내어 줄 수 있는 가정에 전화를 돌렸습니다. 적십자 직원들은 제 침대 옆에 전화가 있다는 걸 알고 있어서 제게 정보 안내소 역할을 맡아달라고 부탁했습니다. 그래서 저는 군인 가족들이 어느 집으로 갔는지 계속 파악해 두었고, 적십자에서는 모든 군인에게 가족의 위치를 알고 싶으면 제게 전화하라고 지침을 내렸습니다.

얼마 지나지 않아 제 남편인 로버트 랠리 예이츠 중령이 무사하다는 걸 알았습니다. 저는 남편의 생사를 모르는 군인 아내들을 계속 격려하는 한편, 남편이 전사한 미망인에게 위로를 건넸습니다. 미망인이 된 부인들이 많았습니다. 해군 및 해병대에서 장교와 사병 2,117명이 전사했고, 960명이 실종자로 보고되었습니다.

처음에는 침대에 누운 상태로 전화를 받았습니다. 그러다 침대에 앉아서 전화를 받았어요. 결국에는 일이 정말 바쁘고, 저도 몹시 흥분해서 병 같은 건 전부 잊고 침대를 벗어나 테이블에 앉았습니다. 저보다 상황이 훨씬 안 좋은 다른 사람을 돕다 보니 저 자신에 대해서는 까맣게 잊었습니다. 그렇게 매일 밤 잠자는 8시간을 제외하고 다시는 침대에 눕지 않았습니다. 이제 와서 보니 일본군이 진주만을 공격하지 않았다면 저는 아마 평생 반쯤 환자인 상태로 살았을 거라는 생각이 듭니다. 침대에 누워 있는 게 편했거든요. 계속 시중들어 주는 사람이 있었고, 무의식적으로 재활 의지를 잃어가고 있었단 걸 이제와 깨닫습니다.

진주만 공습은 미국 역사에서는 최대의 비극이지만, 제게는 정말 좋은 계기가 되어 준 사건이었습니다. 그 끔찍한 위기로 말미암아 제가 지닐 수 있으리라 꿈도 꾸지 않았던 힘을 얻었습니다. 관심의 초점이 저 자신을 벗어나 다른 사람을 향하게 되었습니다. 인생을 살아가기 위해 크고, 중요하며, 꼭 필요한 목적이 생겼습니다. 더는 저 자신에 관해 생각하거나 저를 돌볼 시간이 없습니다.

마거릿 예이츠가 했던 대로 다른 사람을 돕는 데 관심을 가진다면 의사의 도움을 얻으려고 정신과를 찾는 환자의 3분의 1은 스스로 병을 고칠 수 있을 것이다. 이게 내 생각일까? 그렇지 않다. 이는 심리학자이자 정신의학자였던 칼 융이 했던 말이다. 이 문제에 관해 잘 아는 사람이 있다면 그건 바로 칼 융일 것이다. 그런 칼 융이 이렇게 말했다. "나를 찾는 환자 가운데 약 3분의 1은 임상적으로 정의할 수 있는 병이 아니라 인생이 무의미하고 공허하다고 느끼는 감정에서 비롯하는 신경증을 앓고 있다." 다시 말해, 이들은 인생의 히치하이킹을 하려고 하는데 지나가는 차들이 그냥 외면하는 것이다. 그래서 자신의 인생은 별 볼 일 없고, 무의미하며, 쓸모없다고 정신과 의사를 찾는다. 보트를 놓치고 부두에 서서 자신을 뺀 모든 사람을 비난하며 자기중심적인 자신의 바람을 만족시켜달라고 세상을 향해 조르는 셈이다.

지금쯤 당신은 이렇게 생각할 것이다. '음, 이런 이야기를 들어도 감동적이지 않아. 크리스마스이브에 고아 두 명을 만났다면 나라도 관심을 가졌을 거야. 진주만에 있었다면 나도 기꺼이 마거릿 테일러 예이츠처럼 했겠지. 하지만 내 경우는 달라. 나는 평범하고 뻔한 인생을 살고 있어. 하루에 여덟 시간씩 직장에서 따분한 일을 해. 내게 그렇게 극적인 사건은 일어난 적이 없어. 그런 내가 어떻게 다른 사람을 돕는 일에 관심을 가질 수 있겠어? 아니 왜 그렇게 해야 해? 그러면 내게 무슨 득이라도 되나?'

충분히 떠올릴만한 질문이다. 이제 그 질문에 답해 보겠다. 아무리 뻔한 인생을 산다 해도 분명 매일 누군가를 만난다. 그들을 어떻게 대하는가? 그냥 빤히 쳐다보는가 아니면 그들에 관해 알아보려고 하는가? 예를 들어 집배원이라면 어떤가? 집배원은 매년 수백 km를 걸어 우편물을 배달한다. 그런 집배원이 어디에 사는지 알아보려 한 적이 있는가? 아니면 그에게 가족들과 함께 찍은 사진을 보여달라고 부탁해본 적이 있는가? 다리가 아프지는 않은지, 일이 지겹지는 않은지 물어본 적이 있는가?

슈퍼마켓의 점원이나 신문 가판대 판매원, 길거리 구두닦이는 어떤가? 이들도 각자의 문제와 꿈, 개인적 야망을 지닌 사람이며, 누군가와 그런 이야기를 나눌 기회를 얻고 싶어 한다. 하지만 그들에게 이야기할 기회를 줘 본 적이 있는가? 그 사람 혹은 그 사람의 인생에 대해 열성적으로 정직한 관심을 보인 적이 있는가? 다른 사람을 돕는 일에 관심을 가지라는 건 바로 이런 의미이다. 플로렌스 나이팅게일이 되거나 세상을 바꿀 사회 개혁가가 될 필요는 없다. 그냥 내일 아침에 만나는 사람부터 돕기 시작하면 된다!

그렇게 해서 우리는 무엇을 얻을 수 있을까? 훨씬 더 큰 행복이 찾아온다! 삶의 만족감이 더 커지고 자신이 자랑스러워진다! 아리스토텔레스는 이러한 삶의 태도를 '계몽된 이기주의'라고 불렀다. 조로아스터는 이렇게 말했다. "다른 사람에게 선을 행하는 것은 의무가 아니라 기쁨이다. 타인을 위한 선행이 자신의 건강과 행복을 증진하기 때문이다."

뉴욕 심리 상담 센터의 헨리 C. 링크 소장은 이렇게 썼다. "내 생각에 현대 심리학의 가장 큰 발견은 자아를 실현하고 행복을 얻기 위해서는 자기희생이나 절제가 필요하다는 점을 과학적으로 증명한 것이다."

다른 사람을 생각하면 자신에 관한 걱정이 사라질 뿐 아니라 친구가 훨씬 더 많이 생기고 큰 즐거움도 느끼게 된다. 어떻게 그럴 수 있을까? 한 번은 내가 예일 대학교의 윌리엄 라이온 펠프스 교수에게 그 방법을 물은 적이 있는데, 그는 이런 이야기를 들려줬다.

저는 호텔이나 이발소, 혹은 상점에 들어갈 때마다 제가 만나는 모든 사람에게 뭔가 기분 좋은 말을 합니다. 직원을 그저 기계 안의 톱니가 아니라 한 명의 사람으로 대하는 말을 하려는 겁니다. 때로는 상점에서 저를 돕는 여성 직원에게 눈이 예쁘다거나 머리가 예쁘다고 칭찬합니다. 이발사에게는 종일 서 있는데 피곤하지 않은지 물어봅니다. 어떻게 이발 일을 시작하게 되었는지, 얼마나 오래 이 일을 하고 있는지, 지금까지 얼마나 많은 사람의 머리를 잘라주었는지 물어봅니다. 그리고 답을 찾는 걸 도와주기도 합니다. 사람들에게 관심을 가지면 그들이 기쁨으로 빛나는 걸 보았습니다. 여행 가방을 들어주는 짐꾼과 자주 악수를 합니다. 그렇게 하면 짐꾼은 새로운 활력이 생기고 종일 기분이 좋습니다. 정말 더웠던 어느 여름날 저는 뉴헤이븐 철도의 식당칸으로 점심을 먹으러 갔습니다. 복잡한 식당칸은 마치 용광로처럼 더웠고, 식당칸의 서비스 속도도 느렸습니다.

마침내 승무원이 메뉴판을 주러 왔을 때 제가 말했습니다. "저 뒤의 더운 주방에서 요리하는 분들은 오늘 분명 힘드시겠군요." 그러자 승무원이 격렬하게 하소연을 늘어놓기 시작했습니다. 처음에는 승무원이 화를 내는 걸로 생각했습니다. 그가 크게 소리 높였습니다. "세상에, 말도 마세요. 사람들이 여기 와서 음식에 관해 불평만 합니다. 서

비스가 느리다고 화내고, 식당칸이 뜨겁다고, 가격이 비싸다고 징징거려요. 19년 동안 그렇게 비판만 들었는데, 저 뒤 뜨거운 주방에서 일하는 요리사를 생각해 준 사람은 손님이 처음이었습니다. 손님 같은 사람이 많았으면 좋겠어요."

제가 흑인 요리사를 단지 철도회사라는 커다란 조직의 톱니가 아니라 한 명의 인간으로 생각하는 모습을 보고 승무원은 깜짝 놀랐습니다. 사람들이 원하는 건 인간으로서의 작은 관심입니다. 저는 길에서 예쁜 강아지를 데리고 가는 사람을 보면 항상 개가 예쁘다고 칭찬해 줍니다. 그렇게 하고 가다가 뒤를 돌아보면 주인이 강아지를 쓰다듬으며 귀여워하는 모습을 자주 봅니다. 제가 칭찬하니까 새삼 개가 예뻐 보이는 겁니다.

한 번은 영국에서 양치기를 만났는데, 진심을 담아 양치기가 데리고 다니는 크고 똑똑한 개를 칭찬했습니다. 양치기에게는 개를 어떻게 훈련했는지 물어보았습니다. 가다가 뒤를 돌아보니 개가 양치기의 어깨 위에 앞발을 올려놓은 채 서 있고 양치기가 개를 쓰다듬고 있었습니다. 양치기와 개에게 약간의 관심을 보임으로써 양치기가 행복해진 것이지요. 양치기의 개가 행복해졌고, 저도 행복해졌습니다.

짐꾼들과 악수하고, 더운 부엌에서 일하는 요리사를 걱정하고, 지나가는 사람에게 강아지가 예쁘다고 칭찬하는 그런 사람이 속상해하고 걱정하다 정신과 의사의 진료가 필요해질 거라는 생각이 드는가? 물론 그렇지 않을 것이다. 중국에는 이런 속담이 있다. "장미를 건네는 손에는 항상 향기가 남는다."

이 사실을 펠프스 교수에게 말해줄 필요는 없다. 그는 이미 알고 있고, 그렇게 살아왔기 때문이다.

만일 당신이 남자라면 이번 문단은 읽지 않아도 좋다. 관심이 없을 테니 말이다. 이번 문단에서는 걱정 많고 불행했던 여성이 여러 남성으로부터 청혼을 받게 된 방법을 이야기한다. 그 여성은 이제 할머니가 되었다. 몇 년 전 나는 그녀 부부가 사는 집에 묵게 되었다. 그들이 사는 마을에서 강연이 있었기 때문이었다. 다음 날 아침 그녀는 내가 뉴욕 센트럴 터미널로 가는 본선 열차를 탈 수 있도록 약 80km를 운전해 역에 데려다주었다. 가는 동안 우리는 친구를 사귀는 법에 관해 이야기했는데 그녀가 말했다. "카네기 씨, 지금까지 누구에게도 말한 적 없었던 이야기를 들려 드릴게요. 우리 남편에게도 이야기한 적이 없어요."(잠깐, 그런데 이 이야기는 아마 당신이 상상하는 만큼 그렇게 흥미로운 이야기는 아닐 것이다.) 그녀는 필라델피아 사교계에서 잘 알려진 집안에서 자랐다고 한다.

소녀 시절, 그리고 성인이 되어서도 젊은 시절 제 비극은 집안의 가난이었습니다. 우리 집 형편으로는 저와 같은 사교계에 있는 다른 소녀들이 즐기는 것을 절대 누릴 수 없었습니다.

옷은 늘 후줄근했어요. 제가 자라면서 옷이 작아져 잘 맞지 않았고, 대개 유행 지난 스타일의 옷을 입었습니다. 저는 몹시 부끄럽고 창피해서 자주 잠들 때까지 울었어요. 저는 자포자기해서 저녁 파티에서 만난 상대에게 항상 그의 경험, 그의 생각, 미래를 향한 그의 계획을 물어야겠다는 생각을 해냈습니다. 상대가 할 답에 특별히 관심이 있어서 그런 질문을 한 게 아니에요. 오직 상대방이 엉망인 제 옷에 눈길을 주지 않게 하려는 이유뿐이었죠. 그런데 이상한 일이 일어났습니다. 청년들의 이야기에 귀 기울이고 그들에 대해 알게 되자 정말로 그들이 하는 말을 듣는 게 흥미로워졌습니다. 상대방의 이야기가 정말 흥미로워서 종종 저조차 제 옷이 어떤지 잊었습니다. 하지만 가장 놀라웠던 건 제가 청년들에게 이야기를 들려달라고 부탁하고, 잘 들어주었더니 청년들이 행복해졌고, 그래서 사교 모임에서 점점 인기 있는 아가씨가 되었다는 거였습니다. 그러고 나서 세 명의 청년이 제게 결혼해 달라고 청혼했어요.

(여성들이여, 사교는 이렇게 하는 것이다.)

이번 장을 읽는 독자 가운데에는 이렇게 말하는 사람도 있을 것이다. "다른 사람에게 관심을 가지라는 이 모든 이야기는 절대 말이 안 돼! 순전히 종교적인 이야기일 뿐, 내게는 아무런 도움도 안 된다고! 내 돈은 내 지갑에 넣어둘 거야. 손에 넣을 수 있는 건 전부, 그리고 지금 당장 손에 넣을 거야. 다른 바보들은 내가 알 게 뭐야!"

그게 당신의 생각이라면 어쩔 수 없다. 하지만 그 말이 맞는다면 예수, 공자, 석가모니, 플라톤, 아리스토텔레스, 소크라테스, 성 프란체스코 등 인류의 역사가 시작된 이래 나타난 모든 위대한 철학자와 스승의 가르침은 틀렸다. 종교지도자의 가르침을 비웃었으니 그렇다면 무신론자의 조언을 구해보자. 먼저, 케임브리지 대학교수이자 당대 최고의 학자였던 A. E. 하우스만의 이야기이다. 1936년 하우스만 교수는 케임브리지 대학에서 '시의 제목과 본질'이라는 주제로 강연을 했다. 강연에서 하우스만 교수는 이렇게 말했다. "모든 시대를 통틀어 가장 위대한 진실이자 가장 심오한 도덕적 발견은 예수 말씀에 있다. '자기 목숨을 얻는 자는 잃을 것이요 나를 위하여 자기 목숨을 잃는 자는 얻으리라.'"

목사님이 이런 말씀을 하시는 건 늘 들었다. 하지만 하우스만은 무신론자이자 염세주의자로, 자살을 생각했던 사람이었다. 그런 하우스만도 자기 자신만을 생각하는 사람은 인생에서 그다지 많은 걸 얻지 못할 것이라고 생각한 것이다. 그런 사람은 비참하다. 하지만 다른 사람을 돕느라 자신을 잊은 사람은 삶의 기쁨을 찾는다.

하우스만 교수의 이야기에도 감명받지 못했다면 20세기 미국에서 가장 위대한 무신론자 시어도어 드라이저에게 조언을 구해보자. 드라이저는 모든 종교는 전래 동화와 같은 것이라고 조롱했고, 인생은 '바보가 쓰는 이야기. 소란함과 분노로 가득 차 있지만, 아무런 의미가 없다'라고 여겼다. 그런 드라이저도 '남을 섬기라'는 예수의 위대한 가르침 단 하나만큼은 지지했다. 드라이저는 말했다. "사람은 반드시 자신뿐 아니라 다른 사람도 더 이롭게 할 생각을 하고 계획해야 한다. 자신의 기쁨은 다른 사람에게 달려 있고, 다른 사람의 기쁨은 자신에게 달려 있기 때문이다."

드라이저가 지지했던 생각대로 '다른 사람을 더 이롭게' 하겠다면 빨리 움직이자. 시간을 낭비하지 말자. "나는 이 길을 단 한 번 지날 것이다. 그러니 내가 베풀 수 있는 선행이나 보일 수 있는 친절이 있다면 지금 나누자. 미루거나 소홀히 하지 말자. 이 길을 다시 걷지 않을 테니까."

그러므로 걱정을 물리치고 평화와 행복을 느끼고 싶다면 다음 원칙을 기억하라.

평화와 행복을 불러오는 방법 7

다른 사람에게 관심을 가지고 자신은 잊어라. 누군가의 얼굴에 기쁨의 미소를 주는 선행을 매일 행하라.

원칙 1 '우리의 인생은 생각하는 대로' 이루어지므로 평화, 용기, 건강, 희망에 관한 생각으로 가득 채워라.

원칙 2 적에게 절대 복수하려 하지 말라. 복수는 상대보다 자신을 더 크게 상처입힌다. 아이젠하워 장군이 그랬던 것처럼 좋아하지 않는 사람들을 생각하느라 단 1분도 허비하지 말자.

원칙 3 A. 감사할 줄 모르는 사람 때문에 속상해하는 대신 으레 그러려니 여겨라. 예수는 하루에 열 명의 나병 환자를 고쳤지만, 감사 인사를 한 사람은 오직 한 명뿐이었다는 점을 기억하라. 어째서 예수보다 감사 인사를 더 많이 받기를 기대하는가?

B. 행복을 찾을 유일한 방법은 감사 인사를 기대하지 않고 베푸는 기쁨을 얻기 위해 베푸는 것이다.

C. 감사는 '힘써 기른' 특성이라는 점을 명심하자. 그러므로 감사할 줄 아는 자녀로 기르고 싶다면 아이들이 감사할 줄 알도록 키워야 한다.

원칙 4 문젯거리를 세지 말고 감사할 거리를 세라!

원칙 5 다른 사람을 모방하지 말라. 자기 자신을 찾고 자기 모습대로 살자. '부러움은 무지에서 오고, 모방은 자살 행위'이니 말이다.

원칙 6 운명이 레몬을 건네면 레모네이드를 만들어 보자.

원칙 7 다른 사람을 위한 작은 행복을 만들려고 노력하면서 우리의 불행은 잊자. '다른 사람을 위해 좋은 일을 하는 게 자기 자신에게 가장 좋은 일이다.'

Part 5

걱정을 극복하기 위해 지켜야 할
중요한 기본 원칙

19장

부모님께서 걱정을
극복하신 방법

앞서 말했듯 나는 미주리주의 농장에서 태어나 자랐다. 그 당시 농부들이 대부분 그랬듯 우리 부모님도 열심히 일해 돈을 버셨다. 어머니는 시골 학교 선생님이셨고, 아버지는 한 달에 12달러를 받고 농장에서 일하셨다. 어머니는 옷뿐만 아니라 옷을 빨때 쓸 빨랫비누까지 직접 만드셨다.

우리 집은 1년에 단 한 번 돼지 판 날만 제외하고 돈이 거의 없었다. 식료품점에 가서는 버터와 달걀을 주고 밀가루, 설탕, 커피를 받아왔다. 12살 때 나는 1년 용돈이 50센트도 안 되었다. 우리 가족이 7월 4일 독립기념일 축제에 갔을 때 아버지께서 원하는 걸 사라며 10센트를 주셨던 게 아직도 기억난다. 세상의 돈을 다 가진 것 같았다.

나는 교실이 하나밖에 없는 시골 학교에 다녔는데, 학교에 가려면 약 2km를 걸어야 했다. 눈이 많이 오고 기온이 영하 28도로 떨어지는 추운 날에도 걸어서 등교했다. 14살이 되기 전에는 고무신이나 덧신을 신어본 적이 없었다. 길고 추운 겨울 동안 발은 항상 차갑게 젖어 있었다. 어릴 때 나는 겨울에 발이 뽀송뽀송하고 따뜻한 사람이 있을 거라고는 생각도 하지 못했다.

우리 부모님은 하루에 16시간씩 일하셨다. 그런데도 우리 가족은 계속 빚에 시달렸다. 운도 나빴다. 어렸을 때 홍수로 102번 강의 물이 우리 옥수수밭과 건초용 목초밭으로 범람해 모든 걸 망가뜨리는 모습을 지켜본 기억이 남아 있다. 홍수 때문에 7년 중 6년의 농사를 망쳤다. 매년 돼지는 콜레라에 걸려 죽었고, 우리는 돼지 사체를 불태웠다. 지금도 눈을 감으면 돼지 살이 탈 때 나던 자극적인 냄새가 떠오른다.

어느 해에는 홍수가 나지 않았다. 옥수수가 풍작이었고, 소를 사서 옥수수를 먹여 키웠다. 하지만 홍수로 범람한 물에 옥수수가 잠겼던 해와 다를 바 없었다. 그해 시카고 상품 시장에서 소가격이 폭락한 것이다. 소를 먹이고 키우느라 쓴 비용을 제하고 나니 소를 샀을 때 낸 돈보다 겨우 30달러가 많았다. 1년 내내 일해서 번 돈이 고작 30달러라니!

우리 집은 무엇을 해도 돈을 잃었다. 아버지가 사셨던 노새가 아직 기억난다. 우리는 3년 동안 노새를 먹여 길들일 사람을 고용했고, 그 뒤 테네시주 멤피스로 보내서 팔았는데, 3년 전 샀던 가격보다 싼값에 팔렸다.

부모님은 10년 동안 힘들고 고되게 일하셨지만, 우리 집은 돈이 없는 정도가 아니었다. 엄청난 빚이 쌓여 있었다. 대출을 받기 위해 농장을 저당 잡힌 상태였다. 아무리 열심히 일해도 대출금의 이자조차 갚기 어려웠다. 대출을 실행했던 은행에서는 아버지를 막 대하고 모욕했고, 농장을 빼앗겠다고 위협했다. 아버지는 마흔일곱이셨다. 30년 넘게 열심히 일하셨는데 남은 건 빚과 수치스러움뿐이었다. 그건 아버지가 견딜 수 있는 한계 이상이었다. 아버지는 근심으로 건강이 나빠지셔서 식욕을 잃으셨다. 온종일 밭에서 힘들게 육체노동을 하시는데도 그랬다. 그래서 식욕을 살리기 위한 약을 드셔야 했다. 살도 빠지셨다. 의사는 어머니께 반년 안에 아버지가 돌아가실 거라 선고했다. 아버지는 걱정을 심하게 하신 나머지 더는 살고 싶어 하지 않으셨다. 어머니께서는 종종 내게 말씀하시기를 아버지가 말에게 먹이를 주거나 소젖을 짜기 위해 헛간으로 갔다가 어머니가 생각했던 시간에 돌아오지 않으면 혹시 헛간에서 밧줄에 목맨 시체를 보게 되는 건 아닌지 두려워하며 헛간으로 나가보셨다고 한다. 어느 날 아버지는 메리빌에 있는 은행에 가셨는데, 은행에서는 저당 잡힌 농장을 압류하겠다고 아버지를 위협했다. 은행을 나와 집으로 돌아오는 길에 아버지는 102번 강을 건너는 다리에서 말을 세우고 마차에서 내려 다리 아래 물을 내려다보며 마음속으로 여기서 뛰어내려 모든 걸 끝내야 하는지 고민하며 그곳에 오래오래 서 계셨다고 한다.

수년이 지나 아버지께서 말씀하시기를 그날 다리에서 뛰어내리지 않은 유일한 이유는 어머니의 믿음 때문이었다고 한다. 어머니께서는 우리가 하느님을 사랑하고, 하느님이 말씀하신 계명을 잘 지키면 전부 괜찮아질 거라는 믿음을 기쁜 마음으로 깊고 충실하게 지키셨다. 어머니 생각이 옳았다. 결국에는 모든 게 괜찮아졌다. 아버지는 그 이후로 42년을 행복하게 사시다가 1941년에 89세의 나이로 돌아가셨다.

그렇게 힘들고 고통스러운 시간을 보내는 내내 어머니는 절대 걱정하는 법이 없으셨다. 기도로 모든 문제를 하느님께 맡겼다. 매일 밤 잠자리에 들기 전 어머니께서는 성경 구절을 한 장씩 읽어주셨다. (어머니나 아버지께서는 이처럼 마음을 편안하게 하는 예수의 말씀을 자주 읽으셨다.) "내 아버지 집에 거할 곳이 많도다 … 내가 너희를 위하여 거처를 예비하러 가노니 … 나 있는 곳에 너희도 있게 하리라." 그리고 나서 우리는 그 쓸쓸한 미주리주의 농가에서 무릎 꿇고 신께 사랑과 보호를 기도했다.

윌리엄 제임스는 하버드 대학교 철학과 교수로 재직했을 때 이렇게 말했다. "걱정을 극복하는 가장 좋은 방법은 종교적 믿음을 갖는 것이다."

그걸 알아보려고 하버드 대학까지 갈 필요는 없다. 우리 어머니께서는 미주리주의 농장에서 그 방법을 찾으셨다. 홍수도, 빚도, 그 어떤 재난도 어머니가 지니신 행복하게 빛나는 승리의 정신을 꺾지 못했다. 지금도 어머니가 일하실 때 부르던 노랫소리가 들리는 것 같다.

평화 평화로다

하늘 위에서 내려오네

그 사랑의 물결이 영원토록

내 영혼을 덮으소서

어머니는 내가 평생 목회자로 살길 바라셨다. 나는 해외 선교사가 되는 길을 진지하게 고민했다. 그러다 대학에 진학했다. 시간이 흐르면서 점점 변화가 찾아왔다. 나는 생물학, 과학, 철학, 비교종교학을 공부했다. 성경이 어떻게 기록되었는지에 관한 책을 읽었다. 그러자 성경에서 주장하는 바의 많은 부분에 의구심이 생기기 시작했다. 당시 시골 목사들이 가르치던 편협한 교리에도 회의가 들었다. 당황스러웠다. 시인 월트 휘트먼이 썼던 것처럼 나는 '호기심이 일었고, 내 안은 갑작스러운 의문으로 혼란스러웠다.' 무엇을 믿어야 할지 몰랐고, 인생의 목적을 찾을 수 없었다. 나는 기도하기를 멈췄고, 불가지론자가 되었다.

나는 모든 삶에는 계획도, 목적도 없다고 믿었다. 2억 년 전 지구상을 거닐던 공룡보다 사람에게 더 신성한 목적이 있다고 생각하지 않았다. 공룡이 그랬듯 언젠가는 인류도 멸종할 것 같았다. 과학 공부를 통해 태양이 천천히 냉각해 표면 온도가 10%만 떨어져도 지구상에 살아남을 생명체는 아무것도 없다는 걸 배웠다. 자기를 닮은 인간을 창조한 자비하신 신이라는 생각을 비웃었다. 보이지 않는 힘이 생명이 없는 차갑고 어두운 공간을 도는 수십억 개의 항성을 만들었다고 믿었다. 어쩌면 만든 게 아닐지도 모른다. 마치 시간과 공간이 항상 존재하듯 우주의 항성도 영원한 존재일지 모른다.

지금의 나라고 이 모든 질문의 답을 알고 있을까? 그렇지 않다. 지금까지 우주의 미스터리, 생명의 미스터리를 설명할 수 있는 사람은 없었다. 우리는 미스터리에 둘러싸여 있다. 인체가 작동하는 방식은 심오한 미스터리다. 집에 흐르는 전기가 작동하는 방식도 마찬가지로 미스터리다. 벽의 틈 사이에 핀 꽃도 미스터리다. 창문 밖에 난 초록 풀도 미스터리다. 제너럴 모터스 연구소를 이끄는 천재 찰스 F. 케터링은 풀이 왜 초록색인지 알아내려고 사비로 매년 3만 달러씩 안티오크 대학에 기부해 왔다. 케터링은 풀이 햇빛, 물, 이산화탄소를 양분으로 바꾸는 방법을 알아내면 우리의 문명도 바꿀 수 있다고 했다.

자동차 엔진이 작동하는 방식도 엄청난 미스터리다. 제너럴 모터스 연구소에서는 실린더 안의 불꽃이 어떻게 폭발해 차를 움직이는지, 그리고 그렇게 되는 이유를 수년 동안 수백만 달러를 들여 연구했지만, 답을 찾지 못했다.

하지만 사람의 신체나 전기, 가스 엔진의 미스터리를 이해하지 못한다고 해서 이를 사용하지 못하거나 누리지 못하는 건 아니다. 마찬가지로 내가 기도와 종교의 미스터리를 이해하지 못한다고 해서 종교가 전하는 풍요와 행복한 인생을 누릴 수 없는 건 아니다. 비로소 마침내 나는 철학자 산타야나의 말속에 담긴 지혜를 깨달았다. "인간은 삶을 이해하도록 만들어진 게 아니라 살아가도록 만들어졌다."

나는 종교로 되돌아갔다. 하지만 정확히 말하자면 종교로 되돌아간 건 아니다. 그보다는 종교의 새로운 개념으로 나아갔다고 해야 한다. 이제 더는 교파를 나누는 교리의 차이에는 조금도 관심이 없다. 하지만 종교가 내게 미치는 영향에는 엄청나게 관심을 쏟는다. 전기와 좋은 음식, 물이 내게 미치는 영향에 큰 관심을 가지는 것과 마찬가지이다. 종교 덕분에 나는 더 풍요롭고 충만하며 행복한 인생을 산다. 하지만 종교는 내게 그보다 훨씬 큰 영향을 미친다. 내게 정신적인 가치를 부여하기 때문이다. 종교는 내게 윌리엄 제임스가 말했듯 '인생에 대한 새로운 열정 … 더 깊은 삶, 더욱 크고 풍부하고 만족스러운 삶'을 가져다준다. 종교는 내게 신념, 희망, 용기를 불어넣는다. 긴장, 불안, 두려움, 걱정을 떨치게 한다. 인생의 목적과 방향을 설정한다. 내게 엄청나게 큰 행복을 주고, 건강을 가져다준다. '소용돌이 치는 인생의 모래 속에서 평화의 오아시스'가 되어 준다.

350년 전 프랜시스 베이컨이 했던 말이 옳다. "철학을 얕게 알면 우리의 마음은 무신론으로 기울지만, 철학을 깊이 알면 우리의 마음은 종교를 향한다."

사람들이 과학과 종교 사이의 갈등에 관해 이야기하던 시절이 있었다. 하지만 더는 그러지 않는다. 현대의 정신의학은 예수가 가르쳤던 내용을 가르치고 있다. 왜 그럴까? 그건 기도와 강력한 종교적 신념이 사람들이 앓는 병의 절반 이상의 원인을 차지하는 걱정과 불안, 긴장과 두려움을 없애준다는 걸 정신과 의사들이 알기 때문이다. 정신의학계를 이끄는 A. A. 브릴 박사가 말한 대로 '독실하게 종교를 믿는 사람은 신경 질환에 걸리지 않는다'는 걸 정신과 의사들은 안다.

만일 종교를 신뢰할 수 없다면 삶은 무의미하다. 그건 비극적인 광대극이다.

헨리 포드가 사망하기 몇 년 전 그를 인터뷰했다. 그를 만나기 전에 나는 오랜 시간 세계 최대의 기업을 세우고 경영한 그에게서 부담감이 느껴질 거라고 예상했다. 그런데 78세의 나이에도 그가 매우 차분하고, 건강하고, 평화로워 보여서 깜짝 놀랐다. 헨리 포드에게 걱정해 본 적이 있는지 물었더니 그가 대답했다. "없습니다. 저는 신이 만사를 주관하신다고 생각합니다. 신에게는 저의 어떠한 조언도 필요 없겠지요. 하느님이 모든 일을 책임지시니 저는 매사가 결국 최선의 결과로 이어질 거라고 믿습니다. 그런데 걱정할 일이 뭐가 있겠습니까?"

오늘날에는 정신과 의사가 현대판 전도사가 되고 있다. 정신과 의사는 내세의 지옥 불을 피하려면 종교적인 삶을 살아야 한다고 말하지 않는다. 현세의 지옥 불을 피하기 위해 종교를 믿으라고 권한다. 위궤양, 협심증, 신경쇠약, 정신 이상이라는 지옥 불을 피하라는 것이다. 예를 들어 헨리 C. 링크 박사가 쓴 《종교로의 회귀》를 읽으면 심리학자와 정신의학자가 가르치는 바를 알 수 있다.

그렇다. 기독교 신앙은 우리에게 영감과 건강을 준다. 예수는 말씀하셨다. "내가 온 것은 양으로 생명을 얻게 하고 더 풍성히 얻게 하려는 것이라." 예수는 그 시대 종교에 전해 내려오던 허례 허식을 고발하고 공격했다. 예수는 반역자였다. 새로운 종교를 설파했고, 그 새로운 종교는 세상을 뒤집으려는 위협이었다. 이게 바로 예수가 십자가에 못 박힌 이유였다. 예수는 새로운 종교가 인간을 위해 존재해야 한다고 전했다. 종교를 위해 인간이 존재하는 게 아니다. 사람을 위해 안식일이 생겨난 것이지, 안식일을 위해 인간이 생겨난 게 아니다. 예수는 죄보다 두려움에 관해 더 많이 이야기했다. 잘못된 두려움이 죄이다. 우리의 건강에 반하는 죄요, 예수가 옹호했던 더욱 풍요롭고, 충만하고, 행복하고, 용기 있는 삶에 반하는 죄이다. 에머슨은 자신을 '기쁨학 교수'라고 불렀다. 예수 또한 '기쁨학'을 가르친다. 예수는 신도들에게 "기뻐하고 뛰놀라"고 명하셨다.

예수는 중요한 건 단 두 가지뿐이라고 가르쳤다. 온 마음을 다해 신을 사랑하는 것과 이웃을 네 몸과 같이 사랑하는 것이다. 이를 실천하는 사람은 누구라도 자신이 알든 모르든 종교적인 사람이다. 예를 들면 우리 장인어른 같은 사람이다. 장인어른의 성함은 헨리 프라이스로, 오클라호마주 털사에 계신다. 장인어른은 황금률에 따라 살려고 노력하신다. 비열한 일, 이기적인 일, 정직하지 못한 일은 못 하신다. 그렇지만 장인어른은 교회에 나가지 않으시고, 당신을 불가지론자라고 생각하신다. 말도 안 된다! 무엇이 기독교인을 만들까? 에든버러 대학교 역대 최고의 신학 교수로 손꼽히는 존 베일리 교수에게서 답을 찾아보자. "특정 사상을 지적으로 받아들이거나 특정 원칙에 따르기 때문에 기독교인인 게 아니다. 그보다는 특정한 정신을 갖추었고, 특정한 삶을 살기 때문에 기독교인인 것이다." 그래서 기독교인이 되는 거라면 장인어른은 뛰어난 기독교인이다.

현대 심리학의 아버지인 윌리엄 제임스도 친구인 토머스 데이비슨 교수에게 보낸 편지에서 세월이 흐르면서 자신이 '점점 더 하느님 없이 지내기가 힘들다'는 걸 알았다고 썼다.

앞서 학생들이 보낸 걱정에 관한 사연 가운데 심사위원들이 최우수작을 뽑으려 했지만, 두 편의 이야기가 너무 뛰어나 우열을 가릴 수 없어 공동수상으로 상금을 나누었다고 했다. 다음이 최우수작을 공동 수상한 두 번째 이야기이다. '하느님 없이는 지낼 수 없다'라는 사실을 직접 겪으며 배워야 했던 어느 여성의 잊을 수 없는 경험에 관한 이야기이다.

실명은 아니지만, 이 여성을 메리 쿠쉬먼이라 부르겠다. 사연을 읽으면 자녀와 손주들이 당황할지도 모른다고 해서 실명은 쓰지 않기로 했다. 하지만 이 여성은 진짜이다. 정말 존재하는 사람으로, 몇 달 전 내 책상 옆 안락의자에 앉아서 자신의 이야기를 들려주었다. 그녀의 이야기는 다음과 같다.

대공황 시절 남편은 일주일에 평균 18달러를 벌었습니다. 하지만 그 마저도 받지 못하는 때가 많았어요. 아프면 돈을 벌지 못했는데, 남편은 자주 아팠거든요. 남편은 자잘한 사고를 당했고, 이하선염, 성홍열을 앓는 데다 독감에도 자주 걸렸어요. 결국 우리가 손수 지었던 작은 집을 내놓아야 했습니다. 식료품점에는 50달러의 외상을 갚아야 했는데, 먹여야 할 아이는 다섯이나 있었습니다. 저는 이웃 사람들의 빨래와 다림질을 해주며 돈을 벌었고, 구세군에서 헌 옷을 사다가 고쳐 아이들에게 입혔습니다. 저도 걱정으로 병을 얻었습니다. 그러던 어느 날 50달러의 외상이 있는 그 식료품점 주인이 11살 난 우리 아들이 연필 두 자루를 훔쳤다고 화를 냈습니다.

그 이야기를 하면서 아들은 눈물을 흘렸습니다. 저는 아들이 정직하고 예민한 아이라는 걸 알고 있었습니다. 사람들 앞에서 창피하고 굴욕적인 기분을 느꼈을 거라는 것도 알았죠. 그때 인내심의 한계가 왔습니다. 그때까지 견뎌야 했던 모든 고통이 떠올랐고, 미래를 향한 그 어떤 희망도 볼 수 없었습니다. 아마 걱정 때문에 일시적으로 정신이 나갔던 게 분명합니다. 저는 세탁기를 끄고 다섯 살 난 딸을 데리고 침실로 들어갔습니다. 창문을 닫고, 종이와 헝겊으로 틈이란 틈은 다 막았습니다. 어린 딸이 말했습니다. "엄마, 뭐 해?" 저는 대답했습니다. "여기 외풍이 좀 들어와서 막는 거야." 그러고 나서 침실에 있던 가스히터를 켜고는 불은 붙이지 않았습니다. 침대에 딸과 나란히 누워 있는데 딸이 말했습니다. "엄마, 이상해. 우리 조금 전에 일어났잖아!" 저는 "괜찮아. 잠깐 낮잠 자는 거야."라고 답했습니다.

그러고 나서 저는 히터에서 새 나오는 가스 소리를 들으며 눈을 감았습니다. 그 가스 냄새를 절대 잊지 못할 거예요.

그때 갑자기 음악 소리가 들린다는 생각이 들었어요. 분명 들었어요. 부엌에 있는 라디오를 끄는 걸 잊었던 겁니다. 이젠 상관없었죠. 하지만 음악 소리가 계속 흘러나왔어요. 그러더니 곧 누군가 오래된 찬송가를 부르더군요.

죄 짐 맡은 우리 구주 어찌 좋은 친군지
걱정 근심 무거운 짐 우리 주께 맡기세
주께 고함 없는 고로 복을 받지 못하네
사람들이 어찌하여 아뢸 줄을 모를까

찬송가를 듣는데 제가 끔찍한 잘못을 저질렀다는 걸 깨달았습니다. 저는 혼자서 혹독한 싸움에 나섰던 겁니다. 저는 기도로 주께 모든 것을 맡기지 않았습니다. 저는 벌떡 일어나 가스를 끄고, 방문과 창문을 열었습니다.

그날 온종일 눈물을 흘리며 기도했습니다. 도와달라고 기도한 게 아니었습니다. 주님이 제게 내려 주신 축복에 영혼을 담아 감사드렸습니다. 주님은 제게 멋진 다섯 아이를 주셨습니다. 모두 건강하고 멋진 아이들로, 몸과 마음이 튼튼했습니다. 주님께 다시는 감사를 모르는 짓은 하지 않겠다고 약속드렸습니다. 그리고 지금까지 그 약속을 지키고 있습니다.

집을 잃고 나서 한 달에 5달러를 내는 시골 학교의 사택을 빌려 이사했을 때도 주님께 감사드렸습니다. 지붕이 있어 적어도 비에 젖지 않고 따뜻하게 지낼 수 있다는 사실에 감사드렸습니다. 상황이 이보다 더 나빠지 않아서 다행이라고 진심으로 주님께 감사드렸습니다. 그리고 주님께서 분명 제 기도를 들으셨다고 생각합니다. 얼마간 시간이 지나자 상황이 호전되기 시작했거든요. 물론 하룻밤에 그렇게 된 건 아니었습니다. 하지만 경기가 회복되면서 돈을 약간 벌 수 있었습니다. 저는 대형 컨트리클럽의 물품보관소에 취직했습니다. 그리고 부업으로 스타킹을 팔았어요. 아들 하나는 대학 학비를 스스로 벌려고 농장에 일자리를 구해 아침저녁으로 젖소 13마리의 젖을 짰습니다. 지금 아이들은 다 커서 결혼도 했습니다. 멋진 손주도 세 명 있어요. 지금 와서 가스를 켰던 그 끔찍한 날을 돌아보면 제가 제때 '깨어났던 것'에 주님께 거듭 감사드립니다. 제가 가스를 끄지 않았다면 얼마나 많은 인생의 기쁨을 놓쳤을까요! 얼마나 많은 멋진 시간을 잃었을까요! 이제는 누군가 죽고 싶다는 소리를 할 때마다 저는 외치고 싶습니다. "그러지 마세요! 안 돼요! 인생에서 가장 어두운 시간은 곧 지나가요. 그러고 나면 내일이 와요."

미국에서는 평균 35분마다 한 명씩 자살하고, 120초에 한 명씩 정신이 이상해진다. 이들이 종교와 기도를 통해 마음의 위안과 평화를 얻었다면 자살과 정신 이상이라는 비극을 대부분 막을 수 있었을 것이다.

세상에서 가장 유명한 정신과 의사인 칼 융은 저서 《영혼을 찾는 현대인》에 이렇게 썼다.

지난 30년 동안 지구상 모든 문명국가의 국민이 내게 상담해왔고 나는 환자 수백 명을 치료했다. 그 모든 환자 가운데 인생의 후반부에 속하는 환자, 다시 말해 35세가 넘은 환자는 한 명도 빠짐없이 결국 인생을 바라보는 종교적 관점을 찾지 못한 것이 문제였다. 그들 모두 종교가 신도에게 주는 믿음을 잃었기 때문에 병이 났다고 해도 무방하며, 인생을 바라보는 종교적 관점을 되찾지 못한 사람은 누구도 완치되지 않았다.

정말 중요한 말이므로, 다시 한번 강조하고 싶다.

지난 30년 동안 지구상 모든 문명국가의 국민이 내게 상담해왔고 나는 환자 수백 명을 치료했다. 그 모든 환자 가운데 인생의 후반부에 속하는 환자, 다시 말해 35세가 넘은 환자는 한 명도 빠짐없이 결국 인생을 바라보는 종교적 관점을 찾지 못한 것이 문제였다. 그들 모두 종교가 신도에게 주는 믿음을 잃었기 때문에 병이 났다고 해도 무방하며, 인생을 바라보는 종교적 관점을 되찾지 못한 사람은 누구도 완치되지 않았다.

윌리엄 제임스도 비슷한 말을 했다. "믿음은 사람을 살게 하는 힘이다. 믿음이 전혀 없다는 건 인간이 무너진다는 뜻이다."

석가모니 이후로 인도의 가장 위대한 지도자였던 마하트마 간디도 기도를 지속해 영감을 얻지 않았더라면 무너지고 말았을 것이다. 내가 그걸 어떻게 알고 있을까? 간디가 직접 그렇게 말했기 때문이다. 간디는 이렇게 썼다. "기도하지 않았다면 나는 이미 오래전에 미치고 말았을 것이다."

수많은 사람이 비슷한 증언을 한다. 앞서 이야기했지만, 우리 아버지도 어머니의 기도와 믿음이 없었더라면 스스로 물에 뛰어들었을 것이다. 현재 정신병동 안에서 소리지르며 고통받는 수천 명의 영혼도 삶이라는 전투에서 혼자 임하지 않고 저 높은 곳에 계신 분의 힘을 빌리기만 했다면 아마 구원받을 수 있었을 것이다.

'참호 안에는 무신론자가 없다'라는 말도 있듯이 인생이 괴롭고 능력의 한계에 부딪혔을 때 절망하여 신에게 의지하는 사람이 많다. 그런데 왜 그렇게 절박해질 때까지 기다리는가? 매일 새로 힘을 얻는 건 어떨까? 일요일까지 기다리는 이유는 무엇인가? 수년간 나는 평일 오후 빈 교회에 들르는 습관을 유지하고 있다. 너무 바쁘게 서두르느라 단 몇 분도 영적인 문제를 생각할 틈을 낼 수 없을 때 나는 생각한다. '데일 카네기, 잠깐 기다려. 이봐, 왜 그렇게 눈썹이 휘날리게 서두르는 거야? 잠시 멈춰 시야를 좀 넓히라고.' 그럴 때 나는 자주 첫 번째로 눈에 들어오는 문 열린 교회에 들른다. 나는 개신교를 믿지만, 평일 오후에는 5번가에 있는 세인트 패트릭 대성당을 자주 찾는다. 그리고 앞으로 30년 뒤에 나는 이 세상 사람이 아니겠지만, 모든 교회에서 가르치는 위대한 영적인 진리는 영원할 거라는 점을 떠올린다. 나는 눈을 감고 기도한다. 이렇게 기도하면 마음이 차분해지고, 몸도 편안해지며, 삶의 관점이 명확해져 가치관을 재평가하는 데 도움이 된다. 이쯤이면 이 방법을 추천해도 좋지 않겠는가?

지난 6년 동안 이 책을 쓰면서 기도로 걱정과 두려움을 극복한 사람들의 구체적인 사례를 수백 건 모았다. 내 서류함은 이런 사례 기록으로 가득하다. 전형적인 사연으로, 다음에 소개하는 존 앤서니의 이야기를 들어보자. 사연 속 그는 낙담하고 상심한 도서 영업사원이었지만, 현재는 텍사스주 휴스턴에서 변호사로 활동하고 있으며, 사무실은 험블 빌딩에 있다.

22년 전 저는 개인 법률사무소를 닫고 미국 법률도서 회사의 텍사스주 영업사원이 되었습니다. 변호사에게 법률도서를 파는 게 전문이었는데, 변호사라면 없어서는 안 될 그런 책이었습니다.

저는 철저한 훈련을 받았고, 능력이 있었습니다. 직접 구매를 권유하는 화법도 다 익혔고, 필요없다는 얘기가 나올 때 내놓을 설득력 있는 답변도 준비했습니다. 잠재고객을 방문하기 전에 고객에 대한 평가와 전문 분야, 정치적 성향과 취미도 잘 파악해 두었습니다. 그리고 나서 고객을 만나는 동안 사전에 파악한 정보를 적재적소에 활용했습니다. 그런데도 일이 뭔가 잘못되었습니다. 저는 구매 주문을 받지 못했습니다!

저는 점점 낙담했습니다. 날이 가고 몇 주가 흐르는 동안 저는 두 배, 세 배로 노력을 기울였지만, 여전히 비용을 감당할 정도의 계약을 맺지 못했습니다. 제 안에서 두려움과 공포가 자라났습니다. 사람을 만나는 게 두려워졌어요. 잠재고객의 사무실에 들어가기 전에는 공포심이 너무 강해져서 사무실 밖 복도를 왔다 갔다 하거나 빌딩 밖으로 나가 사무실 건물이 있는 주변을 빙글빙글 돌았습니다. 그렇게 소중한 시간을 상당히 흘려보내고 나서야 순전히 의지력으로 애써 자신 있는 척하며 사무실 문을 열 수 있었습니다. 떨리는 손으로 힘없이 문 손잡이를 돌렸습니다. 반쯤은 잠재고객이 거기 없었으면 좋겠다고 생각하면서요!

상사는 주문을 더 받아오지 않으면 가불해 주지 않겠다고 위협했습니다. 집에서는 아내가 아이 셋과 먹을 식료품을 살 돈을 달라고 간곡히 부탁했어요. 저는 걱정에 사로잡혔습니다. 매일 저는 점점 더 절박해졌습니다. 무엇을 해야 할지 몰랐어요. 앞서 말씀드렸다시피 저는 고향에 있던 개인 법률사무소의 문을 닫고 고객을 포기했습니다. 이제 저는 파산 상태였어요. 제가 머무는 호텔비를 낼 돈조차 없더군요. 집으로 돌아가는 열차표를 살 돈도 없었습니다. 열차표가 있다 해도 패배자로 집에 돌아갈 용기도 없었지만요. 비참하게 또 하루가 지난 뒤 터덜터덜 걸어 호텔 방으로 돌아가는데, 마지막이라는 생각이 들었습니다. 제가 보기에 저는 완전한 패배자였습니다.

낙심하고 우울한 마음으로 길을 걷던 저는 어느 길로 가야 할지도 몰랐습니다. 살든 죽든 상관없다는 마음이었어요. 태어나지 말았어야 했다는 생각까지 들었습니다. 그날 밤 가진 거라고는 저녁으로 마실 데운 우유 한 잔뿐이었습니다. 그조차 제게는 부담이었습니다. 그날 밤 절박한 사람들이 호텔 창문에서 뛰어내리는 심정을 알았습니다. 그럴 용기만 있었다면 저도 그렇게 했을 겁니다. 인생의 목적이 무엇인지 궁금해지기 시작하더군요. 저는 그걸 몰랐습니다. 이해할 수가 없었어요.

어디에도 기댈 곳이 없었기 때문에 저는 주님께 의지했습니다. 기도를 시작했어요. 주님께 저를 둘러싼 앞이 안 보이는 이 어두운 절망의 황야를 헤쳐나갈 빛과 이해와 안내를 달라고 애원했습니다. 주님께 책 주문을 받도록 도와 달라고, 아내와 아이들을 먹일 돈을 달라고 부탁했습니다. 기도한 뒤 눈을 뜨고, 그 외로운 호텔 방 서랍에 들어 있던 기드온 성경책을 보았습니다. 성경책을 펼쳐 여러 시대에 걸쳐 셀 수 없는 세대 속, 외롭고 근심하는 패배한 자들에게 영감을 주었을 예수의 그 아름다운 불멸의 약속을 읽었습니다. 걱정을 물리치는 방법에 관해 예수가 그의 제자들에게 했던 말씀이었습니다.

"목숨을 위하여 무엇을 먹을까 무엇을 마실까 몸을 위하여 무엇을 입을까 염려하지 말라 목숨이 음식보다 중하지 아니하며 몸이 의복보다 중하지 아니하냐 공중의 새를 보라 심지도 않고 거두지도 않고 창고에 모아들이지도 아니하되 너희 하늘 아버지께서 기르시나니 너희는 이것들보다 귀하지 아니하냐 … 너희는 먼저 그의 나라와 그의 의를 구하라 그리하면 이 모든 것을 너희에게 더하시리라."

기도하고 성경 구절을 읽는 동안 기적이 일어났습니다. 초조하고 긴장하는 마음이 사라진 겁니다. 제 불안과 두려움, 걱정은 마음이 따뜻해지는 용기와 희망, 승리의 믿음으로 바뀌었습니다.

호텔비를 낼 돈도 충분하지 않았지만, 저는 행복했습니다. 저는 잠자리에 들어 푹 잤습니다. 걱정하지 않고요. 몇 해 동안이나 그렇게 자지 못했는데 말입니다.

다음 날 잠재고객의 사무실 문이 열릴 때까지 제 마음을 억누를 수가 없었습니다. 춥고 비가 내렸지만 아름다운 날이었습니다. 저는 당당하고 자신 있는 발걸음으로 첫 번째 잠재고객의 사무실 문 앞에 섰습니다. 문손잡이를 단단히 쥐고 돌렸습니다. 사무실에 들어가서는 어깨를 펴고 적절한 품위를 갖추고 만면에 미소를 띤 채 활기차게 고객을 향해 곧장 걸어갔습니다. "안녕하세요, 스미스 씨! 올 아메리칸 로북 컴퍼니의 존 앤서니입니다!"

"아, 네네." 스미스 씨도 미소를 지으면서 의자에서 일어나 손을 내밀며 대답했습니다. "만나서 반갑습니다. 앉으세요!"

그날 저는 이전 몇 주 동안 팔았던 책보다 더 많은 책을 팔았습니다. 그날 저녁 저는 세상을 정복한 영웅처럼 자랑스럽게 호텔로 돌아왔습니다! 마치 새로운 사람이 된 기분이었습니다. 사실 새로운 사람이었습니다. 승리의 정신을 새롭게 갖추었으니까요. 그날 저녁은 데운 우유가 아니었습니다. 그럴 순 없죠! 그래서 제대로 갖춘 스테이크를 먹었습니다. 그날부터 제 매출은 급증했습니다.

21년 전 그 절박했던 밤, 텍사스주 아마릴로의 작은 호텔에서 저는 새로 태어났습니다. 다음 날 저의 외부적인 상황은 실패가 이어진 지난 몇 주와 같았지만, 제 안에서 엄청난 변화가 일어났습니다. 저와 주님과의 관계를 깨달았으니까요. 혼자인 사람은 쉽게 패배하지만, 내면에 신의 가호가 함께하는 사람은 무적입니다. 저는 그걸 압니다. 직접 겪었으니까요.

"구하라 그리하면 너희에게 주실 것이요 찾으라 그리하면 찾아낼 것이요 문을 두드리라 그리하면 너희에게 열릴 것이니."

일리노이주 하이랜드 8번가 1421번지에 사는 L. G. 비어드 부인은 참혹한 비극을 마주했을 때, 무릎을 꿇고 "주여, 제가 아닌 당신 뜻대로 하십시오."라고 기도함으로써 평화와 안정을 찾았다. 부인이 내게 보낸 편지는 다음과 같다.

어느 날 저녁 집에 전화가 왔습니다. 수화기를 들 용기를 낼 때까지 전화벨은 14번이나 울렸습니다. 병원에서 건 전화일 거라는 걸 알고 있었고, 저는 겁이 났습니다. 우리 어린 아들이 죽어간다는 소식일까 봐 무서웠거든요. 아들은 뇌수막염을 앓고 있었습니다. 아들에게 이미 페니실린을 투여했지만, 그 때문에 체온이 오르락내리락했고, 의사는 염증이 뇌까지 퍼져 뇌종양이 생긴 게 아닌가 걱정했습니다. 그러면 아들은 죽게 되겠지요. 바로 그게 제가 전화로 듣기 두려워하던 소식이었습니다. 의사는 저희에게 당장 병원으로 오라고 했습니다.

저희 부부가 대기실에 앉아 얼마나 고통스러웠을지 짐작하실 수 있을 겁니다. 다른 모든 사람이 아이를 데리고 있는데, 저희 부부는 아이 없이 앉아 우리 어린 아들을 다시 안아볼 수 있을까 생각하고 있었습니다. 마침내 진료실에 들어갔을 때 의사의 표정을 보고 우리 부부는 겁에 질렸습니다. 의사가 하는 말을 들으니 한층 더 무서워졌습니다. 의사에 따르면 우리 아들이 살 확률은 25%라고 했습니다. 그러면서 혹시 다른 아는 의사가 있으면 그쪽을 알아보라고 했습니다.

집으로 돌아오는 길에 남편은 감정을 주체하지 못해 주먹을 불끈 쥐고 핸들을 내리치며 말했습니다. "여보, 난 우리 아들을 포기할 수 없어." 남자가 우는 걸 보신 적 있나요? 남자가 우는 모습을 보는 건 그리 즐거운 경험은 아니었습니다. 우리는 차를 멈추고, 대화를 나눈 뒤 교회에 들러 기도하기로 했습니다. 아이를 데려가는 게 주님의 뜻이라면 우리의 뜻은 굽히겠다고요. 저는 교회 신도석에 앉아 기도했습니다. "제가 아닌 당신 뜻대로 하십시오." 눈물이 뺨을 타고 흘러내렸습니다.

기도하는 순간 기분이 나아졌습니다. 오랫동안 느끼지 못했던 평화가 느껴졌습니다. 집으로 오는 내내 저는 계속 반복해서 기도했습니다. "오 주님, 제가 아닌 당신 뜻대로 하십시오."

그날 밤 일주일 만에 처음으로 푹 잤습니다. 며칠 뒤 의사가 전화해 아들 바비가 고비를 넘겼다고 했습니다. 주님 덕분에 지금 저희에게는 튼튼하고 건강한 네 살배기 아들이 곁에 있습니다.

남자들은 종교가 여자와 어린아이, 목사를 위한 것이라고 여긴다. 그리고 자신이 인생의 전투에 홀로 임할 수 있는 '상남자'라는 걸 자랑스러워한다.

하지만 세상에서 가장 유명한 '상남자'가 매일 기도를 드린다는 걸 알면 남자들은 얼마나 놀랄까? 예를 들어 '상남자' 잭 뎀프시는 잠자리에 들기 전 반드시 기도를 드린다고 내게 말했다. 식사하기 전에도 꼭 기도부터 먼저 드린다고 한다. 시합에 나가기 위해 훈련할 때도 매일 기도하고, 시합할 때도 매 라운드 시작 벨이 울리기 직전에 항상 기도드린다고 한다. 잭 뎀프시가 말했다. "기도를 드리면 용감하고 자신 있게 싸우는 데 도움이 됩니다."

야구선수인 '상남자' 코니 맥은 기도드리지 않으면 잠을 이룰 수 없다고 했다.

전투기 조종사인 '상남자' 에디 리켄배커는 기도로 자신의 인생이 구원받았다고 말했다. 에디는 매일 기도드린다.

제너럴 모터스와 US스틸의 전직 고위 임원 출신이자 국무장관을 역임했던 '상남자' 에드워드 R. 스테티니어스도 지혜와 인도를 구하기 위해 매일 아침과 밤에 기도를 드린다고 했다.

당대 최고의 금융인 '상남자' J. P. 모건은 종종 토요일 오후에 혼자 월스트리트 초입에 있는 트리니티 교회에 가서 무릎을 꿇고 기도드렸다.

'상남자' 아이젠하워가 연합군 사령관을 맡기 위해 영국으로 가는 비행기에 탑승했을 때는 단 한 권의 책, 성경만이 손에 들려 있었다.

'상남자' 마크 클라크 장군은 제2차 세계대전 중에 매일 성경을 읽고, 무릎 꿇고 기도했다. 장제스 총통도, '엘 알라메인 전투의 몬티'로 불리는 몽고메리 장군도 마찬가지였다. 트라팔가르 해전의 넬슨 제독도 그랬다. 워싱턴 장군, 로버트 리 장군, 스톤월 잭슨 장군 등 수많은 군 지도자들도 마찬가지로 성경을 읽고 기도를 드렸다.

이러한 '상남자'들은 윌리엄 제임스가 말한 진리를 발견한 사람들이다. "신은 우리의 일을 살피신다. 마음을 열고 신의 뜻에 맡기면 우리의 심원한 운명이 이루어진다."

이러한 진리를 발견한 '상남자'들이 많다. 현재 교회에 다니는 미국인은 7,200만 명이다. 사상 최고 기록이다. 앞서 이야기했듯 과학자조차 종교에 의지한다. 예를 들어 알렉시스 카렐 박사를 살펴보자. 알렉시스 카렐 박사는 책《인간, 그 미지의 존재》를 썼고, 과학자에게 주어지는 최고의 영예인 노벨상을 받았다. 카렐 박사는 잡지〈리더스 다이제스트〉에 기고한 글에 이렇게 썼다.

기도는 사람이 낼 수 있는 가장 강력한 형태의 에너지이다. 기도가 발휘하는 힘은 지구의 중력만큼이나 실제적이다. 의사로서 나는 다른 모든 치료에 실패한 뒤에도 침착하게 기도함으로써 병과 우울증이 낫는 환자들을 보았다. … 기도는 라듐처럼 빛을 내며, 스스로 만들어 내는 에너지의 원천이다. … 사람은 기도 속에서 모든 에너지의 무한한 근원에 말을 걸고, 이를 통해 자신이 지닌 유한한 에너지를 늘린다. 기도할 때 우리는 우주를 회전시키는 끝없는 원동력과 자신을 연결한다. 우리는 그러한 힘 가운데 일부분이 자신의 필요에 할당되기를 기도한다.

힘을 부탁하는 것만으로도 인간의 부족함이 채워지고, 우리는 강해지고 회복한다. … 열렬한 기도 속에서 신에게 말을 걸 때마다 우리의 몸과 마음은 더 강해진다. 누구든 단 한 순간이라도 기도하면 좋은 결과를 얻는다.

버드 제독은 '우주를 회전시키는 끝없는 원동력과 자신을 연결'한다는 말의 의미를 안다. 그래서 인생에서 가장 힘든 시련을 이겨낼 수 있었다. 버드 제독은 《홀로》라는 책에서 그 이야기를 들려준다. 1934년 버드 제독은 남극 깊숙한 곳에 있는 로스 배리어 빙원 아래 파묻힌 오두막 기지에서 5개월을 보냈다. 버드 제독은 남위 78도에서 살아 있는 유일한 생명체였다. 오두막 위로 눈보라가 휘몰아쳤다. 기온은 영하 82도까지 떨어졌고, 버드 제독은 끝없는 어둠에 완전히 둘러싸여 있었다. 그러다 버드 제독은 난로에서 새어 나온 일산화탄소에 천천히 중독되고 있었다는 사실을 알고 공포에 질렸다! 버드 제독이 무엇을 할 수 있었을까? 도움을 청할 수 있는 가장 가까운 곳은 약 200km나 떨어져 있었고, 몇 달을 가야 닿을 수 있었다. 버드 제독은 난로와 환기 장치를 고쳐 보았지만, 연기가 여전히 새어 나왔다. 이 때문에 버드 제독은 종종 기절했다. 의식이 전혀 없는 상태로 바닥에 누워 있었다. 먹을 수도 없었고, 잘 수도 없었다. 그러다 보니 몸이 몹시 약해져 침상에서 벗어나기도 힘들었다. 버드 제독은 다음 날 아침까지 버티지 못할까 자주 두려워했다. 자신이 그 오두막 기지에서 숨질 것이고, 시체는 끊임없이 내리는 눈에 파묻힐 거라고 확신했다.

그런데 무엇이 그의 목숨을 살렸을까? 어느 날 깊은 절망 속에서 버드 제독은 일기장을 펴고 인생의 철학을 적으려 했다. 그는 이렇게 썼다. "우주 속에 인간은 혼자가 아니다." 그는 하늘 위의 별을 생각했고, 별자리와 행성들의 질서정연한 움직임을 떠올렸다. 태양이 얼마나 영원히 빛나는지 생각했고, 때가 되면 남극의 이 버려진 지역에도 빛이 비칠 것이라는 데 생각이 미쳤다. 그러고 나서 버드 제독은 일기에 썼다. "나는 혼자가 아니다."

자신이 혼자가 아니라는 생각, 지구 끝 얼음 구멍 안에서조차 혼자가 아니라는 생각이 리처드 버드 제독을 구했다. 버드 제독은 이렇게 말했다. "혼자가 아니라는 생각 때문에 어려움을 이겨냈다는 걸 알고 있습니다. 살면서 내면에 존재하는 자원을 완전히 다 써야 할 경험을 하는 사람은 드뭅니다. 우리 안에는 한 번도 사용한 적 없는 깊은 힘의 원천이 있습니다." 버드 제독은 그러한 힘의 원천을 사용하는 법을 배워 내면의 자원으로 활용했다. 바로 신에게 의존하는 것이다.

글렌 A. 아놀드는 버드 제독이 남극 빙원에서 얻은 교훈을 일리노이주의 옥수수밭 한가운데서 배웠다. 아놀드는 일리노이주 칠리코시 베이컨 빌딩에서 보험중개인으로 일한다. 그는 걱정을 극복한 방법에 관해 다음과 같이 이야기를 꺼냈다.

8년 전 저는 이제 인생의 마지막이라고 생각하며 열쇠를 돌려 현관 문을 잠갔습니다. 그러고 나서 차에 올라 강을 향해 몰았습니다. 저는 실패했습니다. 한 달 전 제가 속한 자그마한 세계 전체가 머리 위로 무너져 내렸습니다. 운영하던 전자 제품 회사가 파산했거든요. 집에 누워 계신 어머니는 목숨이 경각에 달려 있었습니다. 아내는 둘째 아이를 임신 중이었고요. 병원비가 산처럼 쌓였습니다. 사업을 시작하려고 차와 가구를 비롯해 갖고 있던 모든 걸 저당 잡은 상태였습니다. 심지어 보험약관대출까지 받았습니다. 그런데 이제 모든 게 사라졌습니다. 더는 버틸 수가 없었습니다. 그래서 차에 올라 강으로 향했습니다. 이 비참하고 엉망인 상황을 끝내자고 마음먹었습니다.

시골길을 몇 킬로미터쯤 운전하다가 차를 멈추고 내려 땅바닥에 앉아 어린아이처럼 울었습니다. 그러고 나서 두려운 걱정거리만 반복적으로 떠올리는 대신 진짜 생각이란 걸 하기 시작했습니다. 건설적으로 생각하려 노력했어요. 지금 상황이 얼마나 좋지 못한 걸까? 상황이 이보다 더 나빠질 수 있을까? 정말 희망이 없는 걸까? 상황을 개선하기 위해 무엇을 할 수 있을까?

그때 거기서 저는 모든 문제를 주님께 맡기고 주님의 뜻에 따르기로 했습니다. 그래서 기도했습니다. 간절하게요. 마치 제 생명이 기도에 달린 듯 매달렸습니다. 사실 그렇기도 했죠. 그때 이상한 일이 일어났습니다. 제 모든 문제를 저보다 큰 존재에 맡기자마자 바로 몇 달 동안이나 느끼지 못했던 마음의 평화가 찾아왔습니다. 울면서 30분 정도 기도했습니다. 그러고 나서는 집으로 돌아와 어린아이처럼 잠들었습니다.

다음 날 아침 저는 자신감에 차서 일어났습니다. 더는 두려울 게 없었습니다. 주님의 인도에 따를 것이니까요. 그날 아침 동네 백화점으로 당당하게 걸어 들어갔습니다. 그리고 전자 제품 판매부서에 판매 사원으로 지원하겠다고 말했습니다. 취직하게 될 거라는 걸 알았습니다. 정말 그렇게 되었죠. 전쟁 때문에 가전 산업 전체가 무너지기 전까지 저는 맡은 일을 잘 해냈습니다. 그 후에는 생명보험을 판매하기 시작했습니다. 여전히 위대한 주님이 인도하시는 대로 따랐습니다. 그게 불과 5년 전의 일입니다. 이제 모든 빚을 다 갚았습니다. 영리한 세 아이도 뒀고요. 집도 마련했고, 새 차도 샀습니다. 생명보험회사의 상품에는 25,000달러를 저축해 두었습니다.

그 시절을 돌아보면 모든 걸 잃고 몹시 낙담해 강으로 갔던 게 좋은 일이었습니다. 그 비극적인 일 덕분에 주님께 의지해야 한다는 걸 배웠으니까요. 지금은 전에 가능하리라고 꿈도 꾸지 못했던 평화와 자신감을 느끼고 있습니다.

어째서 종교적인 믿음이 그런 평화와 안정, 불굴의 용기를 가져다주는 것일까? 윌리엄 제임스에게서 답을 구해보자. 윌리엄 제임스는 이렇게 말했다. "불안한 표면에서 소용돌이치는 물결 덕분에 바다 깊은 곳은 평온하다. 더 넓고 항구적인 실재를 손에 넣은 사람에게 시시각각 바뀌는 개인의 운명은 상대적으로 중요하지 않아 보인다. 그러므로 진짜 종교적인 사람이라면 흔들리지 않고 평정을 잃지 않으며, 그날 해야 할 일을 담담하게 준비한다."

걱정되고 불안하다면 어째서 신을 찾지 않는가? 임마누엘 칸트가 말했던 것처럼 '우리에게는 믿음이 필요하므로 신을 믿기로 하는 건' 어떨까? 이제 '우주를 회전시키는 끝없는 원동력'과 자신을 연결해보는 건 어떨까?

선천적 혹은 후천적으로 종교를 믿는 사람이 아니라 해도, 철저한 회의론자라고 해도 생각보다 기도로 큰 도움을 받을 수 있다. 기도가 실제로 유용한 행위이기 때문이다. 실제로 유용하다는 게 무슨 뜻일까? 신을 믿든, 믿지 않든 기도는 모든 사람이 지닌 다음 세 가지 기본적인 심리학적 필요를 충족시킨다는 말이다.

첫째, 기도하면 자신을 괴롭히는 문제를 말로 정확히 표현하게 된다. 앞서 4장에서 모호한 문제는 해결할 수 없다는 걸 확인했다. 기도는 어떤 의미에서 종이 위에 고민을 적어보는 것과 같다. 고민을 해결할 도움을 구하려면, 신에게 구한다 해도 고민거리를 말로 표현해야 한다.

둘째, 기도하면 짐을 더는 것 같은 느낌, 혼자가 아니라는 느낌이 든다. 정말 무거운 짐을, 가장 고통스러운 문제를 오롯이 혼자 견뎌낼 정도로 강인한 사람은 드물다. 때로 우리의 걱정은 본질상 매우 개인적인 문제라서 가장 가까운 친척이나 친구와도 나눌 수 없을 때가 있다. 그럴 때 기도가 답이다. 정신과 의사는 가슴이 답답하고 긴장될 때, 마음이 고통스러울 때는 누군가에게 문제를 털어놓는 게 치료에 좋은 방법이라고 말한다. 아무에게도 말하지 못하는 일이라도 신께는 항상 말할 수 있다.

셋째, 기도하면 실천하게 된다. 실천을 향한 첫 단계가 기도다. 원하는 일이 일어나도록 무언가 실행하지 않으면서 성취하게 해달라고 매일 기도할 사람은 없을 것이다. 세계적으로 유명한 과학자가 말했다. "기도는 사람이 낼 수 있는 가장 강력한 형태의 에너지이다." 그러니 기도를 활용해 보면 어떨까? 주님이든 알라신이든 성령이든 뭐라 불러도 좋다. 신비한 자연의 힘이 우리를 돌보아 주기만 한다면 어째서 그 존재가 무엇인지 정의하느라 다투어야 하는가?

지금 책을 덮고 침실로 가 방문을 닫고 무릎을 꿇은 뒤 마음의 짐을 내려놓으면 어떨까? 믿음을 잃었다면 전능하신 하느님께 믿음을 새로이 해달라고 간청하자. 이렇게 기도하면 된다. "오 주여, 더는 혼자서 싸울 수 없습니다. 당신의 도움이, 당신의 사랑이 필요합니다. 제가 저지른 모든 실수를 용서해 주십시오. 제 마음속 모든 사악함을 없애 주십시오. 평화와 고요, 건강으로 향하는 길을 보여주시고, 원수마저 감싸는 사랑의 마음으로 저를 채워 주십시오."

기도하는 법을 모른다면 700년 전 성 프란체스코가 쓴 아름다우면서 감명을 주는 다음 기도문을 따라 읊자.

주여,

나를 평화의 도구로 써주소서

미움이 있는 곳에 사랑을

상처가 있는 곳에 용서를

의혹이 있는 곳에 믿음을

절망이 있는 곳에 희망을

어둠이 있는 곳에 광명을

슬픔이 있는 곳에 기쁨을 심게 하소서.

오 거룩하신 주여,

위로받기보다는 위로하며

이해받기보다는 이해하며

사랑받기보다는 사랑하게 하소서.

우리는 줌으로써 받고

용서함으로써 용서받으며

자기를 버림으로써 영원한 생명을 얻음이나이다.

Part 6

비판에 대한 걱정을
극복하는 방법

20장

죽은 개를 걷어차는
사람은 없다

1929년 미국 교육계에 큰 화제를 불러온 사건이 발생했다. 미국 전역의 학자가 이 사건을 지켜보기 위해 서둘러 시카고로 향했다. 몇 년 전 로버트 허친스라는 이름의 젊은이가 식당 종업원, 벌목노동자, 과외교사, 빨랫줄 판매원으로 일하며 예일 대학교를 졸업했다. 그로부터 8년밖에 지나지 않았는데 이제 그가 미국에서 네 번째로 부유한 시카고 대학교의 총장으로 취임하려는 참이었다. 그의 나이는 서른에 불과했다. 믿기 어려운 일이다! 나이 든 교육자들은 고개를 내저었다. 이 '총아'에게 낙석이 떨어지듯 비판이 쏟아졌다. 나이가 너무 어리다, 경험이 없다, 교육에 관한 생각이 삐뚤어졌다, 이렇다 저렇다 하는 비판이었다. 심지어 언론에서도 공격에 가담했다.

로버트 허친스가 시카고 대학교 총장으로 취임하던 날, 그의 아버지인 로버트 메이너드 허친스에게 한 친구가 말했다. "오늘 아침 신문에서 자네 아들을 비난하는 평론 기사를 읽고 깜짝 놀랐네." 아버지는 이렇게 대답했다. "맞아, 기사 내용이 심했지. 하지만 죽은 개를 걷어차는 사람은 없는 법이네."

그렇다. 중요한 사람일수록 그를 걷어차면서 느끼는 만족감도 더 크다. 에드워드 8세는 황태자 시절 이를 원치 않게 경험해야 했다. 당시 황태자는 데번주에 있는 다트머스 대학에 다니고 있었다. 미국과 비교하면 아나폴리스에 있는 해군사관학교에 해당하는 학교다. 황태자가 14살 무렵이었다. 어느 날 황태자가 우는 모습을 어느 해군 장교가 보고 왜 우는지 물었다. 황태자는 처음에는 대답하지 않았지만, 마침내 진실을 털어놓았다. 사관학교 생도들이 황태자를 발로 걷어찼다는 것이었다. 대학 학장은 황태자를 발로 찬 생도들을 소환해 황태자가 고자질한 건 아니라고 하면서, 다만 왜 황태자를 골라 괴롭혔는지 이유를 알고 싶다고 말했다.

불려온 생도들은 한참을 우물쭈물하며 발끝으로 땅만 툭툭 치다가 마침내 고백했다. 그들은 자기들이 왕실 해군의 지휘관과 함장이 되었을 때 예전에 왕을 발로 찼다고 자랑하고 싶어서 걷어찼다는 것이었다!

그러니 사람들이 당신을 걷어차고 비판한다면 그건 대체로 그들이 자기 존재의 중요성을 느끼기 위해서라는 점을 기억하라. 또한 당신이 주목할 만한 성취를 이루었다는 뜻이기도 하다. 자기보다 교육을 더 받았거나 더 크게 성공한 사람을 비난하면서 천박한 만족감을 얻는 사람이 많다. 예를 들어 나는 이번 장을 쓰는 동안 어느 여성으로부터 구세군을 설립한 윌리엄 부스 장군을 비난하는 편지를 받았다. 이전에 부스 장군을 칭찬하는 방송을 했기 때문이다. 그래서 이 여성은 내게 편지를 보내 부스 장군이 가난한 사람들을 돕는다며 모은 성금 가운데 800만 달러를 횡령했다고 주장했다. 물론 말도 안 되는 주장이다. 하지만 이 여성은 진실을 찾고 있는 게 아니라 자신보다 훨씬 뛰어난 누군가를 비방해 비열한 만족을 얻고 싶은 것이다. 나는 적의에 찬 여성의 편지를 쓰레기통에 던져 넣었고, 이 여성이 내 아내가 아니라서 다행이라고 전능하신 하느님께 감사드렸다. 편지를 읽고 부스 장군이 어떤 사람인지는 전혀 알 수 없었지만, 편지를 쓴 여성에 대해서는 많은 걸 알 수 있었다. 수년 전 쇼펜하우어는 이렇게 말했다. "저속한 사람은 위대한 인물의 잘못과 어리석음을 보고 커다란 기쁨을 느낀다."

사람들은 예일 대학교 총장이 저속한 사람이라고 생각도 하지 못할 것이다. 하지만 예일 대학교의 전前 총장인 티모시 드와이트는 미국 대선에 출마한 후보를 비난하는 데서 엄청난 기쁨을 느꼈다. 티모시 드와이트 총장은 이 남성이 대통령에 당선된다면 "우리의 아내와 딸들이 합법적인 매춘의 희생자가 되어 완전히 불명예스러워지고, 겉과 달리 내면은 타락할 것이며, 고상함과 미덕을 버리고, 주님과 남성을 혐오하게 될 것"이라고 말했다.

히틀러를 비난하는 소리처럼 들린다. 하지만 그건 히틀러를 비난하는 소리가 아니라 토머스 제퍼슨을 비난하는 소리였다.

토머스 제퍼슨이라고? '독립선언서'를 쓴 민주주의의 수호신이자 불멸의 위인 토머스 제퍼슨은 분명 아니겠지? 맞다, 바로 그 토머스 제퍼슨을 비난한 것이다.

'위선자', '사기꾼', '살인자와 거의 다를 바 없는 사람'이라고 비난받은 미국인이 누구라고 생각하는가? 신문에 실린 시사만화에서는 커다란 칼이 단두대에 선 이 사람의 목을 자르려 하는 모습을 그렸다. 그가 말을 타고 거리를 지나가면 군중들은 그를 비웃고 야유를 보냈다. 그는 누구일까? 바로 조지 워싱턴이다.

하지만 그건 오래전에 있었던 일이다. 그 사이에 인간의 본성이 좋아졌을지도 모른다. 한번 확인해 보자. 피어리 제독의 예를 살펴보자. 피어리 제독은 1909년 4월 6일, 개 썰매를 타고 북극에 도착해 세계를 열광시킨 탐험가이다. 북극 정복은 수 세기 동안 용감한 사람들이 손에 넣고 싶어 했던 목표로, 그들은 이 목표를 달성하려다 고통을 겪었고, 사망한 사람도 있었다. 피어리 제독도 추위와 배고픔으로 죽기 직전까지 갔다. 동상으로 발가락 8개도 잘라야 했다. 여러 어려움이 너무 벅차서 이러다 미치는 게 아닐까 두려워하곤 했다. 그런데 워싱턴에 있던 해군 상관들은 피어리 제독이 많은 관심과 찬사를 받자 질투로 분통이 터졌다. 그래서 그들은 피어리 제독이 과학 탐험을 위해 자금을 모은 뒤 '북극 지방에서 하릴없이 빈둥거리기만 한다'고 비난했다. 그들은 틀림없이 그렇게 믿었을 것이다. 사람은 믿고 싶은 대로 믿기 때문이다. 피어리 제독을 모욕하고 막으려는 그들의 투지가 너무 강해서 피어리 제독은 맥킨리 대통령의 직접 명령을 받고 나서야 북극 탐험을 계속할 수 있었다.

피어리 제독이 워싱턴 해군 본부에서 행정직으로 일했다면 그런 비난을 받았을까? 그렇지 않았을 것이다. 그랬다면 질투를 불러일으킬 만큼 중요한 인물이 아니었을 테니 말이다.

그랜트 장군에게는 피어리 제독보다 더한 경험이 있었다. 1862년 그랜트 장군은 북군 사상 처음으로 결정적인 큰 승리를 거두었다. 어느 날 오후의 일이었는데, 이날의 승리로 그랜트 장군은 단숨에 전국적인 우상이 되었고, 멀리 떨어진 유럽에까지 엄청난 반향이 일었으며, 메인주부터 미시시피주의 강둑까지 그랜트 장군의 승리를 축하하는 교회의 종이 울리고, 횃불이 불타올랐다. 하지만 그런 엄청난 승리를 거두고 나서 6주도 채 안 되어 북군의 영웅 그랜트 장군은 체포되었고, 군 지휘권도 빼앗겼다. 그랜트 장군은 굴욕과 절망으로 눈물을 흘렸다.

그랜트 장군이 거둔 승리의 물결이 넘쳐나던 때 그는 어째서 체포된 것일까? 오만한 그의 상관들이 그랜트 장군을 질투하고 시기했기 때문이다.

부당한 비판이 걱정스럽다면 다음 원칙을 생각하자.

부당한 비판에 맞서는 방법 1
부당한 비판은 그릇된 방식으로 표현하는 칭찬이라는 점을 떠올려라. 죽은 개를 걷어차는 사람은 없다.

21장

비판에
상처받지 않는 방법

한 번은 '송곳눈' 스메들리 버틀러 해병대 소장을 인터뷰한 일이 있었다. '지옥의 악마'라고 불리는 버틀러 소장을 말이다! 버틀러 소장은 미 해병대를 지휘한 장군 중에 누구보다 관심받기를 좋아하고 모험과 활극을 펼치는 사람이었다.

버틀러 소장이 말하기를 자신은 어렸을 때 인기 있는 사람이기를 간절히 바랐고, 모든 이에게 좋은 인상을 남기고 싶어 했다고 한다. 그 시절에 그는 아주 작은 비판에도 속상해하고 상처받았다. 하지만 해병대에 30년간 복무했더니 대담해졌다고 한다. "저는 똥개라고, 뱀이라고, 스컹크라고 계속 욕을 먹고 모욕받고 비난당했습니다. 상관들도 저를 욕했습니다. 차마 옮길 수는 없지만, 영어에서 쓰는 욕이란 욕은 전부 들었어요. 기분이 상했느냐고요? 아니요! 이제는 누군가 저를 욕하는 소리를 들어도 그게 누구인지 쳐다보지도 않습니다."

'송곳눈' 버틀러 소장은 비판에 너무 무신경한 사람일지도 모른다. 하지만 한 가지는 확실하다. 대부분의 사람이 자신이 받는 험담이나 비난을 지나치게 심각하게 받아들인다는 것이다. 수년 전 뉴욕 신문 〈선〉의 기자가 우리 평생교육 과정의 시범 수업에 참석한 뒤 나와 내 일을 풍자로 비판한 적이 있었다. 내가 격분했을까? 나는 그 기사를 개인적인 모욕으로 받아들였다. 그리고 〈선〉 집행위원회 길 호지스 위원장에게 전화를 걸어 조롱이 아니라 사실을 이야기하는 기사를 내보내야 한다고 요구했다. 나는 그들의 죄에 걸맞은 벌을 내리겠다고 마음먹었다.

지금은 그런 식으로 행동했던 게 부끄럽다. 신문을 샀던 사람의 절반은 그 기사를 보지도 않았을 테고, 기사를 읽은 사람의 절반은 그저 재미로 여겼을 것이며, 기사를 읽고 고소해 한 사람이 있었다 해도 그 가운데 절반은 몇 주 지나지 않아 기사 내용을 까맣게 잊어버렸을 테니 말이다.

사람들은 남들에 대해 생각하지 않는다. 그래서 우리에 대해 어떤 이야기를 듣든 신경 쓰지 않는다. 사람들은 자기 자신에 대해서 생각한다. 아침 식사 전에도, 아침 식사 후에도, 자정을 넘긴 시각까지도 자기 문제만을 생각한다. 남이 죽었다는 소식보다도 자기의 약한 두통에 천 배는 더 신경 쓴다.

가장 친하게 지내는 친구 여섯 명 가운데 한 명이 우리에게 거짓말하고, 우리를 조롱하고, 속이고, 배신하고, 변절한다 해도 엄청난 자기연민에 빠지지는 말자. 대신 바로 그런 일이 예수에게 일어났었다는 걸 떠올리자. 예수가 가장 아꼈던 열두 제자 가운데 한 명은 지금 돈으로 치면 약 19달러의 돈을 받고 예수를 배신했다. 그 가운데 또 다른 한 명은 예수가 어려움에 부닥친 그 순간 대놓고 예수를 버렸고, 자신은 예수를 모른다고 세 번이나 말하며 맹세했다. 여섯 명 가운데 한 명꼴이다! 이게 바로 예수에게 일어났던 일이다. 어째서 우리가 예수보다 나을 것으로 기대하는가?

몇 년 전 나는 비록 사람들이 부당하게 나를 비판하는 걸 막을 수는 없을지라도 내가 그보다 훨씬 중요한 일을 할 수 있다는 걸 알았다. 부당한 비난에 기분이 상할 것인지 아닌지, 그건 내가 결정하는 것이다.

분명히 짚어야 할 게 있다. 모든 비판을 무시하라는 이야기가 아니다. 오직 부당한 비판만을 이야기하는 것이다. 한 번은 엘리너 루스벨트에게 부당한 비판에 대처하는 방법을 물어보았다. 그녀가 부당한 비판을 얼마나 많이 받았는지는 누구나 알고 있다. 엘리너 루스벨트는 그 어느 영부인보다 열성적인 지원군도, 맹렬한 적군도 많이 가졌다.

엘리너 루스벨트에 따르면 어렸을 때 그녀는 병적으로 부끄러움이 많은 소녀였다고 한다. 그래서 사람들이 하는 말을 두려워했다. 사람들에게 비판받는 게 너무 두려워서 어느 날은 시어도어 루스벨트의 누나인 고모에게 조언을 구했다. "바이 고모, 저이러저러한 일을 하고 싶은데, 비판받을까 두려워요."

루스벨트의 누나는 조카의 눈을 들여다보며 말했다. "네가 생각하기에 맞는 일이라면 사람들이 하는 말에 절대 신경 쓰지 마." 엘리너 루스벨트는 수년 뒤 백악관에 입성했을 때 고모의 조언을 마음에 단단히 새겼다고 한다. 엘리너 루스벨트는 모든 비판을 피할 단 하나의 방법은 선반 위에 있는 드레스덴 도자기 인형처럼 가만히 있는 것이라고 했다. "자신의 마음속에서 옳다고 느끼는 일을 하세요. 어찌하든 비판은 따라오니까요. 어떤 일을 해도, 하지 않아도 비판은 나옵니다." 엘리너 루스벨트의 조언이다.

작고한 매튜 C. 브러쉬는 월스트리트 40번지에 있는 아메리칸 인터내셔널 코퍼레이션의 사장이었다. 그에게 비판에 예민하게 반응한 적이 있는지 물어본 적이 있다. 대답은 이러했다.

그럼요. 예전에는 비판에 아주 예민했습니다. 회사 직원이 모두 저를 완벽한 사람이라고 생각했으면 해서 안달이었지요. 직원들이 그렇게 생각하는 것 같지 않으면 걱정했어요. 제게 불만 있는 직원이 있으면 우선 그를 기쁘게 하려고 애썼습니다. 하지만 그 직원을 달래려는 바로 그 행동 때문에 또 다른 직원이 화를 냈습니다. 이번에는 새로 화가 난 직원의 기분을 풀어주려 하면 벌떼를 건드린 것처럼 다른 직원들이 또 화를 냈습니다. 마침내 저는 개인적인 비판을 피하고자 상처받은 직원의 감정을 달래고 어루만지려 하면 할수록 적이 늘어나기만 하는 게 분명하다는 걸 깨달았어요. 그래서 생각했습니다. '눈에 띄는 사람은 비판받게 되는 거야. 그러니 비판에 익숙해져야 해.' 그 생각이 엄청나게 도움이 되었습니다. 그때부터 저는 매사 최선을 다하되 그 후에 내리는 비난의 비에는 몸이 젖지 않게, 이를 흘려보낼 수 있는 우산을 쓰기로 마음먹었습니다.

음악평론가 딤즈 테일러는 한발 더 나아갔다. 그는 비난의 비에 흠뻑 젖었지만, 웃어넘기고 말았다. 그것도 공개적으로 말이다. 뉴욕 필하모닉 심포니 오케스트라의 일요일 오후 라디오 콘서트 공연 도중 쉬는 시간에 딤즈 테일러가 공연에 대해 논평했을 때 한 여성이 편지를 보내 그를 '거짓말쟁이에다 배신자, 뱀 같은 사람, 멍청이'라고 불렀다.

그다음 주 방송에서 딤즈 테일러는 수백만 명의 청취자가 듣는 가운데 편지를 낭독했다. 그가 쓴 책《인간과 음악에 관하여》에 따르면 며칠 뒤 같은 여성이 보낸 편지를 또 받았다고 한다. "여성은 내가 여전히 거짓말쟁이에다 배신자, 뱀 같은 사람, 멍청이라는 의견을 굽히지 않았다. 내 이야기가 즐겁지는 않았던 것 같다." 비판에 이런 식으로 대처하는 사람을 존경하지 않을 수 없다. 딤즈 테일러의 평온함, 흔들리지 않는 자세, 유머 감각에 감탄한다.

찰스 슈왑은 프린스턴 대학교 학생들 앞에서 연설하면서 지금까지 자신이 배운 가장 중요한 교훈은 자신의 제강 공장에서 일하던 나이 든 독일인 노동자가 가르쳐 주었다고 했다. 그 노동자는 다른 공장 노동자들과 전쟁에 대해 격렬한 논쟁을 벌였는데, 다른 공장 노동자들이 독일인 노동자를 강물에 빠뜨렸다. 찰스 슈왑이 말했다. "독일인 노동자가 물에 젖은 채 진흙을 잔뜩 뒤집어쓰고 제 사무실로 찾아왔습니다. 그에게 당신을 강에 빠뜨린 노동자들에게는 뭐라고 말했는지 물으니 그가 대답했습니다. '그냥 웃었지요.'"

찰스 슈왑은 나이 든 독일인 노동자의 대답을 좌우명으로 삼았다고 말했다. '그냥 웃어라.'

찰스 슈왑의 좌우명은 특히 부당한 비판의 희생자가 되었을 때 떠올리면 유용하다. 반박하는 사람에게는 뭐라고 대꾸해 줄 수 있지만, '그냥 웃는 사람'에게 무슨 말을 할 수 있겠는가?

만일 링컨이 가차 없는 비판에 일일이 전부 답하려 하는 우를 범했다면 남북전쟁의 부담감에 짓눌려 무너지고 말았을 것이다. 링컨은 말했다. "만일 나에 대한 공격을 전부 읽으려 했다면, 하물며 그에 답하려 들었다면 다른 일은 아무것도 하지 못했을 것이다. 나는 내가 아는 한, 내가 할 수 있는 한 최선을 다한다. 전쟁이 끝날 때까지 계속 최선을 다할 생각이다. 전쟁이 끝나고 결과적으로 내가 옳았다면 나를 비판했던 말들은 전혀 중요치 않다. 결과적으로 내가 틀렸다면 열 명의 천사가 내가 옳았음을 맹세해 주어도 결과는 달라지지 않으니 비판받아 마땅하다."

부당하게 비판받을 때는 다음 원칙을 기억하자.

부당한 비판에 맞서는 방법 2

할 수 있는 한 최선을 다하라. 그 후에 내리는 비난의 비에는 몸이 젖지 않
도록 우산을 써라.

22장

내가 저지른
어리석은 짓들

내 개인 서류함에는 'FTD'라고 써 둔 폴더가 있다. '내가 저지른 어리석은 짓들Fool Things I Have Done'의 줄임말이다. 이 폴더에는 내가 저질렀던 어리석은 짓을 적어 기록해 두었다. 때로는 비서에게 불러주고 받아 적게 하지만, 때로는 너무 개인적인 내용이고 너무 바보 같아 비서에게 받아 적게 하는 게 부끄러워 내가 직접 쓴다.

15년 전 'FTD' 폴더에 적었던 나에 대한 비판을 여전히 기억하고 있다. 내가 자기 자신에게 조금도 숨김없이 솔직했다면 지금쯤 내 서류함은 'FTD' 메모들로 넘쳤을 것이다. 2,000년도 더전에 사울 왕이 했던 말을 나는 정말 그대로 반복해서 이야기할수 있다. "나는 어리석은 짓을 했고, 대단한 잘못을 범했다."

'FTD' 폴더를 꺼내 스스로 쓴 비판의 글을 다시 읽으면 내가 마주하게 될 가장 힘든 문제, '데일 카네기 관리하기'에 도움이 된다.

예전에 나는 문제가 생기면 남 탓을 했다. 하지만 점점 나이가 들면서 (바라건대, 철도 들면서) 결국 내게 일어난 모든 불행은 결국 나 때문이었다는 걸 깨달았다. 나이가 들면서 이 점을 깨닫는 사람들이 많다. 세인트 헬레나에서 나폴레옹은 "내가 패한 건 그 누구도 아닌 나의 탓이다. 나야말로 나 자신의 가장 큰 적이자 내 비참한 운명의 원인이었다."고 말했다.

내가 아는 한 남성의 이야기를 할까 한다. 이 남성은 자기평가와 자기 관리 솜씨가 예술이었다고 할 수 있다. 남성의 이름은 H. P. 하웰이다. 1944년 7월 31일 뉴욕 앰배서더 호텔 내 상점에서 그가 갑자기 사망했다는 소식이 전국에 전해졌을 때 월스트리트는 충격에 빠졌다. 왜냐하면, 하웰은 월스트리트 56번지에 있는 미국 상업은행 신탁회사 이사회의 의장이자 여러 대기업에서 이사직을 맡고 있었기 때문이었다. 하웰은 정규 교육을 많이 받지 못했고, 시골 상점에서 점원으로 사회생활을 시작했다. 하지만 후에 US스틸의 여신 관리자가 되었고, 지위와 권력을 얻는 길로 들어섰다.

그에게 성공의 비결을 설명해달라고 부탁했더니 다음과 같이 답해주었다.

수년간 저는 그날의 약속을 전부 보여주는 다이어리를 썼습니다. 우리 가족은 저를 위해 토요일 저녁에는 어떠한 일정도 잡지 않습니다.

제가 토요일 저녁마다 자신을 고찰하고 그 주에 했던 일을 확인하고 평가하는 데 일정 시간을 할애한다는 걸 알거든요. 저녁 식사 후에 저는 혼자 다이어리를 펴고 월요일 오전부터 일주일 동안 했던 모든 인터뷰와 토론, 회의를 다시 곰곰이 생각해 봅니다. 그러고는 자신에게 질문합니다. '그때 내가 무슨 실수를 했지?' '잘한 일은 뭐였을까? 어떤 식으로 했다면 성과가 더 좋았을까?' '이 경험으로부터 어떤 교훈을 배울 수 있었나?' 이렇게 주간평가를 하다 보면 때로 기분이 매우 안 좋아지기도 합니다. 제가 저지른 실수에 깜짝 놀랄 때도 있고요. 물론 세월이 흐르면서 그런 실수는 줄었지만요. 이러한 자기 분석 체제를 매년 계속 유지했던 게 제가 시도했던 다른 어떤 방법보다 도움이 되었습니다.

하웰이 벤저민 프랭클린의 아이디어를 빌린 것일지도 모르겠다. 단지 프랭클린은 토요일 저녁까지 기다리지 않았다는 게 다른 점이다. 프랭클린은 매일 밤 자신을 엄격하게 돌아보았다. 그리고 자신에게 13가지 단점이 있다는 걸 알았다. 그 가운데 3개만 살펴보면 시간을 낭비하는 것, 사소한 일을 두고 마음 졸이는 것, 사람들 말에 반박하는 것을 꼽았다. 현명한 벤저민 프랭클린은 이러한 단점을 고치지 않으면 크게 성공할 수 없다는 걸 깨달았다. 그래서 그는 1주일 동안 날마다 단점 하나씩을 고치려 노력하고, 매일 그날의 치열한 전투에서 어느 쪽이 이겼는지 기록해 나갔다. 다음 날이 되면 또 다른 나쁜 버릇을 골라 글러

브를 끼고 시작 벨이 울리면 자기 코너에서 싸우러 나섰다. 프랭
클린은 자신의 단점을 고치려고 이런 식으로 2년 이상 매주 싸
웠다. 벤저민 프랭클린이 미국 역사상 가장 사랑받고, 가장 영향
력 있는 인물이 된 게 전혀 놀랍지 않다!

작가 엘버트 허버드가 말했다. "모든 사람은 적어도 하루에
5분씩은 바보가 된다. 그 시간을 넘기지 않는 게 지혜다."

그릇이 작은 사람은 사소한 비판에도 불같이 화를 내지만, 현
명한 사람은 자신을 질책하는 사람, 책망하는 사람, 앞서가려고
다투는 사람으로부터도 배움을 얻으려 한다. 시인 월트 휘트먼
은 이렇게 말했다. "지금까지 당신을 존경하고, 당신에게 상냥하
고, 당신 편에 서는 사람으로부터만 배움을 얻었는가? 당신을
거부하고, 당신에게 맞서고, 당신을 앞서가려고 다투는 사람으
로부터는 큰 배움을 얻지 못했는가?"

우리의 적이 우리 자신이나 우리의 일을 비판하기를 기다리
지 말고 선수를 치자. 자기 자신이 가장 엄격한 비판자가 되자.
적이 입도 뻥긋하기 전에 먼저 자신의 모든 약점을 찾아 고치자.
그게 바로 찰스 다윈이 썼던 방법이다. 사실 찰스 다윈은 15년
동안이나 자신을 비판했다. 찰스 다윈은 불멸의 책《종의 기원》
의 원고를 완성하고 나자 자신이 주장하는 획기적인 창조의 개
념을 책으로 출판하면 전 세계 학계와 종교계에 큰 파문이 일어
날 것을 알았다.

그래서 찰스 다윈은 이후 15년을 더 들여 스스로 자료를 확

인하고, 추론에 이의를 제기하고, 결론을 비판했다.

누군가 우리를 '망할 바보'라고 비난했다고 하자. 그 말을 듣고 어떻게 할 것인가? 화를 낼 것인가? 분개할 것인가? 링컨은 이렇게 했다. 링컨 정부의 국방부 장관이었던 에드워드 M. 스탠튼이 한 번은 링컨을 '망할 바보'라고 불렀다. 링컨이 자기 일에 계속 간섭해서 스탠튼은 화가 나 있었다. 링컨은 어느 이기적인 정치인의 비위를 맞추느라 특정 연대를 이동시키라는 명령에 서명했다. 스탠튼은 링컨의 명령을 수행하지 않았을 뿐 아니라 그런 명령에 서명하다니 링컨은 망할 바보라고 욕했다. 그래서 어떻게 되었을까? 링컨은 스탠튼이 그런 욕을 했다는 말을 듣고 조용히 대답했다. "스탠튼이 내게 망할 바보라고 했다면 내가 망할 바보인 게 틀림없을 거요. 스탠튼 말은 대부분 맞거든. 내가 가서 만나봐야겠군."

링컨은 정말로 스탠튼을 만나러 갔다. 스탠튼은 해당 명령이 잘못된 것이라고 링컨을 설득했고, 링컨은 명령을 철회했다. 링컨은 근거가 있고, 자신을 도우려는 마음에서 나온 진정성 있는 비판이라면 환영했다.

우리도 그런 비판은 환영해야 한다. 사람이 네 번 가운데 세 번 이상 옳은 선택을 할 거라고 기대할 수는 없기 때문이다. 적어도 시어도어 루스벨트가 대통령으로 재직하던 시기에 자신에게 바라는 정도는 그랬다. 가장 심오한 사상가라고 할 수 있는 아인슈타인도 자신이 내린 결론 중 99%는 틀린다고 말했다!

프랑스의 작가 라 로슈푸코는 말했다. "나에 관해서는 적의 의견이 내 의견보다 진실에 더 가깝다."

라 로슈푸코의 말이 맞을 때가 많다. 자기 자신을 관찰하고 있지 않다면 누군가 나를 비판하는 말을 꺼낼 때 자동으로 즉각 방어 태세로 나선다. 비판의 내용이 무엇이 될지 전혀 모르는 때에도 그렇게 된다. 그럴 때마다 나 자신이 싫어진다. 사람은 누구나 비판에 분개하면서 칭찬은 선뜻 받아들인다. 비판이든 칭찬이든 내용의 정당성과 상관없이 그렇게 한다. 사람은 논리적 존재가 아니라 감정에 좌우되는 존재다. 논리는 깊고 어둡고 폭풍우가 치는 감정의 바다에 던져진 카누와 같다. 사람은 대부분 현재 자기의 모습을 상당히 긍정적으로 생각한다. 하지만 앞으로 40년 뒤에 돌아보면 오늘의 모습을 비웃을 것이다.

'역사상 가장 유명한 소도시 신문 편집자'로 불리는 윌리엄 앨런 화이트는 50년 전 자신을 돌아보고 그때의 젊은 자신을 이렇게 묘사했다. '자기가 잘난 줄 아는… 무례한 바보… 자기가 남들보다 뛰어나다고 생각하는 젊은 위선자… 현실에 안주하는 반동주의자.' 앞으로 20년이 지나면 우리도 지금의 모습을 묘사할 때 비슷한 표현을 쓸지도 모르겠다. 누가 알겠는가?

앞 장에서는 부당하게 비판받았을 때 어떻게 해야 하는지 이야기했다. 하지만 여기서는 조금 다른 생각을 이야기하려 한다. 부당하게 비판받았다고 느껴 화가 난다면 잠시 멈추고 이렇게 말해보자. "잠깐만! 나는 결코 완벽한 인간이 아니야. 아인슈타인도 자신이 99%는 틀린다고 인정했는데, 나도 최소한 80%는 틀리지 않을까? 어쩌면 비판받아 마땅했는지도 몰라. 그런 거라면 비판에 감사하고, 거기서 배울 점을 찾아야겠지."

팹소던트 컴퍼니의 찰스 럭맨 사장은 코미디언 밥 호프를 방송에 내보내는 데 1년에 100만 달러씩 쓴다. 그런데 프로그램을 칭찬하는 내용의 편지는 읽지 않고 비판하는 편지만 읽는다. 그런 편지에 무언가 배울 점이 있을 거라는 걸 알기 때문이다.

포드사에서는 회사의 경영진과 운영에 어떤 문제가 있는지 알아내고 싶어서 직원들에게 설문조사를 하고 회사를 비판하게 했다.

나는 자신을 비판해 달라고 요청하기까지 했던 전직 비누 판매원을 알고 있다. 그가 처음 콜게이트의 비누를 팔기 시작했을 때는 실적이 신통치 않았다. 그래서 일자리를 잃을까 걱정이었다. 비누의 품질이나 가격에는 전혀 문제가 없다는 걸 알고 있었기에 그는 자신에게 문제가 있는 게 틀림없다고 생각했다. 판매에 실패하게 되면 그는 거리를 걸으며 무엇이 잘못이었는지 생각하려 애썼다. '설명이 너무 모호했나?' '내 열정이 부족했나?' 때로는 상점으로 돌아가 이렇게 말하기도 했다. "비누를 팔려고 다시 온 게 아닙니다. 조언과 비판을 듣고 싶어서 왔어요. 좀 전에 비누를 팔려고 했을 때 제가 잘못했던 부분이 있었다면 말씀해주시겠어요? 저보다 훨씬 경험도 많으시고 성공하신 분이시니 저를 비판해 주세요. 솔직하게요. 좋게 좋게 말씀하지 마시고요. 부탁드립니다."

이러한 태도 덕분에 그에게는 많은 친구가 생겼고, 값을 헤아릴 수 없는 조언을 들었다.

그가 어떻게 되었을 것 같은가? 그는 현재 세계 최대의 비누 제조업체 콜게이트 파몰리브 피트의 E. H. 리틀 사장이다. 그는 작년 한 해 240,141달러의 소득을 기록해, 전미 소득 순위 15위에 올랐다.

H. P. 하웰, 벤저민 프랭클린, E. H. 리틀처럼 하려면 그릇이 커야 한다. 자, 지금 아무도 보는 사람이 없을 때 거울을 보고 자신이 그런 부류에 속하는 사람인지 스스로 물어보자.

부당한 비판에 맞서는 방법 3

지금껏 저질렀던 어리석은 짓을 기록하고 자신을 비판하자. 완벽한 사람이 되기를 바랄 수는 없으니 E. H. 리틀이 했던 것처럼 자신에게 도움이 되는 편견 없고 건설적인 비판을 요청하자.

원칙 1 부당한 비판은 그릇된 방식으로 표현하는 칭찬이라는 점을 떠올려라. 부당한 비판을 받는다는 건 사람들이 질투하고 부러워한다는 뜻이다. 죽은 개를 걷어차는 사람은 없다는 점을 기억하라.

원칙 2 할 수 있는 한 최선을 다하라. 그 후에 내리는 비난의 비에는 몸이 젖지 않도록 우산을 써라.

원칙 3 지금껏 저질렀던 어리석은 짓을 기록하고 자신을 비판하자. 완벽한 사람이 되기를 바랄 수는 없으니 E. H. 리틀이 했던 것처럼 자신에게 도움이 되는 편견 없고 건설적인 비판을 요청하자.

피로와 걱정을 예방하고
활력과 기운을 높이는 6가지 방법

23장

깨어 있는 시간을 하루에
1시간씩 늘리는 방법

걱정을 막는 법에 관한 책에서 피로를 예방하는 방법에 관한 내용을 쓰는 이유는 뭘까? 이유는 간단하다. 대개 피로가 걱정을 낳고, 그게 아니라면 적어도 피로 때문에 우리가 걱정에 더욱 예민해지기 때문이다. 의학을 공부한 사람이라면 누구나 우리가 피곤하면 흔히 걸리는 감기를 비롯해 다른 수많은 질병에 대한 신체 저항력이 떨어진다고 말한다. 정신과 의사도 하나같이 피곤하면 두려움과 걱정이라는 감정에 대한 저항력이 떨어진다고 말한다. 그러므로 피곤해지지 않으면 걱정도 예방되는 편이다.

'걱정이 예방되는 편'이라고? 이건 약한 표현이다. 에드먼드 제이콥슨 박사는 훨씬 더 강하게 주장한다. 제이콥슨 박사는 시카고 대학교 임상 생리학 연구소 소장으로 이완과 관련한 책 《점진 이완법》과 《이완해야 한다》를 썼다. 제이콥슨 박사는 이완을 의학적 치료법으로 사용하는 방안을 수년간 조사했다. 박사에 따르면 '완전히 이완하면 불안하거나 감정적인 상태가 나타날 수 없다.' 달리 말하면 '이완하면 걱정을 계속할 수 없다.' 그러므로 피로와 걱정을 예방하기 위한 첫 번째 원칙은 자주 쉬라는 것이다. 피곤해지기 전에 쉬어라.

쉬는 게 왜 그렇게 중요할까? 그건 피로가 놀랍도록 빠르게 쌓이기 때문이다. 미 육군은 반복 실험을 통해 젊은 청년인 군인조차(수년간의 군사 훈련으로 단련된 청년들이다) 한 시간에 10분씩 군장을 내려놓고 휴식하면 행군을 더 오래 버티면서 더 잘할 수 있다는 걸 발견했다. 그래서 군에서는 장병들에게 휴식 시간을 준다. 우리의 심장도 미군만큼 영리하다. 심장은 매일 화물기차 한 량을 채우기 충분할 만큼의 혈액을 온몸으로 내보낸다. 심장이 매일 24시간 발산하는 에너지로 석탄 20톤을 삽으로 퍼서 약 90cm 높이의 더미를 만들 수 있다. 심장은 이렇게 엄청난 양의 작업을 50년, 70년, 혹은 90년 동안 계속한다. 어떻게 견디는 걸까? 하버드 의대의 월터 B. 캐논 박사는 이렇게 설명한다. "대부분의 사람들은 심장이 항상 움직이고 있다고 생각합니다. 하지만 사실은 매 수축 후에 확실한 휴식 시간이 있습니다. 맥박이 분당 70 정도로 적당하게 뛸 때 심장은 실제로 24시간 가운데 9시간만 작동합니다. 심장이 휴식하는 시간을 전부 합하면 하루 15시간이 됩니다."

제2차 세계대전 기간에 윈스턴 처칠은 60대 후반에서 70대 초반의 나이였지만, 몇 년 동안 하루 16시간씩 일하면서 영국의 전쟁을 지휘했다. 비결이 무엇이었을까? 처칠은 매일 아침 11시까지 침대에 누워 일했다. 침대에서 신문을 읽고, 명령을 내리고, 전화를 걸고, 중요한 회의를 했다. 점심 식사 후에는 다시 침대로 돌아가 한 시간 동안 낮잠을 잤다. 저녁이 되면 8시에 이루어지는 저녁 식사 전에 또다시 침대로 가 두 시간을 잤다. 처칠은 피로를 풀지 않았다. 그럴 필요가 없었다. 피로가 쌓이지 않게 예방했기 때문이다. 처칠은 자주 쉬었기 때문에 자정을 한참 넘긴 시간에도 산뜻한 기분으로 건강하게 계속 일할 수 있었다.

석유왕 존 록펠러는 놀라운 기록을 두 개나 세웠다. 그때까지 유례없던 수준의 재산을 모아 세계 최고의 부자가 된 것과 98세까지 장수한 것이다. 어떻게 그렇게 했을까? 물론 가장 큰 이유는 그가 장수 유전자를 물려받았기 때문이다. 하지만 두 번째 비결은 매일 정오에 사무실에서 30분씩 낮잠 자는 습관이었다. 록펠러가 사무실 소파에 누워 잠깐 눈을 붙이는 동안에는 미국 대통령조차 그와 통화할 수 없었다!

《피로의 원인》이라는 훌륭한 책에서 저자 다니엘 조슬린은 이렇게 썼다. "휴식은 아무것도 하지 않는다는 것이 아니다. 휴식은 회복이다." 단 5분에 불과한 낮잠처럼 짧은 휴식 시간도 회복력이 커서 피로를 미리 방지하는 데 도움이 된다! 야구계의 거물 코니 맥은 시합 전 오후에 낮잠을 자지 않으면 5회쯤 완전히 지쳐버렸다고 한다. 하지만 단 5분이라 할지라도 오후에 낮잠을 자 두면 피곤을 느끼지 않고 연속 경기가 끝날 때까지도 버틸 수 있었다.

엘리너 루스벨트에게 영부인으로 지내는 12년 동안 그토록 빡빡한 일정을 소화할 수 있었던 비결을 묻자, 대중을 만나거나 연설을 하기 전 자주 의자나 소파에 앉아 눈을 감고 20분 동안 휴식을 취했다고 답했다.

최근에 나는 세계 로데오 챔피언십 행사가 열린 매디슨 스퀘어 가든의 대기실에서 행사의 인기스타였던 진 오트리를 인터뷰했다. 그의 대기실에는 야전 침대가 있었다. 진 오트리는 이렇게 말했다. "매일 오후 공연 사이에 야전 침대에 누워 한 시간 동안 낮잠을 잡니다. 할리우드에서 영화를 촬영할 때는 커다란 팔걸이의자에 앉아 자주 쉬고 하루에 두세 번 10분씩 낮잠을 잡니다. 그러면 엄청나게 힘이 납니다."

에디슨은 엄청난 활력과 인내의 비결은 자고 싶을 때 언제든 자는 습관이라고 했다.

헨리 포드가 팔순을 맞이하기 직전에 인터뷰한 적이 있는데, 그가 어찌나 산뜻하고 건강해 보이는지 놀랍기만 했다. 포드에게 비결을 물었더니 이렇게 답했다. "앉을 수 있을 때는 절대 서 있지 않습니다. 누울 수 있을 때는 절대 앉아 있지 않아요."

'현대 교육의 아버지'로 불리는 호러스 맨도 나이가 들어가면서 헨리 포드처럼 했다. 호러스 맨이 안티오크 대학의 총장으로 재직하던 시절 그는 소파에 누운 채로 학생들을 면담했다고 한다.

나는 할리우드의 어느 영화감독에게 비슷한 방법을 써보라고 권했다. 그랬더니 그는 기적 같은 효과가 있었다고 전했다. 현재 MGM 영화사 내 최고의 감독인 잭 처톡의 이야기이다. 몇 년 전 잭이 MGM 단편 영화 사업부장을 맡고 있을 때 나를 찾아왔다. 그는 녹초가 되도록 지쳐 피로를 풀려고 자양강장제, 비타민, 약 등 온갖 방법을 다 썼다. 하지만 그 무엇도 크게 도움이 되지 않았다. 그래서 나는 잭에게 매일 휴가를 가라고 권했다. 어떻게 하는 걸까? 사무실에서 작가들과 회의하는 동안 몸을 쭉 뻗고 누워 휴식을 취하는 것이다.

그로부터 2년 뒤 잭을 다시 만났을 때 그가 말했다. "기적이 일어났어요. 제 주치의가 기적이라고 말했답니다. 전에 의자에 앉아 단편 작품의 아이디어를 논의할 때는 몸이 긴장해 경직되어 있었습니다. 하지만 이제는 그런 회의를 할 때 사무실 소파에 누워 있어요. 지난 20년 동안 이보다 몸이 편했던 적이 없습니다. 하루에 두 시간씩 전보다 오래 일하지만, 피곤해지는 날이 드뭅니다."

우리는 이 방법을 어떻게 적용해야 할까? 만일 직업이 속기사라면 에디슨이나 영화제작자 샘 골드윈처럼 사무실에서 낮잠을 잘 수는 없다. 만일 직업이 회계사라면 상사와 재무제표를 논의하면서 소파에 누워 있을 순 없다. 하지만 만일 소도시에 살아서 점심시간에 집으로 가 식사를 한다면 점심 식사 후 10분 동안 낮잠을 잘 수 있다. 조지 C. 마셜 장군이 그렇게 했다. 마셜 장군은 전시에 미군을 지휘하느라 몹시 바빠서 정오에는 휴식을 취해야 했다. 만일 50세가 넘었는데 너무 바빠 점심때 휴식을 취할 수 없을 것 같다면 지금 당장 가입 가능한 모든 보험에 가입하라. 죽음이 갑자기 찾아올지 모르고, 요즘 장례비용도 비싸기 때문이다. 남겨진 아내는 보험금을 가지고 젊은 남자와 재혼할 수도 있다!

점심때 낮잠을 잘 수 없다면 적어도 저녁 식사 전에 한 시간 동안 누워 쉬도록 하라. 하이볼 한 잔만큼의 돈도 들지 않지만, 장기적으로 보면 5,467배나 더 효과적이다. 오후 5~7시쯤 한 시간 정도 자면 하루 중 깨어 있는 시간을 1시간 늘리는 셈이다. 왜, 어떻게 그럴 수 있을까? 저녁 식사 전에 자는 1시간에 밤에 자는 시간 6시간을 더하면 수면 시간은 총 7시간이 되는데, 이 방식이 밤에 깨지 않고 8시간을 계속 자는 것보다 더 낫기 때문이다.

육체노동자는 휴식 시간을 늘리면 일을 더 많이 할 수 있다. 프레데릭 테일러가 베들레헴 스틸 컴퍼니에서 과학적 관리 공학자로 일하며 이 사실을 증명했다. 그가 관찰한 바에 따르면 노동자들은 매일 화물차에 한 사람당 약 12.5톤씩 선철을 실었다. 그러고 나면 점심쯤 녹초가 되었다. 프레데릭 테일러는 이 과정에서 피로를 유발하는 모든 요소를 과학적으로 연구한 뒤, 노동자들이 하루에 차에 실을 수 있는 선철의 무게는 12.5톤이 아니라 47톤이라고 말했다! 그는 노동자들이 현재보다 거의 4배나 더 많은 선철을 실을 수 있고, 그래도 지치지 않을 것으로 계산했지만, 계산을 증명해야 했다!

프레데릭 테일러는 슈미트라는 직원을 선택해 일하면서 스톱 워치를 사용하게 했다. 슈미트가 일하는 곳 위에 한 남성이 서서 시계를 보며 슈미트에게 이렇게 말해주는 방식이었다. "이제 '선철'을 들고 걸어가세요. … 이제 앉아서 휴식할 시간입니다. … 이제 걸어가세요. … 이제 휴식하세요."

결과가 어떻게 되었을까? 다른 노동자들이 매일 한 사람당 선철을 겨우 12.5톤 옮기는 동안, 슈미트는 47톤을 옮겼다. 이후로도 프레데릭 테일러가 베들레헴 철강에 근무했던 3년 동안 슈미트의 작업 속도가 떨어지는 일은 없었다. 슈미트가 그렇게 많은 선철을 옮길 수 있었던 비결은 피곤해지기 전에 쉬었기 때문이다. 그는 한 시간 중에 대략 26분을 일하고 나머지 34분은 쉬었다. 즉, 일한 시간보다 쉬는 시간이 더 많았다. 그런데도 다른 노동자의 거의 4배에 달하는 작업량을 보였다! 이건 그냥 소문일 뿐인 걸까? 그렇지 않다. 프레데릭 윈슬로우 테일러가 쓴 책《과학적 관리의 원칙》을 읽으면 관련 기록을 직접 확인할 수 있다.

반복해서 강조하겠다. 군인들처럼 자주 쉬어라. 심장이 뛰는 방식처럼 피곤해지기 전에 쉬어라. 그러면 깨어 있는 시간을 하루에 1시간씩 늘릴 수 있다.

24장

피로의 원인과
대처법

정신노동만으로는 피곤해지지 않는다. 이는 놀라우면서도 중요한 사실이다. 황당하게 들릴 수도 있다. 하지만 몇 년 전 과학자들이 '업무 처리 능력이 감소하지 않을 때'까지 인간의 뇌가 얼마나 오래 일할 수 있는지 연구했다. 피로에 대한 과학적 정의이다. 놀랍게도 뇌가 활성화되어 있을 때는 뇌를 지나가는 혈액에서 피로의 징후가 전혀 발견되지 않았다! 일용근로자가 일하는 동안 정맥에서 혈액을 채취해 분석해 보면 혈액 내에 '피로 독소'와 피로 관련 물질이 가득 들어 있다. 하지만 알베르트 아인슈타인의 뇌에서 혈액을 채취해 분석한다면 일과가 끝난 시간이라 해도 피로 독소가 전혀 나타나지 않을 것이다.

뇌는 '하루 8시간, 아니 12시간을 일한 뒤에도 일을 시작했을 때만큼 빠르게 잘' 작동한다. 우리의 뇌는 전혀 지칠 줄 모른다. 그렇다면 우리는 무엇 때문에 피곤해지는 걸까?

정신과 의사들은 피로는 대부분 정신적, 감정적 태도에서 유발된다고 말한다. 영국의 저명한 정신과 의사인 J. A. 해드필드는 《힘의 심리학》이라는 책에 이렇게 썼다. "우리를 괴롭히는 피로는 정신적인 문제에서 기인하는 바가 크다. 사실 순전히 육체적인 이유만으로 완전히 지치는 일은 드물다."

미국의 저명한 정신과 의사 A. A. 브릴 박사는 여기서 한발 더 나아가 이야기한다. "앉아서 일하는 건강한 근로자가 느끼는 피로는 100% 심리적 이유, 즉 감정적인 요인에서 비롯한다."

앉아서 일하는 근로자를 피로하게 하는 감정적인 요인에는 어떤 것들이 있을까? 기쁨? 만족감? 아니다! 그럴 리가 없다! 권태, 분노, 제대로 평가받지 못하는 기분, 허무함, 서두름, 불안, 걱정, 이러한 감정적 요인이 앉아서 일하는 근로자를 지치게 한다. 그렇게 지친 근로자들은 감기에 잘 걸리고, 생산성이 떨어지면 신경성 두통을 앓으며 퇴근한다. 그렇다. 우리가 피곤한 건 감정이 몸에 신경성 긴장을 유발하기 때문이다.

메트로폴리탄 생명보험사에서는 피로에 관한 전단에서 다음과 같이 지적한다. "힘든 일, 그 자체 때문에 푹 자고 쉬어도 풀리지 않는 피로가 쌓이는 일은 드뭅니다. … 피로를 유발하는 가장 큰 세 가지 원인은 걱정, 긴장, 감정이 상하는 것입니다. 육체적 혹은 정신적 노동이 피로의 원인으로 여겨지지만, 사실 피로를 유발하는 건 대개 이 세 가지입니다. 경직된 근육은 노동하고 있는 셈입니다. 몸을 이완하세요! 중요한 일을 할 수 있도록 힘을 아끼세요!"

지금 있는 그 자리에서 그대로 멈춰 자신의 모습을 확인해 보자. 지금 이 책을 읽으면서 얼굴을 찡그리고 있는가? 눈 사이 미간을 찌푸리고 있는가? 의자에 편안하게 앉아 있는가? 아니면 어깨를 구부정하게 하고 있는가? 얼굴 근육이 긴장해 있는가? 오래된 봉제 인형처럼 전신에 힘이 들어가지 않은 상태로 편안하게 있는 게 아니라면 바로 지금 이 순간 신경과 근육이 긴장하고 있다. 신경성 긴장과 피로를 유발하는 것이다!

어째서 우리는 정신노동을 할 때 불필요하게 긴장하는 걸까? 다니엘 조슬린은 이렇게 말한다. "가장 큰 문제는 노력했다는 기분이 들어야 열심히 했다고 생각하고, 그런 기분이 들지 않으면 일을 제대로 하지 않았다고 생각하는 것이다." 그래서 우리는 집중할 때 얼굴을 찌푸린다. 어깨를 구부정하게 구부린다. 그렇게 근육을 시켜 노력할 때 나타나는 움직임을 보이려 하지만, 그게 뇌의 활동을 돕는 건 결코 아니다.

믿기 어려우리만치 비극적인 사실이 있다. 많은 사람이 돈을 낭비하는 건 꿈도 꾸지 않으면서 싱가포르의 술 취한 일곱 선원처럼 활력은 무모하게 낭비하고 허비한다.

신경성 피로를 해결할 답은 무엇일까? 휴식! 휴식! 오직 휴식이다! 일하면서 휴식을 취하는 법을 배워라!

그게 쉬운 일일까? 그렇지 않다. 아마 평생 쌓아온 습관을 바꾸어야 할 것이다. 하지만 그만한 노력을 기울일 가치가 있다. 삶에 혁명을 불러오는 일이기 때문이다! 윌리엄 제임스는 수필집 《휴식 주의》에서 이렇게 썼다. "미국인의 과도한 긴장, 경련, 호흡곤란, 격렬함, 고뇌의 표현은 나쁜 습관일 뿐, 그 이상도 그 이하도 아니다." 긴장하는 건 습관이다. 휴식하는 것도 습관이다. 나쁜 습관은 버리고 좋은 습관을 기르자.

휴식은 어떻게 취해야 할까? 마음부터 편안히 해야 할까, 아니면 신경부터 이완해야 할까? 둘 다 아니다. 항상 근육부터 쉬게 해야 한다!

한번 시도해 보자. 근육을 어떻게 쉬게 하는지 보여주기 위해 눈 근육부터 시작한다고 해보자. 이번 문단을 읽다가 끝부분에 이르면 몸을 뒤로 기대고 눈을 감는다. 그리고 조용히 눈에게 말한다. "풀자, 풀자. 긴장을 멈추자. 찡그리지 말자. 풀자, 풀자." 이 말을 아주 천천히 1분 동안 계속 반복한다.

몇 초가 지나면 눈 근육이 이완하기 시작하는 걸 느꼈을까? 마치 누군가의 손이 긴장을 거둬간 것처럼 느껴지지 않는가? 믿기 어렵겠지만, 휴식이라는 예술 전체의 비결과 핵심을 1분 동안 시험해 본 것이다. 턱 근육, 얼굴 근육, 어깨 근육, 아니면 몸 전체 근육도 같은 방법으로 이완할 수 있다. 하지만 모든 근육 가운데 가장 중요한 근육은 눈 근육이다. 시카고 대학교 에드먼드 제이콥슨 박사는 눈 근육을 완전히 풀 수 있으면 다른 모든 문제를 잊을 수 있다고까지 말할 정도이다! 신경의 긴장을 푸는 데 눈 근육이 그토록 중요한 이유는 우리 몸이 소비하는 전체 신경 에너지 가운데 4분의 1을 눈에서 소비하기 때문이다. 이게 바로 시력이 정말 좋은 사람도 '눈의 피로'를 느끼는 이유다. 눈이 긴장하고 있는 것이다.

유명 소설가 비키 바움은 어렸을 때 어느 노인으로부터 인생에서 가장 중요한 교훈을 배웠다고 한다. 넘어져 무릎과 손목을 다친 그녀를 노인이 일으켜 세워 주었다. 노인은 한때 서커스에서 광대를 맡았던 사람이었다. 노인은 그녀의 옷을 털어주면서 말했다. "네가 다친 건 몸을 이완시킬 줄 모르기 때문이란다. 양말처럼, 낡고 구겨진 양말짝처럼 몸에 힘이 없는 듯 해야 해. 이리 오렴, 어떻게 하는지 보여줄게."

노인은 비키 바움과 다른 아이들에게 넘어지는 법, 앞뒤로 몸을 넘기는 법, 공중제비 도는 법을 알려주었다. 그러면서 말했다. "너를 낡고 구겨진 양말이라고 생각하렴. 그러면 몸을 이완할 수 있단다."

우리는 어디서나 틈틈이 휴식을 취할 수 있다. 다만 휴식하려고 '노력'해서는 안 된다. 휴식은 모든 긴장과 노력이 사라진 상태이다. 편안하게 근육을 이완한다고 생각하라. 눈과 얼굴 근육부터 푼다고 생각하며 시작한 뒤 반복해서 말한다. "풀자, 풀자. 근육을 풀고 이완하자." 얼굴 근육에서 몸의 중심으로 흘러가는 에너지를 느껴라. 아기처럼 긴장으로부터 완전히 자유로운 상태라고 생각하라.

이것이 바로 위대한 소프라노 갈리 쿠르치가 예전에 썼던 방법이다. 소프라노 헬렌 젭슨에 따르면 갈리 쿠르치는 공연 전 의자에 앉아 온몸의 근육을 이완시켰고, 아래턱은 힘을 완전히 빼서 실제로 축 늘어뜨리고 있었다고 한다. 훌륭한 방법이다. 그렇게 근육을 이완하고 휴식을 취함으로써 무대에 오르기 전 긴장을 풀고 피로도 막을 수 있다.

다음은 휴식하는 법을 배우는 데 도움이 될 5가지 제안이다.

첫째, 휴식을 주제로 한 최고의 책인 데이비드 해럴드 핑크 박사의 《신경성 긴장에서 벗어나기》를 읽어라.

둘째, 틈틈이 쉬어라. 낡은 양말처럼 몸을 늘어뜨려라. 나는 일할 때 책상 위에 낡은 밤색 양말을 올려 둔다. 몸에서 얼마나 힘을 빼고 있어야 하는지 떠올리기 위해서다. 양말이 없다면 고양이도 좋다. 햇살 아래 잠든 새끼 고양이를 들어 올려 본 적이 있을까? 그랬다면 고양이의 온몸이 마치 물에 젖은 신문처럼 축 처진다는 걸 알 수 있었을 것이다. 인도의 요가 수행자들도 이완의 예술에 통달하고 싶으면 고양이를 연구하라고 한다. 피곤한 고양이, 신경쇠약에 걸린 고양이, 불면증, 걱정, 위궤양에 시달리는 고양이는 본 적이 없다. 고양이처럼 몸을 이완하는 법을 배운다면 우리도 그런 문제를 피할 수 있다.

셋째, 가능한 한 편안한 자세로 일하라. 몸의 긴장으로 인해 어깨가 아프고 신경이 피로해진다는 사실을 기억하라.

넷째, 하루에 네다섯 번씩 자신의 모습을 확인하고, 이렇게 물어본다. '내가 일을 실제보다 더 힘들게 하는 건 아닐까? 지금

하는 일과 전혀 상관없는 근육을 사용하고 있는 건 아닐까?' 이렇게 내 상태를 확인하면 이완하는 습관을 기르는 데 도움이 된다. 데이비드 해럴드 핑크 박사가 말했던 것처럼 "심리학을 잘 아는 사람이라면 십중팔구 이러한 습관을 지니고 있다."

다섯째, 일과가 끝나면 스스로 다음의 질문을 해본다. "지금 얼마나 피곤한가? 피곤하다면 그건 정신노동을 해서가 아니라 일을 하는 방식 때문이다." 다니엘 조슬린은 말한다. "일과가 끝나면 저는 얼마나 피곤한가가 아니라 얼마나 피곤하지 않은가를 기준으로 성과를 평가합니다. 일과가 끝났는데 특별히 피곤하다거나 과하게 예민해 신경이 피로하다는 걸 알게 되는 날은 의심할 여지 없이 양과 질 두 가지 측면에서 모두 비효율적으로 일한 날이었던 겁니다." 모든 직장인이 같은 배움을 얻는다면 '고혈압'으로 인한 사망률이 순식간에 감소할 것이며, 피로와 걱정으로 몸과 마음이 망가져 요양원과 정신병원을 찾는 사람도 줄어들 것이다.

25장

주부가 피곤을 느끼지 않고
동안을 유지하는 방법

지난가을의 어느 날, 우리 직원 한 명이 세상에서 제일 특이한 의학 강좌를 들으러 보스턴에 갔다. 의학 강좌라고? 그렇다. 해당 강좌는 보스턴 진료소에서 일주일에 한 번씩 열리며, 강좌에 참석하는 환자들은 수업에 등록하기 전 정기적으로 철저한 의학 검진을 받는다. 그런데 이 강좌는 사실 정신의학과 진료였다. 공식적으로는 응용심리학 강좌(예전에는 첫 번째 수강생의 제안에 따라 '생각 통제 강좌'라고 불렸다)라고 불렸지만, 실제 목적은 걱정 때문에 아픈 사람들을 치료하는 것이었다. 그런데 환자 중에는 정서적으로 불안한 주부가 많았다.

걱정 문제를 다루는 이 강좌는 어떻게 시작되었을까? 1930년 윌리엄 오슬러 경의 제자인 조셉 H. 프랫 박사는 보스턴 진료소를 방문하는 외래 환자 가운데 신체적으로는 전혀 문제가 없는 사람이 많다는 걸 알게 되었다. 하지만 환자들에게는 모든 신체적 증상이 실제로 나타났다. 어느 여성 환자는 '관절염'이 생겨 손을 전혀 쓰지 못했다. 또 다른 환자는 '위암'에 걸렸을 때 나타나는 증상 때문에 괴로워했다. 그 외에도 환자들은 요통, 두통, 만성 피로, 혹은 불분명한 통증에 시달렸다. 환자들은 실제로 통증을 느꼈다. 하지만 아무리 검사를 철저하게 해 보아도 이러한 여성 환자들의 몸에는 아무런 문제가 없었다. 예전 같았다면 의사들이 전부 상상에 의한 통증이라고, 다 '마음의 병'이라고 했을 터였다.

하지만 프랫 박사는 환자들에게 "집에 가서 통증은 잊으세요."라고 말해봤자 소용이 없다는 걸 깨달았다. 박사는 진료소를 찾은 여성 환자 대부분이 아프고 싶어서 아픈 게 아니라는 걸 알았다. 그렇게 쉽게 잊을 수 있는 통증이었다면 병원을 찾지 않았을 터였다. 그래서 박사는 어떻게 했을까?

프랫 박사는 의학 강좌를 열었다. 강좌의 의학적인 효과를 의심하는 사람들이 많았다. 하지만 프랫 박사의 강좌는 놀라울 정도로 효과가 있었다! 프랫 박사가 강좌를 시작하고 18년이 지나는 동안 강좌에 출석해 '병이 나은' 환자가 수천 명에 달했다. 일부 환자는 수년간 강좌에 출석하고 있다. 마치 교회에 가는 것처럼 믿음으로 출석한다. 강좌에 참석한 우리 직원이 어느 여성과 이야기를 나누었는데, 그 여성은 9년 이상 강좌에 거의 빠지지 않았다고 했다. 처음 강좌에 출석할 당시 여성은 자신이 틀림없이 유주신(신장이 생리적 이동허용범위를 넘어서 상하로 이동하는 것-

옮긴이)과 심장병을 앓고 있다고 확신했다. 몹시 걱정되고 긴장해 여성은 때때로 앞이 보이지 않았고, 그렇게 눈이 먼 상태로 보낸 시기도 있었다. 하지만 현재 그 여성은 자신에 차 있고, 쾌활하며, 건강 상태도 아주 좋다. 겨우 마흔 정도로밖에 보이지 않았지만, 여성의 무릎에는 손자가 잠들어 있었다. 여성은 말했다. "전에는 가족 문제로 걱정이 많아서 죽고 싶었습니다. 하지만 이 강좌를 통해 걱정은 헛된 일이라는 걸 배웠어요. 걱정을 멈추는 법도 배웠죠. 지금은 제 삶이 평온하다고 자신 있게 말씀드릴 수 있어요."

강좌의 의학 자문을 맡은 로즈 힐퍼딩 박사는 걱정을 더는 최고의 방법은 '믿을만한 사람에게 문제를 이야기하는 것'이라고 한다. "그걸 카타르시스라고 합니다. 환자들이 강좌에 출석하면 자기 문제를 상세히 이야기할 수 있습니다. 속이 시원해질 때까지요. 걱정을 쌓아두고 혼자 끙끙거리면 신경이 엄청나게 긴장합니다. 우리는 모두 자기 고민을 나누어야 해요. 걱정거리를 이야기해야 합니다. 이 세상 누군가 내 이야기를 들어주고, 이해해 줄 사람이 있다는 걸 느껴야 합니다."

우리 직원은 걱정거리를 이야기하고 난 후 엄청나게 편안해 하는 여성을 보았다. 여성은 가정에 걱정거리가 있었고, 이야기를 처음 시작했을 때는 팽팽하게 끝까지 감아놓은 용수철 같았다. 하지만 걱정거리를 계속 이야기하면서 점차 안정하기 시작하더니 면담이 끝날 무렵에는 실제로 미소를 보였다. 여성이 지닌 문제가 해결되었을까? 아니다. 문제는 그렇게 쉽게 해결되지 않는다. 여성이 달라진 건 누군가에게 걱정거리를 털어놓고, 약간의 조언과 약간의 공감을 얻었기 때문이었다. 변화를 일으킨 진짜 요인은 말속에 든 엄청난 치유력이었다.

정신분석학도 이처럼 상당 부분 말이 지닌 치유력에 바탕을 둔다. 프로이트 이후 정신분석학자들은 환자가 그저 말로 표현하기만 하면 내면의 불안을 덜 수 있다는 점을 알고 있었다. 왜 그럴까? 아마 말을 하다 보면 자신이 마주한 문제에 관해 더 나은 통찰력과 관점을 얻기 때문일 것이다. 누구도 완전한 해답을 알지 못한다. 하지만 마음속 걱정거리를 '꺼내 놓거나', '속 시원하게' 이야기하면 금방 기분이 나아지는 걸 누구나 느낀다.

그러니 다음번에 감정적 문제가 생기면 털어놓을 만한 사람이 있는지 주위를 한 번 둘러보는 게 어떨까? 물론 눈에 띄는 사람마다 붙잡고 징징거리고 불평하며 민폐를 끼치라는 소리는 아니다. 믿을 수 있는 누군가를 정해 약속을 잡자. 상대는 친척일 수도, 의사일 수도, 변호사일 수도, 성직자일 수도 있다. 그리고 그 사람에게 이야기를 털어놓자. "조언이 필요해요. 저한테 문제가 생겼는데 제 이야기를 들어주셨으면 좋겠어요. 조언해주셔도 좋고요. 제가 보지 못하는 시각으로 제 문제를 보실 수도 있으니까요. 하지만 조언해주실 수 없다 해도 그저 제 이야기를 들어주시는 것만으로도 엄청나게 도움이 될 거예요."

만약 솔직히 이야기할 사람이 아무도 없다고 느낀다면 '세이브 어 라이프 리그'가 있다. 이 단체는 보스턴 진료소와는 무관한 곳이지만, 세계에서 가장 특이한 단체다. 처음에 이 단체는 자살을 예방하려는 목적으로 설립되었다. 하지만 세월이 흐르면서 불행하고 정서적으로 도움이 필요한 사람들에게 정신 상담을 해주는 일까지 영역을 넓혔다. '세이브 어 라이프 리그'의 로나 B. 보넬과 잠시 이야기한 적이 있다. 로나는 이 단체에 조언을 구하러 오는 사람들을 면담한다. 로나는 이 책의 독자들을 위해 상담 편지에 답하겠다고 이야기해 주었다. 뉴욕시 5번가 505번지 '세이브 어 라이프 리그'로 편지를 보내면 비밀을 엄격하게 보장하면서 문제를 상담해 줄 것이다. 하지만 가능하면 직접 만나서 이야기할 수 있는 누군가를 찾아가는 편을 택하라고 권하고 싶다. 그편이 훨씬 더 마음이 편안해지기 때문이다. 하지만 그게 불가능하다면 '세이브 어 라이프 리그'에 편지를 보내는 것도 좋은 방법이다.

환자가 문제를 털어놓게 하는 것이 보스턴 진료소 의학 강좌의 주된 치료법이다. 하지만 다음 몇 가지 내용도 강좌에서 소개한 것으로 주부라면 집에서 실천할 수 있다.

첫째, 기분을 북돋우는 글을 모으는 공책이나 스크랩북을 만들어라. 여기에 시나 짧은 기도문 등 개인적으로 와닿고 기분이 좋아지는 글을 붙인다. 그러다 어느 비 내리는 오후 기분이 가라앉으면 우울감을 떨칠 수 있도록 공책을 펼쳐 방법을 찾는다. 보스턴 진료소에는 그런 공책을 수년째 사용하는 환자들이 많다. 보스턴 진료소 환자들은 그 공책을 정신적 '예방주사'라고 부른다.

둘째, 타인의 단점을 지나치게 오래 생각하지 말라. 당연히 남편에게는 단점이 있다! 남편이 성인聖人이었다면 당신과 결혼하지 않았을 것이다. 그렇지 않은가? 보스턴 진료소의 의학 강좌를 찾은 어느 여성은 자신이 점점 남편에게 잔소리하고, 바가지 긁고, 무서운 얼굴을 하는 아내가 되어간다는 걸 알았다. 이 여성에게 단도직입적으로 물었다. "남편이 사망한다면 어떻게 하실 건가요?" 질문을 듣자마자 여성은 크게 충격을 받고, 자리에 앉아 남편의 장점 목록을 만들었다. 목록은 꽤 길었다. 앞으로 고집쟁이 폭군과 결혼했다는 생각이 들 때 같은 방법을 써보면 어떨까? 남편의 장점을 읽다 보면 만나보고 싶은 남자라고 느낄지 모른다!

셋째, 주변에 관심을 가져라. 집 주변에서의 생활을 공유할 수 있는 사람에게 친근하고 건강한 관심을 가져라. 자신이 지나치게 '배타적'이라 친구가 한 명도 없다며 괴로워하던 여성은 앞으로 누군가를 만나면 그 사람에 관한 이야기를 지어내 보라는 조언을 들었다. 여성은 전차를 타며 본 사람의 배경과 환경을 지어내기 시작했다. 지금까지 그 사람들의 삶이 어땠을까 상상했다. 우리가 알아야 할 건 어느새 그 여성이 어디에서든 사람들과 이야기하게 되었다는 점이다. 그리고 현재 그 여성은 '고통'을 치유하고 행복하고 활기찬 매력 있는 사람이 되었다.

넷째, 밤에 자기 전 내일 할 일의 계획을 세워라. 보스턴 진료소의 의학 강좌에서는 많은 주부가 끝나지 않는 집안일과 해야 할 일 때문에 강한 압박과 고통을 느낀다는 점을 파악했다. 주부의 일은 끝나는 법이 없다. 늘 시간에 쫓긴다. 이처럼 주부들이 느끼는 조급함과 걱정을 떨치기 위해 매일 밤 다음 날의 일정을 미리 계획하라고 제안했다. 그랬더니 어떻게 되었을까? 주부들은 일을 더 많이 하면서도 피로는 덜 느끼게 되었다. 자부심과 성취감을 느꼈고, 휴식을 취하고 '몸치장'을 할 시간도 생겼다. (여성이라면 누구나 하루 중 짬을 내 몸치장을 하고 예쁘게 꾸며야 한다. 내 생각에 여성은 자신이 예쁘다는 걸 알면 '신경과민'이 되는 경우가 적은 것 같다.)

마지막으로 긴장과 피로를 예방한다. 휴식! 휴식해야 한다! 긴장과 피로는 금세 여성을 나이 들어 보이게 하고, 생기와 외모를 망가뜨린다! 우리 직원이 보스턴 진료소의 의학 강좌에 참석했을 때 폴 E. 존슨 소장이 앞 장에서 이야기했던 여러 가지 이완의 원칙을 설명했다. 우리 직원은 다른 참석자들과 함께 근육을 이완시키는 연습을 했는데 10분이 지나자 의자에 앉은 채로 잠들 뻔했다고 한다. 신체 이완을 그토록 강조하는 이유는 무엇일까? 다른 의사들과 마찬가지로 보스턴 진료소에서도 걱정을 떨치려면 먼저 긴장을 풀어야 한다는 사실을 알기 때문이다.

그렇다. 주부도 쉬어야 한다! 주부가 지닌 큰 장점이 하나 있다. 언제든 원할 때 누울 수 있다는 점이다. 집에 있으니 바닥에 누워도 된다. 정말 이상하지만, 푹신한 침대에 눕는 것보다 딱딱한 바닥에 눕는 편이 휴식에는 더 좋다. 딱딱한 바닥은 저항성이 뛰어나 척추 건강에 좋다.

자, 그러면 주부가 집에서 할 수 있는 운동을 몇 가지 소개하겠다. 1주일 동안 시험 삼아 해보고, 외모와 성격에 어떤 변화가 일어나는지 보라.

1. 피곤하다는 생각이 들 때마다 바닥에 눕는다. 가능한 한 크게 온몸으로 기지개를 켠다. 원한다면 바닥을 뒹굴어도 좋다. 하루에 두 번씩 실시한다.

2. 눈을 감는다. 존슨 교수가 추천했던 것처럼 이런 말을 해도 좋다. "머리 위에 해가 빛나고 있네. 하늘은 파랗고 반짝거리네. 자연은 평온하고 세상을 지배해. 자연의 아이인 나는 우주와 조화를 이루고 있어." 이보다 더 좋은 방법은 기도를 드리는 것이다.

3. 오븐 요리를 하고 있거나 시간을 낼 수 없어 누울 수 없다면 의자에 앉는 것만으로도 비슷한 효과를 볼 수 있다. 휴식을 취할 때는 딱딱한 수직 형태의 고정식 의자를 사용하는 게 좋다. 이집트 좌상처럼 의자에 똑바로 앉아 손바닥을 아래로 향하게 해 손을 허벅지 위에 내려놓는다.

4. 이제 천천히 발가락에 힘을 주었다가 뺀다. 그다음 다리에 힘을 주었다가 뺀다. 이런 식으로 천천히 위로 올라오며 목에 다다를 때까지 온몸의 근육에 힘을 줬다가 뺀다. 이제

머리가 마치 축구공인 것처럼 목을 힘껏 돌린다. 그러면서 근육에 계속 말을 건다. "풀자, 풀자. 긴장을 풀자."

5. 천천히, 일정하게 호흡하면서 신경을 안정시키고 심호흡한다. 인도의 요가 수행자들의 말처럼 신경을 안정시키는 가장 좋은 방법은 규칙적으로 호흡하는 것이다.

6. 얼굴의 주름과 찡그린 표정을 떠올리고 전부 펴도록 한다. 미간과 입 옆의 팔자주름을 편다. 하루에 두 번씩 실시한다. 이렇게 하면 마사지를 받으러 갈 필요가 없다. 내면에서부터 주름이 사라질 것이다.

26장

걱정과 피로를 예방하는
좋은 업무 습관 4가지

좋은 업무 습관 1. 당장 해결해야 하는 문제와 관련한 서류를 제외하고 책상 위의 다른 모든 서류를 치워라.

시카고 앤 노스웨스턴 철도의 롤런드 L. 윌리엄스 사장은 이렇게 말했다. "책상 위에 다양한 문제와 관련한 서류가 산더미처럼 쌓인 사람이 당장 해결해야 하는 문제와 관련한 서류만 제외하고 책상을 정리하면 훨씬 쉽고 정확하게 일할 수 있다. 나는 이것을 '깔끔한 정리정돈'이라 부르는데, 효율성을 추구하는 첫 번째 단계다."

워싱턴 D.C에 있는 의회 도서관에 가면 천장에 영국의 시인 알렉산더 포프의 말이 새겨져 있다.

"질서는 하늘이 정한 제1 법칙이다."

직장에서도 질서가 제1 법칙이 되어야 한다. 그런데 실제로도 그럴까? 일반적인 직장인의 책상에는 몇 주 동안이나 읽지 않는 서류가 쌓여 있다. 뉴올리언스의 어느 신문 발행인은 비서를 시켜 책상을 정리했더니 잃어버린 지 2년이나 지난 타자기가 나왔다고 고백했다.

답장을 쓰지 않은 편지, 보고서, 메모로 어질러진 책상은 보는 것만으로도 혼란스럽고, 긴장과 우려가 생겨난다. 하지만 사실 그보다 훨씬 심각한 문제가 있다. '해야 할 일은 산더미 같은데 할 시간이 없다'라는 점을 계속 떠올리면 걱정이 돼서 긴장도와 피로가 커질 뿐 아니라 고혈압, 심장 문제, 위궤양이 발생한다.

펜실베이니아 의과 대학원의 존 H. 스토크스 박사는 미국 의사협회 전국 학회에서 〈장기 질환의 합병증으로 나타나는 기능성 신경증〉이라는 제목의 논문을 발표했다. 해당 논문에서 스토크스 박사는 '환자의 정신 상태에서 확인해야 하는 것'이라는 소제목 아래 11가지 조건을 제시했다. 조건 목록 가운데 첫 번째는 다음과 같다.

'반드시 해야 한다는 생각 혹은 의무감. 해야 할 일이 앞으로 끝없이 펼쳐져 있다는 느낌.'

하지만 어떻게 책상을 정리하고 우선순위를 정하는 기본적인 행동으로 높은 압박감과 반드시 일을 처리해야 한다는 의무감, '해야 할 일이 앞으로 끝없이 펼쳐져 있다는 느낌'을 사라지게 할 수 있을까? 유명 정신과 의사인 윌리엄 L. 새들러 박사는 간단한 방법을 활용해 신경쇠약을 피한 어느 환자의 이야기를 들려준다. 남성 환자는 시카고의 어느 대기업 임원이었다. 새들러 박사의 진료실을 찾아온 남성은 긴장도가 높았고, 예민했고, 걱정이 심했다. 자신이 통제 불가능한 상태라는 건 알았지만, 일은 그만둘 수 없었다. 도움을 구해야 했다. 새들러 박사가 말했다.

"남성이 자기 이야기를 털어놓고 있는데 제 전화가 울렸습니다. 병원에서 온 전화였죠. 통화를 미루는 대신 바로 그 자리에서 시간을 내 결정을 내렸습니다. 저는 가능하면 항상 바로 그 자리에서 문제를 해결하거든요. 그런데 전화를 끊자마자 전화벨이 다시 또 울렸습니다. 이번에도 긴급한 문제였고, 이를 논의하는 데 시간이 걸렸습니다. 그런데 심각하게 아픈 환자에 관한 조언을 구하느라 동료 의사가 제 진료실로 오는 바람에 세 번째로 면담에 방해를 받았습니다. 동료 의사와 얘기를 끝내고 나서 남성에게 기다리게 해서 미안하다고 사과했습니다. 그런데 그의 얼굴이 밝아지더군요. 표정이 완전히 달라져 있었습니다."

"아닙니다, 선생님. 사과하지 않으셔도 됩니다! 지난 10분 동안 제 문제가 무엇인지 감이 왔어요. 사무실로 돌아가 업무 습관을 고쳐야 겠습니다. 가기 전에 선생님 책상을 살펴봐도 괜찮을까요?"

새들러 박사는 책상 서랍을 열었다. 사무용품을 제외하면 전부 텅 비어 있었다. 남성이 말했다. "마무리하지 못한 업무에 관한 서류는 어디에 보관하시는지 알려주시겠어요?"

새들러 박사가 답했다. "보관하지 않고 끝냅니다!"

"그럼 답장을 쓰지 않은 편지는 어디에 두시나요?"

"쌓아두지 않고 답장을 바로 씁니다! 답장을 쓸 때까지 편지를 절대 쌓아두지 않는다는 게 제 원칙입니다. 저는 편지를 받으면 바로 비서에게 답장의 내용을 불러주고 받아 쓰게 합니다."

그로부터 6주가 흐른 뒤 남성이 새들러 박사를 자신의 사무실로 초대했다. 그는 달라졌다. 그의 책상도 마찬가지로 달라져 있었다. 남성은 책상 서랍을 열어 마무리하지 못한 업무가 없다는 걸 보여주었다. 남성이 말했다. "6주 전 제게는 두 곳의 사무실에 책상 세 개가 있었습니다. 책상마다 업무 관련 서류로 뒤덮여 있었죠. 저는 업무를 끝내는 법이 없었습니다. 박사님과 이야기를 나누고 나서 저는 마차 한 대를 가득 채울 정도의 보고서와 오래된 서류를 정리했습니다. 지금 저는 책상 한 곳에서만 일하고, 일이 생길 때마다 해결합니다. 마무리하지 못한 업무를 산더미처럼 쌓아 둔 채 신경 쓰거나 긴장하거나 걱정하지 않습니다. 하지만 무엇보다 놀라운 건 제 병이 깨끗이 나았다는 겁니다. 이제 제 건강에는 아무런 문제가 없습니다!"

찰스 에반스 휴즈 전前 미국 연방대법원장은 이렇게 말했다. "과로로 죽는 사람은 없다. 여기저기 에너지를 낭비하고 걱정하기 때문에 죽는다." 그렇다. 사람은 업무를 끝내지 못하고 에너지만 낭비하다가 걱정 때문에 죽는 것이다.

좋은 업무 습관 2. 중요도에 따라 업무를 처리하라.

시티즈 서비스 컴퍼니는 전국 서비스망을 갖춘 회사로, 이 회사를 창립한 헨리 L. 도허티는 아무리 월급을 많이 제시해도 다음 두 가지 능력을 갖춘 사람은 찾을 수가 없다고 했다.

그가 이야기하는 귀한 능력 두 가지는 첫째, 생각하는 능력과 둘째, 중요도에 따라 업무를 처리하는 능력이다.

맨손으로 시작해 12년 만에 펩소던트 컴퍼니의 사장 자리에까지 오른 찰스 럭맨은 연봉이 10만 달러였고, 그 외 소득이 100만 달러나 되었다. 그런 그가 성공의 가장 큰 비결은 헨리 도허티가 찾을 수 없는 능력이라고 말했던 두 가지 능력을 기른 것이라고 했다. "아주 오래전부터 기억하는 한 저는 새벽 5시에 일어났습니다. 다른 때보다 그 시간에 생각이 잘 떠오르거든요. 머릿속이 깨끗한 상태에서 하루를 계획하고, 중요도에 따라 업무 처리 순서를 정합니다." 미국에서 가장 성공한 보험 판매원인 프랭클린 베트거는 하루 계획을 세우려고 새벽 5시까지도 기다리지 않는다. 대신 전날 밤 잠들기 전 내일의 계획을 세운다. 다음 날 보험 계약을 몇 개 판매하겠다는 목표를 스스로 정하는 것이다. 만약 목표 달성에 실패하면 부족한 양은 그다음 날의 목표에 더한다. 그런 식으로 매일 계속 목표를 설정하는 것이다.

나도 오랜 경험을 바탕으로 사람이 항상 중요도에 따라 업무를 처리할 수 있는 게 아니라는 걸 안다. 하지만 중요한 일을 우선 처리한다는 계획을 세워두는 편이 업무를 보면서 할 일을 즉

흥적으로 정하는 것보다 훨씬 낫다는 것도 안다.

극작가 조지 버나드 쇼가 중요한 일을 첫 번째로 한다는 걸 철칙으로 삼지 않았다면 아마 작가로서 실패하고 평생 은행원으로 남았을지 모른다. 조지 버나드 쇼의 계획은 매일 글을 다섯 장씩 쓰는 것이었다. 그런 계획을 세우고, 이를 계속 끈질기게 지키겠다는 결심이 그를 구했다. 조지 버나드 쇼는 계획 덕분에 9년 동안 처절한 시간을 보내면서도 하루에 다섯 장씩 글을 계속 쓸 수 있었다. 힘들었던 9년의 세월 동안 고작 30달러, 하루에 약 1페니밖에 벌지 못하면서도 말이다.

좋은 업무 습관 3. 문제가 생겼을 때 결정에 필요한 사실을 전부 알고 있다면 바로 결정을 내려 문제를 그 자리에서 즉시 해결한다. 결정을 뒤로 미루지 말라.

전에 우리 수업을 들었던 학생 가운데 지금은 작고한 H. P. 하웰이 있었다. 하웰이 US스틸 이사회에 재직하던 때, 이사회 회의는 문제를 오래 끄는 때가 종종 있었다. 여러 문제를 논의하지만, 결정이 내려지는 건은 드물었다. 그 결과 이사회 구성원은 각자 내용을 살펴보기 위해 보고서 뭉치를 들고 퇴근해야 했다.

마침내 하웰은 이사회를 설득해 회의를 한 번 할 때마다 한가지 안건만 다루고 회의 시간 내에 결정을 내리기로 했다. 결정을 미루지 않기로 한 것이다. 결정을 내리기 위해서 추가 사실이 필요한 때도 있고, 무언가 하거나 하지 않아야 하는 때도 있었다.

하지만 다음 안건으로 넘어가기 전에 결정을 내렸다. 하웰은 이 방법을 따랐더니 결과가 놀랍도록 좋았다고 했다. 회의의 안건 목록이 깨끗해졌다. 회의 일정표도 깨끗했다. 이사회 구성원이 보고서 뭉치를 들고 집에 가야 할 일도 더는 없었다. 해결하지 못한 문제를 걱정하는 분위기도 없어졌다.

US스틸의 이사회뿐 아니라 우리를 위해서도 좋은 규칙이다.

좋은 업무 습관 4. 조직하고, 위임하고, 감독하라.

권한을 위임하는 법을 배우지 못해 모든 업무를 자신이 하겠다며 버티다가 죽기 직전까지 자신을 몰아가는 직장인이 많다. 결과가 어떨까? 챙겨야 할 세부 사항이 너무 많고 일의 내용이 혼란스러워져 업무가 벅차다. 늘 서두르고, 걱정하고, 불안하고, 긴장도가 높아진다. 권한을 위임하는 법을 배우는 건 어렵다. 그 건 나도 인정한다. 나도 정말 힘들었다. 끔찍하게 힘든 일이었다. 또한 적임자가 아닌 사람에게 권한을 위임했을 때 참사가 벌어 진다는 것도 직접 경험해 봐서 안다. 권한을 위임하는 건 어려운 일이지만, 관리자라면 반드시 해야 할 일이다. 걱정과 긴장, 피로 를 떨치려 한다면 말이다.

큰 회사를 세우고서는 조직하고, 위임하고, 감독하는 법을 모 르면 긴장과 걱정으로 인해 대개 50대 혹은 60대 초반에 심장 에 문제가 발생한다. 구체적인 사례를 알고 싶다면 지역 신문의 부고란을 살펴보라.

27장

피로와 걱정, 분노를 일으키는 권태를
사라지게 하는 방법

피로를 불러일으키는 주요한 이유는 권태감이다. 설명을 위해 앨리스의 예를 들어보자. 앨리스는 주변에서 흔히 볼 수 있는 속기사이다. 어느 날 밤 앨리스는 완전히 지쳐서 퇴근했다. 피곤한 듯 행동했고, 실제로도 피곤했다. 앨리스는 두통을 느꼈다. 허리도 아팠다. 몹시 지쳐서 저녁을 먹지 않고 자러 가고 싶었다. 하지만 어머니가 저녁을 먹으라고 간곡하게 권하셨다. 그래서 앨리스는 식탁에 앉았다. 그때 전화가 울렸다. 남자친구였다! 춤추러 가자는 초대였다! 앨리스의 눈이 반짝였다. 기분이 좋아졌다. 앨리스는 2층으로 달려 올라가 회청색 드레스를 입고 나가 새벽 3시까지 춤을 췄다. 마침내 집으로 돌아왔을 때 앨리스는 조금도 피곤하지 않았다. 도리어 앨리스는 몹시 기분이 들떠 잠들 수가 없었다.

그로부터 8시간 전 앨리스가 지친 듯 보이고, 또 지친 듯 행동했던 그때 그녀는 진짜 피곤했던 걸까? 물론 그때 앨리스는 피곤했다. 앨리스가 지쳤던 건 업무가 지겨웠거나 아니면 아마 일상이 지루했기 때문일 것이다. 앨리스 같은 사람이 수백만 명이다. 우리도 그 가운데 한 명일지 모른다.

신체 활동보다 감정의 태도가 피로와 훨씬 더 크게 관련되어 있다는 건 잘 알려진 사실이다. 몇 년 전 조셉 E. 바맥 박사가 《심리학 자료집》에 권태감이 피로를 발생시킨다는 것을 보여주는 실험 보고서를 실었다. 바맥 박사는 한 무리의 학생들에게 일련의 시험을 치르게 했는데, 학생들이 흥미 없어 할 일이라는 건 알고 있었다. 결과가 어땠을까? 학생들은 피로와 졸음을 느꼈고, 두통과 눈의 피로를 호소했으며, 짜증을 냈다. 심지어 배가 아프다는 학생도 일부 있었다. 이 모든 신체적 증상이 '상상'에 의한 것이었을까? 그렇지 않았다. 시험을 본 학생들의 신진대사 검사를 했더니 지겨울 때는 실제로 혈압이 낮아지고 산소 소비가 적어졌고, 반면에 하는 일에 흥미를 느끼고 즐거움을 느끼기 시작하자마자 전체 신진대사가 즉시 회복되었다!

즐겁고 신나는 일을 할 때 피곤을 느끼는 경우는 드물다. 예를 들어 최근 나는 캐나다 로키산맥 위 루이스 호수 근처로 휴가를 갔다. 코랄 크릭을 따라 며칠 동안 송어 낚시를 했고, 내 키보다 웃자란 덤불 사이를 지나가느라 씨름을 벌이고, 통나무에 걸려 넘어지기도 하고, 쓰러진 나무 사이를 지나가느라 고생했다. 그런데 하루에 8시간씩 이런 일을 해도 지치질 않았다. 왜 그랬을까? 내가 신이 났고 즐거웠기 때문이다. 나는 높은 성취감을 느꼈다. 송어를 여섯 마리나 잡았던 것이다. 만약 내가 낚시가 지겨웠다고 해보자. 그랬다면 내 기분이 어땠을까? 해발 2,100미터나 되는 높은 곳에서 그렇게 힘든 일을 하다 완전히 지쳐버렸을 것이다.

등산처럼 힘든 활동을 할 때도 고된 활동 자체보다 지겹다는 마음이 훨씬 더 사람을 지치게 한다. 미니애폴리스 농공 저축은행장 S. H. 킹맨이 이러한 예를 정확하게 보여주는 일을 이야기해 주었다. 1943년 7월 캐나다 정부는 산악단체인 캐나다 알파인 클럽에 육군 군인들이 등산 훈련하는 데 안내를 맡아달라고 요청했다. 킹맨도 군인들의 훈련에 참여하게 된 안내인 가운데 한 명이었다. 킹맨은 자신을 포함한 안내팀(42세부터 59세의 산악인들로 구성)이 젊은 군인들을 데리고 빙하와 눈밭 사이로 장거리 행군을 하고, 밧줄을 이용해 작은 공간에 발을 디디고 손잡을 곳이 불안정한 상태로 12미터 높이의 깎아지른 듯한 절벽에 올랐던 과정을 이야기해 주었다. 이렇게 그들은 캐나다 로키 리틀 요호 밸리에 있는 마이클스 봉우리와 바이스프레지던트 봉우리, 그 외 이름 없는 봉우리를 올랐다. 젊은 군인들은 최상의 몸 상태로 등반을 시작했지만(6주간의 힘든 특공 훈련 과정을 막 마친 참이었다), 15시간 동안 산을 오른 뒤에는 완전히 지쳐버렸다.

특공 훈련에서 단련하지 않은 근육을 사용해서 군인들이 지쳤던 걸까? 특공 훈련을 받아본 사람이라면 누구나 이 말도 안

되는 질문에 코웃음을 칠 것이다. 군인들이 완전히 지쳐버렸던 건 등산이 지겨웠기 때문이었다. 군인들은 너무 피곤해서 식사도 하지 않은 채 잠든 사람도 많았다. 그렇다면 안내팀(군인들보다 2~3배는 나이가 많다)도 피곤했을까? 안내인들도 피곤하기는 했지만, 군인들처럼 지쳐 쓰러질 정도는 아니었다. 안내팀 사람들은 저녁 식사를 했고, 이후에도 몇 시간이나 잠들지 않고 그날의 등반 내용을 이야기했다. 안내인들이 지쳐 쓰러지지 않은 건 등반이 흥미로웠기 때문이다.

컬럼비아 대학교의 에드워드 손다이크 박사는 피로에 관한 실험을 진행했다. 실험에 참여한 청년들에게 계속 흥미를 느낄 만한 일을 제공했더니 청년들은 거의 1주일 가까이 깨어 있었다. 손다이크 박사는 많은 조사 끝에 이렇게 보고했다. "지루함이 작업량을 감소시키는 유일하고 실제적인 원인이다."

정신노동을 하는 사람이라면 작업량 때문에 피곤해지는 일은 거의 없다. 하지만 하지 않은 일의 양 때문에 피곤해질 수 있다. 예를 들어 지난주 계속해서 일이 방해받았던 날을 떠올려보라. 그 어떤 편지에도 답장이 없다. 약속은 깨졌다. 여기저기 문제다. 그날은 매사 제대로 되는 일이 없었다. 그날은 이뤘다고 할 만한 게 없었지만, 완전히 지쳐 깨질 듯한 두통과 함께 퇴근했다.

하지만 그다음 날에는 사무실에서 모든 일이 순조로웠다. 전날보다 40배는 많은 일을 해냈다. 그런데도 순백색 가드니아 장미처럼 생기 있는 모습으로 퇴근했다. 아마 그런 경험이 다들 있을 것이다. 나도 마찬가지다.

여기서 배워야 할 점은 무엇일까? 바로 '피로는 일 때문에 생기는 게 아니라 걱정, 좌절, 분노 때문에 생긴다'라는 것이다.

이번 장을 쓰는 동안 제롬 컨이 작곡한 유쾌한 뮤지컬 〈쇼 보트〉의 재공연을 보러 갔다. 극중 코튼 블로섬 호의 앤디 선장이 간주 부분에서 철학적인 노래를 불렀다. "운이 좋은 사람이란 좋아하는 일을 하는 사람이지." 좋아하는 일을 하는 사람을 행운아라고 하는 이유는 그런 사람이 활력이 넘치고, 더 행복하며, 걱정과 피로가 덜하기 때문이다. 흥미가 있는 곳에 활력도 있다. 사랑스러운 연인과 10km를 걷는 것보다 잔소리하는 아내와 10블록을 걷는 게 더 피곤한 일이다.

그렇다면 어떻게 해야 할까? 우리는 무엇을 할 수 있을까? 오클라호마 털사의 정유회사에서 일하는 어느 속기사가 사용했던 방법을 소개한다. 매달 며칠간 그녀는 상상할 수 있는 한 세상에서 가장 지겨운 일을 해야 했다. 인쇄한 양식에 유전 차용권과 관련한 숫자와 통계 내용을 적어 넣는 일이었다. 이 업무가 너무 지겨워서 그녀는 자기를 보호하기 위해 일을 재밌게 만들어 보기로 했다. 어떻게 했을까? 그녀는 매일 자기 자신과 시합을 벌였다. 매일 오전에 자신이 작성했던 양식의 숫자를 센 뒤, 오후에는 그 기록을 깨려고 노력했다. 그리고 하루 내내 작성한 양식의 총개수를 세고, 다음 날에는 그보다 숫자를 더 늘리려고 애썼다. 결과가 어땠을까? 얼마 안 가 그녀는 속기사 부서 내에서 이 지겨운 양식을 가장 많이 작성하는 직원이 되었다. 그래서 이 일이 그녀에게 무엇을 가져다주었을까? 상사의 칭찬? 아니다. 회사 측의 감사? 아니다. 승진? 아니다. 급여 인상? 아니다. 하지만 업무가 지겨워서 생기는 피로를 예방하는 데는 분명 도움이 되었다. 정신적인 자극도 받았다. 지겨운 업무를 재미있게 만들려고 최선을 다했기 때문에 활력과 열정이 커졌고, 여가도 훨씬 더 행복해졌다. 이 이야기가 실화라는 걸 아는 이유는 내가 그 속기사와 결혼했기 때문이다.

여기 또 다른 속기사의 이야기가 있다. 이 속기사는 업무가 재미있는 것처럼 행동하는 게 득이 되는 길이라는 걸 알았다. 예전에 그녀는 업무와 씨름하곤 했다. 하지만 더는 그러지 않는다. 속기사의 이름은 밸리 G. 골든이며, 일리노이주 엠허스트 사우스케닐워스가 473번지에 산다. 다음은 밸리 골든이 내게 보낸 편지 속 이야기다.

제가 일하는 사무실에는 속기사가 4명 있는데, 한 사람이 여러 직원을 맡아 편지를 받아 적습니다. 그런데 한 번씩 업무가 몰릴 때가 있습니다. 어느 날 업무 지원 부서장님께서 제게 긴 편지를 다시 쓰라고 하셨고 저는 반항심이 들었습니다. 부서장님께 편지를 처음부터 다시 작성하지 않고 부분 수정을 할 수 있다고 말씀드렸지만, 부서장님은 제가 다시 쓰지 않겠다면 다시 쓸 다른 누군가를 찾을 거라고 응수하시더군요! 저는 화가 머리끝까지 치솟았습니다! 하지만 편지를 다시

작성하는 동안 제가 하는 일을 할 기회가 생긴다면 하겠다고 손을 들 사람이 많겠다는 생각이 문득 들었습니다. 그리고 이 일을 하라고 월급을 받는다는 사실도요. 그런 생각을 하니 기분이 나아지기 시작했습니다. 그래서 불현듯 실제로 이 업무를 즐기는 것처럼 해보자고 마음먹었습니다. 사실은 너무 싫었지만요. 그랬더니 중요한 사실을 발견했습니다. 즐기는 것처럼 업무를 했더니 실제 어느 정도 즐거워졌다는 겁니다. 업무를 즐기니 업무 처리 속도도 빨라졌고요. 그래서 이제는 초과근무를 해야 하는 날이 드뭅니다. 이렇게 마음가짐을 바꿨더니 일 잘하는 직원이라는 평판도 생겼어요. 그러다 어느 부서장님께서 개인 비서가 필요하셨을 때 제게 그 자리를 제안하셨습니다. 추가 업무를 줘도 툴툴거리지 않고 일하는 직원이라고요! 마음가짐을 바꾸면 된다는 게 제게는 엄청나게 중요한 발견이었습니다. 정말 놀라운 효과가 있었어요!

아마 의식하지 못했겠지만, 밸리 골든은 그 유명한 '마치 ~인 것처럼' 철학을 실천했다. 윌리엄 제임스는 우리가 '마치 용감한 것처럼' 행동하면 용감해지고, '마치 행복한 것처럼' 행동하면 행복해진다고 조언했다.

'마치 업무가 재미있는 것처럼' 행동하라. 그렇게 행동하다 보면 실제 재미를 느낄 수 있다. 일이 재미있어지면 피로와 긴장, 걱정도 줄어든다.

몇 년 전 할런 A. 하워드는 자기 인생을 송두리째 바꾼 결심을 했다. 지겨운 업무를 재미있는 일로 바꿔보자고 마음먹은 것이다. 고등학생인 할런 하워드는 다른 남학생들이 공놀이하거나 여학생들과 장난치며 놀 때 학교 급식실에서 설거지하거나 카운터를 닦고 아이스크림을 펐다. 할런 하워드는 이런 일이 몹시 싫었다. 하지만 일을 해야만 했기 때문에 아이스크림을 연구해보기로 마음먹었다. 아이스크림을 어떻게 만드는지, 원재료는 무엇을 사용하는지, 왜 일부 아이스크림은 다른 아이스크림보다 더 맛있는지 등을 공부했다. 아이스크림의 화학을 공부했더니 화학 수업에서 두각을 드러냈다. 그러더니 식품 화학에 큰 흥미가 생겨 매사추세츠 주립대학에 진학해 '식품 기술' 분야를 전공했다. 뉴욕 코코아 상품 거래소에서 대학생을 대상으로 100달러의 상금을 걸고 코코아와 초콜릿의 활용에 관한 논문을 공모했을 때 누가 우승했을까? 맞다. 할런 하워드가 우승자였다.

할런 하워드는 일자리를 구하는 게 어려워 보이자 매사추세츠주 앰허스트 노스플레전트가 750번지에 있는 자신의 집 지하에 개인 실험실을 열었다. 실험실을 열고 얼마 지나지 않았을 때 새로운 법안이 통과되어 우유 안의 박테리아 수를 세어야 했다. 할런 하워드는 곧 앰허스트에 있는 우유 회사 14곳의 제품 내 박테리아 수를 세는 일을 맡게 되었고, 일을 도와줄 직원도 2명 고용해야 했다.

지금부터 25년 후 할런 하워드는 어떤 모습일까? 아마도 지금 식품 화학 회사를 운영하는 사람들은 그때쯤 은퇴했거나 아니면 사망했을 것이다. 그러면 그들의 자리를 할런 하워드처럼 진취성과 열정을 내뿜는 지금의 청년들이 대체할 것이다. 그러므로 지금으로부터 25년 후 할런 하워드는 아마 업계 최고의 리더 자리에 설 것이다. 반면 예전에 할런 하워드가 아이스크림을 팔았던 학교 급우들은 좋지 못한 상황에서 실직하고 정부를 욕하면서 자신에게는 기회가 주어지지 않았다고 불평할 것이다. 할런 하워드도 지겨운 업무를 재미있게 만들겠다고 마음먹지 않았다면 기회를 얻지 못했을지 모른다.

수 년 전 자신이 하는 일을 지겨워하던 또 다른 청년이 있었다. 공장의 선반 앞에 서서 볼트를 생산하는 일이었다. 청년의 이름은 샘이었다. 샘은 일을 그만두고 싶었지만, 다른 일자리를 찾지 못할까 두려웠다. 샘은 이 지겨운 일을 계속해야 했기 때문에 일을 재밌게 만들어 보기로 했다. 그래서 그의 옆에서 기계를 작동하는 기계공과 시합을 벌였다. 한 사람이 기계로 거친 표면을 다듬으면 다른 한 사람이 적절한 지름으로 볼트를 손질했다. 때로 두 사람은 기계를 바꾸어 누가 볼트를 더 많이 생산하는지 확인했다. 공장의 감독관은 샘이 일하는 속도와 정확성에 감탄해 곧 그를 더 좋은 자리에 배치했다. 그게 바로 승진 행렬의 시작이었다. 그로부터 30년 뒤 샘, 즉 사무엘 보클레인은 볼드윈 기관차 공장의 사장이 되었다. 지겨운 업무를 재미있게 바꿔보자고 마음먹지 않았다면 그는 평생 기계공으로 남았을 것이다.

한 번은 유명한 라디오 뉴스 해설가인 H. V. 칼텐본이 지겨운 업무를 재미있게 바꾼 방법을 내게 들려주었다. 칼텐본은 22살 때 가축 수송선을 타고 소 떼에 먹이와 물을 먹이는 일을 하면서 대서양을 건넜다. 자전거를 타고 영국을 일주하고 난 그는 배고프고 돈도 없는 상태로 파리에 도착했다. 칼텐본은 카메라를 저당 잡고 5달러를 받아 〈뉴욕 헤럴드〉지 파리판에 광고를 내 입체경을 파는 영업사원으로 일자리를 얻었다. 마흔이 된 사람이라면 이 구식 입체경을 기억할 것이다. 손에 들고 눈을 대면 양쪽으로 정확하게 같은 그림이 나타나던 그 장치 말이다. 입체경을 보고 있으면 기적이 나타난다. 입체경에 달린 두 개의 렌즈가 두 그림을 하나로 합치면서 삼차원 효과가 나타난다. 그러면 원근감과 놀라운 균형감을 느낄 수 있다.

칼텐본은 파리에서 이집 저집 문을 두드리며 이러한 입체경을 팔았다. 칼텐본은 프랑스어를 할 줄 몰랐다. 그런데도 영업 첫 해에 판매 수수료로 5,000달러를 벌어 그해 프랑스에서 가장 높은 수입을 얻은 영업사원이 되었다. 칼텐본은 그해의 경험이 하버드에서 공부했던 해만큼 내면에 성공을 위한 자질을 계발하는 데 많은 도움을 주었다고 말했다. 그건 자신감이었을까? 칼텐본은 그때 경험 이후로 프랑스 주부에게 미연방 의회 회의록까지 팔 수 있을 것 같았다고 말했다.

프랑스에서 영업사원으로 일한 경험 덕분에 칼텐본은 프랑스인의 삶에 정통한 이해를 갖추게 되었고, 이는 후에 그가 라디오에서 유럽 문제를 해설할 때 매우 큰 도움이 되었다.

프랑스어도 할 줄 모르는 상태에서 칼텐본은 어떻게 영업 전문가가 될 수 있었을까? 칼텐본은 영업에 필요한 말을 완벽한 프랑스어로 써달라고 고용주에게 부탁해 문장을 전부 외웠다. 방문한 가정의 현관에서 초인종을 누르고 안에서 주부가 답하면 기억해둔 영업 문구를 외운 대로 말하기 시작했는데, 그의 프랑스어 억양이 너무 엉망이라 그게 재밌었다. 그리고 주부에게 준비해 온 사진을 몇 장 보여주고 주부가 질문하면 어깨를 으쓱하며 대답했다. "미국 사람, 미국 사람이에요." 그러고 나서 모자를 벗어 모자 위에 붙여 둔 완벽한 프랑스어로 된 영업 문구의 사본을 가리켰다. 그렇게 하면 주부들이 웃음을 터뜨렸고, 칼텐본도 웃으며 사진을 더 보여주었다. 이 이야기를 하면서 칼텐본은 영업일은 결코 쉽지 않았다고 고백했다. 그러면서 그가 버틸 수 있었던 단 하나의 비결은 일을 재밌게 하겠다는 결심이었다고 했다. 매일 아침 일을 나가기 전에 칼텐본은 거울을 보고 스스로 격려의 말을 건넸다. "칼텐본, 먹고살려면 이 일을 꼭 해야 해. 어차피 해야 할 일이라면 즐겁게 하는 게 어때? 현관의 초인종을 누를 때마다 무대에 오르기 전 배우가 되는 거야. 관객이 등장해 거기서 널 봐. 결국 네가 하는 일도 무대 위에서 일어나는 일만큼 똑같이 재밌는 일이잖아? 그러니까 이 일에 열정과 열의를 쏟으면 어떨까?"

칼텐본은 한때 정말 싫고 두렵던 일을 좋아하는 모험으로 바꿔 큰돈을 벌게 된 비결이 바로 이렇게 매일 스스로 격려의 말을 건네는 것이었다고 했다.

성공을 바라는 미국의 젊은이들에게 조언해달라고 부탁하자 그가 말했다. "아침마다 자신을 격려하세요. 사람들은 반쯤 깬 상태에서 벗어나기 위해서는 신체 활동이 중요하다고 많이 이야기하고, 그래서 아침에 걷는 사람이 많습니다. 하지만 신체 활동보다 매일 아침 우리를 자극해 행동에 나서도록 할 정신 운동, 마음 운동이 훨씬 더 중요합니다. 아침마다 자신을 격려하는 말을 스스로 들려주십시오."

매일 스스로 격려의 말을 건네는 게 우습고, 무의미하고, 유치하다고 생각되는가? 그렇지 않다. 오히려 스스로 격려하는 건 건강한 심리를 유지하는 본질에 해당하는 일이다. 1,800년 전 마르쿠스 아우렐리우스가 《명상록》에 처음 쓴 '우리의 삶은 우리의 생각대로 이루어진다'라는 말은 그때만큼 지금도 진리다.

날마다 매시간 자신을 격려하면 용기와 행복, 힘과 평화에 대한 생각을 떠올릴 수 있다. 감사해야 할 일이 무엇인지 스스로 이야기하다 보면 마음이 벅차올라 노래를 부르고 싶어질 정도가 된다.

생각을 올바르게 하면 어떤 일이라도 싫은 게 덜해진다. 상사는 우리가 업무에 흥미를 느끼기를 바란다. 그래야 그가 돈을 더 많이 벌 수 있기 때문이다. 하지만 상사가 원하는 게 무엇인지는 생각하지 말자. 업무에 재미를 느꼈을 때 자신이 얻는 게 무엇인지, 그것만 생각하자. 깨어 있는 시간의 절반은 직장에서 보내므로 업무가 재밌어지면 일상에서 얻는 행복이 두 배가 되고, 업무에서 행복을 찾지 못하면 다른 어디서도 행복을 찾을 수 없다. 일에 흥미가 생기면 걱정이 사라지고, 장기적으로는 승진과 급여 인상으로 이어질 거라는 점을 스스로 계속 떠올리자. 그렇게 되지 않는다 하더라도 업무에서 흥미를 느끼면 피로가 최소로 줄고 여가도 즐길 수 있다.

28장

불면증을
걱정하지 않는 방법

잠을 푹 잘 수 없어서 걱정하는가? 그렇다면 저명한 국제변호사 사무엘 운터마이어가 평생 밤잠을 푹 자지 못했다는 사실을 알면 관심이 생길 것이다.

대학에 입학했을 때 사무엘 운터마이어는 두 가지 괴로움을 고민했다. 바로 천식과 불면증이었다. 그는 두 가지 병을 모두 고칠 수가 없었고, 할 수 없이 차선책을 실행하기로 했다. 어차피 깨어 있는 시간을 잘 활용하기로 한 것이다. 새벽까지 이리저리 뒤척이며 잠들지 못한다고 걱정하는 대신 자리에서 일어나 공부를 했다. 결과가 어땠을까? 모든 과목에서 최우수 학점을 받기 시작했고 뉴욕 시립대학교의 수재가 되었다.

변호사가 되고 난 뒤에도 그의 불면증은 계속되었다. 하지만 사무엘 운터마이어는 걱정하지 않았다. "자연의 섭리대로 되겠지." 정말 그랬다. 그는 수면 시간이 짧았지만 건강했고, 뉴욕의 다른 젊은 변호사들처럼 열심히 일할 수 있었다. 사실 다른 변호사들이 자는 사이에도 일했으니 남들보다 더 열심히 일하는 셈이었다!

사무엘 운터마이어는 불과 21세의 나이에 연수입이 이미 75,000달러에 달했다. 다른 젊은 변호사들은 그의 방법을 배우려고 법정으로 몰려들었다. 1931년 사무엘 운터마이어는 어느 사건을 수임했는데, 해당 건으로 역사상 가장 높은 변호사 수임료를 받았다. 수임료 금액은 무려 100만 달러였다. 전액 현금결제 조건이었다.

그때도 여전히 불면증은 사라지지 않았다. 한밤중까지 책을 읽고, 새벽 5시에 일어나 편지를 썼다. 다른 사람들이 업무를 막 시작할 무렵이 되면 사무엘 운터마이어는 그날 할 일을 이미 반쯤 끝낸 상태였다. 그는 81세까지 살았는데, 밤에 단잠을 잔 적이 거의 없었을 것이다. 하지만 그가 불면증 때문에 조바심 내고 걱정했더라면 아마 인생을 망쳤을 것이다.

우리는 인생의 3분의 1을 잠자는 데 쓴다. 하지만 수면이 실제로 어떤 것인지 아는 사람은 아무도 없다. 우리가 아는 건 수면은 습관이라는 것과 자연이 인간을 돌보기 위해 복잡하게 짜둔 손길 속에서 휴식을 취하는 상태라는 것뿐, 개인에 필요한 적정 수면 시간을 알 수 없고, 잠을 꼭 자야 하는지조차 알 수 없다!

터무니없는 소리처럼 들리는가? 제1차 세계대전 중 헝가리 군인 폴 컨은 전두엽에 총상을 입었다. 상처는 회복됐지만, 그는 잠들 수가 없었다. 온갖 진정제와 마취제, 심지어 최면술까지 무슨 수를 써도 소용이 없었고, 폴 컨은 잠들지 않았을 뿐만 아니라 졸리지조차 않았다.

의사들은 폴 컨이 오래 살지 못할 거라고 했다. 하지만 의사들의 예상은 빗나갔다. 폴 컨은 일자리를 구했고, 최상의 건강 상태로 수년을 살았다. 그는 자리에 누워 눈을 감고 휴식을 취했지만, 잠이라는 걸 청할 수 없었다. 폴 컨의 사례는 의학계의 미스테리였으며, 잠에 관한 일반적인 생각을 뒤엎었다.

다른 사람보다 훨씬 더 많이 자야 하는 사람들도 있다. 지휘자 토스카니니는 하룻밤에 다섯 시간만 자면 충분했지만, 미국의 30대 대통령 캘빈 쿨리지는 10시간 이상씩 자야 했다. 쿨리지는 하루 24시간 가운데 자는 데 11시간을 소비했다. 다시 말해, 토스카니니가 인생의 약 5분의 1을 수면에 사용했다면, 쿨리지는 인생의 거의 절반을 잠으로 보냈다.

불면증 자체보다 불면증을 걱정하는 게 훨씬 더 몸에 해롭다. 예를 들어 우리 수업을 들었던 뉴저지주 리지필드 파크 오버펙가 173번지에 사는 아이라 샌드너라는 학생은 만성 불면증 때문에 자살 직전까지 몰렸다.

제가 실제로 미쳐가는 중이라고 생각했어요. 문제는 제가 원래는 정말 잘 자는 사람이었다는 겁니다. 알람이 울려도 깨지 않았고, 그러다 보니 아침에 회사에 지각하고는 했습니다. 걱정스러웠죠. 상사가 제시간에 출근해야 한다고 경고했거든요. 계속 늦잠을 자면 직장을 잃으리라는 걸 알고 있었습니다.

친구에게 고민을 이야기했더니 잠들기 전에 알람 시계에 집중해보라고 권했습니다. 그때부터 불면증이 시작되었어요! 망할 알람 시계가 똑딱똑딱 움직이는 소리에 강박관념이 생겼습니다. 계속 잠들지 못하고 밤새 이리저리 뒤척였어요! 아침이 되면 병이 날 지경이었습니다. 피로와 걱정으로 인한 병이죠. 이런 상태가 8주나 지속됐습니다. 그동안 시달린 고문 같은 시간은 말로 다 표현할 수도 없습니다. 제가 미쳐가고 있다고 확신했습니다. 때로 몇 시간씩 방안을 서성거리기도 하고, 창문 밖으로 뛰어내려 이 모든 괴로움을 끝낼까 생각도 했습니다.

마침내 저는 평소 잘 알고 지내던 의사 선생님을 찾아갔습니다. 의사 선생님이 말씀하시더군요. "아이라, 저는 아이라를 도울 수 없습니다. 아마 그 누구도 도울 수 없을 거예요. 왜냐하면 아이라가 문제를 만든 장본인이기 때문입니다. 밤에 잠자리에 들었다가 만일 잠들 수 없다면 자야 한다는 생각을 잊으세요. 그냥 이렇게 생각하세요. '잠들지 못해도 조금도 신경 쓰이지 않아. 아침까지 뜬눈으로 지새워도 괜찮아.' 이런 생각으로 눈을 감고 말하세요. "자야 한다고 걱정하지 않고 가만히 누워 있기만 해도 어쨌든 휴식을 취하는 거야." 그래서 그렇게 했더니 2주 후에는 잠들게 되었어요. 한 달이 채 되지 않아 매일 밤 8시간씩 잘 수 있었고요. 예민했던 신경도 정상으로 회복되었습니다.

아이라 샌드너를 괴롭혔던 건 불면증이 아니라 불면증에 대한 걱정이었다.

시카고 대학교수인 나다니엘 클라이트먼 박사는 누구보다 수면에 관한 연구를 많이 한 학자로, 수면과 관련해 세계적인 전문가이다. 클라이트먼 박사는 불면증으로 사망하는 사람은 한 번도 본 적이 없다고 말한다. 분명 불면증을 걱정하다 보면 활력이 떨어지고 세균에 감염되어 사망할 수 있다. 하지만 이런 사람이 사망하는 건 불면증으로 인한 걱정 때문이지, 불면증 그 자체가 원인이 되는 건 아니다.

또한 클라이트먼 박사는 불면증으로 걱정하는 사람이 대개 자기 생각보다 훨씬 더 많이 잔다고 말한다. "어젯밤에 한숨도 못 잤어요."라고 맹세하는 사람도 스스로 알아차리지 못했을 뿐 몇 시간을 잤을 수 있다. 예를 들어 19세기의 심오한 철학자 허버트 스펜서는 나이 든 독신 남성으로 하숙집에 살며, 누구를 만나도 불면증 이야기를 늘어놓아 질리게 했다. 심지어 그는 소음을 차단하려고 귀마개를 끼고 예민해진 신경을 안정시키려 했다. 잠들기 위해 때로는 아편까지 사용했다. 그러던 어느 날 밤 허버트 스펜서는 옥스퍼드 대학교의 세이스 교수와 같은 방에 묵게 되었다. 다음 날 아침 스펜서는 간밤에 한숨도 자지 못했다고 이야기했다. 하지만 사실 한숨도 못 잔 건 세이스 교수 쪽이었다. 스펜서의 코 고는 소리에 뜬눈으로 밤을 지새운 것이다.

밤에 잠을 잘 자기 위한 첫 번째 조건은 안정이다. 인간보다 위대한 어떤 힘이 아침까지 우리를 보살펴준다고 느껴야 한다. 그레이트 웨스트 라이딩 정신병원의 토머스 히슬롭 박사는 영국 의학 협회에서 발표할 때 이 점을 강조했다. 히슬롭 박사가 말했다. "수년간 환자들을 진료하면서 알게 된 최고의 수면유도제는 기도입니다. 전적으로 의사로서 말씀드리는 겁니다. 습관적으로 기도하는 사람에게는 기도가 마음에 평안을 가져다주고, 신경을 안정시키는 가장 적절하고 일반적인 방법입니다."

하느님께 맡기고 내려놓는 방법도 있다. 자넷 맥도널드는 우울하고 걱정스럽고 잠드는 데 어려움을 느낄 때는 시편 23편을 반복해서 읽으면 항상 '안정'을 느낄 수 있다고 했다. "여호와는 나의 목자시니 내게 부족함이 없으리로다 그가 나를 푸른 풀밭에 누이시며 쉴 만한 물가로 인도하시는도다."

하지만 종교를 믿지 않는다면, 그래서 기도보다 어려운 방법 가운데 찾아야 한다면 신체를 이완하는 법을 배우는 게 좋다. 책《신경성 긴장에서 벗어나기》를 쓴 데이비드 해럴드 핑크 박사는 신체를 이완하는 가장 좋은 방법은 몸에 말을 거는 것이라고 했다. 핑크 박사에 따르면 모든 최면의 핵심은 말에 있다고 한다. 지속해서 잠들 수 없는 상태가 이어진다면 그건 불면증이 되도록 스스로 몸에 말을 걸기 때문이다. 이를 되돌릴 방법은 자신에게 걸린 최면을 풀어주는 것으로, 온몸의 근육에 이렇게 말해주면 된다. "풀자, 풀자. 몸을 풀고 느긋하게 쉬자." 근육이 긴장 상태에 있는 동안에는 마음과 신경이 느긋해질 수 없다는 건 이미 알고 있다. 그러므로 잠들고 싶다면 근육부터 이완해야 한다. 핑크 박사는 다음과 같은 방법을 추천하는데 이 방법은 실제 효과가 있다. 베개를 무릎 밑에 넣고 다리의 긴장을 푼다. 같은 이유로 팔 아래에도 작은 베개를 넣는다. 그러고 나서 눈치채지 못한 사이 잠들 때까지 턱과 눈, 팔, 다리에 긴장을 풀라고 말을 건넨다. 나도 이 방법을 시도해 보았다. 그래서 효과가 있다고 말할 수 있다. 잠드는 데 어려움을 겪는다면 앞서 이야기했던 핑크 박사의 책《신경성 긴장에서 벗어나기》를 읽자. 내가 아는 한 재미와 불면증을 둘 다 잡을 수 있는 유일한 책이다.

불면증을 고치려면 정원 관리, 수영, 테니스, 골프, 스키, 혹은 몸을 써야 하는 단순 노동을 통해 몸을 피곤하게 만드는 게 가장 좋다. 소설가 시어도어 드라이저가 이런 방법을 썼다. 시어도어 드라이저는 고군분투하던 젊은 작가 시절 불면증을 고민했다. 그래서 그는 뉴욕중앙철도에 선로공으로 취직했다. 하루 동안 대못을 박고 삽으로 자갈을 퍼내고 나니 너무 지쳐서 저녁 식사도 하지 못한 채 쓰러져 잠들었다.

몸이 고단하면 자연의 섭리에 따라 깨어 있는 동안에도 잠들게 된다. 예를 들면 내가 13살이었을 때 우리 아버지는 미주리주 세인트 조로 가는 열차의 화차에 한 량 가득 살진 돼지를 실으셨다. 무료 열차표 두 장이 나왔기 때문에 아버지는 나를 데려가셨다. 그때까지 나는 인구 4,000명이 넘는 마을에는 가 본 적이 없었다. 인구 6,000명의 세인트 조에 내렸을 때 나는 신이 나잔뜩 들떠 있었다. 6층짜리 고층 건물도 보고, 무엇보다 놀라웠던 전차를 보았다. 지금도 눈을 감으면 그 전차가 보이고 소리가 들리는 것 같다. 내 인생에서 가장 신나고 흥분했던 그날이 지나고 아버지와 나는 미주리주 레이븐우드로 돌아가는 열차에 탔다. 새벽 두 시에 역에 도착했기 때문에 농장에 있는 집까지 약 6km를 걸어야 했다. 자, 이제 이야기의 요지이다. 나는 몹시 피곤해서 집으로 걸어가는 동안 잠이 들어 꿈까지 꿨다. 나는 말을 타면서도 종종 잠들곤 했다. 그래도 별 탈 없이 살아남아 이 이야기를 들려주고 있다!

사람이 완전히 지치면 천둥소리 속에서도, 전쟁의 공포와 위험 속에서도 잠든다. 저명한 신경학자인 포스터 케네디 박사가 내게 이야기한 바에 따르면 그는 1918년 영국군 제5군단이 후퇴하는 동안 군인들이 너무 지쳐 바닥에 그대로 쓰러져 혼수상태에 빠진 것처럼 깊이 자는 모습을 보았다고 한다. 심지어 그가 손가락으로 군인들의 눈꺼풀을 들어 올려도 깨지 않았다. 그리고 다들 하나같이 눈동자가 위쪽으로 올라가 있다는 것도 알 수 있었다. 케네디 박사가 말했다. "그때 이후 수면 문제가 있을 때 저는 눈동자를 위로 올리는 연습을 했습니다. 그렇게 하면 몇 초도 되지 않아 하품이 나오고 졸립니다. 사람이 통제할 수 없는 자동 반사죠."

수면을 거부하는 방식으로 자살한 사람은 지금껏 없었고, 앞으로도 없을 것이다. 의지력과 상관없이 저절로 잠이 드는 게 자연의 섭리이다. 음식을 먹지 않거나 물을 마시지 않고 버틸 수 있는 기간이 잠을 자지 않고 버틸 수 있는 기간보다 훨씬 더 길다.

자살이라고 하니 헨리 C. 링크 박사가 그의 책《인간의 재발견》에서 설명했던 사례가 떠오른다. 링크 박사는 사이코로지컬 코퍼레이션의 부사장으로, 걱정이 많고 우울한 사람을 다수 면담한다.《인간의 재발견》가운데 '두려움과 걱정을 극복하는 법에 관하여'라는 제목의 장에서 링크 박사는 자살하고 싶어 했던 환자 이야기를 들려준다. 링크 박사는 환자와 입씨름을 해봤자 상황이 더 악화되기만 할 뿐이라는 걸 알고 있었기에 환자에게 이렇게 말했다. "어떻게든 자살할 거라면 적어도 영웅 같은 방식으로 죽어야 합니다. 쓰러져 죽을 때까지 이 주변을 달리세요."

환자는 링크 박사의 말을 따랐다. 한 번만 실천한 게 아니라 여러 번 실천했다. 그런데 매번 뛸 때마다 근육이 좋아지는 것까지는 아니어도 기분은 좋아졌다. 세 번째 날 밤에 환자는 링크 박사가 처음에 의도했던 바를 이루었다, 환자는 몸이 너무 지쳐서(즉, 몸의 긴장이 풀려서) 세상모르고 잠에 빠져들었다. 나중에 그 환자는 육상모임에 가입해 대회에도 출전했다. 얼마 지나지 않아 그는 영원히 살고 싶다고 생각할 정도가 되었다!

그러므로 불면증에 대한 걱정을 떨치고 싶다면, 다음 5가지 원칙을 기억하자.

1. 잠들 수 없다면 사무엘 운터마이어가 썼던 방법을 따라 한다. 자리에서 일어나 졸릴 때까지 일하거나 책을 읽는다.

2. 수면 부족으로 죽은 사람은 없다는 걸 기억한다. 대개 잠을 못 자는 것
   보다 불면증을 걱정하는 편이 건강에 훨씬 해롭다.

3. 기도하거나 자넷 맥도널드처럼 시편 23편을 반복해서 읽는다.

4. 몸을 이완한다. 책《신경성 긴장에서 벗어나기》를 읽는다.

5. 운동을 한다. 육체적으로 몹시 지치게 만들면 잠들지 않을 방도가 없다.

Part 7 요약정리

원칙 1 피곤해지기 전에 쉰다.

원칙 2 일하다 쉬는 법을 배운다.

원칙 3 주부라면 집에서 휴식을 취해 건강과 외모를 가꾼다.

원칙 4 4가지 좋은 업무 습관을 적용한다.

    a. 당장 해결해야 하는 문제와 관련된 서류를 제외하고 책상 위의 다른 모든 서류를 치운다.

    b. 중요도에 따라 업무를 처리한다.

    c. 문제가 생겼을 때 결정에 필요한 사실을 전부 알고 있다면 바로 결정을 내려 문제를 그 자리에서 즉시 해결한다. 결정을 뒤로 미루지 않는다.

    d. 조직하고, 위임하고, 감독한다.

원칙 5 걱정과 피로를 예방하기 위해 업무에 열정을 쏟는다.

원칙 6 수면 부족으로 죽은 사람은 없다는 사실을 기억한다. 건강을 해치는 건 불면증이 아니라 불면증을 걱정하는 것이다.

Part 8

행복과 성공을 가져다줄
일을 찾는 방법

29장

인생의 중대한 결정

(이번 장은 아직 하고 싶은 일을 찾지 못한 청년들을 위해 쓴다. 여기에 속하는 청년이라면 이번 장의 내용이 앞으로의 인생에 깊은 영향을 미칠 것이다.)

아직 18세가 되지 않았다면 곧 인생에서 가장 중요한 두 가지 결정을 내려야 할 때가 온다. 이는 여러분의 남은 생을 완전히 바꾸는 결정이며, 행복, 소득, 건강에 지대한 영향을 미치는 결정이자, 인생의 성공과 실패를 가름할 결정이다.

이렇게 엄청난 두 가지의 결정이란 무엇일까?

첫째, 무엇을 해서 먹고살 것인가? 농부가 될 것인가? 우체부, 화학자, 산림감시인, 속기사, 수의사, 대학교수가 될 것인가? 아니면 햄버거 가게를 열 것인가?

둘째, 당신의 자녀의 아빠 혹은 엄마로 누구를 선택할 것인가?

이렇게 중대한 두 가지 결정은 보통 도박과 같다. 해리 에머슨 포스딕 목사는 책《꿰뚫어 보는 힘》에 이렇게 썼다. "직업을 정할 때 모든 소년은 도박사와 마찬가지다. 직업 결정에 자신의 인생을 걸어야 하기 때문이다."

직업을 정할 때 도박성을 줄이려면 어떻게 해야 할까? 계속 읽다 보면 답을 얻을 것이다. 가능한 한 가장 좋은 방법을 알려주려 한다. 첫째, 가능하면 즐길 수 있는 일을 찾아본다. 한번은 자동차 타이어 제조회사 B. F. 굿리치 컴퍼니의 데이비드 M. 굿리치 회장에게 사업에 성공하기 위한 첫 번째 조건이 무엇이라 생각하는지 물었다. 굿리치 회장의 대답은 다음과 같았다. "업무가 즐거운 겁니다. 하는 일을 즐기면 장시간 일해도 전혀 일하는 것처럼 느껴지지 않아요. 노는 것 같거든요."

에디슨이 좋은 사례다. 에디슨은 학교도 다니지 못했던 신문배달 소년이었지만, 훗날 미국의 산업을 완전히 바꾼 사람이 되었다. 에디슨은 하루에 18시간씩 실험실에 머무르며, 그곳에서 먹고 자며 오래 일했다. 하지만 에디슨에게는 고통스러운 일이 아니었다. 에디슨이 말했다. "저는 살면서 단 하루도 일한 적이 없습니다. 전부 재미있어서 했을 뿐입니다."

에디슨이 성공을 거둔 것도 놀랄 일은 아니다!

찰스 슈왑이 비슷한 말을 하는 걸 들은 적이 있다. "끝없는 열정을 지닌 사람이라면 무슨 일을 해도 성공할 수 있다."

하지만 무슨 일을 하고 싶은지 분명하지 않다면 어떻게 일에 대한 열정을 가질 수 있을까? 한때 듀폰에서 직원 수천 명을 채용했고, 현재 아메리칸 홈 프로덕트의 노무관리 부이사로 근무하는 에드나 커는 말한다. "제가 보기에 최대의 비극은 자신이 정말 하고 싶은 일이 무엇인지 찾지 못하는 젊은이가 너무 많다는 겁니다. 일을 통해 월급 말고 얻는 게 아무것도 없는 사람만큼 불쌍한 사람도 없다고 생각합니다." 심지어 대학을 졸업한 청년도 에드나 커를 찾아와 이렇게 말한다고 한다. "저는 다트머스 대학에서 학사 학위(혹은 코넬 대학교 석사 학위)를 받았어요. 귀사에 제가 할만한 일이 있을까요?" 자기가 무슨 일을 할 수 있는지 아니면 무슨 일을 하고 싶은지 알지 못한다. 그러니 부푼 꿈을 안고 사회생활을 시작한 능력 있는 젊은이들이 마흔이 되면 완전히 좌절해 신경쇠약까지 걸리는 게 놀랍지도 않다. 사실 자기에게 맞는 직업을 찾는 건 건강에도 매우 중요하다. 존스 홉킨스 병원의 레이몬드 펄 박사는 몇몇 보험회사와 함께 장수에 영향을 주는 요인을 찾는 연구를 진행했다. 펄 박사가 첫째로 꼽은 요인은 '적합한 직업'이었다. 펄 박사는 토머스 칼라일과 같은 말을 하고 싶었을 것이다. "자기에게 딱 맞는 일을 찾은 사람은 축복받은 사람이다. 그런 사람은 다른 축복을 빌지 말라."

최근 소코니-배큠 정유회사의 채용 담당 관리자인 폴 보인튼과 저녁을 함께 보냈다. 폴 보인튼은 지난 20년 동안 수만 명에 달하는 구직자의 면접을 담당했고, 《취업에 성공하는 6가지 방법》이라는 제목의 책도 썼다. 폴 보인튼에게 물었다. "청년 구직자들이 저지르는 가장 큰 실수는 무엇입니까?" 폴 보인튼이 답했다. "무슨 일을 하고 싶은 건지 모르는 거지요. 자신의 앞날이 걸린 직업을 선택하는 것보다 몇 년이면 닳아 없어질 옷 한 벌을 고르는 걸 더 깊이 생각한다는 걸 알게 되면 정말 끔찍하죠. 직업이 미래의 행복과 마음의 평화를 이룰 바탕이 되는데도 말이죠!"

그래서 어쩌란 말인가? 무엇을 할 수 있을까? 직업상담이라는 새로 생긴 분야를 이용하는 방법이 있다. 하지만 상담해 주는 상담사의 능력과 특성에 따라 도움이 될 수도, 해가 될 수도 있다. 아직은 완벽하다고 할 수 없는 분야이기 때문이다. 어쩌면 아직 초기 단계에도 진입하지 못했다. 하지만 미래는 크게 기대된다. 이 과학을 어떻게 이용할 것인가? 여러분이 사는 동네 어디에서 직업상담을 받을 수 있는지 확인하고 직업 적성 검사를 한 뒤 그에 따른 직업 조언을 얻는다.

직업상담을 통해 듣는 조언은 제안에 불과하다. 결정은 본인의 몫이다. 직업상담사의 조언이 절대적으로 확실한 건 아니라는 점을 기억하라. 직업상담사도 서로 의견이 다르다. 때로는 어이없는 실수를 저지르기도 한다. 예를 들어 어느 직업상담사는 내 수업을 들었던 학생에게 작가가 되라고 권했는데, 단지 학생의 어휘력이 풍부하다는 이유에서였다. 말도 안 되는 조언이다! 작가가 되는 건 그리 간단한 문제가 아니다. 좋은 글이란 작가의 생각과 감정이 독자에게 전달되는 글이다. 그리고 그런 글을 쓰기 위해서는 어휘력이 풍부해서만 되는 게 아니라 아이디어, 경험, 신념, 사례와 재미가 있어야 한다. 어휘력이 풍부한 젊은 여성에게 작가가 되라고 권한 직업상담사가 해낸 일이라고는 지금까지 행복하게 살던 속기사를 좌절한 소설가 지망생으로 만든 일, 단 한 가지뿐이다.

내가 하고 싶은 말은 직업상담을 전문으로 하는 상담사도 우리와 마찬가지로 항상 옳은 조언을 하는 건 아니라는 것이다. 그러니 여러 명에게 상담을 받는 편이 좋다. 그리고 나서 거기서 들은 조언을 상식에 비춰 해석하라.

걱정을 주제로 하는 책에 직업 선택을 이야기하는 장을 넣은 게 이상하다고 생각할지 모르겠다. 하지만 싫어하는 일로 인해 생겨나는 걱정과 후회, 좌절이 얼마나 큰지 이해하면 전혀 이상하지 않은 일이다. 아버지께, 아니면 이웃이나 상사에게 물어보라. 존 스튜어트 밀과 같은 위대한 지식인도 자신에게 맞지 않는 일을 하는 사람이 '사회의 가장 큰 손실'이라고 했다. 맞는 말이다. 마찬가지로 이 세상에서 가장 불행한 사람도 싫어하는 일을 매일 하는 '직업을 잘못 찾은 사람들'이다.

군대에서 '무너지는' 군인을 알고 있는가? 바로 배치를 잘못 받은 군인이다. 전투로 인한 사상자를 말하는 게 아니라 평시 복무 중에 무너지는 군인을 말하는 것이다. 윌리엄 메닝거 박사는 전쟁 중에 군 병원에서 신경정신과를 이끌었던 이 시대의 뛰어난 정신과 의사이다. 메닝거 박사는 말한다. "군에서 우리는 선별과 배치의 중요성에 관해 많이 배웠습니다. 적재적소에 장병을 배치하는 일이죠. 지금 하는 업무가 중요한 일이라는 확신이 매우 중요합니다. 별 관심이 없는 자리, 잘못 배치된 것 같다고 느끼는 자리, 자신이 제대로 평가받지 못한다고 생각하는 자리, 자신의 재능이 제대로 쓰이지 못한다고 생각하는 자리에서 예외 없이 잠재적인, 아니면 실제 정신적 피해자가 나타났습니다."

그렇다. 같은 이유로 사회에서도 '무너지는' 사람이 나타난다.

예를 들어 필 존슨의 사례를 살펴보자. 필 존슨의 아버지는 세탁소를 운영하셨다. 그래서 아들을 세탁소에서 일하게 했다. 아들이 일을 물려받기를 바라면서 말이다. 하지만 필은 세탁일이 싫었다. 그래서 빈둥거리고, 꾸물거리고, 꼭 해야 할 일만 할 뿐 일을 더 할 생각이 전혀 없었다. 결근하는 날도 있었다. 아버지는 의욕도 없고 야망도 없는 아들에게 마음이 상했고, 직원들 보기에도 부끄러워하셨다.

어느 날 필 존슨은 아버지께 기계공이 되고 싶다고 말했다. 뭐라고? 작업복을 입는다고? 나이 든 아버지는 충격을 받았다. 하지만 필은 자기 뜻대로 밀고 나갔다. 기름때 묻은 작업복을 입고 일했다. 필은 세탁소에서 시키는 일을 할 때보다 훨씬 열심히 일했다. 근무시간도 더 길었지만, 일하면서 휘파람까지 불었다! 필은 공학을 계속했고, 엔진에 대해 배웠으며, 기계를 만지느라 바빴다. 1944년 사망 당시 그는 보잉사의 사장이었고, 제2차 세계대전의 승리에 기여한 전투기 '하늘의 요새'를 만든 사람이었다! 만약 필 존슨이 계속 세탁소에서 일했다면 그는 그리고 세탁소는 어떻게 되었을까? 아버지가 돌아가시고 난 뒤에는 어땠을까? 내 생각에는 사업이 완전히 망했을 것 같다.

가족 간에 싸움을 부추길 위험이 있다 하더라도 나는 청년들에게 말하고 싶다. 가족이 원한다는 이유만으로 어떤 일을 꼭 해야 한다고 생각하지 말라. 본인이 원하지 않으면 일을 시작하지 말라. 그렇지만 부모님의 조언은 신중하게 고려하라. 부모님께서는 아마 여러분보다 두 배는 오래 사셨을 테고, 풍부한 경험과 오랜 세월을 통해서만 얻을 수 있는 지혜를 갖추셨다. 하지만 마지막 결정은 반드시 여러분이 해야 한다. 앞으로 직장에서 행복할지 비참할지 직접 겪을 사람은 바로 여러분 자신이기 때문이다.

마지막 결정은 여러분의 몫이라고 말하기는 했지만, 직업 선택에 관해 다음 몇 가지 사항을 제안하려 한다. 일부는 경고의 내용도 담고 있다.

첫째, 직업상담사를 고르는 법과 관련해 다음 5가지 제안사항을 읽고 숙지한다. 이를 제안한 사람은 미국 최고의 직업상담 전문가인 컬럼비아 대학교 해리 덱스터 킷슨 교수다.

1. '직업 적성'을 가르쳐 줄 마법의 시스템이 있다고 말하는 사람에게 가지 말라. 관상가, 점술가, 성격 분석가, 필적 감정가 같은 부류의 사람들이다. 이들이 말하는 '시스템'은 작동하지 않는다.
2. 어떤 직업을 선택해야 하는지 알려주는 테스트를 해준다는 사람에게 가지 말라. 그런 사람은 상담대상자의 신체적, 사회적, 경제

적 조건을 반드시 고려해야 한다는 직업상담사의 업무 원칙을 위반하는 사람이다. 직업상담사는 상담대상자에게 열려 있는 직업 기회에 비추어 상담 서비스를 제공해야 한다.

3. 직업에 관한 적절한 지식을 갖추고 상담 과정에서 이를 활용하는 직업상담사를 찾아라.

4. 직업 안내 서비스를 제대로 받으려면 일반적으로 한 번의 상담만으로는 부족하다.

5. 절대 우편으로 직업 안내를 받지 말라.

둘째, 이미 그 일을 하는 사람이 차고 넘치는 직업은 피하라. 돈을 벌 방법은 수없이 많다. 하지만 청년들이 이 사실을 알까? 앞날을 점치기 위해 수정 구슬을 들여다보는 점쟁이라도 찾지 않는 한 모를 것이다. 어느 학교에서는 남학생의 3분의 2가 선택한 직업이 5개뿐이었다. 2만 개의 직업 가운데 고작 5개로 선택의 폭이 제한적이었다는 말이다. 여학생의 5분의 4가 선택한 직업도 마찬가지였다. 그러니 몇몇 직업에만 사람들이 과하게 몰리는 게 놀랍지 않고, 때로 화이트칼라 직장인들 사이에 불안, 걱정, '불안 신경증'이 만연하는 것도 놀랄 일이 아니다. 나는 법조계, 언론계, 라디오 방송계, 영화계 쪽이나 '화려해 보이는 직업' 등 이미 사람들로 넘치는 업계는 추천하지 않으려 한다.

셋째, 돈을 벌 확률이 10%밖에 안 되는 직업은 멀리하라. 예를 들어 생명보험을 판매하는 판매사원 같은 일이다. 매년 셀 수 없이 많은 사람(대개 실직한 사람들이다)이 앞으로 무슨 일이 일어날지 미리 알아보지도 않은 채 생명보험을 팔겠다고 나선다. 필라델피아 리얼 에스테이트 트러스트 빌딩에 사무실을 둔 프랭클린 L. 베트거의 말에 따라 이들에게 대략 어떤 일이 일어나는지 소개한다. 베트거는 지난 20년 동안 미국에서 크게 성공한 보험 영업사원 자리를 지키고 있다. 그런 베트거에 따르면 생명보험을 판매하기 시작한 사람의 90%는 몹시 상심하고 낙담해서 1년 안에 일을 그만둔다고 한다. 10명의 영업사원 그룹이 있다면 이들 전체가 판매하는 생명보험의 90%는 일을 그만두지 않은 한 명의 영업사원이 파는 것이다. 나머지 9명의 영업사원이 판매하는 양은 전체의 10%뿐이다. 달리 말해 생명보험 판매 일을 시작했다면 1년 안에 실패하고 그만둘 가능성이 십중팔구이고, 이 일로 1년에 1만 달러의 소득을 벌 가능성은 1%에 불과하다. 일을 계속한다 하더라도 먹고살 정도 이상의 소득을 얻을 가능성은 10%에 지나지 않는다.

넷째, 평생을 바칠 직업을 결정하기 전에 몇 주에 걸쳐(필요하다면 몇 달에 걸쳐) 그 직업에 관해 알아볼 수 있는 건 전부 알아보라. 어떻게 하면 될까? 10년, 20년, 혹은 40년째 그 일에 종사하는 사람을 만나서 이야기를 들어보라.

이들과의 만남은 여러분의 미래에 깊은 영향을 미칠 것이다. 나도 그런 경험이 있어서 잘 안다. 20대 초반이었을 때 나는 두 명의 어른으로부터 직업을 선택하기 위한 조언을 구했다. 지금에 와서 되돌아보면 그 두 번의 만남은 직업 결정의 전환점이 되었다. 두 사람과의 만남이 없었다면 내 인생이 어떻게 되었을지 상상하기조차 어렵다.

이런 조언을 해줄 사람을 어떻게 만날 수 있을까? 예를 들어 건축가가 되기 위한 공부를 생각하고 있다고 해보자. 결정을 내리기 전 여러분이 사는 도시, 그리고 근처 도시에 있는 건축가와 몇 주에 걸쳐 만나 이야기를 나눠보아야 한다. 전화번호부를 확인하면 건축사무소의 이름과 주소를 찾을 수 있다. 미리 전화 약속을 잡아도 좋고 그냥 전화를 걸어도 좋다. 미리 약속을 정하고 싶다면 다음과 같은 편지를 보내면 된다.

안녕하세요. 부탁이 있어서 편지 드립니다. 저는 18세이고 건축가가 되기 위한 공부를 하려고 생각 중인데 건축가님의 조언이 필요합니다. 제가 결정을 내리기 전에 조언을 좀 부탁드려도 될까요?

사무실에서는 일이 많아 너무 바쁘셔서 시간을 내기 어려우시다면 댁으로 찾아뵐 테니 30분만이라도 저를 만나 주신다면 정말 감사하겠습니다.

제가 여쭙고 싶은 질문은 다음과 같습니다.

1. 다시 태어나도 건축가가 되실 건가요?

2. 저를 평가하신 후에 제게 건축가로서 성공할 자질이 있다고 생각하시는지 알려주세요.

3. 건축가는 경쟁이 심한 직업인가요?

4. 4년 동안 건축학을 공부하고 나면 취업이 잘 될까요? 졸업 후 어떤 일을 처음 시작하면 좋을까요?

5. 제 능력이 평균 수준이라면 일을 시작하고 처음 5년 동안 얼마의 수입을 예상할 수 있을까요?

6. 건축가의 장단점은 무엇일까요?

7. 제가 건축가님의 아들이라면 건축가가 되라고 권하실 건가요?

만일 소심한 성격이라 혼자서 '거물'을 만나기가 망설여진다면 다음 두 가지 조언이 도움이 될 것이다.

첫째, 함께 갈 친구를 찾는다. 둘이 있으면 자신감이 상승한다. 함께 갈 친구가 없다면 아버지께 같이 가 달라고 부탁하라.

둘째, 조언을 구한다는 것 자체가 상대를 칭찬하는 거라는 사실을 기억하라. 조언해 달라는 부탁을 받은 상대는 어깨가 으쓱해진다. 어른들은 청소년에게 조언하는 걸 좋아한다는 사실을 기억하라. 부탁받은 건축가는 아마 여러분을 만나는 걸 즐거워할 것이다.

만날 약속을 요청하는 편지를 보내는 게 망설여진다면 미리 약속하지 말고 사무실로 찾아가 잠시라도 조언해주시면 감사하겠다고 뜻을 전하라.

만일 다섯 명의 건축가를 방문했는데 모두 너무 바빠서 만나줄 수 없다고 하면(그럴 일은 없겠지만) 다른 건축가 다섯 명에게 연락하라. 그 가운데에는 여러분을 만나주는 사람이 있을 것이고, 그 사람은 여러분이 몇 년의 시간을 허비하고 가슴 아픈 일을 겪지 않도록 귀중한 조언을 해줄 것이다.

여러분의 인생에서 가장 중요하고 지대한 영향을 끼칠 결정을 한다는 점을 기억하라. 그러니 행동에 나서기 전에 사실을 파악하는 데 시간을 들여라. 그렇게 하지 않으면 인생의 절반을 후회하며 살게 된다.

여유가 된다면 30분의 시간을 내 조언해 준 상대에게 감사의 표시로 보답하는 게 좋다.

다섯째, 자기에게 맞는 직업은 단 한 가지뿐이라는 잘못된 생각에서 벗어나라. 평범한 사람이라면 누구나 여러 직업에서 성공할 수 있고, 마찬가지로 실패할 수도 있다. 내 경우를 예로 들면 나는 농업, 과수업, 과학 영농, 의학, 영업, 광고업, 지역 신문 편집, 교사, 임업에 종사하기 위해 공부하고 준비했다면 어느 정도 성공하고 일을 즐길 수 있었을 것 같다. 반면 부기, 회계, 공학, 호텔이나 공장 운영, 건축, 기계 관련 모든 직업, 그 외 수없이 많은 다른 일을 했다면 실패하고 불행했을 것이 틀림없다고 확신한다.

Part 9

돈 걱정을
줄이는 방법

30장

걱정의 70%를
차지하는 대상

내가 모든 이의 돈 걱정을 해결할 방법을 안다면 이 책을 쓰지도 않았을 것이고, 백악관에 앉아 있었을 것이다. 대통령 바로 옆자리에 말이다. 하지만 내가 할 수 있는 일이 하나 있다. 이 주제와 관련한 권위자들의 말을 인용하고, 실제 생활에 매우 도움이 되는 사항을 제안하고, 추가적인 도움을 받을 수 있는 책과 팸플릿을 어디서 구할 수 있는지 정보를 공유하는 것이다.

〈레이디스 홈 저널〉에서 실시한 설문조사에 따르면 우리가 하는 걱정의 70%는 돈 문제라고 한다. 조지 갤럽의 여론조사에 따르면 설문조사 결과 대부분의 사람이 소득이 지금보다 딱 10%만 늘어나면 돈 걱정이 사라질 것이라 믿는다고 한다. 그게 사실인 경우도 있겠지만, 그렇지 않은 경우도 놀라울 정도로 많다. 예를 들어 이번 장을 쓰는 동안 나는 예산 전문가를 인터뷰했다. 엘지 스테이플턴은 뉴욕 워너메이커스 백화점과 김벨스 백화점에서 고객과 직원을 상대로 수년 동안 재정 상담가로 일해온 여성이다. 여기에 더해 돈 걱정에 미칠 듯 시달리는 사람을 돕고자 수년간 개인 고객의 컨설턴트로도 일했다. 엘지 스테이플턴은 1년에 1,000달러 미만을 버는 짐꾼부터 10만 달러 이상을 버는 기업의 임원까지 다양한 소득 수준의 고객을 상담했다. 그런 그녀가 내게 이렇게 말했다. "단순히 돈을 더 버는 것으로는 대부분의 돈 걱정을 해결할 수 없습니다. 사실 돈을 더 벌면 그저 돈을 더 많이 쓰는 것뿐인 경우를 많이 봤습니다. 머리가 더 아파질 뿐이죠. 많은 사람들에게 걱정의 원인은 돈이 충분히 없는 게 아니라 가진 돈을 제대로 쓰는 법을 모르는 겁니다!" (마지막 말을 듣고 코웃음을 쳤을 것이다. 그렇지 않은가? 자, 다시 한번 비웃기 전에 스테이플턴이 모든 사람에게 적용되는 이야기는 아니라고 했던 점을 떠올려라. 스테이플턴은 '많은 사람'이라고 했다. 당신은 여기에 속하지 않는 사람이다. 하지만 형제자매나 사촌 등 당신이 떠올릴 수 있는 수십 명은 스테이플턴이 말하는 유형의 사람에 해당할 것이다.)

많은 독자가 이렇게 말할 것 같다. "여기 카네기 씨가 저 대신 제게 청구되는 비용을 내고, 제 주급으로 필요한 생활비를 감당해보면 좋겠어요. 그럼 카네기 씨도 말이 바뀔 겁니다." 하지만 나도 경제적인 문제를 겪어봤다. 예전에 나는 미주리주의 옥수수밭과 건초 헛간에서 하루 10시간씩 육체노동을 했다. 육체적으로 완전히 지쳐 여기저기 쑤시는 고통이 사라지는 게 단 하나의 소원이 될 정도까지 일했다. 그렇게 고되게 일하고 받는 돈은 시간당 1달러가 되지 않았다. 아니 50센트도, 심지어 10센트도 되지 않았다. 그때 나는 시간당 5센트씩 받고 하루 10시간씩 일했다.

욕실이 없거나 물이 새는 집에서 20년 동안 산다는 게 어떤지 안다. 실내온도가 영하 15도로 떨어지는 침실에서 잔다는 게 어떤지도 안다. 버스비 한 푼을 아끼려고 수 킬로미터를 걷는 게 어떤지도, 바닥에 구멍이 난 신발을 신는 것, 바지 엉덩이 부분을 덧대 입는 게 어떤지도 안다. 식당에 가서 제일 싼 메뉴를 시키는 것, 세탁소에 가서 다림질을 받을 여유가 없어 바지를 침대 매트리스 밑에 넣고 잔다는 게 어떤지도 안다.

하지만 그렇게 힘들게 지낼 때도 나는 대체로 수입에서 조금씩 떼어 저금했다. 저금하지 않는 게 두려웠기 때문이다. 이러한 경험의 결과 빚과 돈 걱정에서 벗어나려면 회사를 운영하듯 가계를 운영해야 한다는 걸 알았다. 지출 예산을 세우고, 예산에 맞게 소비하는 것이다. 하지만 사람들은 대부분 그렇게 하지 않는다. 예를 들어 이 책을 펴낸 출판사의 본부장이자 내 좋은 친구이기도 한 레온 쉼킨은 돈과 관련해 많은 사람이 이상하게 눈을 감는 구석에 주목했다. 레온은 자기가 아는 어느 경리직원에 관해 이야기해 주었다. 그 직원은 회사 일을 할 때는 숫자의 마법사 같은 사람인데 자기 돈을 관리할 때는 형편없었다. 만일 금요일 정오에 주급을 받고 거리를 걷다가 상점 진열장에서 마음에 드는 외투를 보면 바로 구매한다. 월세, 전기세를 비롯한 모든 '고정'비용이 조만간 그 주급 봉투 안에서 나와야 한다는 사실은 생각하지 않고서 말이다. 그건 모르겠고, 지금 주머니에 현금이 있다는 게 중요할 뿐이었다. 그런데 이 직원은 자신이 일하는 회사가 그렇게 무턱대고 쓰고 보자는 방식으로 사업을 운영하면 결국 파산에 이르게 된다는 걸 아는 사람이다.

자, 이렇게 생각해야 한다. 돈 문제에 있어서 우리는 자기 자신이라는 회사를 경영하는 것이다! 자기 돈으로 무엇을 할 건지 그건 말 그대로 '자기 문제'이다. 그렇다면 돈을 관리하는 원칙은 무엇일까? 어떻게 예산을 짜고 계획을 세워야 할까? 아래에 11가지 원칙을 소개한다.

원칙 1. 가계부를 쓴다.

아널드 베넷이 50년 전 런던에서 소설가로 일하기 시작했을 때, 그는 가난했고 돈에 쪼들렸다. 그래서 아널드 베넷은 6펜스마다 어디에 썼는지 지출 명세를 기록했다. 돈이 어디로 새버렸는지 그가 궁금하게 여겼을까? 그럴 일은 없었다. 어디에 썼는지 정확히 알기 때문이었다. 아널드 베넷은 세계적인 명성을 얻고, 개인 요트를 살 정도로 부자가 되고 난 후에도 계속 기록했다.

존 D. 록펠러 시니어도 가계부를 썼다. 밤이 되면 단 한 푼까지 사용처를 확인하고 나서야 기도하고 잠자리에 들었다.

우리도 가계부를 쓰기 시작해야 한다. 평생 써야 할까? 그럴 필요는 없다. 예산 전문가들은 최소 한 달에서, 가능하면 석 달 동안은 지출 금액 그대로 1원까지 정확하게 쓰는 걸 추천한다. 그렇게 하면 돈이 어디로 가는지 정확한 기록이 나와 예산을 세울 수 있기 때문이다.

돈을 어디에 쓰는지 이미 알고 있다면? 그렇다면 당신은 1,000명 가운데 한 명에 속하는 사람이다! 스테이플턴에 따르면 고객들이 몇 시간씩 지출 사항과 숫자를 이야기하다가도 종이에 적어보라고 하면 나중에 자기가 적은 숫자를 보고 외친다고 한다. "제가 이렇게 돈을 쓴다고요?" 그들은 믿지를 못한다. 당신도 그런 사람일까? 그럴 수도 있다.

원칙 2. 예산은 정확히 필요에 맞게 세운다.

스테이플턴은 같은 동네, 비슷한 집에 옆으로 나란히 살며, 자녀 수도 같고, 소득도 같은 가족이라도 필요한 예산은 크게 다를 수 있다고 말한다. 왜 그럴까? 사람은 다 다르기 때문이다. 스테이플턴은 예산은 개인에 따라 맞춤형으로 세워야 한다고 조언한다.

예산을 세운다는 건 생활의 기쁨을 전부 쥐어짜는 게 아니다. 예산은 우리에게 물질적인 안정감을 가져다준다. 많은 경우 물질적 안정이 정서적 안정이고, 걱정을 떨치는 법이 된다. 스테이플턴은 말한다. "예산에 맞춰 사는 사람이 그렇지 않은 사람보다 더 행복합니다."

그렇다면 예산은 어떻게 세워야 할까? 우선 앞서 말했듯 모든 지출 명세를 기록해야 한다. 그러고 나서 조언을 구한다. 대체로 인구 2만 명 이상의 도시에는 무료로 재정 문제를 조언해주고 소득에 맞는 예산을 세우는 데 도움을 주는 가정복지단체가 있다.

원칙 3. 현명하게 소비하는 법을 배운다.

현명하게 소비한다는 건 같은 돈으로 최고의 가치를 얻는 것을 뜻한다. 모든 대기업에는 구매팀과 구매 전문 담당자가 있다. 이들은 오로지 회사에 가장 좋은 조건으로 상품을 구매하는 일만 한다. 우리도 각 개인의 집사이자 재산 관리인으로 기업처럼 소비해야 하지 않을까?

원칙 4. 소득이 늘어나도 골칫거리는 늘리지 않는다.

스테이플턴은 상담하기 가장 힘든 가정은 연 수입 5,000달러인 가정이라고 한다. 이유를 물었더니 이런 대답이 돌아왔다. "연 수입 5,000달러는 대부분 미국 가정에서 바라는 목표 소득입니다. 사람들은 수년간 분별력을 가지고 제대로 돈을 관리합니다. 그러다 소득이 늘어나 연 5,000달러가 되면 목표에 '도달'했다고 생각합니다. 그리고 그때부터 일을 벌이죠. '아파트 월세보다 그렇게 돈이 많이 드는 건 아니라고' 생각하며 교외 지역에 집을 구매합니다. 차도 사고, 새 가구와 새 옷도 많이 삽니다. 하지만 우선 알아야 할 건 이들이 가계에 적자를 내고 있다는 점입니다. 사실 예전만큼 행복하지도 않습니다. 소득이 늘었다고 소비를 너무 많이 늘렸기 때문입니다.”

자연스러운 일이기는 하다. 누구나 살면서 더 많은 걸 얻고 싶어 한다. 하지만 장기적으로 볼 때 빡빡한 예산에 맞춰 사는 삶과 채무상환 독촉장을 받고 채권자들이 현관을 두드리는 환경에서 사는 삶, 어느 쪽이 더 행복할까?

원칙 5. 대출받아야 할 때를 대비해 신용점수를 쌓는다.

긴급한 일이 생겨 대출을 받아야만 할 때 생명보험, 국채, 예금증서 등이 실제 주머니 속 현금 같은 역할을 한다. 하지만 보험약관대출을 받으려면, 즉 현금성이 있으려면 생명보험이 반드시 저축성 보험이어야 한다. ‘정기보험’이라는 유형의 보험은 정해진 기간만 보장할 뿐 보험료를 적립하지 않는다. 분명 이런 보험은 약관 대출용으로는 아무 소용이 없다. 그러므로 원칙은 질문하는 것이다! 보험에 가입하기 전 돈이 필요할 때를 대비해 현금 가치가 있는 상품인지 물어보고 확인하라.

약관 대출을 받을 수 있는 보험도, 채권도 없는 상황이라고 하자. 그렇지만 분명 집과 차, 혹은 다른 형태의 담보물은 있을 것이다. 돈을 빌리기 위해 어디로 가야 할까? 물론 은행으로 가야 한다! 전국의 은행은 정부로부터 강력한 규제를 받는다. 고객들 사이에서 좋은 평판도 유지해야 한다. 은행이 대출에 부과하는 이자율은 법으로 확실하게 정해져 있다. 그러므로 은행은 고객을 공정하게 대우한다. 고객이 재정난에 처하면 은행은 흔히 고객과 함께 문제를 논의하고, 상환 계획을 세우며, 고객이 걱정과 채무에서 벗어날 길을 찾도록 돕는 일까지 한다. 반복하고 반복해서 말하지만, 담보가 있다면 은행에서 대출을 받아라!

만약 수많은 사람이 그렇듯 담보가 없는 상태라고 해보자. 가진 부동산도 전혀 없고, 임금 외에는 보장할 수 있는 게 아무것도 없다면? 인생을 소중히 여기는 사람이라면 내 경고를 귀담아 듣기 바란다! 절대, 절대 신문 광고에서 유혹하는 '대부업체'부터 찾아서는 안 된다. 광고를 보면 대부업체 사람들은 산타클로스처럼 후한 인심을 베풀 것 같다. 그걸 믿어서는 안 된다! 물론 윤리적이고, 정직하게, 합법적으로 운영하는 업체도 일부 있다. 대부업체는 질병이나 긴급 상황에 직면해 돈이 필요한 사람들에게 대출 서비스를 제공한다. 은행보다 대출이자율은 높지만, 수금에 더 큰 위험과 비용이 따르니 어쩔 수 없다. 하지만 대부업체를 찾기 전에 은행부터 가서 은행직원과 상담하고, 은행에서 아는 공정한 업체를 추천해달라고 부탁해야 한다. 그렇게 하지 않으면, 무서운 이야기로 악몽을 꾸게 하고 싶지는 않지만, 다음과 같은 일이 벌어질 수 있다.

한 번은 미니애폴리스의 어느 신문에서 대부업체들을 대상으로 러셀 세이지 재단에서 정한 규제 안에서 영업하고 있는지 조사했다. 조사에 참여한 사람 가운데 내가 아는 더글러스 러튼이라는 사람이 있었는데, 그는 지금은 잡지 〈유어 라이프〉의 편집인이다. 더글러스 러튼의 말에 따르면 가난한 채무자들이 대부업체로부터 학대당하는 모습을 보면 머리카락이 쭈뼛 선다고 한다. 단돈 50달러로 시작한 빚이 순식간에 눈덩이처럼 불어나 300~400달러가 된다. 월급이 압류되고, 그런 직원은 회사에서 해고하는 경우가 많다. 채무자가 부채를 상환할 수 없게 되면 악덕 사채업자는 바로 채무자의 집에 감정인을 보내 가구의 가치를 '평가'하고, 가치가 있는 물건은 싹 가져가 버린다. 4~5년간 소액대출을 갚아온 사람들은 여전히 빚을 진 상태다! 흔치 않은 사례일 것 같은가? 더글러스 러튼의 말을 들어보자. "대부업체를 조사하는 동안 법원에 이런 사건을 넘치도록 고소해서 판사들이 그만하라고 말할 정도였고, 우리 신문사에서도 수백 건의 사건을 다루기 위해 자체적으로 중재사무소를 세워야 했습니다."

어떻게 이런 일이 가능할까? 그 답은 대부업체에서 온갖 숨겨진 비용을 청구하고 추가 '법무 관련 수수료'를 부과하기 때문이다. 대부업체를 상대할 때 기억해야 할 원칙은 다음과 같다. 빌린 돈을 빨리 갚을 수 있다고 전적으로 확신할 때, 여기에 단 한 점의 의심도 없을 때는 이자율이 낮다. 타당한 수준이다. 그래서 문제없이 대부업체의 손아귀에서 빠져나올 수 있다. 하지만 대출을 갱신해야 한다면, 계속 갱신해야 한다면, 그때는 이자율이 아인슈타인도 어지러워할 정도의 큰 숫자가 될 것이다. 더글러스 러튼에 따르면 이처럼 대출 갱신에 따르는 추가 수수료 때문에 일부의 경우 갚아야 할 돈이 원래 부채 금액에서 2,000%나 늘어나기도 했다고 한다! 은행이 청구하는 금액의 약 500배에 달하는 수준이다!

원칙 6. 질병, 화재, 긴급 지출로부터 자신을 보호한다.

온갖 사고와 불행, 상상할 수 있는 모든 위급 상황을 대비해 비교적 소액으로 보험에 가입할 수 있다. 하지만 욕조에서 미끄러지는 일부터 풍진에 걸리는 것까지 그런 사소한 모든 일에 대비하기 위해 보험에 가입하라는 뜻이 아니다. 인생의 큰 불행, 큰돈이 들고 그에 따라 큰 걱정거리가 될 일에 대비해야 한다는 말이다. 그런 일을 생각하면 보험료는 싼값이다.

작년에 병원에 열흘간 입원해야 했던 여성이 퇴원할 때 병원비 청구서를 보니 정확히 8달러가 적혀 있었다! 비결은? 그녀가 질병보험에 가입해 두었기 때문이다.

원칙 7. 생명 보험금이 미망인이 된 아내에게 한 번에 현금으로 지급되지 않도록 한다.

자신이 사망한 뒤 가족에게 보험금이 지급되는 생명보험에 가입되어 있다면, 제발 부탁하건대 보험금이 일시금으로 지급되지 않도록 해 두어라.

'이제 막 미망인이 되어 돈이 생긴' 여성에게 어떤 일이 일어날까? 매리언 S. 에벌리가 이 질문의 답을 줄 것이다. 매리언 에

벌리는 뉴욕시 이스트 42번가 60번지에 있는 생명보험협회 여성부의 책임자다. 그녀는 미국 전역의 '부인 클럽'을 방문해 미망인이 되었을 때 생명 보험금을 종신 소득으로 받는 편이 일시금으로 받는 것보다 현명한 선택이라고 알리고 있다. 매리언 에벌리는 2만 달러를 일시금으로 받은 어느 미망인 이야기를 해주었는데, 미망인은 아들이 자동차 액세서리 사업을 시작하는 데 그 돈을 빌려주었다고 한다. 아들의 사업은 망했고, 미망인은 현재 궁핍하게 살고 있다. 또 다른 미망인도 부동산 업자의 번드르르한 말에 넘어가 보험금 대부분을 '1년 안에 가치가 두 배로 뛸 게 분명한' 공터를 사는 데 썼다. 하지만 3년 후 미망인은 구매 금액의 10분의 1에 불과한 가격에 땅을 되팔아야 했다. 어느 미망인은 남편이 남긴 생명 보험금 1만 5,000달러를 받은 지 1년도 채 지나지 않아 자녀를 부양하기 위해 아동복지협회에 도움을 요청해야 했다. 이와 비슷한 비극적 이야기는 수없이 많다.

"평균적으로 여성이 수중에 남겨진 2만 5,000달러를 다 쓰기까지 7년이 채 걸리지 않습니다."〈뉴욕포스트〉경제부 편집인 실비아 S. 포터가 〈레이디스 홈 저널〉에서 했던 말이다.

수년 전 〈새터데이 이브닝 포스트〉에서는 이런 사설을 실었다. "경제를 배운 경험도 없고, 마땅히 조언해 줄 금융전문가도 없는 일반적인 미망인에게 처음으로 접근해 번드르르한 말을 늘어놓는 영업사원이 그녀를 꾀어 죽은 남편의 보험금으로 부실기업의 주식을 사게 하는 게 쉬운 일이라는 건 유명한 이야기다. 변호사나 금융가라면 검소한 남편이 수년 동안 희생하고 금욕해 평생 모은 돈 전부를 여자 돈을 빼앗아 먹고 사는 사기꾼을 믿고 번드르르한 말에 속아 전부 날린 미망인의 이야기를 수없이 알고 있을 것이다."

자신이 사망한 뒤 아내와 자녀를 보호하고 싶다면 역사상 가장 현명한 금융가였던 J. P. 모건으로부터 조언을 얻는 게 어떨까? J. P. 모건은 유언장에서 16명의 주요 상속인에게 재산을 남겼다. 그 가운데 12명이 여성이었다. J. P. 모건이 여성들에게 유산을 현금으로 남겼을까? 그렇지 않았다. 그는 여성들에게 평생 매달 지급되는 신탁기금을 남겼다.

원칙 8. 자녀에게 돈을 책임 있게 관리하는 태도를 가르친다.

언젠가 잡지 〈유어 라이프〉에서 읽었던 내용을 절대 잊지 못할 것 같다. 글쓴이 스텔라 웨스턴 터틀은 어린 딸에게 돈에 대한 책임감을 가르쳤던 방법을 설명했다. 스텔라는 은행에서 수표책을 한 권 더 발급받아 아홉 살 딸에게 줬다. 딸은 매주 용돈을 받으면 엄마에게 용돈을 '저금'했다. 엄마가 아이의 자금을 맡는 은행 역할을 하는 것이다. 그러고 나서 그 주에 딸은 1~2센트씩 돈이 필요해질 때마다 필요한 금액을 찾기 위해 '수표를 쓰고', 잔액을 확인했다. 이러한 과정은 어린 딸에게 재미뿐 아니라 돈을 관리하는 진짜 책임감도 느끼게 해주었다.

훌륭한 방법이다. 학령기의 자녀가 있고, 자녀에게 돈을 관리하는 법을 가르치고 싶다면 이 방법을 고려해 볼 것을 권한다.

원칙 9. 돈이 필요하다면 추가 수입을 만든다.

현명한 소비를 기준으로 예산을 작성했는데도 여전히 형편이 넉넉지 않다면 다음 두 가지 중 하나를 할 수 있다. 잔소리하고, 안달하고, 걱정하고, 불평하거나 아니면 부업으로 약간의 추가 수입을 벌 계획을 세우는 것이다. 어떻게 하면 될까? 현재 적절하게 채워지지 않는 누군가의 긴급한 필요를 채워 주기만 하면 된다. 뉴욕 잭슨하이츠 83번가 37-09번지에 사는 넬리 스피어가 바로 그렇게 돈을 벌었다. 1932년 넬리는 방 세 개짜리 아파트에 혼자 살게 되었다. 남편은 사망했고, 자녀 둘은 모두 결혼해서 독립했다. 넬리는 어느 날 잡화점 내 카페에서 아이스크림을 먹다가 그 가게에서 파는 파이의 상태가 나쁘고 맛도 없어 보인다는 걸 알게 되었다. 넬리는 카페 사장에게 자기가 집에서 직접 파이를 구워오면 사줄 수 있는지 물었다. 카페 사장은 파이 두 판을 주문했다. 넬리가 말했다. "제가 요리를 잘하기는 하지만, 조지아주에 살 때는 항상 하인이 있었고, 평생 파이를 열개 이상 구워본 적이 없었습니다. 파이 두 판을 주문받고 이웃집 부인에게 애플파이 굽는 법을 물어보았어요. 제가 처음으로 집에서 구워간 애플파이와 레몬파이를 카페 손님들이 정말 좋아했습니다. 다음 날 카페에서 파이 다섯 판을 주문했습니다. 점점 다른 카페와 식당에서도 주문이 들어왔어요. 그리고 2년 동안 저는 한 해에 파이를 5,000개씩 구웠습니다. 전부 우리 집의 작은 부엌에서 혼자 구웠지요. 그렇게 파이 재료비를 제외하고 다른 비용은 한 푼도 들이지 않은 채 1년에 1,000달러를 거뜬히 벌었습니다."

넬리가 굽는 수제 파이를 원하는 수요가 정말 많아서 넬리는 집을 벗어나 가게를 얻었고, 여성 직원 두 명을 고용해 파이, 케이크, 빵, 롤을 구웠다. 제2차 세계대전 중에도 사람들은 넬리네 가게에서 빵을 사려고 한 시간씩 줄 서 기다렸다.

넬리가 말했다. "살면서 지금처럼 행복했던 적이 없었어요. 저는 가게에서 하루 12시간에서 14시간씩 일해요. 하지만 제게는 노동이 아니니까 하나도 피곤하지 않습니다. 삶 속의 모험 같아요. 사람들을 조금 더 행복하게 하려고 제가 할 수 있는 일을 하는 거죠. 너무 바빠서 외롭거나 걱정할 틈도 없어요. 어머니와 남편이 저세상으로 떠나고 제 인생에 남은 빈자리를 일이 채워 주었습니다."

넬리에게 인구 1만 명 이상의 도시에 사는 다른 여성들도 요리를 잘한다면 비슷한 방식으로 남는 시간에 요리해 돈을 벌 수 있을지 물었더니 넬리가 답했다. "물론 할 수 있고말고요!"

오라 스나이더도 같은 이야기를 전한다. 오라는 일리노이주 메이우드라는 인구 3만 명 정도의 도시에 산다. 오라는 자기 집 부엌에서 재료비 10센트를 들여 사업을 시작했다. 오라는 남편이 병에 걸렸다. 그래서 자신이 돈을 벌어야 했다. 그런데 어떻게 돈을 벌면 좋을까? 오라는 일해본 경험도 없고, 특별한 기술이나 자본도 없었다. 그녀는 계속 주부로 살아왔다. 오라는 달걀흰자에 설탕을 넣고 부엌에서 사탕을 만들었다. 그러고는 사탕을 들고 학교 앞에 서서 하교하는 아이들에게 개당 1페니에 팔았다. "내일 또 오렴. 집에서 만든 사탕을 매일 여기서 팔 거야." 장사를 시작한 첫 주에 오라는 수익을 냈을 뿐 아니라 삶에 새로운 활력도 얻었다. 자신과 아이들 모두 행복해졌다. 이제 오라는 걱정할 시간이 없다.

일리노이주 메이우드에 사는 몸집이 자그마하고 조용한 주부 오라는 이제 야심에 차 사업을 확장하기로 했다. 그래서 북적이는 대도시 시카고에서 자신이 만든 수제 사탕을 판매할 가게를 구했다. 오라는 거리에서 땅콩을 파는 이탈리아인 상인에게 수줍게 다가갔다. 상인은 잘 모르겠다며 어깨를 으쓱했다. 상인을 찾는 고객은 사탕이 아니라 땅콩을 사러 오기 때문이었다. 오라는 상인에게 사탕을 맛보여 주었다. 상인은 사탕이 마음에 들었고, 땅콩과 함께 오라가 만든 사탕을 팔기 시작했다. 오라는 첫날부터 괜찮은 이익을 거뒀다. 그로부터 4년 뒤 오라는 시카고에 자신의 첫 번째 가게를 열었다. 너비가 2.4미터 정도에 불과한 작은 가게였다. 오라는 밤에 사탕을 만들어 낮에 팔았다. 이전까지 소심한 가정주부로 살다가 부엌에서 사탕 공장을 시작한 오라는 이제 17개의 매장을 거느리고 있으며, 그 가운데 15개는 시카고의 번화한 루프가에 있다.

내가 전하고 싶은 요지는 뉴욕 잭슨하이츠의 넬리 스피어와 일리노이주 메이우드의 오라 스나이더가 앉아서 돈 걱정만 하는 대신 적극적으로 일을 시작했다는 것이다. 둘 다 자기 집 부엌에서 매우 소규모로 사업을 시작했다. 관리비, 가겟세, 광고비, 직원 월급이 나가지 않았다. 이러한 조건에서 여성이 돈 문제로 걱정하는 일은 거의 없을 것이다.

주위를 둘러보라. 아직 채워지지 않은 누군가의 필요가 있을 것이다. 예를 들어 요리를 잘하도록 연습해서 집 부엌에서 소녀들에게 요리 수업을 열어 돈을 벌 수 있다. 다른 집을 찾아다니며 수강생을 모집하면 된다.

여유 시간에 돈을 벌 방법을 알려주는 책도 있다. 공공도서관에 가서 찾아보라. 남성이든 여성이든 기회는 많다. 하지만 한 가지 경고를 덧붙이자면 영업에 천부적인 재능이 있지 않은 한, 집집이 다니는 방문 판매는 시작하지 말라. 사람들이 대부분 아주 싫어해 실패하기 쉽다.

원칙 10. 절대 도박하지 않는다.

경마나 슬롯머신으로 돈 벌기를 바라는 사람을 보면 언제나 놀랍다. 나는 이런 '외팔이 강도'를 여러 대 가지고 돈을 버는 남성을 안다. 그는 자신이 이미 조작해 놓은 기계를 이길 수 있다고 생각하는 어리석고 순진한 사람을 멸시할 뿐이다.

나는 또한 미국에서 가장 유명한 마권 업자도 알고 있다. 우리 평생교육 수업을 들으러 온 학생이었기 때문이다. 그는 경마와 관련한 자신의 모든 지식을 동원해도 경주마에 돈을 걸어 딸 수는 없었다고 했다. 하지만 어리석은 사람들은 경마에 한 해 60억 달러를 거는 실정이다. 과거 1910년을 기준으로 하면 우리나라 전체 국가부채의 여섯 배에 달하는 엄청난 금액이다. 그 마권 업자는 경멸하는 원수가 있다면 그를 망치는 데는 경마에 돈을 걸게 하는 것보다 나은 방법이 없다고 했다. 그에게 경마 정보지에서 제공하는 정보를 보고 경마에 참여하면 어떻게 되는지 물었더니 그가 대답했다. "그런 식으로 돈을 걸다가는 조폐국이 있어도 다 날릴 겁니다."

꼭 도박을 해야겠다면 적어도 영리하게 굴자. 먼저 자신에게 불리할 가능성이 어느 정도인지 확인한다. 어떻게 하면 될까? 브리지와 포커 게임의 권위자이자 뛰어난 수학자, 전문 통계학자이자 보험계리인인 오스왈드 자코비가 쓴 책《확률을 계산하는 법》을 읽으면 된다. 이 책에서는 215쪽에 걸쳐 경마, 룰렛, 주사위, 슬롯머신, 드로우 포커, 스터드 포커, 콘트랙트 브리지, 옥션 피너클, 그리고 주식투자를 할 때의 승산을 알려준다. 이 외에 다른 여러 활동에서 이길 확률도 과학적이고 수학적으로 계산해 알려준다. 이 책은 도박으로 돈 버는 법을 알려주는 척하지 않는다. 작가에게는 다른 속셈이 없다. 단순히 모든 도박의 승산이 얼마나 되는지 보여줄 뿐이다. 그 확률을 보면 힘들게 번 돈을 경마나 카드, 주사위 게임, 슬롯머신에 거는 멍청이들이 불쌍해 보일 것이다. 주사위 게임, 포커 게임, 경마에 돈을 걸고 싶은 사람이라면 이 책이 책값의 100배, 아니 1,000배의 돈을 아끼게 해줄 것이다.

원칙 11. 재정 상황이 나아지지 않더라도 자신을 소중히 여기고 바꿀 수 없는 일을 원망하지 않는다.

재정 상황이 나아지지는 않아도 마음가짐은 바꿀 수 있다. 다른 사람들도 각자 돈 걱정을 한다는 점을 기억하자. 옆집을 따라갈 수 없어서 돈 걱정을 하는지도 모른다. 하지만 옆집 사람은 앞집 사람을 따라갈 수 없어 돈 걱정을 하고, 앞집 사람은 뒷집 사람을 따라가지 못해 돈 걱정을 한다.

역사상 유명했던 인물들도 돈 문제를 겪었다. 링컨과 워싱턴은 대통령에 취임하기 위해 워싱턴 D.C까지 가는 여비를 빌려야만 했다.

원하는 걸 전부 얻지 못한다고 해서 걱정과 원망으로 우리의 일상과 성격을 망치지 말자. 자신을 소중히 여겨라. 철학적으로 생각하자. 로마의 위대한 철학자 세네카가 말했다. "자신이 가진 것이 충분하지 않아 보인다면 세상을 다 가져도 불행할 것이다."

그리고 이 점도 기억하자. 미국 땅 전체를 소유하고 울타리를 꽁꽁 쳐둔 사람이라 해도 하루 세끼를 먹고, 하룻밤엔 한 침대에서 잠들 뿐이다.

원칙 1   가계부를 쓴다.

원칙 2   예산은 정확히 필요에 맞게 세운다.

원칙 3   현명하게 소비하는 법을 배운다.

원칙 4   소득이 늘어나도 골칫거리는 늘리지 않는다.

원칙 5   대출받아야 할 때를 대비해 신용 점수를 쌓는다.

원칙 6   질병, 화재, 긴급 지출로부터 자신을 보호한다.

원칙 7   생명 보험금이 미망인이 된 아내에게 한 번에 현금으로 지급
         되지 않도록 한다.

원칙 8   자녀에게 돈을 책임 있게 관리하는 태도를 가르친다.

원칙 9   돈이 필요하다면 추가 수입을 만든다.

원칙 10   절대 도박하지 않는다.

원칙 11   재정 상황이 나아지지 않더라도 자신을 소중히 여기고 바꿀
         수 없는 일을 원망하지 않는다.

Part 10

내가 걱정을 극복한 방법
(32건의 실화 수기)

한 번에 덮친 6가지 중대한 문제

- C. I. 블랙우드
블랙우드-데이비스 비즈니스 실업학교 재단 이사장

1943년 여름, 전 세계 걱정의 절반은 내 어깨에 내려앉은 것 같았다. 나는 40년 이상 평범하고 속 편한 삶을 살았다. 남편, 아버지, 사업가로서 겪는 일반적인 문제 정도만 겪었을 뿐이다. 그런 문제는 쉽게 해결할 수 있었는데, 어느 날 갑자기 6가지 중대한 문제가 한 번에 나를 덮쳤다. 나는 밤새 잠들지 못하고 이리저리 몸을 뒤척였고, 내일이 오는 걸 두려워했다. 날이 밝으면 6가지 중대한 문제를 마주해야 했으니 말이다.

1. 내가 운영하는 실업학교가 심각한 재정 상황에 몰려 있었다. 남학생들이 전쟁에 참전하느라 학교를 떠났기 때문이었다. 여학생들도 대부분 우리 학교에서 훈련받고 졸업해서 사무실에 취업하는 것보다 아무런 훈련을 받지 않아도 군수용품 공장에 취업하면 더 많은 돈을 벌 수 있었기에 학교를 그만두었다.

2. 큰아들이 군에 복무하고 있었다. 아들을 전쟁터로 내보낸 부모가 다 그러하듯 나도 아들 걱정으로 마음을 졸였다.

3. 오클라호마시에서 공항을 짓기 위해 대형 부지를 수용하는 절차를 시작했다. 아버지 때부터 살던 우리 집이 수용 대상 부지의 한가운

데 있었다. 토지가 수용되면 토지 가치의 10분의 1밖에 보상받지 못한다는 걸 알고 있었고, 그보다 더 안 좋은 건 우리 집을 잃는다는 사실이었다. 주택 매물이 부족한 상태였기 때문에 우리 여섯 가족의 보금자리가 될 또 다른 집을 찾을 수 있을지 걱정스러웠다. 어쩌면 텐트에서 살아야 하는 게 아닐까 두려웠고, 심지어 텐트를 살 수나 있을까 그것도 걱정스러웠다.

4. 마당의 우물이 말랐다. 집 근처에 배수로가 생겼기 때문이었다. 집터가 공항 부지로 수용될 가능성이 컸으니 우물을 새로 파는 건 500달러를 날리는 짓이었다. 나는 두 달 동안 매일 아침 양동이에 물을 받아 가축들에게 날라야 했고, 전쟁이 끝날 때까지 계속 이렇게 물을 날라야 할까 봐 두려웠다.

5. 나는 학교에서 약 16km 정도 떨어진 곳에 살았고, B등급 차량카드를 소지하고 있었다. 그렇다는 건 새 타이어를 살 수 없다는 뜻이었으므로 내 오래된 포드차의 낡아빠진 타이어가 터지면 학교에 어떻게 가야 하나 걱정했다.

6. 우리 집 장녀가 고등학교를 1년 조기 졸업했다. 딸아이는 대학에 가기로 마음을 정했는데, 내겐 아이를 대학에 보낼 학비가 없었다. 이 사실을 알면 딸의 마음이 찢어질 듯 아프리라는 걸 알고 있었다.

어느 날 오후 사무실에 앉아 이런저런 걱정을 하고 있다가 걱정거리를 전부 적어보기로 마음먹었다. 세상에 나보다 걱정거리가 많은 사람은 없는 것 같았기 때문이었다. 해결할 가능성이 있는 걱정거리와 씨름하는 건 괜찮았다. 하지만 그때 내 걱정거리들은 내가 전혀 통제할 수 없는 것들이었다. 문제 해결을 위해 할 수 있는 일이 아무것도 없었다. 그래서 문제의 내용을 타자기로 쳐서 목록을 만든 뒤 서류철 함에 담아 치워버렸다. 그러고 나서 몇 개월이 흐르는 동안 나는 그런 목록을 작성했다는 사실조차 잊었다. 1년 반이 지나고 서류철을 옮기다가 한때 내 건강을 해치려 위협했던 6가지 중대한 문제의 목록을 우연히 발견하게 되었다. 시간이 지난 뒤 읽어 보니 정말 재밌으면서도 유익했다. 현재 6가지 걱정 가운데 실제로 일어난 일은 하나도 없다.

그때의 걱정거리가 어떻게 되었는지 보자.

1. 실업학교를 닫아야 하면 어쩌나 하는 고민은 쓸데없는 일이었다. 정부가 참전군인의 교육을 위해 실업학교에 보조금을 지급하기 시작했고 우리 학교도 곧 정원을 다 채웠기 때문이다.

2. 군에 가 있는 아들 걱정도 전부 기우였다. 아들은 털끝 하나 다치지 않고 집으로 돌아왔다.

3. 우리 땅이 공항 부지로 수용되면 어쩌나 하는 고민도 의미가 없었다. 우리 농장에서 채 2km도 떨어지지 않은 곳에서 유전이 발견되었고 공항 부지를 수용하기 위한 비용이 치솟아 정부가 감당할 수 없게 되어 토지수용이 중단되었기 때문이다.

4. 가축에게 물을 먹일 우물이 마른 고민도 사라졌다. 토지가 수용되지 않는다는 걸 알자마자 돈을 들여 새 우물을 더 깊이 팠고

물 공급이 끊이지 않게 되었기 때문이다.

5. 타이어가 닳으면 어쩌나 하는 걱정도 문제없었다. 타이어를 재생하고 조심스럽게 운전했더니 타이어가 어떻게든 버텨냈다.

6. 딸아이의 교육 문제도 걱정하지 않아도 되는 일이었다. 대학 학기가 시작하기 딱 두 달 전에 나는 정말 기적처럼 학교 일이 끝난 시간에 할 수 있는 감사일을 맡게 되었다. 이렇게 번 돈으로 딸아이를 예정대로 대학에 보낼 수 있었다.

마음 졸이고 초조해하고 걱정하는 일의 99퍼센트는 실제 일어나지 않는다는 말을 종종 들었다. 하지만 1년 반 전 그 우울했던 오후에 타자기로 쳐두었던 걱정 목록을 다시 살피기 전까지는 그 말이 크게 와닿지 않았다.

지금은 그때의 6가지 걱정거리와 헛되이 씨름해야 했던 일을 감사하게 생각한다. 그 경험은 절대 잊을 수 없는 교훈을 주었다. 아직 일어나지 않은 일, 통제할 수 없고 일어나지 않을 수도 있는 일을 두고 마음 졸이는 건 어리석은 비극이다.

기억하라. 오늘은 어제 걱정했던 내일이다. 스스로 물어보라. 지금 걱정하는 일이 실제로 일어날지 어떻게 알 수 있는가?

1시간 안에 낙관주의자가 되는 방법

- 로저 W. 밥슨
유명 경제학자

어떤 문제가 생겨 우울해지면 나는 1시간 안에 걱정을 떨치고 낙관주의자로 변할 수 있다.

바로 다음과 같은 방법이다. 도서관에 가 눈을 감고 역사 관련 서적이 꽂혀 있는 선반으로 간다. 여전히 눈을 감은 상태로 손을 뻗어 책을 집는다. 집은 책이 프레스콧의 《멕시코 정복》인지 수에토니우스의 《황제전》인지 알지 못한다. 계속 눈을 감은 상태로 집어 든 책에서 아무 페이지나 편다. 그러고 나서 눈을 뜨고 1시간 동안 읽는다. 읽으면 읽을수록 세상에는 언제나 극심한 고뇌의 고통이 있었다는 것, 문명은 언제나 무너질 듯한 위험에 처해 있었다는 사실을 강렬하게 깨닫는다. 역사의 페이지는 전쟁, 기근, 빈곤, 역병, 인간의 비인간성에 관한 비극적 이야기가 가득하다. 역사서를 1시간 읽고 나면 현재 상황이 아무리 좋지 않아도 역사 속 시간보다는 훨씬 낫다는 생각이 든다. 이로 인해 현재 마주한 문제를 적절한 관점에서 바라볼 수 있을뿐더러 세상은 전체적으로 꾸준히 더 좋아지고 있다는 생각이 든다.

한 장 전체를 써도 좋을 만한 방법이다. 역사서를 읽어라! 1만 년 전을 바라보는 시각을 갖자. 그러면 영원이라는 관점에서 지금 우리 문제가 얼마나 사소한 일인지 알게 된다.

열등감을 버리는 방법

- 엘머 토머스
오클라호마주 연방 상원의원

15세 때 나는 걱정과 두려움, 자의식으로 끊임없이 고통받았다. 나는 나이에 비해 키가 엄청나게 컸고, 꼬챙이처럼 마른 아이였다. 키는 188cm였는데 몸무게는 54kg에 불과했다. 나는 키는 컸지만 약했고, 야구나 육상 경기에서 다른 남자아이들과 겨룰 수 없었다. 아이들은 나를 놀리며 '뾰족 얼굴'이라 불렀다. 나는 걱정도 많고 자의식이 심해져 사람을 만나는 게 두려웠으며, 실제로도 거의 만나지 않았다. 우리 농장은 도로에서 떨어진 곳에 있었고, 농장 주위는 한 번도 자르지 않은 두꺼운 나무로 둘러싸여 있었다. 고속도로에서 1km가량 들어와야 했고, 부모님과 형제자매를 제외하면 일주일 동안 누구도 만나지 않고 지낼 수 있었다.

그때의 걱정과 두려움이 나를 집어삼켰다면 내 인생은 실패로 끝났을 것이다. 매일 그리고 매시간 나는 큰 키와 여위고 약한 몸을 생각했다. 다른 건 아무것도 생각할 수 없었다. 부끄러움과 두려움이 너무 강해 그 기분을 말로 표현하는 게 불가능할 정도였다. 어머니는 내 기분을 알고 계셨다. 어머니는 예전에 학교 선생님이셨기 때문에 내게 이렇게 말씀하셨다. "아들아, 넌 공부를 해야 해. 네 몸은 언제나 약점일 테니 머리를 쓰는 일을 해야 한단다."

부모님께서는 나를 대학에 보낼 형편이 안 되셨기 때문에 공부는 내가 스스로 알아서 해야 한다는 건 알고 있었다. 그래서 어느 해 겨울 주머니쥐와 스컹크, 밍크와 라쿤을 잡아 봄에 4달러를 받고 그것들의 가죽을 팔아 그 돈으로 아기 돼지 두 마리를 샀다. 돼지에게 남은 음식을 먹이다가 나중에는 옥수수를 먹여 키웠고, 다음 해 가을 40달러에 팔았다. 돼지를 팔아 번 돈으로 나는 인디애나주 댄빌에 있는 센트럴 사범 대학에 진학했다. 식사비로 일주일에 1달러 40센트, 숙박비로 1주일에 50센트를 썼다. 나는 어머니가 만들어 주신 갈색 셔츠를 입고 다녔다(갈색 천을 사용하신 건 때가 타도 잘 보이지 않기 때문일 것이다). 양복은 한때 아버지가 입으시던 옷을 받아 입었다. 아버지의 옷은 내게 잘 맞지 않았다. 아버지가 신으시던 구두도 마찬가지였다. 아버지께 물려받은 구두는 끈 없이 목이 긴 디자인이었는데, 발을 넣으면 발 양쪽의 고무밴드 부분이 늘어나게 되어 있었다. 하지만 구두의 고무밴드는 오래전에 다 늘어졌고 발등이 헐거워서 걸으면 신발이 벗겨졌다. 나는 다른 학생들과 어울리는 게 부끄러워 방에 혼자 앉아 공부했다. 가장 큰 소원이 가게에 가서 내게 맞는 옷, 입어도 부끄럽지 않은 옷을 사는 것일 정도였다.

그로부터 얼마 지나지 않아 내가 걱정과 열등감을 극복하게 된 4가지 사건이 일어났다. 그 가운데 한 사건 덕분에 나는 용기와 희망과 자신감을 얻었고 남은 인생이 완전히 달라졌다. 그때의 4가지 사건을 간단히 설명한다.

사건 1. 사범 대학에 겨우 두 달 다니고 난 뒤 교사 자격시험을 봤는데 시골 공립 학교에서 아이들을 가르칠 수 있는 3급 교사 자격증을 땄다. 유효기간은 6개월뿐인 자격증이었지만, 잠시나마 누군가 나를 믿어준다는 증거였다. 그리고 그건 우리 어머니를 제외하고 누군가로부터 처음 받아본 믿음의 증거였다.

사건 2. 해피 할로우라는 곳의 시골 학교에서 나를 교사로 채용해 주었다. 급여는 하루 2달러, 한 달에 40달러였다. 이건 누군가 나를 믿어준다는 더욱 강력한 증거가 되었다.

사건 3. 첫 급여를 받자마자 옷 가게에서 옷을 샀다. 입어도 부끄럽지 않은 옷이었다. 지금 누군가 내게 100만 달러를 준다 해도 그때 겨우 몇 달러를 주고 첫 양복을 샀을 때만큼 기쁘지 않을 것 같다.

사건 4. 내 인생의 진짜 전환점이 된 사건이었다. 부끄러움과 열등감에 맞서 싸워온 내 인생에서 처음으로 거둔 큰 승리였다. 사건은 인디애나주 베인브리지에서 매년 열리는 퍼트넘 카운티 축제에서 일어났다. 어머니께서 내게 축제에서 열리는 발표 대회에 참가해보라고 권하셨다. 내게는 생각만으로도 굉장한 일이었다. 나는 한 명을 앞에 두고 말할 용기도 없었다. 그러니 군중 앞에서 발표할 용기는 더더욱 없었다. 하지만 나에 대한 어머니의 믿음은 거의 병적일 정도였다. 어머니는 내가 미래에 큰 사람이 되기를 꿈꾸셨다. 아들 안에서 자신의 인생을 살고 계셨다. 어머니의 믿음 때문에 나는 대회에 참가했다. 발표 주제로 선택한 건 내가 전혀 모르는 분야로, '미국의 순수 미술과 인문학'이었다. 솔직히 말해 발표를 준비할 때 인문학이 뭔지도 몰랐지만, 청중도 인문학이 무엇인지 몰랐으니 크게 문제가 되지는 않았다.

나는 화려한 미사여구를 쓴 발표 원고를 외웠고, 나무와 소에 대고 100번은 연습했다. 어머니를 위해 좋은 모습을 보이고 싶다는 마음을 실어 발표를 했던 게 틀림없었다. 어쨌든 나는 발표 대회에서 우승을 차지했다. 결과를 듣고 나는 정말 깜짝 놀랐다. 군중 속에서 환호성이 터져 나왔다. 한때 나를 '뾰족 얼굴'이라 부르며 조롱하고 놀리던 바로 그 아이가 내 등을 두드리며 이렇게 말했다. "엘머, 네가 해낼 줄 알았어." 어머니는 나를 안고 흐느끼셨다. 지금 되돌아보면 그때 그 발표 대회에서 우승한 일이 내 인생의 전환점이었다. 지역 신문 1면에 내 기사가 실렸고, 앞으로 큰일을 할 청년이라고 극찬했다. 발표 대회 우승으로 나는 지역 사회의 유명인이 되었고 명성을 얻었다. 하지만 그보다 훨씬 더 중요한 건 내 자신감이 백배는 커졌다는 점이었다. 그때 발표 대회에서 우승하지 않았더라면 나는 아마 상원의원이 되지 못했을 거라는 생각이 든다. 발표 대회에서 우승한 경험은 내 시야를 높였고, 지평을 넓혔으며, 내가 지녔다고 꿈도 꾸지 않았던 잠재 능력을 깨닫게 했다. 하지만 무엇보다 가장 중요한 건 발표 대회 우승에 따른 부상으로 센트럴 사범 대학 1년 치 장학금을 받았다는 사실이었다.

이제 나는 배움을 향한 갈망이 더 커졌다. 그래서 그다음 몇 년 동안, 즉 1896년부터 1900년까지 나는 교사 일과 학업을 병행했다. 드포 대학교에 다니면서 학비 마련을 위해 식당 종업원과 화부로 일했고, 잔디를 깎고, 경리 일을 했고, 여름에는 밀밭과 옥수수밭에서 일했고, 공공 도로 건설 현장에서 자갈을 날랐다.

1896년 불과 열아홉 살이었을 때 나는 대통령으로 윌리엄 제닝스 브라이언을 뽑으라고 유권자들을 촉구하는 연설을 28번이나 했다. 연설하는 게 재미있어서 내가 직접 정계에 입문해야겠다는 생각이 들었다. 그래서 드포 대학교에 입학해 법학과 대중 연설을 공부했다. 1899년에는 인디애나폴리스에서 학교를 대표해 '일반 투표를 통한 연방 상원의원 선출 결의'를 주제로 버틀러 대학 대표와 토론을 펼쳤다. 그 외 다른 발표 대회에서도 우승했고, 1900년도 졸업생 연보 〈더 미라지〉와 대학 신문 〈더 팔라디움〉의 편집장을 맡았다.

드포 대학교에서 학사 학위를 받은 뒤 나는 "청년들이여, 서부로 가라."라는 언론인 호레이스 그릴리의 말을 따랐다. 다만 서부로 간 건 아니고 남서부로 향했다. 오클라호마라는 새로운 도시로 내려간 것이다. 카이오와, 코만치, 아파치 부족의 인디언 보호구역이 생기던 무렵 나는 정부 공여 농지에 정착해 오클라호마주 로턴에 법률사무소를 열었다. 나는 13년 동안 오클라호마 주정부 상원의원을 지냈고, 연방 하원의원직을 4년 수행했다. 그리고 50세 때 평생의 야망을 이루었다. 오클라호마주 대표로 연방 상원의원에 선출된 것이다. 나는 1927년 3월 4일부터 연방 상원으로 일하고 있다. 오클라호마와 인디언 특별 보호구역이 1907년 11월 16일에 오클라호마주로 통합된 이후 민주당은 감사하게도 타주 출신인 나를 계속 주 정부 상원의원으로, 하원의원으로, 그리고 나중에는 연방 상원의원으로 지명했다.

이 이야기를 하는 건 나의 일시적인 성취를 자랑하려는 게 아니다. 누구도 그런 이야기에는 흥미가 없다. 걱정과 부끄러움, 열등감으로 현재 고통받는 불쌍한 소년이 어딘가 있다면 이 이야기를 듣고 새로 용기와 자신감을 얻었으면 하는 바람, 전적으로 그런 바람에서 이야기를 하는 것이다. 걱정과 부끄러움, 열등감은 아버지의 헌 옷을 입고, 걸을 때 거의 벗겨지던 아버지의 헌 구두를 신던 시절, 내 인생을 비탄에 빠뜨렸던 감정이니 말이다.

청소년기에 몸에 맞지 않는 옷을 몹시 부끄러워했던 엘머 토머스가 훗날 미국 연방 상원의원 가운데 베스트 드레서 의원으로 뽑혔다는 사실이 흥미롭다.

알라의 정원에 살았던 나

- R. V. C. 보들리
보들리 도서관 창립자 토머스 보들리 경의 후손,
《사하라의 바람》,《더 메신저》 외 14권의 책을 쓴 작가

1918년 나는 이전에 알던 세계를 등지고 서남아프리카로 가 '알라의 정원'이라 불리는 사하라 지방에서 아랍인들과 함께 7년 간 살았다. 유목민의 언어를 배웠고, 유목민의 옷을 입었으며, 유목민의 음식을 먹고, 유목민의 생활 양식을 택했다. 유목민의 생활 양식은 지난 2,000년 동안 거의 바뀌지 않았다. 나는 양 떼의 주인이 되었고 아랍인들의 텐트 속 땅바닥에서 잤다. 유목민들의 종교에 관해서도 자세히 연구했다. 훗날에는 《더 메신저》라는 제목으로 무함마드에 관한 책도 썼다. 양치기 유목민과 함께 보낸 7년은 내 인생에서 가장 평화롭고 만족스러운 나날이었다.

나는 사하라로 가기 전 이미 풍부하고 다양한 경험을 했다. 영국인 부모 사이에서 태어나 프랑스에서 9년간 살았다. 후에 이튼에서 교육받고, 샌드허스트에 있는 영국 육군사관학교를 졸업했다. 그러고 나서 영국군 장교로 인도에 6년간 복무했는데, 인도에서는 군인으로 복무하는 한편 폴로 경기와 사냥을 하고, 히말라야산맥도 탐험했다. 제1차 세계대전에도 참전했는데, 전쟁이 끝나면서 파리 평화회의에 국방무관 보좌관으로 파견되었다. 그런데 거기서 목격한 일에 충격을 받고 크게 실망했다. 서부

전선에서 4년간 이어진 학살 속에서 나는 우리가 문명을 구하기 위해 싸우는 거라 믿었다. 하지만 파리 평화회의에서 나는 자국의 잇속만 챙기려 들고, 민족 적대감을 불러일으키고, 물밑에서 계략을 부리는 비밀 외교를 되살리는 등 제2차 세계대전의 토대를 마련하는 이기적인 정치인의 모습을 보았다.

전쟁도, 군대도, 사회도 넌덜머리가 났다. 사회인이 되고 나서 처음으로 앞으로 무엇을 해야 할지 걱정하느라 밤에 잠을 잘 수 없었다. 로이드 조지가 내게 정계 입문을 권했다. 그의 조언을 받아들이려던 참에 이상한 일이 일어났다. 그 사건이 향후 7년간의 내 삶을 결정했다. 모든 건 제1차 세계대전이 낳은 가장 화려하고 낭만적인 인물, '아라비아의 로렌스', 테드 로렌스와의 대화에서 시작되었다. 불과 3~4분 남짓한 짧은 대화였다. 그는 아랍인들과 함께 사막에 살았고, 내게도 그렇게 해 보라고 조언했다. 처음에는 말도 안 되는 소리로 들렸다.

하지만 나는 군을 떠날 생각이었고, 무언가 해야만 했다. 민간 기업에서는 나 같은 사람, 즉 정규군의 전직 장교였던 사람을 채용하고 싶어 하지 않았다. 노동 시장에 구직자들이 수백만 명이나 있으니 더더욱 내 자리는 없었다. 그래서 로렌스의 조언을 따랐다. 사하라로 가서 아랍인들과 살기로 한 것이다. 그런 결정을 내렸던 걸 잘했다고 생각한다. 아랍의 유목민들은 내게 걱정을 극복하는 법을 가르쳐주었다. 종교적 믿음이 깊은 이슬람교도라면 모두 그렇듯 유목민들도 운명론자였다. 유목민들은 무함마드가 코란에 적은 모든 말이 알라의 신성한 계시라고 믿었다. 그래서 코란에 "신이 너를 만드시고, 너의 모든 행동을 만드셨다."라는 구절이 나오면 그 말을 곧이곧대로 받아들인다. 이것이 바로 유목민들의 삶이 그토록 평온하고, 그들이 결코 서두르거나 일이 틀어졌을 때 불필요하게 화내지 않는 이유이다. 유목민에게 정해진 일은 정해진 일이다. 무언가 바꿀 수 있는 건 오직 신뿐이다. 그렇다고 해서 재난이 닥쳤을 때 가만히 앉아 아무것도 하지 않는다는 말은 아니다. 내가 사하라에 살 때 겪었던 맹렬한 열풍 이야기를 해보자. 사하라의 열풍은 삼일 밤낮을 울부짖었다. 바람이 너무 강하고 맹렬해서 사하라 사막의 모래가 지중해 건너 수백 킬로미터나 떨어진 프랑스 론 밸리까지 날아갔다. 바람이 몹시 뜨거워 머리카락을 태울 것만 같았다. 목이 바싹 말랐고, 눈은 타들어 가는 듯했으며, 이빨 사이는 모래투성이였다. 마치 유리 공장의 용광로 앞에 서 있는 기분이었다. 나는 미치기 일보 직전이었지만 겨우 이성의 끈을 잡고 있었다. 하지만 아랍인들은 불평하지 않았다. 어깨를 으쓱하고 "메크툽!"이라고 말할 뿐이었다. '신이 이미 쓰신 일이다'라는 뜻이었다.

그러나 모래폭풍이 끝나자마자 아랍인들은 바로 행동에 나섰다. 곧 죽을 것 같은 양들은 전부 도살했고, 부실한 새끼 양을 한 번에 도살함으로써 어미 양을 구하려 했다. 양을 도살한 다음 남은 양 떼에 물을 주러 남쪽으로 몰았다. 이 모든 일이 차분하게 이루어졌다. 걱정이나 불평, 잃은 양을 두고 슬퍼하는 기색은 없었다. 유목민 부족장이 말했다. "그리 나쁘지는 않습니다. 전부 다 잃을 수도 있었어요. 신께 감사하게도 양 떼의 40퍼센트가 남아 있어 새롭게 시작할 수 있습니다."

또 다른 일도 기억난다. 자동차를 타고 사막을 가로지르고 있을 때 타이어 하나가 펑크났다. 그런데 운전기사가 예비 타이어를 수리해 두는 걸 잊었다. 그러니 우리 자동차에는 바퀴가 세 개뿐이었다. 나는 야단법석을 떨며 흥분했고 아랍인들에게 이제 어떻게 할 건지 물었다. 아랍인들은 내게 흥분하는 건 도움이 안 될 뿐 아니라 한층 더워지기만 한다고 말했다. 그러면서 펑크 난 타이어는 알라의 뜻이니 어쩔 수 없다고 했다. 그래서 우리는 바퀴 가장자리 부분을 이용해 기어가듯 천천히 움직였다. 자동차는 이내 캑캑거리더니 멈춰 섰다. 기름이 떨어진 것이다! 부족장은 그저 또다시 "메크툽!"이라고 할 뿐이었다. 그러고는 운전사에게 왜 기름을 충분히 넣지 않았냐고 소리치는 대신 모두가 차분하게 차에서 내려 목적지까지 걸었다. 노래를 부르면서 말이다.

아랍인들과 함께 보낸 7년을 통해 나는 미국과 유럽에서 나타나는 신경증, 정신병, 알코올 중독 문제는 사람들이 소위 문명사회라 부르는 곳에서 조급하게 서두르고 자신을 학대하는 삶을 산 결과라는 점을 확신했다.

사하라에 사는 동안에는 걱정이 전혀 없었다. 나는 그토록 많은 사람이 긴장과 절망 속에서 갈구하는 평온한 만족감과 신체 건강을 알라의 정원에서 찾았다.

　운명론을 비웃는 사람이 많다. 그들의 생각이 맞는지도 모른다. 누가 알겠는가? 하지만 누구나 자신을 위한 운명이 종종 어떻게 결정되는지 알아야 한다. 예를 들어 내가 1919년 8월의 어느 더운 날 정오가 지난 시간, 아라비아의 로렌스와 3분 남짓한 대화를 나누지 않았다면 그 이후 펼쳐진 모든 시간이 완전히 달라졌을 것이다. 돌아보면 내가 통제할 수 없었던 사건들이 반복해서 일어나며 내 인생을 형성하고 만들어 나간 것 같다. 아랍인들은 이를 '메크툽', '키스멧(알라의 뜻)'이라 부른다. 무엇이든 원하는 대로 불러도 좋다. 분명 이상한 일로 여겨질 것이다. 나도 사하라를 떠난 뒤 17년이 흐른 지금에 와서야 알게 된 사실이다. 나는 지금도 아랍인들에게 배운 대로 어쩔 수 없는 일은 기쁘게 내려놓는다. 그러한 철학이 온갖 진정제보다 내 신경을 안정시키는 데 훨씬 더 도움이 되었다.

　우리는 이슬람교도가 아니다. 운명론자가 되기를 원하지도 않는다. 하지만 우리 인생에 뜨겁고 맹렬한 바람이 불 때, 그리고 그런 바람을 막을 수 없다면 우리도 피할 수 없는 일이라고 받아들이자. 그러고 나서 부지런히 사태를 수습하자.

걱정을 떨치는 5가지 방법

- 윌리엄 라이온 펠프스
전 예일 대학교 교수

(윌리엄 펠프스 교수님이 돌아가시기 얼마 전 어느 날, 교수님과 함께 오후 시간을 보내는 특별한 기회를 얻었다. 그날 인터뷰에서 교수님께서 걱정을 떨치는 데 쓰셨던 5가지 방법을 들었고, 메모했던 내용을 여기에 소개한다.)

1. 24살 때 갑자기 눈에 문제가 생겼다. 3~4분 정도 책을 읽고 나면 바늘로 찌르듯 눈이 아팠고, 책을 읽지 않을 때도 눈이 몹시 예민해서 창문을 바라볼 수도 없었다. 뉴헤이븐과 뉴욕에서 용하다는 요법은 다 문의해봤지만, 그 무엇도 도움이 되지 않았다. 오후 4시가 넘으면 방에서 가장 어두운 구석에서 의자에 앉아 잠자리에 들 시간만 기다렸다. 나는 겁에 질려 있었다. 학생들을 가르치는 일을 그만두고 서부로 가서 벌목꾼으로 일해야 할까 봐 두려웠다. 그러다가 신기한 일이 일어났다. 정신이 신체 질병에 미치는 기적 같은 효과를 본 것이다. 눈 상태가 최악이었던 불행했던 그해 겨울, 나는 학부생 앞에서 강연해 달라는 제안을 수락했다.

강연장은 천정에 달린 커다란 가스등에서 내뿜는 불빛으로 환하게 빛났다. 하지만 불빛 때문에 눈이 너무 아파서 연단에 앉아 기다리는 동안 바닥만 바라볼 수밖에 없었다. 하지만 강연을 했던 30분 동안은 눈이 전혀 아프지 않았고, 심지어 눈을 깜빡이지 않고 천장의 가스등도 똑바로 바라볼 수 있었다. 하지만 그후 강연이 끝나자 다시 눈이 아팠다.

그때 나는 30분이 아니라 1주일 동안 무언가에 정신을 집중할 수 있다면 눈이 나을 수도 있겠다는 생각이 들었다. 그건 분명 정신력으로 육체의 질병을 극복하는 사례였다.

후에 바다를 건너는 동안에도 비슷한 경험을 했다. 배에서 허리가 아프기 시작했는데 고통이 몹시 심해서 걸을 수가 없었다. 똑바로 서려고 하면 극심한 고통이 찾아왔다. 몸 상태가 그런 와중에 배에서 강연해 달라는 요청을 받았다. 사람들 앞에서 말을 시작하자마자 아프고 결리던 모든 증상이 사라졌다. 나는 똑바로 서서 아무 문제 없이 유연하게 몸을 움직이며 한 시간 동안 강연을 이어갔다. 강연이 끝나고 나서도 아무렇지 않게 걸어서 선내 객실로 돌아왔다. 나는 허리가 다 나았다고 생각했다. 하지만 고통이 사라진 건 일시적 현상이었고, 요통은 다시 시작되었다.

이러한 경험으로 나는 마음가짐이 극히 중요하다는 걸 알게 되었다. 할 수 있을 때 인생을 즐기는 게 중요하다는 것도 배웠다. 그래서 지금 나는 매일을 내게 주어진 첫날이자 마지막 날인 것처럼 산다. 그렇게 일상의 모험을 즐긴다. 인생을 즐기는 사람에게 걱정이 크게 문제 되는 일은 없다. 나는 학생들을 가르치는 내 일을 사랑한다. 《가르침의 즐거움》이라는 제목의 책도 썼다.

학생을 가르치는 일은 내게 언제나 기술이나 직업 그 이상의 의미를 지녔고, 그건 내 열정이다. 화가가 그림 그리기를 좋아하듯, 가수가 노래 부르기를 좋아하듯 나는 학생들 가르치기를 좋아한다. 아침에 자리에서 일어나기 전 오늘 만날 학생들을 생각하면 정말 기쁘다. 나는 인생에서 성공하는 중요한 비결은 열정이라고 항상 생각한다.

2. 책에 빠져드는 것도 걱정을 몰아내는 방법이다. 59세였을 때 나는 오랫동안 신경쇠약을 앓았다. 병을 앓는 동안 나는 데이비드 알렉 윌슨의 기념비적 작품 《칼라일의 일생》을 읽기 시작했다. 책을 읽는 건 요양에 큰 도움이 되었다. 책에 몹시 빠져들어 우울한 기분을 잊었기 때문이었다.

3. 또 다른 때 내가 끔찍하게 우울했을 때는 매일 매시간 몸을 열심히 움직이려 했다. 매일 아침 격렬한 테니스 경기를 5~6세트 치르고 나서 샤워하고 점심을 먹은 뒤 매일 오후 골프를 치며 18홀을 돌았다. 금요일 밤에는 새벽 1시까지 춤을 췄다. 나는 엄청난 땀을 흘리는 신체 활동이 사람에게 좋다고 굳게 믿는다. 우울과 걱정은 땀과 함께 내 몸에서 빠져나갔다.

4. 나는 조급하게 서두르고 긴장 속에서 일하는 어리석은 짓은 피해야 한다는 걸 오래전에 배웠다. 나는 언제나 윌버 크로스의 철학을 따르려고 한다. 윌버 크로스가 코네티컷 주지사였을 때 내게 말했다. "때로 한 번에 해야 할 일이 너무 많을 때 저는 자리에 앉아 한 시간 동안 아무것도 하지 않고 느긋하게 담배를

피웁니다."

5. 인내와 시간이 문제를 해결하는 길이라는 것도 배웠다. 무언가 걱정이 있을 때 나는 적절한 관점으로 문제를 바라보려 한다. 그리고 생각한다. '두 달만 지나면 이 일은 걱정거리도 아닐거야. 그런데 왜 지금이라고 걱정해야 해? 두 달 뒤와 같은 태도를 지금 취하는 게 어떨까?'

요약하자면 펠프스 교수가 걱정을 떨치는 데 사용한 5가지 방법은 다음과 같다.

1. 열정과 열의를 가지고 산다. '매일을 내게 주어진 첫날이자 마지막 날인 것처럼 산다.'

2. 재미있는 책을 읽는다. '오랫동안 신경쇠약을 앓았을 때 《칼라일의 일생》을 읽기 시작했다. 책에 몹시 빠져들어 우울한 기분을 잊었다.'

3. 운동을 한다. '끔찍하게 우울했을 때는 매일 매시간 몸을 열심히 움직이려 했다.'

4. 느긋하게 일한다. '조급하게 서두르고 긴장 속에서 일하는 어리석은 짓은 피해야 한다는 걸 오래전에 배웠다.'

5. 무언가 걱정이 있을 때 적절한 관점에서 문제를 바라보려 한다. '두 달만 지나면 이 일은 걱정거리도 아닐 거야. 그런데 왜 지금이라고 걱정해야 해? 두 달 뒤와 같은 태도를 지금 취하는 게 어떨까?'

어제를 버렸으니 오늘도 버틸 수 있다

- 도로시 딕스

나는 끝없는 가난과 질병 속에서 살아왔다. 사람들이 내게 어려움 속에서 버틸 수 있는 원동력이 무엇인지 물으면 나는 항상 대답한다. "어제를 버렸으니 오늘도 버틸 수 있어요. 그리고 내일 일어날 일에 관해서는 생각하지 않습니다."

나는 가난과 분투, 불안과 절망이 무엇인지 알고 있다. 나는 언제나 힘닿는 수준 이상으로 일해야 했다. 내 인생을 뒤돌아보면 저버린 꿈과 깨진 희망, 산산이 조각난 환상의 잔해로 뒤덮인 전장이다. 싸움은 언제나 내게 극도로 불리했고, 결국 흉터와 멍, 심각한 부상과 나이보다 늙어 보이는 외모만 남았다.

하지만 나 자신을 불쌍하다고 생각하지 않는다. 과거에 지나버린 슬픔을 생각하며 흘릴 눈물은 없다. 내가 겪어온 모든 고생을 경험하지 않은 여성이 부럽지도 않다. 그런 여성들은 그저 살았을 뿐이지만, 나는 살아남았기 때문이다. 그들은 인생이라는 음료가 담긴 잔 위의 거품만 맛보았을 뿐이지만, 나는 마지막 한 방울까지 마셨기 때문이다. 나는 고생하지 않은 사람이라면 결코 알지 못할 것을 알고, 그들에게는 보이지 않는 것을 본다. 눈물로 눈을 씻어 깨끗한 눈을 가진 여성만이 넓은 시야를 갖고 세상 앞에 겸손해진다.

나는 '고난과 역경'이라는 명문 대학에서 쉽게 사는 여성은 무엇도 손에 넣을 수 없다는 철학을 배웠다. 하루하루 오늘을 사는 법을 배웠고, 내일의 걱정을 미리 두려워하지 않는 법을 배웠다. '미래'라는 어두운 위협 때문에 우리는 겁에 질린다. 나는 그런 두려움을 없앴다. 왜냐하면 경험상 내가 그토록 두려워하는 날이 오면 그에 맞는 힘과 지혜가 생겨난다는 걸 깨달았기 때문이다. 사소한 걱정거리는 내게 더는 아무런 영향을 미치지 못한다. 주위에 있는 '행복'이라는 건물이 전부 무너져 산산이 부서지는 걸 보고 나면 하인이 손 씻는 그릇 아래 그릇받침을 두는 걸 잊었다거나 요리사가 수프를 엎지른 일 정도는 신경도 쓰이지 않는다.

사람에게 지나치게 기대해서는 안 된다는 걸 배웠기에 나를 그리 진실하게 대하지 않는 친구나 사람을 험담하는 지인에게서도 행복을 얻는다. 무엇보다 웃어 넘기지 않으면 울어야 하는 일을 정말 많이 겪었기 때문에 유머 감각이 생겼다. 문제를 마주하고 히스테리를 부리는 대신 농담으로 넘긴다면 그렇게 크게 상처받을 일이 없다. 지난 시간 내가 겪었던 고생이 유감스럽지 않다. 그런 고생을 겪으면서 살아온 모든 순간에 감사하며 살았기 때문이다. 내가 지불해야 했던 대가만큼 가치 있는 일이었다.

도로시 딕스는 '오늘이라는 구역'안에 살면서 걱정을 극복했다.

새벽까지 살 수 있을 거라고 기대하지 않았던 밤

- J. C. 페니

(1902년 4월 14일, 어느 청년이 500달러의 현금을 들고 100만 달러를 벌겠다는 결심으로 와이오밍주 케머러에 포목점을 열었다. 와이오밍주 케머러는 인구 천 명의 작은 광산 마을로, 서부 개척 초기 루이스 클라크 탐험대가 낸 오래된 마차 길에 위치한다. 청년과 아내는 상점 위 반 층짜리 다락에서 가게에서 나온 큰 상자를 식탁, 작은 상자를 의자 삼아 살았다. 젊은 아내는 담요로 아기를 감싼 뒤 계산대 옆에서 남편을 도와 손님을 맞이할 때는 계산대 아래 공간에 아기를 재웠다. 오늘날 세계 최대 포목점 체인에는 이 청년의 이름이 붙어 있다. 바로 J. C. 페니 상점이다. J. C. 페니 상점은 1,600개 이상의 지점을 갖고 있으며, 미국 내 모든 주에서 영업하고 있다. 최근 페니 씨와 저녁을 먹었는데, 페니 씨 인생에서 가장 극적이었던 순간을 이야기해주었다.)

수 년 전 나는 매우 힘든 경험을 했다. 걱정스러웠고 절망적이었다. 걱정거리는 J. C. 페니 컴퍼니와는 전혀 관련 없는 일이었다. 사업은 탄탄하게 번창하고 있었다. 하지만 1929년 대공황이 발발하기 전 개인적으로 현명하지 못하게 처신한 일이 있었다. 다른 많은 사람처럼 나도 내 책임이 전혀 아닌 일로 비난받고 있었다. 상황을 몹시 걱정한 나머지 잠을 잘 수 없었고, 붉은

색 피부 발진과 함께 극도의 고통이 따르는 대상포진이라는 병에 걸렸다. 나는 의사를 찾아가 상담했다. 의사는 미주리주 해밀턴에서 함께 고등학교를 다닌 친구로, 미시간주 배틀크릭에 있는 켈로그 요양병원의 엘머 이글스톤 박사였다. 이글스톤 박사는 병세가 매우 심각하다고 경고하며 나를 입원시켰다. 엄격한 치료법을 처방했지만, 그 무엇도 도움이 되지 않았다. 나는 하루가 다르게 몸이 약해졌다. 절망으로 가득 차 몸과 마음이 전부 무너져 내려 한 줄기의 희망도 볼 수 없었다. 내게는 살아갈 이유가 없었다. 이 세상에 친구는 한 명도 남지 않은 것 같았고, 가족조차 내게 등을 돌렸다. 어느 날 밤 이글스톤 박사가 내게 진정제를 주었다. 하지만 효과는 금세 사라졌고, 이 밤이 내 인생 마지막 밤이라는 강렬한 확신과 함께 눈을 떴다. 침대에서 일어나 나는 아내와 아들에게 보낼 작별의 편지에 새벽까지 살 수 있을 것 같지 않다고 썼다.

다음 날 아침 잠에서 깨어났을 때 내가 아직 살아 있다는 걸 알고 깜짝 놀랐다. 아래층으로 내려가는데, 매일 아침 예배가 열리는 작은 예배당에서 노랫소리가 들렸다. 그때 사람들이 부르던 〈너 근심걱정 말아라〉라는 찬송가를 지금도 기억하고 있다. 예배당에 들어서 지친 마음으로 찬송가와 성경낭독, 기도를 들었다. 그때 갑자기 어떤 일이 일어났다. 그게 어떤 일인지 설명할 수는 없고, 그저 기적이라고밖에 부를 수 없다. 마치 어두운 지하 감옥에서 누군가 나를 들어 올려 따뜻하고 밝은 햇빛 아래로 내보낸 기분이었다. 지옥에서 천국으로 이동한 것 같았다. 전에 한 번도 느껴본 적 없었던 하느님의 힘을 느꼈다. 그때 나는 모든 문제의 책임이 오로지 내게 있었다는 걸 깨달았다. 하느님과 하느님의 사랑이 나를 돕기 위해 존재했다. 그날부터 지금까지 내 인생은 걱정에서 자유롭다. 나는 71세인데, 지금까지 살면서 가장 극적이고 영광스러웠던 때가 바로 그날 아침 예배당에서 보낸 20분이었다.

J. C. 페니는 한순간에 걱정을 떨쳐냈다. 단 하나의 완벽한 치료법을 찾았기 때문이었다.

체육관에 가서 샌드백 치기 혹은 야외로 하이킹 떠나기

- 에디 이건 대령
뉴욕주 변호사, 로즈 장학생, 뉴욕주 체육위원회 회장,
전 올림픽 복싱 라이트헤비급 금메달리스트

걱정거리가 생겨 이집트에서 수차를 돌리는 낙타처럼 생각이 끝없이 같은 자리를 맴돌 때 몸을 써 운동을 열심히 하면 '우울함'을 떨치는 데 도움이 된다. 달리기도 좋고, 시골길을 오래 걷거나 30분 정도 샌드백을 치거나 체육관에서 스쿼시를 친다. 어떤 운동을 하든 몸을 움직여 운동하면 정신이 맑아진다. 나는 주말에 운동을 많이 한다. 골프 코스 주위를 뛰거나 패들테니스를 치거나 아디론댁스 산맥에서 스키를 탄다. 운동으로 몸을 지치게 하면 법적인 문제를 생각하는 걸 잠시 쉬게 되는데, 그러면 다시 돌아왔을 때 문제를 해결할 새로운 열정과 힘이 생긴다.

스쿼시를 치거나 스키를 타면서 걱정하는 사람은 없다. 몸을 쓰느라 너무 바빠 걱정할 틈이 없다. 마음속 거대한 문제의 산이 조그마한 흙더미가 되어 새로운 생각과 행동이 재빨리 이를 무너뜨린다.

내게 걱정을 극복하는 최고의 해결책은 운동이다. 걱정스러운 일이 있을 때는 머리를 적게 쓰고 몸을 더 많이 써라. 그러면 놀라운 결과를 얻게 된다. 운동을 시작하면 걱정이 사라진다.

버지니아 공대의 걱정왕

- 짐 버즈올
C. F. 뮬러 컴퍼니 공장 관리자

17년 전 버지니아주 블랙스버그에 있는 버지니아 폴리테크닉 대학(버지니아 공대의 옛 이름-옮긴이)에 다닐 때 나는 '버지니아 공대의 걱정왕'으로 알려졌다. 나는 걱정을 심하게 하는 나머지 자주 아팠다. 너무 자주 아파서 학교 의무실에는 내 침대가 정해져 있을 정도였다. 내가 오는 걸 보면 간호사가 달려와 주사를 놓아주었다. 나는 모든 게 걱정스러웠다. 걱정거리가 하도 많다 보니 때로는 어느 걸 걱정하고 있었는지도 잊어버릴 정도였다. 학점이 너무 낮아 대학에서 쫓겨나는 게 아닐까 걱정했다. 나는 물리학을 비롯한 여러 과목에서 낙제했다. 건강도 걱정이었다. 심한 소화불량과 불면증이 걱정되었다. 경제적인 문제 또한 걱정거리였다. 여자 친구에게 사탕을 사주거나 내가 원하는 만큼 춤추러 자주 다니지 못하는 것도 마음에 걸렸다. 여자 친구가 다른 사람과 결혼하면 어쩌나 하는 두려움에 또 걱정했다. 나는 보이지 않는 걱정거리 수십 개를 안고 밤낮으로 불안해했다.

자포자기하는 마음으로 나는 버지니아 폴리테크닉대학 경영학과의 듀크 베어드 교수님을 찾아가 걱정거리를 쏟아냈다.

베어드 교수님과 함께 보낸 15분은 대학에서 보낸 4년을 전부 합한 시간보다 내 건강과 행복에 더 큰 도움이 되었다. 교수님께서 말씀하셨다. "짐, 자리에 앉아 사실을 마주해야 해. 걱정하는 시간과 에너지의 절반만 문제 해결에 사용해도 아무 걱정이 없을 거야. 걱정은 그저 안 좋은 습관일 뿐이야."

교수님은 걱정하는 습관을 버리는 세 가지 원칙을 알려주셨다.

원칙 1. 걱정하는 문제가 무엇인지 정확하게 확인한다.

원칙 2. 문제의 원인을 확인한다.

원칙 3. 문제를 해결하기 위한 건설적인 활동에 즉시 착수한다.

교수님과 면담 이후 나는 걱정하는 대신 건설적인 계획을 세웠다. 물리학 과목에 낙제한 이유를 생각해보았다. 내가 머리가 나빠서 낙제한 게 아니라는 건 알고 있었다. 나는 대학 신문 〈더 버지니아 테크 엔지니어〉의 편집장을 맡을 정도였기 때문이다.

물리학에 낙제한 원인을 생각해보니 그건 내가 물리학에 흥미가 없기 때문이었다. 산업 엔지니어가 되려고 하는데 물리학이 그 일에 도움이 될 것 같지 않아 열심히 공부하지 않았던 것이다. 그때 나는 태도를 바꾸고 이렇게 생각했다. '대학 학위를 받으려면 물리학 과목을 통과해야 해. 내가 어떻게 거스를 수 있겠어?'

나는 물리학을 재수강했다. 이번에는 물리학이 얼마나 어려운지 불평하거나 걱정하지 않고 열심히 공부했기 때문에 통과할 수 있었다.

대학 댄스파티에서 음료를 파는 등 부업을 하고 아버지께 돈을 빌려서 돈 걱정도 해결했다. 아버지께 빌린 돈은 대학 졸업 후 곧 갚았다.

다른 사람과 결혼할까 봐 걱정했던 여자 친구에게는 프러포즈를 해서 걱정을 해결했다. 그때의 여자 친구가 지금 내 아내이다.

지금에 와서 되돌아보면 걱정의 원인을 찾아 현실적으로 마주하기를 꺼린 탓에 상황을 혼란스럽게 만들었던 게 내 문제였다.

> 짐 버즈올은 문제를 '분석'했기 때문에 걱정을 극복했다. Part 2 4장 '걱정하는 문제를 분석하고 해결하는 방법'에서 소개했던 바로 그 원칙을 적용한 것이다.

신조로 삼고 살아온 한 문장

- 조셉 R. 시주 박사
뉴브런즈윅 신학대학 총장(1784년에 설립된 미국에서 가장 오래된 신학대학)

수년 전 모든 일이 불확실해 보이고 환멸이 느껴져 내 삶이 내가 통제할 수 없는 힘에 온통 압도당하는 것 같던 시절, 어느 날 아침 무심하게 신약 성서를 펼쳤는데, 다음 문장이 눈에 들어왔다. "나를 보내신 이가 나와 함께 하시도다 ··· 나를 혼자 두지 아니하셨느니라." 그때 이후로 내 인생은 전과 같지 않았다. 모든 게 완전히 달라졌다. 단 하루도 빼놓지 않고 이 문장을 되뇌었다. 요즘 내게 상담을 청하러 오는 사람이 많은데, 그들을 돌려보낼 때 항상 이 문장을 들려준다. 이 문장을 읽은 이후로 나는 이 문장을 신조로 삼고 살아왔다. 내 인생은 이 문장과 함께 걸어왔고, 그 속에서 평화와 힘을 얻는다. 내게는 종교의 본질 그 자체이다. 살 가치를 이루는 기반이며, 내 인생에서 가장 중요한 한 문장이다.

바닥을 치고 살아남다

- 테드 에릭센
내셔널 에나멜링 앤 스탬핑 컴퍼니 남캘리포니아 대표

예전에 나는 못 말리는 '걱정쟁이'였다. 하지만 지금은 그렇지 않다. 1942년 여름, 내 인생에서 영원히 걱정이 사라지는(앞으로 도 그렇기를 바란다) 경험을 했다. 그해 여름의 경험과 비교하면 다른 모든 문제는 사소해 보인다.

과거에 나는 몇 년 동안이나 알래스카에 있는 상업용 어선에서 여름을 보내고 싶어 했다. 그래서 1942년 여름 알래스카주 코디액에서 출항하는 길이 약 10미터짜리 연어 그물잡이 어선과 계약을 맺었다. 이 정도 크기의 어선에는 선원을 감독하는 선장과 선장을 보조하는 부선장, 그리고 일반 일꾼 이렇게 세 명이 탑승한다. 일반 일꾼 자리는 대개 스칸디나비아 사람이 맡았는데, 내가 바로 스칸디나비아 출신이었다.

연어 그물잡이는 조수의 흐름에 맞춰 이루어지기 때문에 보통 하루 24시간 중에 20시간을 일하곤 했다. 한 번 출항하면 일주일씩 이런 일정으로 일했다. 나는 다른 사람이 하고 싶어 하지 않는 일을 전부 도맡아 했다. 어선을 청소하고, 작업도구를 정리하고, 좁은 선실에서 자그마한 장작 스토브를 이용해 음식도 만들었다. 요리를 하다 보면 장작 난로의 열기에다 모터에서 나오는 매연이 더해져 속이 안 좋았다. 설거지도 했다. 보트도 수선하고, 배에서 연어를 받아 통조림 공장으로 옮기는 수송선으로 연어를 던지는 일도 했다. 고무장화를 신은 발은 항상 젖어 있었다. 장화 속에 늘 물이 차 있었기 때문이다. 하지만 장화를 벗어 물을 버릴 시간이 없었다. 하지만 '코르크 라인'이라 부르는 줄을 당기는 주업무와 비교하면 다른 일은 일도 아니었다. 이 작업은 발로 배의 이물을 딛고 서서 그물에 달린 코르크와 띠를 이용해 그물을 당기는 일이었다. 기본적으로는 그렇게 진행해야 하는 작업이었다. 대수롭지 않은 일처럼 들리겠지만 그물이 너무 무거워서 당기려 해도 꿈쩍도 하지 않았다. 코르크 줄을 당기려고 하면 실제로는 배가 반대로 딸려 갔다. 그물이 제자리에 그대로 있으니 오직 내 힘으로만 그물을 당겨야 했다. 나는 이 모든 일을 몇 주 동안이나 계속했다. 나는 거의 끝을 향하고 있었다. 몸이 끔찍하게 아팠던 것이다. 온몸이 다 아팠다. 고통은 몇 달이나 지속되었다.

일하다가 마침내 쉴 기회가 오면 물품 보관함 위에 쌓은 축축하고 울퉁불퉁한 매트리스에서 잠을 잤다. 등에서 가장 아픈 곳을 매트리스의 튀어나온 부분에 대고 죽은 듯 잠에 빠져들었다. 완전히 탈진한 몸 상태는 마치 약을 먹은 사람처럼 나를 잠으로 이끌었다.

그 모든 고통과 피로를 견뎠던 것이 지금은 잘한 일이라고 생각한다. 덕분에 걱정을 떨칠 수 있었기 때문이다. 이제는 문제를 맞닥뜨릴 때마다 걱정하는 대신 생각한다. '에릭센, 이 일이 코르크 줄을 당기는 것만큼 힘들까?' 그러면 예외 없이 '아니, 그보다 힘든 일은 있을 수 없지.'라는 대답이 떠오른다. 그렇게 나를 북돋우고 용기를 내 문제를 해결한다. 가끔 고통스러울 정도로 힘든 경험을 참아보는 것도 좋다고 생각한다. 바닥을 치게 힘들어도 살아남는다는 걸 아는 게 좋기 때문이다. 힘든 경험과 비교하면 일상의 문제는 해결이 쉬워 보이기 마련이다.

세상에서 가장 쓸데없는 걱정을 한 사람

- 퍼시 H. 화이팅
데일카네기 앤 컴퍼니 임원

산 사람, 죽은 사람, 반쯤 죽은 사람을 통틀어서 나보다 다양한 병에 걸려 나보다 많이 아팠던 사람은 없을 것이다.

나는 그냥 일반적인 건강염려증 환자가 아니었다. 우리 아버지는 약국을 운영하셨는데, 나는 말 그대로 약국에서 자랐다. 나는 매일 의사나 간호사와 대화를 나눠서 일반인보다 병의 이름과 증상을 더 많이 알았다. 나는 단순한 건강염려증이 아니었다. 실제로 증상이 나타났던 것이다! 어떤 병에 걸린 게 아닐까 한두 시간 걱정하다 보면 그 병에 걸린 사람에게서 나타나는 모든 증상이 정말 나한테도 생겼다. 한 번은 내가 사는 마을인 매사추세츠주 그레이트 배링턴에 전염병인 디프테리아가 다소 심하게 돌았다. 아버지의 약국에서 나는 환자가 있는 가정에서 온 손님들에게 매일 약을 팔았다. 그때 내가 두려워하던 사악한 질병이 내게도 찾아왔다. 디프테리아에 걸리고 만 것이다! 나는 내가 디프테리아에 걸렸다고 확신했다. 자리에 누워 걱정하며 디프테리아의 일반적인 증상을 앓았다. 의사가 왕진을 왔다. 의사는 나를 진찰하더니 말했다. "그래, 퍼시, 디프테리아에 걸렸구나." 그 말을 듣자 오히려 마음이 놓였다. 나는 일단 병에 걸리면 걱정하지 않았다. 그래서 의사의 말을 듣고 돌아누워 잠을 청했다. 다음 날 아침 나는 완전히 회복해 건강을 되찾았다.

수년 동안 나는 드물고 이상한 병의 증상이 나타나 사람들의 주목과 관심, 동정을 받았다. 파상풍과 공수병을 여러 번 앓았고, 나중에는 특별한 것 없는 병으로 일반화해 주로 암과 폐결핵의 증상이 나타났다.

지금은 그냥 웃을 수 있지만, 당시에는 심각했다. 솔직히 말해 수년간 말 그대로 죽음의 문턱을 넘는 게 아닐까 두려워했다. 봄에 옷을 살 때가 되면 나는 혼자 생각했다. '살아서 이 옷을 입을 수 없을 텐데 이 돈을 쓰는 건 낭비 아닐까?'

하지만 병의 경과를 이렇게 보고할 수 있어서 기쁘다. 지난 10년간은 단 한 번도 아프지 않았다.

어떻게 병에 걸리는 걸 멈췄을까? 말도 안 되는 상상을 스스로 웃어넘겼다. 끔찍한 증상이 찾아온다는 느낌이 들 때마다 나는 자신을 비웃으며 말했다. "여길 봐. 지난 20년 간 이런저런 치명적인 질병의 증상이 나타났지만, 지금은 정말 건강하잖아. 최근에는 보험 회사에서 추가 보험 가입도 받아줬어. 이제 슬슬 네가 얼마나 쓸데없는 걱정을 하는지 한 걸음 물러서 크게 웃어넘길 때도 되지 않았어?"

나는 건강을 걱정하면서 동시에 웃어넘기기는 불가능하단 걸 곧 깨달았다. 그래서 그 이후로 건강 걱정은 웃어넘기기만 한다.

이 이야기의 요점은 너무 심각하게 생각하지 말라는 것이다. 어리석은 걱정거리는 '그냥 웃어넘겨라'. 웃음으로도 걱정거리를 없앨 수 있다.

항상 열어두는 보급선

- 진 오트리
세상에서 가장 유명하고 널리 사랑받는 노래하는 카우보이

내 생각에 사람들의 걱정은 대부분 가족 문제 아니면 돈 문제이다. 나는 운 좋게도 오클라호마주 소도시 출신의 여성과 결혼했는데, 우리는 살아온 배경이 비슷해서 같은 걸 즐길 수 있었다. 그리고 우리 부부는 모두 '남에게 대접받고자 하는 대로 너희도 남을 대접하라'라는 황금률을 따르려는 사람들이라 내게 가족 문제는 그다지 없었다.

또한 나는 두 가지를 지킴으로써 돈 걱정도 최소한으로 줄였다. 첫째, 나는 항상 매사에 절대적으로 정직하게 임한다. 돈을 빌리면 십 원 한 장까지 전부 갚는다. 정직하지 않은 것보다 걱정거리를 더 만들어내는 건 없다.

둘째, 새로운 모험을 시작할 때는 항상 비장의 무기를 숨겨둔다. 군사전문가들은 전투에서 싸울 때 첫 번째 원칙이 보급선을 열어두는 것이라고 한다. 내 생각에 이 원칙은 군인들의 전투뿐 아니라 개인의 전투에도 적용되는 원칙인 것 같다. 예를 들어 텍사스와 오클라호마에 살았을 때 가뭄으로 황폐화된 지역에서 진짜 가난이 어떤 모습인지 본 적이 있다. 우리 가족은 때로 먹고살기 위해 정말 열심히 일해 돈을 벌어야 했다. 집이 너무 가

0 Part 10 내가 걱정을 극복한 방법

난해서 아버지는 말 몇 마리를 데리고 마차를 몰아 말을 바꿔가며 전국 곳곳을 돌아 돈을 버셨다. 나는 아버지보다 좀 더 안정적인 일자리를 원했다. 그래서 철도역에 역무원으로 취직해 일하며, 남는 시간에 전신법을 배웠다. 후에 나는 프리스코 철도의 교대 기사가 되었다. 다른 역에 근무하는 역무원이 아프거나 휴가를 가거나 일이 너무 많아 다 할 수 없을 때 이들을 돕기 위해 여기저기에 있는 역으로 파견되었다. 교대 기사의 월급은 150달러였다. 후에 더 나은 일을 시작했을 때도 나는 교대 기사 자리를 경제적 안전장치로 생각했다. 항상 돌아갈 길이 열려 있던 것이다. 교대 기사 자리는 내 보급선이었고, 나는 새로 더 나은 자리를 확고하게 다질 때까지는 절대 보급선을 끊지 않았다.

예를 들어 1928년 오클라호마주 첼시에서 프리스코 철도의 교대 기사로 일하고 있던 어느 날 저녁 낯선 사람이 전보를 보내겠다고 들어왔다. 그는 내가 기타를 치며 카우보이 노래를 부르는 걸 들었다며 솜씨가 좋으니 뉴욕으로 가서 무대나 라디오 쪽 일자리를 찾아야 한다고 했다. 자연스레 어깨가 으쓱해졌다. 그런데 전보에 서명하는 그의 이름을 보고 나는 숨이 거의 멎을 뻔했다. 남자의 이름이 윌 로저스였다.

하지만 당장 뉴욕으로 달려가는 대신 나는 9개월 동안 이 문제를 곰곰이 생각했다. 그러다 마침내 어차피 잃을 건 없고 얻을 일뿐이라는 결론을 내리고 뉴욕에 한 번 가보기로 했다. 내게는 무료 철도승차권이 있어서 차비가 들지 않았다. 자리에 앉은 채

자고, 식사 거리로 샌드위치와 과일을 좀 가져가면 될 것 같았다.

그리고 뉴욕으로 갔다. 뉴욕에 도착해 일주일에 5달러를 내고 가구가 딸린 방에 머물면서 식사는 자동판매기로 음식과 음료를 파는 식당인 오토매트에서 해결했다. 그렇게 10주 동안 뉴욕 거리를 돌아다녔지만, 아무 일자리도 찾지 못했다. 나는 돌아갈 일자리가 없어지면 어쩌나 걱정하다 병이 날 지경이었다. 그때 이미 철도원 경력이 5년이었다. 그렇다는 건 내게 선임권이 있다는 뜻이었다. 하지만 선임권을 보장받으려면 90일 이상 일을 쉴 수 없었다. 이때가 뉴욕에 온 지 70일이었다. 그래서 보급선을 지키기 위해 무료 승차권으로 얼른 기차를 타고 오클라호마로 돌아가 다시 일을 시작했다. 몇 달을 일하고 돈을 모은 뒤 재차 시도하려고 다시 뉴욕을 찾았다. 이번에는 휴가를 받았다. 어느 날 녹음 스튜디오 사무실에서 면접을 보려고 기다리는 동안 안내데스크의 여성 사무원에게 기타를 치면서 〈지니, 난 라일락이 필 때를 꿈 꿔〉라는 노래를 불러주었다. 내가 노래하는 동안 이 노래의 가사를 쓴 냇 실드크라우트가 사무실로 들어왔다. 누군가 자기가 쓴 노래를 부르니 그는 기뻐했다. 그는 내게 소개장을 써 주면서 빅터 레코딩 컴퍼니로 보냈다. 거기서 나는 음반을 한 장 만들었다. 하지만 형편없었다. 나는 너무 경직되어 있었고 자의식이 심했다. 빅터 레코딩 컴퍼니의 직원이 내게 털사로 돌아가서 낮에는 철도회사에서 일하고 밤에는 지역 라디오 프로그램에서 카우보이 노래를 부르라는 조언을 해주었다.

그래서 그 말을 따르기로 했다. 나는 그런 생활 방식이 마음에 들었다. 보급선을 열어두는 방식 말이다. 그러면 걱정거리는 없을 터였다.

나는 털사의 라디오 방송국 KVOO에서 9개월간 노래했다. 그러는 사이 지미 롱과 나는 〈은발의 내 아버지〉라는 제목의 노래를 만들었다. 이 노래가 인기를 끌었다. 아메리칸 레코딩 컴퍼니의 아서 새터리가 음반을 내자고 제안했다. 이 음반이 대성공을 거두었다. 나는 음반 한 장당 50달러를 받고 여러 장의 음반을 냈다. 그리고 마침내 시카고 WLS 방송국에서 카우보이 노래를 부르는 자리를 찾았다. 급여는 일주일에 40달러였다. WLS 방송국에서 4년간 노래를 부르자 급여는 일주일에 90달러로 올라 있었다. 이 외에 매일 밤 극장에 출연을 해서 300달러를 또 벌었다.

그러다 1934년 엄청난 가능성을 열어 준 좋은 기회가 찾아왔다. 영화의 내용을 정화하기 위해 영상물 관리 연맹이 생기면서 할리우드 제작자들은 카우보이 영화를 만들기로 했다. 그런데 영화제작자들은 새로운 유형의 카우보이를 원했다. 노래하는 카우보이였다. 아메리칸 레코딩 컴퍼니의 소유주는 리퍼블릭 영화사의 공동 소유주이기도 했다. 그가 영화사 직원에게 "노래하는 카우보이를 찾고 있다면 우리 회사에서 음반을 내는 친구가 한 명 있네."라고 나를 소개해 주었다. 그렇게 나는 영화계에 진출하게 되었고, 일주일에 100달러를 받고 노래하는 카우보이 영화를 찍었다. 영화배우로 성공할 수 있을지 큰 의문이었지만, 걱정은 하지 않았다. 언제든 예전 자리로 돌아갈 수 있었기 때문이다.

　나는 꿈꿨던 것 이상으로 영화배우로 크게 성공했다. 지금 나는 1년에 10만 달러에 더해 출연한 영화 수익의 절반을 받는다. 하지만 나는 지금 상황이 영원하지 않으리라는 걸 안다. 하지만 걱정은 하지 않는다. 무슨 일이 있든, 심지어 내가 가진 돈을 전부 잃는다 해도 나는 언제나 오클라호마로 돌아가 프리스코 철도에서 일자리를 구할 수 있다. 나는 보급선을 지키며 살아왔다.

인도에서 들은 목소리

- 스탠리 존스
미국의 역동적 강연가이자 당대 유명 선교사

나는 40년 동안 인도에서 선교 활동에 몸담았다. 처음에는 인도의 끔찍한 열기에다 내가 해야 할 엄청난 일에 신경성 긴장이 더해져 견디기가 어려웠다. 인도에서 8년이 지났을 때 나는 정신과 신경의 피로가 몹시 심해져 쓰러졌다. 그것도 한 번이 아니라 여러 번 쓰러지곤 했다. 교단으로부터 미국으로 돌아가 1년간 쉬라는 명을 받았다. 미국으로 돌아가는 배에서 나는 일요일 아침 선상 예배에서 설교하다 또 쓰러지고 말았다. 그래서 선내 담당 의사는 내게 미국에 도착할 때까지 누워 있으라는 처방을 내렸다.

미국에서 1년을 쉬고 나는 다시 인도로 돌아갔다. 인도로 가는 길에 마닐라에 들러 대학생을 대상으로 전도집회를 열었다. 전도집회로 인한 중압감으로 나는 또 여러 번 쓰러졌다. 의사들은 내게 인도로 돌아가면 사망할 거라고 경고했다. 그런 의사의 경고에도 불구하고 나는 계속 인도로 향했다. 하지만 걱정도 함께였다. 뭄바이에 도착했을 때는 몸이 너무 망가져서 산간 지방으로 가 몇 달 동안 쉬었다. 그리고 나서 사역지로 돌아와 선교 활동을 계속했다. 하지만 소용없었다. 나는 다시 쓰러졌고 또 다시 산간 지방으로 가 오래 요양해야 했다. 그러고 나서 다시 한 번 사역지로 내려갔는데, 이번에는 더 이상 선교 활동을 할 수 없다는 걸 깨닫고 충격을 받고 무너졌다. 내 몸과 마음, 신경은 완전한 탈진 상태였다. 내 안의 자원이 완전히 고갈되었다. 남은 평생 몸을 못 쓰게 되는 게 아닐까 두려웠다.

내가 다른 곳에서 도움을 구하지 않았다면 선교사라는 직업을 그만두고 미국으로 돌아가 건강을 회복하려고 애쓰면서 농장에서 일했을 것이다. 내 인생에서 가장 힘든 시간이었다. 당시에 나는 러크나우에서 일련의 집회를 열고 있었다. 어느 날 밤 기도를 드리고 있는데 그 사건이 일어나 내 인생을 완전히 바꾸어 놓았다. 기도하는 중에(나 자신에 관해서는 특별히 생각하고 있지 않았다) 목소리가 들리는 것 같았다. "내가 너를 부른 이 일에 너는 준비가 되었느냐?"

내가 대답했다. "주님, 아닙니다. 저는 끝났습니다. 제 안의 자원이 고갈되어버렸습니다."

목소리가 답했다. "내게 맡기고 걱정하지 말아라."

나는 즉각 대답했다. "주님, 바로 여기서 주님께 맡기겠습니다."

마음속에 엄청난 평화가 찾아와 내 존재 전체에 스며들었다. 나는 주님의 말씀이 이루어졌다는 걸 알았다! 엄청난 생기가 내 안에 자리 잡았다. 나는 정말 몸이 붕 뜬 듯 그날 밤 집으로 걸어가는데 발이 땅에 거의 닿지 않는 것 같았다. 걸음마다 밟는 땅이 성지였다. 그 이후 며칠 동안 내게 몸이 있다는 걸 의식할 수 없을 정도였다. 낮에 온종일 일하고 밤늦게까지 더 일하는 하루하루를 보냈지만, 잠자리에 들 시간이 되면 도대체 왜 잠을 자야 하는지 모르겠다는 생각이 들었다. 털끝만큼도 피곤이 느껴지지 않았기 때문이었다. 주님이 직접 주신 생명과 평화, 안식이 나를 지배했다.

이 이야기를 해야 하는지 주저했지만, 해야 한다고 느꼈고, 그렇게 했다. 이 이야기를 받아들일지 외면할지는 사람들의 몫이었다. 그 이후 10년 넘게 내 인생에서 가장 힘든 시간이 지나갔지만, 다시는 병이 나지 않았다. 그렇게 몸이 나빠지는 일은 없었다. 하지만 주님의 손길은 육체적 건강에만 닿은 게 아니었다. 내 몸과 마음, 정신은 새로운 삶을 개척한 것 같았다. 그때의 경험 이후 내 삶은 한층 높은 곳에서 움직이게 되었다. 내가 한 것이라고는 주님의 뜻을 받아들인 것뿐인데 말이다!

그때 이후 오랫동안 나는 전 세계를 여행했다. 하루에 세 번씩 설교하는 일이 잦았다. 그러고도 《인도의 길을 걷고 있는 예수》를 비롯해 11권의 다른 책을 쓸 시간과 힘이 있었다. 이 모든 일을 하면서도 나는 약속을 잊어버리거나 늦은 적조차 없다. 한때 나를 괴롭히던 걱정은 오래전에 사라졌다. 63세가 된 지금도 나는 활력이 풍부하고 다른 사람을 위해 살아가고 있다는 봉사의 기쁨이 가득하다.

내가 경험했던 육체적, 정신적 변화를 심리학으로 하나하나 설명할 수는 없을 것이다. 하지만 그건 중요하지 않다. 삶은 그

안의 과정보다 더 크고, 넘치게 기능하며, 과정을 작아 보이게 만들기 때문이다.

내가 아는 건 이것 한 가지뿐이다. 내 삶은 31년 전 러크나우에서 보낸 그날 밤 완전히 달라졌고 나는 희망을 얻었다. 내 약함과 낙담에 깊이 빠져 있던 그때, 목소리를 들었다. "내게 맡기고 걱정하지 말아라." 그리고 나는 대답했다. "주님, 바로 여기서 주님께 맡기겠습니다."

보안관이 우리 집을 찾아왔을 때

- 호머 크로이
소설가

내 인생에서 가장 쓰라린 순간은 1933년 어느 날, 보안관이 우리 집을 찾아와 내가 뒷문으로 달아나야 했던 때였다. 롱아일랜드 포레스트힐 스탠디시가 10번지. 우리 아이들이 태어나고, 우리 가족이 18년 동안 살았던 집, 나는 그 집을 잃었다. 내게 그런 일이 일어나리라고는 꿈에도 생각하지 못했다. 12년 전 나는 세상의 꼭대기에 앉은 기분이었다. 《배수탑의 서쪽》이라는 소설의 판권을 할리우드 최고의 가격으로 영화사에 팔았던 것이다. 나는 가족들과 2년간 해외에서 살았다. 여름은 스위스에서 보냈고, 겨울은 프랑스 리비에라 지방에서 보냈다. 한가한 부자처럼 말이다.

파리에서 6개월을 보내며 《그들은 파리를 봐야 했다》라는 제목의 소설을 썼다. 이 소설을 영화화했을 때는 윌 로저스가 출연했다. 그 영화는 윌 로저스가 처음으로 찍은 유성영화였다. 할리우드에 남아 윌 로저스가 출연할 영화의 대본을 더 써 달라는 솔깃한 제안을 받았지만, 받아들이지 않았다. 나는 뉴욕으로 돌아왔고, 문제가 시작되었다!

내게는 한 번도 계발하지 않았던 엄청난 잠재력이 있다는 생각이 점점 강하게 들었고, 나는 내가 영리한 사업가라고 생각하기 시작했다. 누군가 내게 존 제이콥 애스터가 뉴욕의 빈 부지에 투자해 수백만 달러를 벌었다는 이야기를 했다. 애스터가 누구지? 억양 섞인 영어를 쓰는 이민자 행상인이었다. 그런 사람이 투자에 성공했다면 나라고 왜 못할까? 난 부자가 될 거야! 나는 요트 잡지를 읽기 시작했다.

나는 무식해서 용감했다. 에스키모인들이 석유난로에 대해 전혀 모르듯 나도 부동산 매매에 대해 잘 몰랐다. 화려한 금융인이 되기 위한 돈은 어떻게 구해야 할까? 간단했다. 집을 담보로 대출을 받아 나는 포레스트힐에서 가장 좋은 빌딩 부지를 샀다. 이 부지를 가지고 있다가 엄청난 가격이 되면 그때 팔아 사치스럽게 살 생각이었다. 하지만 나는 부동산이라고는 인형에 달린 손수건만한 땅도 팔아본 적이 없는 사람이었다. 나는 쥐꼬리만한 월급을 받고 사무실에서 힘들게 일하는 직장인을 동정했다. 돈을 버는 천재적인 능력을 부여하는 하느님의 신성한 손길이 모든 사람에게 닿는 건 아니라고 생각했다.

그런데 갑자기 캔자스 지방의 폭풍처럼 대공황이 나를 덮쳐 토네이도가 닭장을 흔들듯 내 모든 걸 흔들어 앗아갔다.

나는 좋은 땅이라며 괴물처럼 입을 벌리고 있는 부지에 한 달에 220달러씩 들이부어야 했다. 돈 낼 날은 어찌나 빨리 다가오던지! 게다가 주택담보대출을 받았으니 이자도 내야 했고 식비도 감당해야 했다. 걱정스러웠다. 잡지 유머란에 글을 기고하기 시작했다. 유머를 쓰려고 시도했던 글은 고통의 세월을 보낸 예레미아의 탄식처럼 들렸다! 어떤 글도 팔 수가 없었다. 소설도 실패했다. 주머니에 돈이 떨어졌다. 타자기와 금니를 제외하고 저당 잡힐 물건도 더는 없었다. 우유 회사는 우유 배달을 끊었다. 가스 회사는 가스공급을 중단했다. 광고에 나오는 조그마한 야외용 캠핑 스토브를 사야 했다. 스토브에는 가솔린 실린더가 들어 있고 손으로 실린더를 펌프질하면 화난 거위처럼 쉭쉭거리는 소리를 내며 불꽃이 올라왔다.

석탄도 떨어졌다. 석탄회사에서는 우리를 고소했다. 난방기구라고는 벽난로뿐이었다. 밤이 되면 나는 밖으로 나가 부자들이 짓고 있는 신축 주택 공사장에서 판자와 남은 자재를 주웠다. 나도 그런 부자가 될 생각이었는데 말이다.

걱정이 너무 심해 잠들 수가 없었다. 자주 한밤중에 일어났고, 그럴 때는 피곤해서 잠들 수 있도록 몇 시간이고 걸었다.

나는 구매했던 땅만 잃은 게 아니라 거기에 쏟았던 내 삶도 잃었다.

은행은 우리 집을 압류했고 우리 가족은 길바닥으로 쫓겨났다.

어떻게 돈을 약간 마련해 작은 아파트를 빌렸다. 1933년 마지막 날 이사했다. 이삿짐을 싼 상자 위에 걸터앉아 주위를 둘러보았다. 어머니가 말씀하시던 옛 속담이 떠올랐다. "엎질러진 우유를 두고 울지 말아라!"

하지만 엎질러진 건 우유가 아니라 내 삶 그 자체였다!

그렇게 잠시 앉아 있다가 생각했다. '나는 이제 바닥을 쳤어. 이제 위로 올라갈 일만 남았지.'

나는 은행에서 압류하지 못한 게 무엇인지 생각했다. 나는 여전히 건강하고 친구들도 있었다. 다시 시작할 수 있다. 과거 일로 슬퍼하지 말자. 엎질러진 우유를 두고 울지 말라고 어머니가 자주 하시던 말씀을 매일 되뇌었다.

나는 걱정하는 데 쓰던 힘을 일에 쏟았다. 조금씩 조금씩 상황이 나아졌다. 이제는 그런 비참한 일을 겪었던 게 좋은 경험이었다고 생각할 정도가 되었다. 그 일로 내게는 힘과 불굴의 용기, 그리고 자신감이 생겼다. 이제 나는 바닥을 친다는 게 어떤 건지 안다. 하지만 그게 사람을 죽이지 않는다는 것도 안다. 우리는 생각보다 잘 버틸 수 있다. 이제 사소한 걱정과 불안, 불확실성 때문에 괴로울 때는 이삿짐 상자에 앉아 '나는 이제 바닥을 쳤어. 이제 위로 올라갈 일만 남았지.'라고 생각하던 그 순간을 떠올린다.

이 이야기에서 생각해야 할 원칙은 무엇일까? 톱밥에 톱질하지 말라는 것이다. 피할 수 없는 일은 받아들여라! 더 내려갈 곳이 없다면 위로 올라가면 된다.

싸우기 가장 힘든 상대는 바로 걱정

- 잭 뎀프시

권투 선수 생활을 하는 동안 걱정이라는 놈은 내가 싸웠던 그 어떤 헤비급 선수보다 더 강력한 적이라는 걸 깨달았다. 걱정을 극복하는 법을 배우지 않으면 걱정이 활력을 앗아가고 성공을 망칠 거라는 것도 알게 되었다. 그래서 나는 조금씩 조금씩 걱정을 극복하는 시스템을 만들었다. 내가 했던 일은 다음과 같다.

첫째, 링 위에서 계속 용기를 내기 위해 시합 중에 스스로 격려하는 말을 했다. 예를 들어 피르포를 상대로 싸웠을 때는 이런 말을 계속 반복했다. "아무것도 나를 막을 수 없어. 그는 나를 상처입히지 못해. 그가 가하는 타격은 느껴지지 않아. 난 다칠 수 없어. 무슨 일이 있어도 나는 계속 나아가야 해." 이렇게 스스로 긍정적인 말을 해주고, 긍정적인 생각을 하는 게 큰 도움이 되었다. 긍정적인 생각으로 마음이 가득 차서 심지어 강타하는 상대의 주먹도 느껴지지 않았다. 권투 선수 생활을 하는 동안 입술이 터지고, 눈가가 찢어지고, 갈비뼈가 부러졌다. 피르포의 주먹을 맞고 링밖으로 날아가는 바람에 기자의 타자기 위에 떨어져 타자기를 망가뜨린 적도 있다. 하지만 피르포의 공격이 조금도 느껴지지 않았다. 내가 실제로 공격을 느꼈던 적이 딱

한 번 있었다. 레스터 존슨이 내 갈비뼈 세 대를 부러뜨린 밤이었다. 레스터가 날린 펀치는 아프지 않았다. 하지만 호흡에 문제가 생겼다. 솔직히 말해 그때 이외에는 링 위에서 맞은 어떤 펀치도 느낄 수 없었다.

둘째, 내가 사용했던 또 다른 방법은 걱정은 헛된 짓이라는 걸 스스로 계속 떠올리는 것이다. 내 걱정은 대부분 큰 시합을 앞두고 훈련을 받는 중에 나타났다. 나는 종종 밤에 잠들 수 없어 몸을 뒤척이고 걱정하며 몇 시간이고 깨어 있었다. 손이 부러지거나 발목을 삐거나 1라운드에서 눈 주위가 심하게 찢어져 펀치를 제대로 날릴 수 없을까 봐 걱정했다. 이런 생각으로 예민한 상태가 되면 침대에서 일어나 거울을 보고 나에게 말을 건넸다. "아직 일어나지 않을 일, 어쩌면 절대 일어나지 않을 일을 두고 걱정하다니 참 바보네. 인생은 짧아. 살날이 그리 길지 않으니 인생을 즐겨야지." 그리고 계속 말했다. "내 건강보다 중요한 건 없어. 내 건강보다 중요한 건 없다고." 그러면서 잠을 못 자고 걱정하면 건강을 해칠 거라는 점을 계속 떠올렸다. 이런 말을 매일 밤 자신에게 계속 반복해서 들려주면 마침내 진심으로 그렇게 생각하게 되고 물을 버리듯 걱정을 씻어낼 수 있다.

세 번째이자 가장 좋은 방법은 기도하는 것이다! 시합을 앞두고 훈련할 때 나는 하루에도 몇 번씩 기도를 드렸다. 링 위에 서면 라운드마다 시작을 알리는 벨소리가 울리기 직전 항상 기도했다. 기도를 하면 용기와 자신감을 가지고 시합에 임하는 데 도움이 되었다. 평생 기도하지 않고 자리에 든 적이 없고, 하느님께 먼저 감사드리지 않고 식사를 한 적이 없다. 기도에 응답을 받았을까? 수천 번이나 받았다!

보육원에서 벗어나게 해 달라는 기도

- 캐슬린 홀터
가정주부

어렸을 때 내 삶은 공포로 가득했다. 어머니가 심장에 문제가 있어서 매일 바닥에 쓰러지시는 모습을 봤다. 우리는 모두 어머니가 돌아가실까 봐 두려워했다. 우리는 미주리주 워런턴이라는 작은 마을에 살았는데, 나는 어머니를 여읜 어린 여자아이는 전부 마을에 있는 센트럴 웨슬리언 보육원으로 보내진다고 믿었다. 나는 보육원에 가는 걸 정말 두려워했고, 여섯 살 때는 계속 이렇게 기도했다. "주님, 제가 보육원에 가지 않아도 될 나이가 될 때까지 어머니가 살아 계시게 해주세요."

그로부터 20년 뒤 마이너 오빠가 크게 다쳐 엄청난 고통에 시달렸다. 오빠는 2년 뒤 사망했다. 오빠는 혼자서 먹지도, 침대에서 돌아 눕지도 못했다. 오빠의 고통을 사라지게 하려고, 나는 오빠에게 밤낮으로 세 시간에 한 번씩 모르핀 주사를 놔주었다. 2년을 그렇게 했다. 당시 나는 마을에 있는 센트럴 웨슬리언 대학에서 음악을 가르치고 있었다. 오빠가 고통으로 내지르는 비명이 들리면 이웃 사람들이 학교로 전화해 주었고, 나는 음악 수업을 하다 말고 오빠에게 모르핀 주사를 놓으려고 서둘러 집으로 갔다. 매일 밤 잠자리에 들 때는 자다가 일어나 오빠에게 주사를 놓을 수 있도록 세 시간 뒤에 알람이 울리도록 설정했다. 겨울밤에는 창문 밖에 우유 한 병을 내놓아두었던 게 생각난다. 그렇게 해두면 우유가 아이스크림처럼 얼었는데, 나는 그걸 좋아했다, 알람이 울릴 때 창밖에 아이스크림이 있다고 생각하면 일어나기가 좀더 쉬웠다.

이 모든 문제를 헤쳐나가는 중에 나는 자기연민과 걱정에 빠지지 않고, 원망으로 한탄하는 인생을 보내지 않으려고 두 가지 원칙을 지켰다. 첫째, 하루에 12~14시간씩 음악을 가르치며 바쁘게 지냈다. 그러면 문제를 걱정할 시간이 별로 없었다. 자신이 불쌍하다는 생각이 들면 나는 계속 이렇게 되뇌었다. '자, 들어봐. 걸을 수 있고, 먹을 수 있고, 심각한 통증에 시달리지 않는다면 세상에서 가장 행복한 사람이야. 무슨 일이 있어도 살아 있는 한 이 사실을 잊지 마! 절대! 절대로!'

나는 내가 가진 것에 무의식적으로 계속 감사하는 태도를 기르려 전력을 다했다. 매일 아침 눈을 뜨면 상황이 더 나빠지지 않았음에 하느님께 감사드렸다. 그리고 내게 어려움이 있지만, 우리 동네에서 가장 행복한 사람이 되기로 마음먹었다. 그 목표는 달성하지 못했는지 몰라도 우리 동네에서 가장 감사할 줄 아는 여성이 되는 데는 성공했다. 아마 동료들 가운데 나보다 걱정을 덜 하는 사람은 없을 것이다.

미주리주의 음악 교사였던 이 여성은 본문에서 설명했던 두 가지 원칙을 실천했다. 바쁘게 살면서 걱정할 시간을 줄이는 것과 감사할 거리를 세는 것이다. 같은 방법이 우리에게도 도움이 될 것이다.

히스테리를 부리는 여자처럼 굴다

- 캐머런 쉽
잡지 작가

나는 몇 년 동안 캘리포니아에 있는 워너브러더스 스튜디오의 홍보부서에서 만족스럽게 일하고 있었다. 나는 잘나가는 직원이었고 특집 홍보 기사를 담당하는 작가였다. 신문과 잡지에 실을 워너브러더스 소속 스타들에 대한 보도자료를 작성했다.

그러다 갑자기 승진해서 홍보팀 부팀장이 되었다. 게다가 사내 운영 정책에 변화가 있어 경영지원 총괄 담당이라는 엄청난 직함을 달았다.

개인 냉장고가 갖춰진 큰 사무실을 배정받았고, 비서 두 명에 더해 작가, 영화개발자, 라디오방송 담당자 등 75명의 직원 전체를 지원하는 일을 책임지게 되었다. 나는 엄청나게 감격스러웠다. 바로 나가서 새 양복을 한 벌 샀다. 직원들에게 품위 있게 말하려 애썼다. 서류 작성 및 보관 시스템을 수립하고, 권위 있는 결정을 내리고, 점심도 빨리 먹었다.

나는 워너브러더스 홍보 관련 정책을 내가 전부 짊어지고 있다고 생각했다. 베티 데이비스, 올리비아 드 하빌랜드, 제임스 카그니, 에드워드 G. 로빈슨, 에롤 플린, 험프리 보가트, 앤 쉐리던, 알렉시스 스미스, 앨런 헤일과 같은 유명 배우들의 공적 생활과

사생활이 전부 내가 관리해야 할 일이라고 생각했다.

결국 한 달도 채 되지 않아 위궤양이 생겼다는 걸 알 수 있었다. 어쩌면 암일지도 모를 일이었다.

제2차 세계대전 중이었던 당시 나는 전쟁과 관련한 주요 업무로 영화홍보인연합 전시활동위원회 회장직을 맡고 있었다. 나는 이 업무를 좋아했고, 모임에서 친구를 만나는 것도 좋아했다. 그런데 이 단체의 모임이 두려워지기 시작했다. 매번 모임이 끝나고 나면 나는 크게 아팠다. 너무 아파서 집으로 돌아가는 길에 차를 세웠다가 몸을 추슬러서 다시 운전해야 할 때가 많았다. 할 일은 산더미 같은데, 일할 시간은 너무 부족했다. 어느 것 하나 중요하지 않은 일이 없었다. 그 일을 다 감당하기에 나는 한심할 정도로 부족한 사람이었다.

가슴에 손을 얹고 솔직히 말해 살면서 그때만큼 고통스럽게 아팠던 적이 없었다. 늘 예민했고 살이 빠졌다. 잠도 자지 못했고 통증이 계속되었다.

나는 저명한 내과 전문의를 찾아갔다. 광고회사 사람이 추천해준 의사였다. 추천해준 지인의 말로는 광고업계 사람들이 많이 찾는 의사라고 했다.

의사는 어디가 아픈지, 그리고 직업이 무엇인지 간단한 내용만 물었다. 내 병보다 내 직업에 더 관심이 많아 보였지만, 곧 안심했다. 의사가 2주에 걸쳐 매일 탐침 검사, 엑스레이 검사, 형광투시경 검사 등 검사라는 검사는 다 해주었기 때문이다. 마침내 검사가 다 끝나고 결과를 들으러 오라는 안내를 받았다.

의사는 몸을 뒤로 젖혀 기댔고, 담배를 권하며 내게 말했다. "환자분 상태를 철저하게 검사해보았습니다. 물론 처음 오셨을 때 간단하게 확인한 바로 환자분이 위궤양을 앓는 게 아니라는 건 알았지만, 지금까지 받으신 검사도 꼭 필요한 것이었습니다. 환자분 같은 성격을 가지신 분이나 환자분과 비슷한 업계에 종사하는 분들은 증거를 보여드리지 않으면 제 말을 믿지 않는다는 것도 알고 있었거든요. 그럼 검사 결과를 보여드리겠습니다."

그러고 나서 의사는 검사 차트와 엑스레이 사진을 보여주며 내용을 설명해 주었다. 결과적으로 나는 위궤양을 앓고 있는 게 아니었다.

의사가 말했다. "자, 검사받느라 돈이 많이 들었을 겁니다. 하지만 그럴 가치가 있는 일이었어요. 제가 처방을 내려 드리겠습니다. 걱정하지 않도록 하세요."

의사의 처방을 듣고 반박하는 말을 꺼내려는데 의사가 끼어들었다. "자, 바로 처방을 따를 수 없으신 것 같으니 제가 도움을 좀 드리지요. 여기 약을 좀 드릴게요. 진통제 성분이 들어 있습니다. 원하시는 만큼 드세요. 약을 다 드시면 다시 오세요. 추가 처방을 해드리겠습니다. 몸에 해롭지 않은 약입니다. 단지 늘 몸을 이완하는 데 도움이 되실 겁니다. 하지만 기억하세요. 환자분의 상태로 보면 약이 필요한 건 아닙니다. 그저 걱정을 멈추시기만 하면 됩니다. 만일 걱정이 다시 시작되면 병원에 오세요. 제가 병원비를 잔뜩 청구하겠습니다. 어떠세요?"

의사한테 배운 교훈이 그날 바로 효과를 나타내 즉시 걱정을 멈췄다고 말할 수 있으면 얼마나 좋을까. 하지만 나는 그러지 못했다. 몇 주 동안 걱정스러워질 때마다 약을 먹었다. 약은 효과가 있어서 먹자마자 즉시 기분이 나아졌다.

그렇지만 약을 먹는 게 바보 같은 일처럼 느껴졌다. 나는 덩치가 크다. 키는 링컨 대통령만하고, 몸무게는 약 90kg에 달한다. 그런 덩치를 가지고는 마음을 진정시키려고 조그맣고 하얀 알약을 먹고 있다니. 히스테리를 부리는 여자같이 굴고 있었다. 친구들이 약을 먹는 이유를 물어보면 사실대로 이야기하는 게 부끄러웠다. 점차 자신이 우스워졌다. 이런 생각이 들었다. '캐머런 쉽, 넌 바보같이 굴고 있어. 너 자신이나 네가 하는 사소한 일들을 너무 심각하게 받아들이고 있잖아. 베티 데이비스와 제임스 카그니, 에드워드 G. 로빈슨은 네가 홍보를 담당하기 전부터 원래 세계적으로 유명한 스타였어. 그리고 네가 오늘 밤 죽는다 해도 워너브러더스와 소속 스타들은 너 없이 잘 해낼 거야. 아이젠하워, 마셜 장군, 맥아더, 지미 두리틀, 킹 제독을 봐. 이런 약 따위 먹지 않고 전쟁도 치르고 있어. 그런데 너는 이 작고 하얀 알약을 먹지 않으면 위장이 캔자스 회오리처럼 꼬여서 영화홍보인연합 전시 활동위원회 회장 역할도 못 해.'

나는 복용 횟수를 줄였고, 약을 먹지 않고 지내는 데 자부심을 느끼기 시작했다. 그러다 얼마 뒤에는 약을 하수구에 버렸고,

저녁 식사 전에 잠시 낮잠을 자두려고 매일 일찍 퇴근했다. 그렇게 점점 정상적인 생활을 찾기 시작했고, 다시는 의사를 만나러 가지 않았다.

당시에는 병원에 비싼 요금을 지불했지만, 나는 그 의사에게 병원비보다 훨씬 더 큰 도움을 받았다. 의사는 내게 자신을 돌아보는 법을 가르쳐주었다. 내 생각에 그 의사는 정말 뛰어난 진료 솜씨를 지녔다. 환자를 비웃지 않았고, 걱정할 일은 하나도 없다는 식의 이야기도 하지 않았다. 내 이야기를 진지하게 받아들여 주었고, 내 체면도 살려 주었다. 작은 상자에서 내가 빠져나갈 구멍을 만들어 준 것이다. 그때 의사는 이미 내 병을 고칠 치료제는 작은 상자에 담긴 알약이 아니라는 걸 알았을 것이다. 내 마음가짐을 바꾸어야 병이 낫는 거였다.

현재 걱정 때문에 약을 먹는 사람이라면, 약을 먹기보다 이 책의 7장을 읽은 뒤 마음을 편히 먹는 편이 더 효과가 클 것이라는 게 이 이야기에서 얻을 수 있는 교훈이다.

아내가 설거지하는 모습을 보고 걱정을 떨치다

- 윌리엄 우드 목사

몇 년 전 나는 격심한 위통으로 고생하고 있었다. 매일 밤 자다가 두세 번씩 깼고, 끔찍한 위통 때문에 잠을 잘 수 없었다. 아버지가 위암으로 돌아가시는 모습을 봤기 때문에 나도 위암에 걸린 게 아닐까 두려웠다. 적어도 위궤양은 되지 않을까 싶었다. 그래서 검진을 받으러 미시간주 페토스키에 있는 번스 클리닉을 찾았다. 소화기내과 전문의인 릴가 박사가 형광투시경으로 내 위를 확인하고 엑스레이를 찍었다. 릴가 박사는 수면제를 처방해 주면서 위궤양이나 위암 증상은 없다고 확인해 주었다. 그러면서 내가 느끼는 위통은 정서적 긴장 상태에서 비롯되는 것이라고 했다. 내가 목사이기 때문에 릴가 박사가 처음 던진 질문은 이거였다. "교회 당회의 회원 중에 화를 잘 내는 사람이 있나요?"

릴가 박사는 내가 이미 아는 걸 이야기했다. 일을 너무 많이 한다는 것이었다. 나는 일요일마다 하는 설교에 더해 교회의 다양한 활동을 책임지는 부담을 안고 있었다. 거기다 적십자 회장, 키와니스 클럽 회장도 맡았고, 매주 두세 번씩 장례예배를 진행했으며, 그 외 다른 활동도 많이 참여했다.

나는 끊이지 않는 압박감 속에서 일했다. 결코 마음 편히 지낼 수 없었다. 항상 긴장하고, 서두르고, 예민했다. 결국 만사를 걱정하는 상태에까지 이르렀다. 나는 계속 초조한 상태로 살았다. 하지만 위통이 몹시 고통스러웠기 때문에 나는 기꺼이 릴가 박사의 조언을 따르기로 했다. 매주 월요일은 쉬었고, 다양한 책임과 활동도 줄여나갔다.

어느 날 책상을 정리하고 있는데 아이디어 하나가 떠올랐다. 책상 위에는 설교할 때 썼던 오래된 노트와 이미 지나간 일과 관련된 메모가 쌓여 있었다. 나는 종이를 한 장 한 장씩 구겨 쓰레기통으로 던졌다. 그러다 갑자기 멈춰 생각했다. '빌, 종이를 한 장씩 구겨 버리는 것처럼 걱정도 버리는 건 어떨까? 지나간 문제에 대한 걱정은 구겨서 쓰레기통에 넣는 게 어때?' 이 아이디어는 즉시 효과를 나타냈고, 어깨에서 무거운 짐을 내려놓는 기분이 들었다. 그날부터 지금까지 나는 더 이상 어찌할 수 없는 문제는 전부 쓰레기통에 넣는 걸 원칙으로 삼고 있다.

그러던 어느 날 설거지하는 아내 옆에서 그릇의 물기를 닦고 있는데 또 다른 아이디어가 떠올랐다. 아내는 설거지하면서 노래를 부르고 있었는데, 이런 생각이 들었다. '빌, 아내가 얼마나 행복해하는지 봐. 결혼하고 나서 18년 동안 아내는 항상 설거지를 했어. 처음 결혼했을 때 아내가 미래를 볼 수 있어서 앞으로 18년 동안 씻어야 할 그릇이 눈앞에 펼쳐져 있었다고 해봐. 그랬다면 설거지해야 할 그릇더미가 헛간보다 컸을걸. 어느 여성이라도 그건 생각만으로도 질려버릴 일이지.'

그렇게 생각을 이어나갔다. '아내가 설거지하는 걸 꺼리지 않는 이유는 한 번에 하루치만 하기 때문이야.' 그때 내 문제가 무엇인지 알 수 있었다. 나는 오늘 쓴 그릇, 어제 쓴 그릇, 심지어 아직 쓰지도 않은 그릇까지 설거지하고 있었던 것이다.

그제야 내가 얼마나 바보같이 굴었는지 알게 되었다. 나는 일요일 아침마다 교단에 서서 다른 사람들한테 어떻게 살아야 하는지 설교했지만, 정작 나 자신은 긴장하고 걱정하고 조급해하면서 살고 있었다. 정말 부끄러웠다.

이제 더 이상 걱정이 나를 괴롭히지 않는다. 위통도 사라졌다. 불면증에 시달리지도 않는다. 이제 나는 어제의 걱정은 구긴 뒤 쓰레기통에 넣고, 내일 쓸 접시를 오늘 미리 닦지 않는다.

앞서 이 책에서 인용했던 문장을 기억하는가? '어제라는 짐에 내일이라는 짐까지 더해 오늘을 살아가려면 아무리 튼튼한 사람도 휘청이게 된다.' 그런데 왜 그렇게 살려 하는가?

바쁘게 지내는 게 답

- 델 휴스
공인 회계사

1943년 나는 뉴멕시코주 앨버커키에 있는 재향군인 병원에 입원했다. 갈비뼈 3대가 부러지고 기흉이 발생한 상태였다. 하와이에서 해병대 합동 상륙 훈련을 하던 중 부상이 발생했다. 바지선에서 해변으로 뛰어내릴 준비를 하고 있었는데 집채만 한 파도가 들이닥쳐 바지선을 들어올렸고 균형을 잃은 나는 모래사장에 내동댕이쳐졌다. 그렇게 강력한 힘에 의해 밀려 떨어지다 보니 갈비뼈가 부러졌고, 부러진 갈비뼈 한 대가 오른쪽 폐를 찢고 말았다.

병원에서 석 달을 보낸 뒤 이루 말할 수 없는 충격을 받았다. 의사들이 내게 병세가 전혀 호전의 기미를 보이지 않는다고 전한 것이다. 심각하게 고민해 봤더니 걱정을 많이 해서 회복에 방해가 되는 것 같다는 생각이 들었다. 예전에 나는 매우 활동적으로 살았는데, 지난 석 달 간은 하루 24시간 할 일이 없는 상태로 종일 누워 생각만 하며 지냈다. 그런데 생각하면 할수록 점점 더 걱정스러워졌다. 사회로 나가 자리를 잡을 수 있을지 걱정했고, 남은 평생 장애를 안고 살아야 하는 건 아닐까 걱정스러웠고, 앞으로 결혼도 하고 정상적인 삶을 살 수 있을지 걱정했다.

나는 의사에게 옆 병동으로 옮겨달라고 부탁했다. 사람들은 옆 병동을 '컨트리 클럽'이라고 불렀는데, 그건 옆 병동 환자들은 거의 모든 활동을 마음대로 할 수 있었기 때문이었다.

'컨트리 클럽' 병동에서 나는 콘트랙트 브리지라는 카드 게임에 관심이 생겼다. 6주에 걸쳐 게임을 배우고, 다른 환자들과 브리지 카드 게임을 했다. 콘트랙트 브리지 게임의 대가 컬버트슨이 쓴 책도 읽었다. 6주 동안 게임을 익히고 난 뒤에는 퇴원할 때까지 거의 매일 밤 브리지 게임을 했다. 유화 그리기에도 관심을 가졌다. 매일 오후 3시부터 5시까지 유화 수업을 들었다. 내 그림 가운데 몇 점은 꽤 잘 그려서 무엇을 그렸는지 보는 사람이 알아맞힐 수 있을 정도였다! 비누 공예와 나무 공예도 배웠고, 관련한 책도 많이 읽었는데 공예의 멋진 세계를 알 수 있었다. 정말 바쁘게 지내면서 몸 상태를 걱정할 시간을 남기지 않았다. 여유 시간에는 적십자에서 제공한 심리학 관련 서적까지 읽었다. 그렇게 석 달이 지났을 때 전체 의료진이 나를 찾아와 "놀라울 정도로 몸이 회복되었다"라며 축하해 주었다. 평생 살면서 그렇게 듣기 좋은 소리는 또 없었던 것 같다. 기뻐서 크게 소리치고 싶을 정도였다.

이야기를 요약하면 이렇다. 아무 할 일 없이 누워 미래를 걱정만 하고 있을 때는 병세에 차도가 전혀 없었다. 걱정이 내 몸을 해치고 있었다. 부러진 갈비뼈도 붙질 않았다. 하지만 콘트랙트 브리지 게임을 하고, 유화를 그리고, 나무 공예를 하면서 마음속에서 걱정을 떨쳤더니 의료진이 "놀라울 정도로 몸이 회복되었다"라고 말했다.

지금 나는 평범하고 건강하게 살고 있다. 폐도 일반인들만큼 건강하게 회복되었다.

조지 버나드 쇼가 했던 말을 기억하는가? "비참해지는 비결은 행복한지 아닌지 고민할 여유를 가지는 것이다." 계속 움직이고 바쁘게 지내라!

시간이 많은 문제를 해결한다

- 루이스 T. 몬탄트 주니어
매출 및 시장 분석가

나는 걱정하느라 인생의 10년을 허비했다. 어느 청년이나 가장 생산적이고 풍부한 인생 경험을 하는 시기인 18세에서 28세까지의 10년을 나는 잃어버렸다.

지금은 그 10년을 잃어버린 게 다른 누구도 아닌 나 자신 때문이라는 걸 안다.

일, 건강, 가족, 열등감까지 나는 만사를 걱정했다. 나는 몹시 소심해서 아는 사람과 마주치지 않으려고 건너편 길로 다니곤 했다. 길에서 친구를 만나면 무시당할까 두려워 못 본 체할 때가 많았다.

낯선 사람을 만나는 것도 너무 두려웠다. 낯선 사람이 있으면 겁에 질렸다. 그래서 어느 지역에서는 2주 동안 일자리를 3번이나 잃기도 했다. 그저 세 명의 고용주에게 일을 잘할 수 있다고 말할 용기가 없었기 때문이었다.

그러다 8년 전 어느 날 오후 나는 걱정을 극복했다. 그리고 그때 이후로는 좀처럼 걱정하는 법이 없다. 그날 오후 나는 그때껏 내가 겪었던 문제보다 훨씬 더 많은 문제를 안고 있는 빌이라는 남성의 사무실에 있었다. 그럼에도 불구하고 빌은 지금껏 만

나본 그 누구보다 쾌활했다. 그는 1929년에 큰돈을 벌었지만, 한 푼도 남김없이 전부 잃었다. 1933년에 다시 돈을 벌었다가 이번에도 잃었다. 1937년에도 다시 돈을 벌었지만, 그마저 전부 잃고 말았다. 그는 파산했고 채권자들이 따라다니며 가만히 두지 않았다. 그러나 누군가를 망가트려 자살로 몰고 갈 만한 문제도 그는 오리 등에서 물이 흘러 내리듯 훌훌 털어버렸다.

8년 전 그날 빌의 사무실에 앉아 있던 나는 빌이 부러운 나머지 하느님이 나를 빌처럼 만들어 주셨으면 좋았겠다고 생각했다.

우리가 이야기를 나누는 동안 그가 그날 아침 받은 편지를 내게 건네주며 읽어보라고 했다.

편지를 쓴 사람은 화가 나 있었고, 당황스러운 의문을 몇 가지 제기하고 있었다, 내가 그런 편지를 받았다면 아마 의기소침했을 터였다. 그에게 물었다. "빌, 답장은 어떻게 하실 건가요?"

빌이 대답했다. "음, 작은 비결 하나를 말씀드리지요. 앞으로 정말 걱정스러운 일이 생기면 자리에 앉아 연필과 종이 한 장을 꺼내 걱정하는 게 무엇인지 자세히 써보세요. 그리고 나서 종이를 책상 오른쪽 아래 서랍에 넣습니다. 2주가 지난 뒤 종이를 다시 꺼내 보세요. 종이에 적어놓은 걱정거리를 여전히 걱정하고 있다면 종이를 서랍에 다시 넣으세요. 그리고 다시 2주간 기다립니다. 종이는 거기 잘 있을 겁니다. 아무 일도 일어나지 않아요. 하지만 그러는 사이 당신이 걱정하는 문제에는 많은 일이 벌어집니다. 참을성 있게 기다리기만 하면 나를 괴롭히던 걱정거리가 바늘에 찔린 풍선처럼 스러진다는 걸 알게 되었습니다."

빌의 조언은 매우 인상 깊었다. 지금까지 나는 수년간 빌의 조언을 따르고 있다. 그 결과 나는 그 무엇도 걱정하는 일이 드물다.

시간이 많은 문제를 해결한다. 당신이 오늘 걱정하는 문제 또한 시간이 해결할지 모른다.

말도 하지 말고, 손가락 하나 까딱하지 말라

- 조셉 L. 라이언
로열 타이프라이터 컴퍼니 해외사업부 관리자

여러 해 전 나는 어느 소송 건의 목격자로 나섰는데, 이 일로 엄청난 스트레스와 걱정을 얻었다. 재판이 끝나고 기차를 타고 집으로 돌아오는 길에 나는 갑자기 격렬한 발작을 일으키며 쓰러졌다. 심장 문제였는데, 도무지 숨을 쉴 수가 없었다.

집에 돌아왔을 때 의사가 주사를 놔주었다. 나는 침대에 눕지도 못했다. 거실 소파에서 한 발짝도 움직일 수가 없었기 때문이다. 의식을 다시 찾았을 땐 교구의 목사님이 내 임종을 지키기 위해 와 계셨다!

아연실색한 가족들의 얼굴에는 슬픔이 어려 있었다. 내가 죽을 때가 되었다는 것을 알 수 있었다. 나중에 알게 된 사실이지만, 의사가 아내에게 아마 30분 이내로 내가 사망할 거라며 마음의 준비를 시켰다고 한다. 내 심장은 매우 약해진 상태여서 의사는 말도 하지 말고, 심지어 손가락 하나도 까딱하지 말라고 경고했다.

나는 결코 신앙심이 깊은 사람은 아니었지만, 신과 논쟁하지 않아야 한다는 것, 그것 한 가지는 알고 있었다. 그래서 눈을 감고 말했다. "당신의 뜻대로 하소서. 지금이 가야 할 때라면 당신의 뜻대로 하소서."

그런데 그 생각을 하자마자 온몸이 편안해지고 두려움도 사라졌다. 그때 나는 지금 일어날 수 있는 최악의 일이 무엇인지 재빨리 생각했다. 그건 극심한 고통과 함께 발작이 다시 찾아오는 거였다. 그러면 모든 게 끝나게 된다. 죽으면 창조주를 만나게 될 것이고 곧 평화를 찾을 터였다.

거실 소파에 누워 1시간 동안 기다렸지만, 고통은 다시 찾아오지 않았다. 나는 지금 죽지 않는다면 무엇을 할 것인지 생각하기 시작했다. 그렇게 된다면 건강을 되찾기 위해 모든 노력을 기울이겠다고 마음먹었다. 긴장과 걱정으로 자신을 해치지 않고 힘을 회복하겠다고 생각했다.

이게 4년 전의 일이다. 의사조차 심박 곡선이 개선된 모습을 보고 놀랄 정도로 나는 건강을 회복했다. 나는 이제 걱정하지 않는다. 인생에 새로운 열정도 생겼다. 솔직히 말해 죽음이 임박하는 최악의 순간을 마주하지 않았더라면, 그래서 건강을 개선하려는 노력을 하지 않았더라면 나는 오늘 이 자리에 있지 못했을 것이다. 최악의 순간 그 상황을 받아들이지 않았더라면 두려움과 패닉에 휩싸여 죽고 말았을 것이다.

라이언은 마법의 공식 '발생할 수 있는 최악의 상황을 받아들이라'는 원칙을 지켰기 때문에 지금까지 살아 있다.

걱정을 잘 떨치는 사람

- 오드웨이 티드
뉴욕 고등교육위원회 위원장

걱정은 습관이다. 나는 걱정하는 습관을 오래전에 버렸다. 대신 걱정하지 않는 습관을 키웠는데 여기에는 크게 세 가지 비결이 있다.

첫째, 몹시 바빠서 자기 자신을 망치는 걱정에 빠져들 시간이 없다. 나는 세 가지 일을 하는데, 일의 속성상 하나같이 전부 시간을 온종일 쏟아야 한다. 나는 컬럼비아 대학교에서 많은 학생을 가르친다. 동시에 뉴욕 고등교육위원회 위원장을 맡고 있다. 또한 하퍼 앤 브러더스라는 출판사에서 경제 및 사회 도서 부문을 책임지고 있다. 계속 해야 할 일이 있다 보니 안달복달하거나 초조하게 걱정할 시간이 없다.

둘째, 나는 걱정을 잘 떨치는 사람이다. 한 가지 업무에서 다른 업무로 일을 바꾸면 먼저 하던 일과 관련해 생각하던 문제를 싹 잊는다. 하나의 활동에서 다른 활동으로 일을 바꾸면 새로운 자극을 얻고 기분도 전환된다. 휴식하는 기분이 들고, 머리도 맑아진다.

셋째, 퇴근할 때는 사무실 책상을 정리하면서 모든 문제를 접어둔다. 문제는 항상 끝이 없다. 하나의 문제에는 해결되지 않는

32건의 실화 수기 **495**

또 다른 문제가 붙어 있고, 이를 해결하려면 주의를 집중해야 한다. 매일 저녁 이런 문제를 안은 채 퇴근해 집에서도 계속 걱정한다면 건강을 해치고, 문제에 대처할 능력도 전부 잃게 될 것이다.

> 오드웨이 티드는 좋은 업무 습관 4가지에 통달한 달인이다. Part 7 26장의 좋은 업무 습관 4가지를 다시 읽어보자.

걱정을 멈추지 않았더라면 나는 이미 오래전에 죽었다

- 코니 맥

나는 63년 이상 프로야구계에 몸담았다. 과거 1880년대에 야구를 처음 시작했을 때는 급여라는 게 없었다. 경기가 끝나면 모자를 벗어 관중들에게 돌려 돈을 받았다. 내게 돌아오는 몫은 정말 적었다. 특히 아버지가 돌아가시고 홀로 남은 어머니와 어린 동생들을 부양해야 하는 내 처지에서는 더욱 적은 돈이었다. 때로 야구팀은 팀 유지를 위해 딸기를 곁들인 식사코스(딸기 철에 메인 식사 뒤에 딸기를 이용한 다양하고 풍성한 디저트를 준비해서 곁들이는 식사 코스를 말하는데, 주로 교회 등에서 코스 식사권을 파는 방식으로 기금을 모금한다-옮긴이)나 클램베이크(미국 뉴잉글랜드 지방의 해산물 요리. 바닷가재나 게와 각종 조개류에 옥수수, 감자, 당근, 양파 등의 채소를 더해 쪄먹는 음식-옮긴이)를 준비해 기금 모금 행사를 열기도 했다.

걱정거리는 정말 많았다. 나는 7년 연속 꼴찌로 시즌을 마무리한 유일한 감독이었다. 8년 동안 800번 패한 유일한 감독이기도 했다. 연패가 이어지고 나면 나는 걱정으로 먹지도, 자지도 못했다. 하지만 25년 전부터 걱정을 떨쳤는데, 솔직히 말해 그때 걱정을 멈추지 않았더라면 이미 오래전에 죽었을 것이다.

오랜 인생을 되돌아보면(나는 링컨 대통령 시절에 태어났다) 나는 다음과 같이 걱정을 극복할 수 있었다.

1. 걱정이 얼마나 부질없는 짓인지 알았다. 걱정해봤자 달라지는 건 아무것도 없고, 오히려 걱정하느라 경력이 끝장날 뻔했다.

2. 걱정하면 건강을 해친다는 걸 알았다.

3. 앞으로 다가올 경기를 계획하고 이길 궁리를 하느라 바빠서 이미 진 경기를 두고 걱정할 시간이 없었다.

4. 시합이 끝나고 24시간이 지날 때까지는 선수에게 실수 이야기를 절대 하지 않는 것을 규칙으로 삼았다. 젊었을 때는 선수들과 함께 옷을 갈아입었다. 경기에서 지면 선수들을 비판하고, 패배에 대해 선수들과 격렬한 논쟁을 벌이는 걸 멈출 수 없었다. 하지만 그래봤자 내 걱정만 늘어날 뿐이라는 걸 알게 되었다. 다른 선수들 앞에서 실수한 선수를 비판하면 그 선수가 협조적으로 나오지 않았다. 공개적인 비판은 선수를 정말 불쾌하게 했다. 그래서 패배 직후 나 자신과 내 입을 통제할 수 있다는 확신이 없어서 패배 후에는 선수를 절대 만나지 않기로 했다. 다음 날이 되기 전까지는 선수들과 패배에 관해 이야기하지 않았다. 하루가 지나면 화가 누그러들고, 선수들의 실수도 그다지 크게 느껴지지 않았으며, 해야 할 말을 차분하게 할 수 있었다. 선수들도 화를 내거나 방어적으로 대응하지 않았다.

5. 선수들의 흠을 찾아 깎아내리는 대신 칭찬으로 격려하려고 노력했다. 모든 선수에게 좋은 말을 건네려고 애썼다.

6. 피곤할 때 걱정을 더 많이 한다는 걸 알았다. 그래서 매일 밤 10시간 동안 자고, 매일 오후 낮잠을 잔다. 단 5분일지라도 낮잠을 자면 큰 도움이 된다.

7. 계속 활동적으로 지낸 덕분에 걱정을 떨치고, 수명도 늘렸다고 생각한다. 나는 85세이지만, 같은 말을 계속 반복하기만 하는 상태가 되기 전까지는 은퇴하지 않을 것이다. 그런 때가 오면 나이 들었다는 생각이 들 것 같다.

코니 맥은 걱정을 멈추는 법과 관련한 책을 읽은 적이 없다. 그래서 그는 스스로 규칙을 만들었다. 자기만의 극복 방법을 만들어보자.

걱정을 극복하는 데 도움이 되는 방법

1.

2.

3.

4.

한 번에 하나씩

- 존 호머 밀러
《너 자신을 보라》 저자

수 년 전에 나는 도망치려 한다고 해서 걱정에서 벗어날 수 없다는 걸 알았다. 다만 걱정을 대하는 마음가짐을 바꿈으로써 걱정을 떨칠 수 있었다. 걱정은 외부가 아닌, 내 안에 있었다.

세월이 흐르면서 걱정거리는 대부분 시간이 저절로 해결한다는 걸 알았다. 사실 일주일 전에 무엇을 걱정했는지조차 기억나지 않을 때가 많다. 그래서 만든 규칙이 있다. 최소 1주일이 지나지 않은 문제로는 절대 초조해하지 않는다는 것이다. 물론 일주일 동안 걱정거리를 전혀 떠올리지 않는 게 불가능할 때도 있지만, 7일로 정해둔 시간이 지나기 전까지 마음이 온통 걱정으로 가득 차지 않게 한다. 그러다 보면 7일 사이에 문제가 저절로 해결되거나 이젠 걱정거리에 나를 크게 괴롭힐 힘이 없다는 생각이 든다.

나는 윌리엄 오슬러 경의 철학을 읽고 큰 도움을 받았다. 윌리엄 오슬러 경은 위대한 의사였을 뿐 아니라 '생활의 기술'이라는 가장 위대한 예술을 보여주는 뛰어난 예술가였다. 내가 걱정을 떨치는 데 큰 도움을 준 윌리엄 오슬러 경의 말이 있다. 그를 위한 만찬회 자리에서 남긴 말이다. "제가 성공이라 할 만한 것을 거두었다면 그건 그날 할 일을 정한 뒤 최선을 다해 일하고 결과에는 신경 쓰지 않았던 게 다른 무엇보다 큰 비결입니다."

문제가 생겨 처리할 때면 나는 예전에 아버지가 들려주셨던 이야기 속 앵무새가 하는 말을 죄우명으로 삼는다. 아버지 말씀으로는 펜실베이니아에 있는 어느 사냥 클럽 문간에 앵무새 새장이 걸려 있는데, 클럽 회원이 문을 드나들면 앵무새는 자기가 아는 유일한 말을 계속 반복했다고 한다. "한 번에 하나씩, 한 번에 하나씩." 아버지는 그렇게 문제를 해결해야 한다고 가르쳐주셨다. "한 번에 하나씩, 한 번에 하나씩." 문제를 한 번에 하나씩 처리하면 급박한 일과 끝없는 업무가 이어지는 와중에도 침착함을 유지하는 데 도움이 되었다.

여기서 다시 한번 걱정을 극복하는 기본 원칙이 나온다. '오늘이라는 구역에 살아라.' 책장을 앞으로 넘겨 1장을 다시 읽어보면 어떨까?

청신호를 찾아서

- 조셉 M. 코터

어린아이였을 때부터 청년기를 지나 어른이 되고 나서도 나는 걱정 전문가였다. 걱정거리는 많고 다양했다. 실제 일어난 일도 걱정했지만, 대부분은 상상 속의 일을 걱정했다. 드물게 걱정할 게 없는 때도 있었다. 그러면 내가 무언가 놓치고 있는 게 아닐까 두려워 그걸 걱정하기 시작했다.

그러다 2년 전 나는 삶의 방식을 바꾸기 시작했다. 그러려면 내 단점과 손에 꼽을 정도의 장점을 분석한 뒤 용감하게 '면밀한 도덕적 자기 점검표'를 만들어야 했다. 그랬더니 이 모든 걱정을 일으키는 원인이 분명하게 보였다.

원인은 내가 오늘에 집중해서 살지 못한다는 것이었다. 그래서 어제 저지른 실수에 조바심 내고 내일 다가올 일을 두려워했다.

'오늘은 내가 어제 걱정했던 내일이다'라는 말을 몇 번이나 들었다. 하지만 그런 말을 들어도 소용이 없었다. 24시간에 맞춘 계획대로 살아보라는 조언도 들었다. 오늘만이 자신이 통제할 수 있는 유일한 날이니 매일 그날의 기회를 최대한 활용해야 한다는 말도 들었다. 그렇게 하면 몹시 바빠 과거나 미래를 걱정할 틈이 없을 거라고도 했다. 전부 맞는 말이었지만, 그런 좋은 생각을 내게 적용하기는 어쩐지 어려웠다.

그러다 불현듯 답을 찾았다. 어디서 찾았을까? 1945년 5월 31일 오후 7시 노스웨스턴 철도의 플랫폼에서였다. 내게는 중요한 일이 일어났던 시간이라 분명히 기억하고 있다.

나는 아내와 함께 기차역에서 친구들을 배웅하고 있었다. 친구들은 휴가를 끝내고 '더 시티 오브 로스엔젤레스'라는 유선형 열차에 올라 집으로 떠나는 길이었다. 제2차 세계대전이 아직 끝나지 않았을 때라 기차역에는 사람이 많았다. 아내와 나는 열차에 오르는 대신 열차 앞을 향해 어슬렁어슬렁 걷고 있었다. 그러다 잠시 서서 반짝반짝 빛나는 기차의 커다란 엔진을 보았다. 그리고 기차 선로 쪽을 내려다보니 커다란 신호기가 있었다. 신호기는 노란색이었다. 하지만 이내 신호는 밝은 녹색으로 변했다. 그 순간 기관사가 기차 출발을 알리는 벨을 울리기 시작했다. "탑승하세요!"라는 익숙한 말도 들렸다. 그러고 나서 몇 초 만에 그 거대한 열차는 약 3,700km를 달리기 위해 기차역을 벗어나기 시작했다.

머리가 팽팽 돌기 시작했다. 뭔가가 이해되려 했다. 나는 기적을 체험하고 있었다. 그러다 갑자기 어떤 생각이 떠올랐다. 내가 계속 찾아 헤맸던 답을 기관사가 알려주었다. 기관사는 청신호 하나만 보고 그토록 긴 여행을 떠나고 있었다. 내가 기관사였다면 전체 여행의 청신호를 전부 보고 싶어 했을 것이다. 물론 그건 불가능한 일이었다. 그런데 그게 바로 내 삶에서 하려던 일이었다. 나는 기차역에 앉아 앞에 무엇이 있을지 알아보려 애쓰느라 아무 데도 가지 못하고 있었다.

생각이 꼬리를 물었다. 기관사는 가다가 마주칠 수 있는 문제를 미리 걱정하지 않았다. 기차가 지연될 수도 있고, 속도를 줄여야 하는 구간도 있겠지만, 그러니 신호 체계라는 게 존재하는 게 아닐까? 노란불을 보면 기차는 속도를 줄이고 천천히 움직인다. 빨간불은 앞에 위험한 일이 나타났다는 뜻이므로 기차는 멈춘다. 그렇게 안전한 기차 여행이 이루어지는 것이다. 훌륭한 신호 체계다.

그런 훌륭한 신호 체계가 내 인생에는 없었던 이유를 스스로 생각해 보았다. 사실 내게도 훌륭한 신호 체계는 있었다. 하느님이 내게 주신 것으로, 그분이 통제하시니 잘못될 리 없는 신호 체계였다. 나는 청신호를 찾기 시작했다. 어디서 청신호를 찾을 수 있을까? 하느님이 청신호를 만드셨다면 하느님께 구해 보는 게 어떨까? 그래서 하느님께 물었다.

이제 나는 매일 아침 기도로 그날의 청신호를 받는다. 때로는 황신호를 보고 속도를 줄인다. 때로는 내가 쓰러지기 전에 멈출 수 있도록 적신호가 켜진다. 2년 전 그날 신호 체계를 알아차린 후 더는 아무것도 걱정하지 않는다. 지난 2년 동안 나를 위해 700개가 넘는 신호가 켜졌다. 이제 다음 신호가 무슨 색깔일지 걱정하지 않으니 인생이라는 여행이 훨씬 수월해졌다. 어떤 색깔의 신호가 나타나든 나는 무엇을 해야 할지 알 것이다.

존 록펠러가 45년을 더 살았던 비결

존 록펠러는 23세에 100만 달러를 벌었다. 43세 때는 세계 최대의 독점기업, 스탠더드 오일 컴퍼니를 세웠다. 그런데 53세 때는 어땠을까? 걱정이 그를 덮쳤다. 걱정이 심하고 긴장도가 높은 상태로 살다 보니 건강을 해쳤다. 록펠러의 전기작가 존 K. 윙클러에 따르면 록펠러는 53세에 '미라처럼 보였다'고 한다.

록펠러는 53세에 원인을 알 수 없는 소화계 질환이 나타났고, 이 병으로 심한 탈모도 찾아왔다. 심지어 속눈썹까지 다 빠지고 몇 가닥만 겨우 남았다. 전기 작가 윙클러는 말한다. "록펠러의 상태가 너무 심각해서 한때는 모유를 먹고 버텼다." 의사는 록펠러에게 신경성 탈모증 진단을 내렸다. 신경 문제에서 비롯한 이유로 머리카락이 빠지는 병이다. 록펠러는 대머리를 감추기 위해 모자를 써야 했다. 그러다 나중에는 하나에 500달러인 은발 가발을 맞춰 평생 쓰고 다녔다.

원래 록펠러는 아주 튼튼한 체질이었다. 농장에서 자라면서 튼실한 어깨와 꼿꼿한 자세를 갖추고 씩씩하고 활기차게 걸었다.

그런데 대부분의 남성이 한창때를 보내는 겨우 53세에 록펠러의 어깨는 처졌고, 걸음걸이는 비틀거렸다. 록펠러의 또 다른 전기작가인 존 T. 플린은 말한다. "록펠러는 거울 속에서 노인을 보았다." 쉼 없는 일, 끝없는 걱정, 이어지는 비난, 잠 못 드는 밤, 그리고 운동과 휴식의 부족이 정확히 티가 났다. 록펠러는 그 앞에 무릎을 꿇었다. 그는 세계 최고의 부자였지만, 가난한 사람도 먹지 않을 음식을 먹고 살았다. 당시 그의 수입은 1주일에 100만 달러에 달했는데 식비로는 불과 2달러 정도밖에 지출하지 않았다. 의사가 먹어도 된다고 허락한 음식이 산성화우유와 비스킷 몇 조각뿐이었기 때문이다. 피부도 색깔을 잃어 뼈 위에 오래된 양피지를 잡아당겨 발라놓은 듯 보였다. 53세의 록펠러가 어떻게든 목숨을 부지하고 있었던 건 돈으로 살 수 있는 최고 수준의 의료서비스를 받고 있다는 것, 그 한 가지 이유뿐이었다.

록펠러는 어쩌다 그렇게 되었을까? 걱정과 충격, 높은 압박감과 긴장 속에서 살았기 때문이었다. 그는 '스스로' 그야말로 죽기 직전까지 몰아붙였다. 록펠러는 23세 때 이미 단호하게 결심하고 목표를 추구하고 있었다. 당시 록펠러를 알던 사람들에 따르면 "록펠러는 좋은 거래 소식을 들었을 때 외에는 안색이 밝아지는 법이 없었다."고 한다. 큰돈을 벌었을 때는 모자를 바닥에 던지며 승리를 기념하는 춤으로 시작해 빠르고 경쾌한 지그춤으로 이어갔다. 하지만 돈을 잃었을 때는 병이 났다! 한 번은 록펠러가 오대호를 통해 40,000달러 상당의 곡물을 출하했다. 하지만 보험에 가입하지 않았다. 150달러의 보험료가 비싸다고 여겨졌기 때문이었다. 그런데 그날 밤 맹렬한 폭풍이 이리호에 맹위를 떨쳤다. 록펠러는 화물을 잃는 게 아닐까 몹시 걱정했고, 다음 날 아침 동업자인 조지 가드너는 사무실에서 이리저리 서성거리고 있는 록펠러를 발견했다.

록펠러는 떨리는 목소리로 말했다. "지금 보험에 가입할 수 있는지 빨리 알아보자고. 너무 늦지 않았다면 가입해야지." 가드너가 서둘러 업타운으로 가 보험에 가입했다. 그런데 가드너가 사무실로 돌아오니 록펠러는 한층 더 신경이 곤두서 있었다. 가드너가 보험에 가입하러 간 사이 화물이 폭풍의 피해 없이 무사히 도착했다는 전보가 도착했기 때문이었다. 록펠러는 150달러를 '낭비'했다는 사실에 그 어느 때보다 몸이 아팠던 것이다! 실제로 너무 아파서 집에 가 침대에 누워야 했다. 생각해 보라! 당시 록펠러는 연간 총 매출 50만 달러 규모의 기업체를 운영하고 있었는데 고작 150달러 때문에 드러누울 정도로 심하게 병이 났다.

록펠러에게는 돈 버는 시간과 주일 학교에서 아이들을 가르치는 시간 외에는 쉬는 시간도, 여가를 즐기는 시간도 없었다. 사업파트너인 조지 가드너가 다른 세 명의 지인과 함께 2,000달러짜리 중고 요트를 샀을 때 록펠러는 경악했고, 요트에 타기를 거부했다. 어느 토요일 오후 록펠러가 사무실에서 일하는 모습을 보고 가드너가 애걸했다. "부탁이네, 존. 나와 배를 타러 가세나. 자네에게도 좋을 거야. 일은 잠시 잊고 즐기자고." 그러자 록펠러가 가드너를 쏘아 보았다. "조지 가드너, 자넨 내가 아는 그

누구보다 사치스러워. 자넨 자네의 은행 신용은 물론 내 신용에
까지 해를 끼치고 있어. 무엇보다 우선 자네가 우리 사업을 망치
고 있다는 걸 알아야 해. 난 자네의 요트에 타지 않을 걸세. 보
고 싶지도 않아!" 그러고 나서 토요일 오후 내내 꼼짝도 하지 않
고 사무실을 지켰다.

　록펠러는 사업으로 크게 성공한 사람이었지만, 이처럼 유머
감각이 부족하고, 사고의 균형감각이 부족하다는 게 그를 나타
내는 특징이었다. 세월이 흐른 뒤 록펠러가 말했다. "저는 밤마
다 잠자리에 누워 내가 거둔 성공은 일시적인 것에 불과하다고
되뇌며 잠들었습니다."

　수백만 달러의 재산을 쌓았음에도 그는 자기 전에 재산을 잃
으면 어쩌나 항상 걱정했다. 걱정 때문에 건강을 망친 게 놀랍지
도 않다. 쉬거나 여가를 즐길 시간도 없었고, 극장에는 절대 가
지 않았으며, 카드 게임도 하지 않았고, 파티에도 가지 않았다.
록펠러는 기업가 마크 한나가 말한 것처럼 돈에 미쳐 있었다.
"록펠러는 모든 면에서 정상이었지만, 돈에 관해서는 미친 사람
이었다." 한 번은 록펠러가 오하이오주 클리블랜드의 이웃 주민
에게 "사람들에게 사랑받고 싶다."라고 고백한 적이 있었다. 하지
만 록펠러는 매우 냉정하고 의심 많은 성격이라 그를 좋아하는
사람은 드물었다. J. P. 모건은 한때 록펠러와 사업하는 걸 완강
히 거부했고, 씩씩대며 말했다, "난 록펠러와 그 어떤 거래도 하
고 싶지 않아." 록펠러의 친형제도 록펠러를 매우 싫어해 가족

묘지에서 자기 아이들의 시신을 이장했다. 그는 "우리 가족 누구도 존 록펠러가 관리하는 땅에서 편히 잠들지 못할 것"이라고 했다. 록펠러의 회사 직원과 동료들은 록펠러를 몹시 두려워했지만, 아이러니하게도 록펠러도 그들을 두려워했다. 회사 직원이나 동료가 회사의 '비밀을 떠벌릴까' 두려웠던 것이다.

록펠러는 인간에 대한 믿음이 거의 없어서 한 번은 개인 정유업체와 10년 계약에 서명하면서 상대에게 계약 내용을 누구에게도, 심지어 아내에게도 말하지 않겠다는 약속을 요구했다! '입 다물고 사업만 하라.' 이것이 록펠러의 좌우명이었다. 그런데 록펠러의 사업이 번창하다 절정에 이르러 베수비오산에 뜨거운 용암이 흘러내리듯 돈이 금고로 흘러들어오던 그때 그의 세계가 무너졌다. 책과 신문에서는 철도 회사와 은밀하게 리베이트 거래를 하고, 경쟁 회사는 전부 가차 없이 깔아뭉개는 악덕 기업 스탠더드 오일 컴퍼니의 사업 행태를 비난했다! 펜실베이니아의 유전 지대에서 록펠러는 세상에서 가장 미움 받는 사람이었다. 록펠러에게 당한 사람들은 록펠러 인형을 만들어 목을 매달았다. 록펠러의 여윈 목에 밧줄을 감아 꽃사과나무 가지에 매달기를 바라는 사람도 많았다. 분노와 비난을 담은 편지가 록펠러의 사무실로 쏟아져 들어왔다. 록펠러를 살해하겠다는 협박 편지였다.

록펠러는 자신을 적대시하는 사람들의 살해 위협으로부터 자신을 지키려고 경호원을 고용했다. 그리고 이러한 비난과 혐오의 폭풍을 무시하려 했다. 한 번은 록펠러가 냉소적으로 이렇게 말했다. "내 갈 길을 가게 해준다면 발로 차도 좋고, 욕해도 좋다." 하지만 결국 록펠러도 사람인지라, 자신을 혐오하는 시선과 마음속 걱정을 견디지 못했다. 건강에 이상이 생기기 시작했다. 록펠러는 내면에서부터 자신을 공격하는 '병'이라는 새로운 적수를 만나 어리둥절하고 당황스러웠다. 처음에 록펠러는 '이따금 나타나는 가벼운 병세를 비밀에 부치고', 마음의 병을 몰아내려 했다. 하지만 불면증, 소화불량, 탈모(전부 걱정과 신경쇠약이 몸으로 나타나는 증상이다)를 전부 부정할 수 없었다. 마침내 의사는 록펠러에게 충격적인 사실을 전했다. 록펠러가 돈과 걱정(즉, 그의 목숨), 이 둘 가운데 하나를 선택해야 한다는 것이었다. 의사는 록펠러에게 은퇴하고 쉬지 않으면 죽게 된다고 경고했다. 그래서 록펠러는 은퇴할 수밖에 없었다. 하지만 걱정과 탐욕, 두려움이 이미 록펠러의 건강을 해친 뒤였다.

미국의 유명 여류 전기작가인 아이다 타벨은 록펠러를 보고 충격을 받았다. 그리고 이렇게 썼다. "얼굴은 끔찍하게 나이 들어 보였다. 내가 본 사람 중에 가장 나이가 많을 것 같았다." 나이가 들었다고? 당시 록펠러는 맥아더 장군이 필리핀을 탈환했을 때보다 몇 살이나 더 적었다! 하지만 록펠러는 그렇게 나이가 들어 보일 정도로 몸이 망가져 아이다 타벨은 록펠러를 동정했다. 당시 아이다 타벨이 스탠더드 오일을 강력히 비난하는 책을 쓰고 있었다는 점에서 알 수 있듯 이러한 '문어발' 기업을 설립한 사람을 좋아할 아무런 이유가 없었다. 그런데 아이다 타벨은 주일 학교에서 주위 모든 학생의 얼굴을 열심히 바라보며 가르치는 록펠러를 보고 이렇게 썼다. "예상치 않았던 감정이 느껴졌다. 시간이 갈수록 그 감정은 점점 강해졌다. 나는 그가 불쌍했다. 세상에 두려움만큼 끔찍한 것도 없기 때문이다."

의사들은 록펠러를 고치려고 다음과 같이 세 가지 규칙을 제시했다. 록펠러가 평생 철저하게 지켜야 할 규칙이었다.

1. 걱정하지 않는다. 어떤 상황에서도, 그 무엇도 절대 걱정하지 않는다.
2. 긴장을 풀고, 야외에서 가벼운 운동을 많이 한다.
3. 식단에 신경 쓴다. 항상 배가 약간 덜 찼을 때 식사를 멈춘다.

록펠러는 의사가 정한 규칙을 따랐다. 그게 아마 록펠러의 생명을 구했을 것이다. 록펠러는 사업에서 은퇴했다. 그리고 골프를 배웠고, 정원을 가꾸기 시작했다. 이웃 주민들과 대화를 나눴고 게임도 하고 노래도 불렀다.

그것 말고도 록펠러가 한 일이 더 있었다. 전기작가 윙클러는 이렇게 썼다. "고통과 불면의 밤이 지속되는 나날 동안 록펠러는 자신을 돌아보는 시간을 가졌다." 록펠러는 다른 사람을 생각하기 시작했다. 처음으로 얼마나 돈을 벌 수 있는지 생각하지 않게 되었다. 대신 돈으로 행복을 얼마나 살 수 있을지 궁금해하기 시작했다.

요컨대 록펠러는 수백만 달러를 기부하기 시작했다! 기부가 쉽지 않을 때도 있었다. 록펠러가 어느 교회에 기부를 제안하자 전국의 목사들이 '더러운 돈'은 받지 말라고 외치며 되받아쳤다. 록펠러는 미시간호 연안의 재정이 빈약한 작은 대학이 대출을 갚지 못해 압류 위기에 처했다는 사실을 알고, 수백만 달러를 쏟아부어 학교를 살리고 현재 세계적으로 유명한 시카고 대학교로 키워냈다. 록펠러는 흑인도 도우려 했다. 터스키기 대학처럼 흑인들이 다니는 대학에 기부해 흑인연구자 조지 워싱턴 카버의 농식물학 연구에 도움을 주었다. 록펠러는 구충 박멸에도 힘을 보탰다. 구충 연구의 권위자 찰스 스타일스 박사가 말했다. "50센트짜리 약이 있으면 남부를 유린하는 이 병에 걸린 사람을 고칠 수 있습니다. 누가 50센트를 부담하겠습니까?" 록펠러가 나섰다. 록펠러는 구충 박멸에 수백만 달러를 기부했고, 그 돈은 남부의 발목을 잡는 가장 큰 재앙을 뿌리 뽑는 데 쓰였다. 록펠러는 한발 더 나아가 록펠러 재단이라는 국제 재단을 설립해 전 세계의 질병과 무지에 맞서 싸우도록 했다.

록펠러 재단에 관해 이야기하니 감정이 이입하게 된다. 나도 어쩌면 록펠러 재단 덕분에 생명을 구했을지 모를 일을 겪었기 때문이다. 1932년 내가 중국에 있었을 때 중국 전역에 콜레라가 퍼졌던 게 생생히 기억난다. 중국의 소작농들은 파리떼처럼 죽어갔다. 하지만 이 끔찍한 공포 속에 우리는 베이징에 있는 록펠러 의과 대학에 가서 전염병으로부터 보호해주는 백신주사를 맞을 수 있었다. 중국인도, '외국인'도 똑같이 주사를 맞을 수 있었다. 나는 그때 처음으로 록펠러의 수백만 달러 재산이 세상을 위해 어떤 일을 하는지 알게 되었다.

지금까지 록펠러 재단을 발끝만큼이라도 따라간 단체는 없었다. 록펠러 재단은 특별하다. 록펠러는 비전을 지닌 사람이 전 세계에서 훌륭한 운동을 많이 시작한다는 걸 알고 있었다. 연구를 진행하고, 대학을 세우고, 의사들은 질병에 맞서 싸우느라 고군분투한다. 하지만 이렇게 고결한 활동이 자금 부족으로 계속되지 못하는 경우가 너무 많다. 록펠러는 이러한 인류의 개척자를 돕기로 결심했다. 그들을 '인수'해 통제하려는 게 아니라 자금을 지원해 그런 사람들이 자기 뜻대로 활동을 계속하도록 도왔다. 오늘날 페니실린의 기적이나 그 외 록펠러가 자금을 지원해 이루어진 수십 개의 발견을 생각하면 우리도 그에게 감사의 마음을 가져야 한다. 우리의 자녀가 더는 척수막염으로 사망하지 않는다는 사실도 록펠러에게 감사해야 할 일이다. 예전에 척수막염은 아이 다섯이 걸리면 그 가운데 넷이 사망하는 무서운 질병이었다. 말라리아와 폐결핵, 인플루엔자와 디프테리아를 비롯해 그 외 여러 질병이 여전히 세계를 괴롭히는데, 이러한 질병을 연구할 수 있는 것도 록펠러 덕분이다.

록펠러는 어떻게 되었을까? 돈을 기부해서 마음의 평화를 얻었을까? 그랬다. 록펠러는 마침내 만족하게 되었다. 역사가이자 언론인인 앨런 네빈스는 이렇게 말했다. "대중이 1900년 이후에도 록펠러를 스탠더드 오일에 대한 공격을 걱정하는 사람으로 생각한다면 그건 큰 오해입니다."

록펠러는 행복했다. 사람이 완전히 변해 걱정은 전혀 하지 않게 되었다. 심지어 자신의 경력에서 가장 큰 패배를 받아들여야 했던 날에도 잠을 설치지 않았다!

그가 세웠던 초거대기업 스탠더드 오일이 '역사상 최고액의 벌금'을 물어야 한다는 판결이 내려진 날이었다. 미국 정부에 따르면 스탠더드 오일은 독점기업으로, 독점금지법을 정면으로 위반했다. 법정 싸움은 5년 동안 격렬하게 이어졌다. 미국 내 최고 실력을 지닌 법조인들이 당시까지만 해도 역사상 가장 긴 시간 진행된 법정 다툼에서 끝없이 싸웠다. 하지만 스탠더드 오일은 패소했다.

케네소 마운틴 랜디스 판사가 판결문을 읽자 피고 측 변호인단은 록펠러가 판결을 받아들이기 힘들어할까 봐 걱정했다. 변호인단은 록펠러가 얼마나 달라졌는지 모르고 있었다.

판결이 내려진 날 밤 변호사 한 명이 록펠러에게 전화를 걸어 조심스럽게 판결 내용을 이야기한 뒤 걱정하며 말했다. "판결 결과에 너무 언짢아하지 않으시길 바랍니다. 오늘 밤 잘 주무셨으면 해요."

록펠러는 어땠을까? 수화기 너머로 그는 생기 있는 목소리로 대답했다. "존슨 변호사, 걱정 마시오. 난 오늘 밤 잘 잘 겁니다.

존슨 변호사도 크게 신경쓰지 마시고 좋은 밤 되시오!"

　한때 150달러를 손해봤다고 침대에 몸져눕던 사람이 한 말이다! 그렇다. 록펠러가 걱정을 떨치기까지는 오랜 시간이 걸렸다. 하지만 53세에 '죽어가던' 록펠러는 98세까지 살았다!

파경의 위기를 막은 책

- B. R. W.

익명으로 글을 쓰는 건 정말 싫지만, 워낙 개인적인 이야기라 차마 이름을 밝힐 수 없었다. 그래도 데일 카네기가 이 이야기가 사실이라는 점을 보증해 줄 것이다. 12년 전 데일 카네기에게 처음으로 이 이야기를 들려주었다.

대학을 졸업한 뒤 나는 대기업에 취업했다. 입사 후 5년 뒤 회사에서 나를 태평양 건너 극동지방에 주재원으로 파견했다. 미국을 떠나기 일주일 전 내가 아는 사람 가운데 가장 다정하고 사랑스러운 여성과 결혼식을 올렸다. 하지만 우리의 신혼은 두 사람 모두에게 실망스러운 비극이었다. 특히, 아내가 더 그렇게 느꼈다. 하와이에 도착했을 즈음 아내는 몹시 실망하고 상심한 상태였다. 친구들을 만나 그 앞에서 인생에서 가장 신나야 할 모험이 실패로 돌아갔다는 사실을 인정하는 게 부끄럽지 않았다면 아내는 아마 미국으로 돌아갔을 것이다.

우리는 아시아에서 끔찍한 2년을 함께 보냈다. 나는 너무 불행해서 때로 자살 생각이 들었다. 그러던 어느 날 우연히 보게 된 책이 모든 걸 바꾸었다. 나는 언제나 책을 좋아하는 사람이었고, 어느 날 밤 미국인 친구의 집에 갔다가 책이 잘 갖추어진

서재가 있어 안을 둘러보았다. 그때 반 데 벨데 박사가 쓴 《이상적인 결혼》이라는 책이 눈에 띄었다. 제목으로 봐서는 설교조로 좋은 소리만 늘어놓는 책일 것 같았다. 하지만 쓸데없는 호기심이 일어 책을 펼쳐보았다. 그 책은 결혼 생활 가운데 부부관계의 측면을 주로 다루고 있었다. 내용이 솔직하되 전혀 천박하지 않았다.

누군가 내게 성생활에 관한 책을 읽으라고 권했다면 모욕당한 기분이 들었을 것이다. 성생활에 관한 책을 읽으라고? 나는 그런 책을 한 권 쓸 수도 있을 것 같았다. 하지만 내 결혼 생활이 심하게 망가져 있었기에 창피를 무릅쓰고 어쨌든 책을 살펴보았다. 그러고 나서 용기를 내어 책 주인에게 책을 빌려달라고 부탁했다. 솔직히 말하자면 그 책을 읽은 게 내 인생에서 가장 중요한 사건이 되었다고 할 수 있다. 아내도 그 책을 읽었다. 책을 읽은 덕분에 비극적이던 우리의 결혼 생활은 행복하고 축복받은 동반자 관계로 거듭났다. 백만 달러가 있으면 이 책의 판권을 사서 신혼부부들에게 무료로 배포하고 싶을 정도다.

예전에 저명한 심리학자인 존 B. 왓슨 박사의 글을 읽은 적이 있다. "섹스는 분명 인생에서 가장 중요한 주제이며, 남녀의 행복을 파멸로 이끄는 주요 원인이다."

왓슨 박사의 말이 맞다면 문명사회는 왜 섹스에 무지한 수백만 명이 매년 결혼하도록 허용해서 행복해질 기회를 망가트리도록 그냥 두는 걸까?

결혼 생활에서 무엇이 잘못되었는지 알고 싶다면 G. V. 해밀턴 박사와 케네스 맥고완 박사의 공저 《결혼 생활의 문제는 무엇인가?》를 읽어야 한다. 해밀턴 박사는 책을 집필하기 전 4년에 걸쳐 결혼 생활에서 잘못된 점을 조사했다. 해밀턴 박사는 말한다. "결혼 생활에서 발생하는 갈등 대부분의 원인을 성생활 문제에서 찾아서는 안 된다고 말하는 정신과 의사가 있다면 무모한 의견입니다. 부부관계 자체가 만족스럽다면 다른 문제로 발생하는 갈등은 문제시되지 않는 경우가 아주 많습니다."

해밀턴 박사의 말이 맞다. 내가 비극적인 결혼 생활을 경험해 보았기 때문이다.

내 결혼 생활이 망가지는 걸 막은 책, 반 데 벨데 박사의 《이상적인 결혼》은 공공 도서관에서 대여할 수 있고, 아니면 어느 서점에서나 판매하고 있다. 결혼을 앞둔 신랑, 신부에게 작은 선물을 하고 싶다면 고기요리용 나이프 세트 대신 이 책을 건네라. 이 세상 나이프를 전부 가지는 것보다 행복을 키우는 데 이 책이 훨씬 도움이 될 것이다.

《이상적인 결혼》이 너무 비싸다면 한나 스톤 박사와 에이브러햄 스톤 박사가 함께 쓴 책 《결혼생활 지침서》를 추천한다.

긴장을 늦추지 못해 천천히 나를 죽이고 있었다

- 폴 샘슨
DM 마케터

6개월 전까지 나는 전속력으로 달리듯 살았다. 항상 긴장해 있었고, 결코 긴장을 늦추는 법이 없었다. 매일 저녁 퇴근 후 걱정하며 집에 돌아왔고, 신경성 피로로 녹초가 되었다. 왜 그랬을까? "폴, 당신은 지금 자신을 죽이고 있어요. 속도를 좀 줄이고 긴장을 푸는 게 어때요?"라고 말해주는 사람이 없었기 때문이다.

아침 일찍 일어나 밥을 빨리 먹고, 빨리 면도하고, 빨리 옷을 갈아입고, 핸들을 꽉 잡지 않으면 창문 밖으로 핸들이 날아갈 기세로 운전해서 출근했다. 재빠르게 일하고 서둘러 퇴근해 밤에는 빨리 잠들려고 애썼다.

상태가 이렇다 보니 디트로이트에 있는 유명 신경과 전문의를 찾게 되었다. 의사는 긴장을 풀라고 했다. (의사도 이 책의 24장에서 소개한 휴식의 원칙과 같은 내용을 이야기했다.) 의사는 항상 긴장을 늦추는 걸 생각하라고 조언했다. 일할 때도, 운전할 때도, 식사할 때도, 잠자리에 들려고 할 때도 그래야 한다고 했다. 의사 말로는 긴장을 늦추지 못해 천천히 스스로를 죽이고 있는 것과 같은 상태라고 했다.

그때 이후 나는 긴장을 늦추는 법을 연습했다. 잠자리에 들면

의식적으로 몸과 호흡을 이완했다. 이제 아침에 일어나면 쉬었다는 기분이 든다. 이것만으로 큰 진전이다. 전에는 아침에 자고 일어나도 피곤하고 긴장된 상태였기 때문이다. 밥을 먹을 때도 긴장을 늦추고, 운전할 때도 긴장을 늦춘다. 여전히 운전할 때는 주의를 기울이지만, 이제는 신경을 곤두세우는 게 아니라 주변을 살핀다. 직장에서는 그 어느 곳에서보다 긴장을 늦추는 게 중요하다. 하루에도 몇 번씩 하던 일을 잠시 멈추고 내가 전체적으로 긴장을 늦추고 있는지 세밀하게 살핀다. 이제는 사무실에 전화벨이 울려도 누군가 나보다 빨리 받으면 안 될 것처럼 수화기를 낚아채지 않는다. 누군가 내게 말을 걸면 잠든 아기처럼 느긋한 마음으로 듣는다.

결과는 어떨까? 사는 게 훨씬 기분 좋고 즐겁다. 그리고 신경성 피로와 걱정에서 완전히 해방되었다.

내게 일어난 진짜 기적

- 존 버거 부인

나는 걱정에 완전히 지고 말았다. 마음이 너무 혼란스럽고 걱정되어 사는 데 아무런 기쁨을 느낄 수 없었다. 신경이 몹시 긴장된 상태라 밤에 잘 수도, 낮에 쉴 수도 없었다. 내게는 어린 자식이 세 명 있었는데 다들 멀리 떨어져 친척과 함께 지내고 있었다. 남편은 최근 군에서 제대해 법률사무소를 개업할 준비를 하느라 다른 도시에 있었다. 전후 사회가 재조정되는 기간 동안 나는 온갖 불안함과 불확실성을 느꼈다.

나는 남편의 경력에 폐를 끼쳤고, 행복하고 정상적인 가정 생활을 누려야 할 아이들의 당연한 권리를 앗았고, 나 자신의 목숨마저 위협하고 있었다. 남편은 우리가 살 집을 찾을 수 없어 집을 구할 유일한 방법은 새로 짓는 것이었다. 모든 문제가 나의 건강 회복에 달려 있었다. 그 사실을 생각하면 할수록 그래서 자리에서 일어나려 열심히 노력하면 할수록 실패의 두려움은 더욱 커졌다. 그러다 그게 무엇이든 책임이 따르는 일을 계획하는 건 다 무서워졌다. 더 이상 나 자신을 믿을 수가 없었다. 나는 완전한 실패작 같았다.

어둠이 가장 깊고 도움의 손길은 전혀 보이지 않을 때 우리

어머니는 내가 절대 잊지 못할, 영원히 감사드려야 할 일을 해주셨다. 내가 자리에서 일어나 맞서 싸울 수 있도록 충격을 주신 것이다. 어머니는 내가 병과 싸우는 걸 포기하고 정신과 마음에 대한 통제력을 잃었다고 나를 질책하셨다. 침대에서 일어나 눈앞의 문제에 맞서 싸우라고 하셨다. 내가 상황에 굴복하고, 문제에 맞서기보다 두려워하며, 삶을 사는 게 아니라 도망가고 있다고 하셨다.

그래서 그날부터 맞서 싸우기 시작했다. 나는 상황을 주체적으로 해결하는 사람이 되려고 바로 그 주 주말에 부모님께 집으로 돌아가셔도 된다고 말씀드렸다. 그리고 나는 당시 불가능해 보였던 일을 해냈다. 혼자 남아 아이 둘을 돌본 것이다. 잠도 잘 잤고, 전보다 밥도 잘 먹었더니 기분이 나아지기 시작했다. 일주일이 지나 부모님께서 다시 들르셨을 때 나는 다림질을 하며 노래를 부르고 있었다. 상황에 맞서 싸우기 시작했고 내가 이기고 있다는 생각에 행복감이 느껴졌다. 그때 배운 교훈을 절대 잊지 못할 것이다. 상황을 극복할 수 없을 것 같을 때는 마주하라! 맞서 싸워라! 굴복하지 말라!

그때부터 나는 억지로 일을 했고, 일에 빠져들었다. 마침내 아이들을 한 집에 불러모아 남편과 함께 새집에 입주했다. 내 사랑스런 가족에게 강인하고 행복한 엄마가 될 수 있도록 건강해질 거라고 다짐했다. 나는 나 자신을 위한 계획만 빼고 우리 집을 위한 계획, 아이들을 위한 계획, 남편을 위한 계획, 모든 계획에 몰두했다. 너무 바빠서 나 자신을 생각할 틈이 없었다. 그런데 그때 진짜 기적이 일어났다.

나는 점점 강해져 아침이 되면 행복의 기쁨, 새로 펼쳐질 하루에 대한 기쁨, 삶에 대한 기쁨으로 자리에서 일어났다. 그 이후에도 이따금 우울증이 영향을 미칠 때도 있었지만, 우울증을 앓았던 때를 떠올리거나 스스로 납득시키려 하지 말자고 다짐했다. 그랬더니 우울증이 찾아오는 횟수가 점점 줄더니 마침내 사라졌다.

그로부터 1년이 지났다. 내게는 성공한 남편과 내가 하루에 16시간씩 일할 수 있는 아름다운 집, 건강하고 행복한 세 아이가 있다. 그리고 마음의 평화도 찾았다!

좌절

- 페렌츠 몰나르
헝가리의 저명한 극작가

"일이 최고의 약이다!"

정확히 50년 전 아버지께서 해주신 말씀이다. 그날 이후 이 말을 신조로 삼아 살고 있다. 아버지는 의사셨다. 나는 부다페스트 대학교에서 이제 막 법학을 공부하기 시작한 학생이었다. 그러다 한 과목에서 낙제하고 말았다. 나는 너무 부끄러워 살 수가 없었다. 그래서 실패의 가장 친한 친구인 술이 주는 위로로 도피했다. 손에는 언제나 살구 브랜디가 들려 있었다.

어느 날 예기치 않게 아버지가 찾아오셨다. 훌륭한 의사인 아버지는 한순간에 내 문제와 술병을 찾아내셨다. 그래서 나는 현실로부터 도피해야 하는 이유를 아버지께 고백했다.

다정하신 아버지는 그때 그 자리에서 나를 위한 처방을 내리셨다. 아버지는 술이나 수면제, 어떤 약물도 진정한 도피처가 될 수 없다며, 슬픔을 치유해주는 약은 단 하나뿐이라고 하셨다. 이 세상 그 어떤 약물보다 효과가 뛰어나고 믿을 만한 그 약은 노동이었다!

아버지 말씀이 옳았다. 일하는 데 익숙해지기는 어렵다. 하지만 조만간 적응에 성공하게 된다. 물론 일에도 모든 마약이 지닌 특성이 들어 있다. 습관이 되는 것이다. 습관은 일단 형성되면 스스로 벗어나기 어렵다. 나도 지난 50년 동안 일하는 습관에서 벗어나지 못하고 있다.

> 사이먼 앤 슈스터 출판사에서 발행한 책 《신조로 삼은 말 - 영감과 지혜를 전하는 작은 보고》에 실린 글로, 작가인 윌리엄 니콜스의 허가를 받고 인용했다.

심한 걱정으로 밥도 먹을 수 없었던 18일간

- 캐스린 홀콤 파머
앨라배마주 모바일 보안관실

석 달 전 나는 걱정이 심해 4일 밤낮으로 잠을 자지 못했다. 그리고 18일 동안 고형 음식은 한 입도 먹지 못했다. 음식 냄새만 맡아도 토하고 싶을 정도였다. 내가 견뎠던 정신적 괴로움을 설명할 표현을 찾을 수가 없다. 지옥에 가도 내가 겪고 있는 고통보다 더 괴로운 고통을 찾을 수 있을까 싶었다. 미쳐버리거나 죽거나, 둘 중 하나가 될 것 같았다. 그런 상태로는 계속 살 수 없었다.

전환점은 이 책의 초판을 받았을 때 찾아왔다. 지난 석 달간 나는 말 그대로 이 책과 함께 살았고, 매 페이지를 공부하고, 새로운 삶의 방식을 필사적으로 찾았다. 이 책을 읽고 내 정신과 감정이 얼마나 안정적으로 변했는지 믿기 어려울 정도이다. 이제 나는 매일 마주하는 전투를 견딜 수 있다. 지금에 와서 깨달았지만, 과거의 나는 오늘의 문제가 아닌, 어제 이미 일어난 일에 대한 불안과 근심, 혹은 내일 일어날지 모르는 일에 대한 두려움 때문에 반쯤 미쳐가고 있었다.

하지만 지금 나는 어떤 문제가 생겨 걱정스러워지면 즉시 생각을 멈추고, 이 책에서 배운 원칙을 적용하기 시작한다. 오늘

안에 반드시 해결해야 할 일이 생기면 긴장하게 되지만, 바쁘게 움직여 즉시 해결한 뒤 잊어버린다.

이제는 나를 반쯤 미치게 했던 문제를 마주하게 되면 Part 1 2장에서 배운 3단계를 차분하게 적용해본다. 첫째, 발생할 수 있는 최악의 상황이 무엇인지 스스로 생각한다. 둘째, 발생할 수 있는 최악의 상황을 정신적으로 받아들인다. 셋째, 문제에 집중하고, 어쩔 수 없다면 받아들이기로 이미 마음먹은 최악의 상황을 개선할 방법이 있는지 확인한다.

내가 바꿀 수 없는 문제가 걱정스럽고, 바꿀 수 없는 문제라는 사실을 받아들이고 싶지 않을 때 나는 생각을 멈추고 다음과 같이 기도한다.

주여, 제게 마음의 평온함을 주소서.
바꿀 수 없는 일은 받아들이게 하시고,
바꿀 수 있는 일은 바꿀 용기를 주시고,
둘을 구별할 수 있는 지혜를 주소서.

이 책을 읽은 이후 나는 실제로 새롭고 즐거운 삶의 방식을 경험하고 있다. 더는 걱정하느라 건강과 행복을 해치지 않는다. 이제는 밤에 9시간씩 잔다. 밥도 맛있게 먹는다. 눈앞을 가렸던 베일이 걷혔다. 내 앞의 문이 열렸다. 이제는 나를 둘러싼 세상의 아름다움을 보고 즐길 수 있다. 삶에 대해, 이렇게 멋진 세상에서 살아가는 특권을 주셨음에 하나님께 감사드린다.

> 이 책을 여러 번 읽으라고 제안하고 싶다. 침대 곁에 두고 자신
> 의 문제에 적용할 원칙에 밑줄을 그어라. 공부하고 활용하라.
> 이 책은 일반적으로 생각하는 '읽기' 위한 책이 아니라 새로운
> 삶의 방식으로 안내하는 '지침서'다.

데일 카네기 연보

1888년 미국 미주리주 메리빌의 농장에서 11월 24일에 태어나다. 가난한 농부의 아들로서 어린 시절부터 일하며 어려움을 겪는다.

1904년 16세 때 가족 모두가 미주리주 워렌스버그의 농장으로 이사하다.

1906년 고등학교를 졸업하다.

1908년 워렌스버그의 주립 교사 대학을 졸업하다. 오마하의 아머 앤 컴퍼니에서 판매원으로 일하다. 판매 실적이 뛰어나지 않아 고민하던 중 화술과 인간관계의 중요성을 깨닫는다.

1911년 YMCA에서 화술 강사로 활동을 시작하다. 화술과 인간관계에 관심이 많은 사람을 대상으로 강좌를 개설하고 큰 인기를 얻는다.

1913년 뉴욕에 데일 카네기 연구소를 설립하다. 화술과 인간관계술, 걱정 극복법 등을 다루며 수많은 사람을 일깨운다.

1922년 성 'Carnegey'를 'Carnegie'로 바꾸다. 이는 강철왕 앤드루 카네기를 향한 존경심과 더불어 '카네기' 마케팅을 염두에 둔 것으로 알려진다.

1926년 《성공대화론》을 출판하다. 이 책은 화술과 리더십에 관한 실용적
       인 지침서로, 많은 사람에게 영향을 끼친다.
1936년 《데일 카네기 인간관계론》을 출판하다. 전 세계적으로 6천만 부
       이상 판매된 베스트셀러로, 세계적인 투자자 워런 버핏의 인생을
       바꾼 책으로도 유명하다.
1948년 《데일 카네기 자기관리론》을 출판하다. 걱정이 인생 문제의 주원인
       이자 자기관리의 핵심 요소임을 깨닫게 하고 새로운 인생을 사는
       법을 밝힌 책으로, 수많은 독자에게 위로와 힘을 준다.
1955년 뉴욕 포레스트 힐즈에서 11월 1일에 생을 마감하다. 미주리주 카
       스 카운티의 벨튼 묘지에 묻힌다.

데일카네기
자기관리론

초판 1쇄 인쇄 2023년 8월 28일
초판 1쇄 발행 2023년 8월 31일

지은이 데일 카네기
옮긴이 도지영
펴낸이 이효원
편집인 음정미
마케팅 추미경
디자인 양미정(표지), 이수정(본문)
펴낸곳 올리버
출판등록 제395-2022-000125호
주소 경기도 고양시 덕양구 삼송로 222, 101동 305호(삼송동, 현대헤리엇)
전화 02-381-7311　　**팩스** 02-381-7312
전자우편 tcbook@naver.com

ISBN 979-11-93130-13-1 03320